Alan Sokal
Jean Bricmont
Eleganter Unsinn

„Man kann seinen
Kollegen nit gang
Schmaicheln" 310

D1662305

Alan Sokal
Jean Bricmont

Eleganter Unsinn

Wie die Denker der Postmoderne
die Wissenschaften mißbrauchen

*Ins Deutsche übertragen von
Johannes Schwab und Dietmar Zimmer*

Verlag C. H. Beck München

Die Übersetzung aus dem Englischen besorgte
auf der Grundlage der amerikanischen Ausgabe *(Fashionable
Nonsense*/Picador, 1998) Johannes Schwab.
Die Übersetzung des Kapitels 12 aus dem Französischen
besorgte auf der Grundlage der französischen Originalausgabe
(*Impostures Intellectuelles*/Editions Odile Jacob, 1997)
Dr. Dietmar Zimmer.

Titel der englischsprachigen Ausgabe:
Fashionable Nonsense
Postmodern Intellectuals' Abuse of Science
© 1998 Alan Sokal und Jean Bricmont
Die US-amerikanische Ausgabe erschien 1998
bei Picador/New York.

Die Deutsche Bibliothek – CIP-Einheitsaufnahme

Sokal, Alan D.:
Eleganter Unsinn : wie die Denker der Postmoderne die
Wissenschaften mißbrauchen / Alan Sokal; Jean Bricmont.
Ins Dt. übertr. von Johannes Schwab und Dietmar
Zimmer. – München : Beck, 1999
  Franz. Orig.-Ausg. u. d. T.: Impostures intellectuelles. –
  Engl. Orig.-Ausg. u. d. T.: Fashionable Nonsense
  ISBN 3 406 45274 4

ISBN 3 406 45274 4

Für die deutsche Ausgabe:
© C. H. Beck'sche Verlagsbuchhandlung (Oscar Beck), München 1999
Umschlagbild: Tullio Pericoli: „Fliegende Blätter", 1985, 38×57 cm.
© Margarethe Hubauer, Hamburg
Satz: Fotosatz Janß, Pfungstadt
Druck und Bindung: Freiburger Graphische Betriebe
Gedruckt auf säurefreiem, alterungsbeständigem Papier
(hergestellt aus chlorfrei gebleichtem Zellstoff)
Printed in Germany

Für Marina

Für Claire, Thomas und Antoine

Inhalt

Vorwort zur deutschen Ausgabe

Die Veröffentlichung unseres Buches *Impostures Intellectuelles*[1] in Frankreich hat in bestimmten Intellektuellenkreisen offenbar für die Entstehung eines kleinen Sturms gesorgt. Jon Henley schrieb in *The Guardian*, wir hätten gezeigt, daß „die moderne französische Philosophie ein Haufen alter Quatsch"[2] sei. Nach Robert Maggiori sind wir, wie er in *Libération* schrieb, humorlose, wissenschaftsgläubige Pedanten, die grammatikalische Fehler in Liebesbriefen korrigieren.[3] Wir möchten kurz erklären, warum beides nicht zutrifft, und sowohl unseren Kritikern als auch unseren allzu enthusiastischen Anhängern antworten. Insbesondere ist uns daran gelegen, eine Reihe von Mißverständnissen auszuräumen.

Das Buch entstand aus einem mittlerweile berühmt gewordenen Scherz: Einer der Autoren veröffentlichte in *Social Text*, einer amerikanischen Zeitschrift für Kulturwissenschaft, einen parodistischen Artikel, der mit unsinnigen, aber bedauerlicherweise echten Zitaten prominenter französischer und amerikanischer Intellektueller gespickt war.[4] Es konnte jedoch nur ein kleiner Teil des von Alan Sokal während seiner Bibliotheksrecherchen zusammengestellten „Dossiers" in die Parodie Eingang finden. Nachdem wir dieses umfangreichere Dossier befreundeten Wissenschaftlern wie auch Laien gezeigt hatten, wuchs in uns (allmählich) die Überzeugung, daß es sich lohnen könnte, den Inhalt einer breiteren Öffentlichkeit zugänglich zu machen. Wir wollten allgemeinverständlich erklären, warum die Zitate absurd oder, in vielen Fällen, einfach sinnlos sind, und wir wollten auch das kulturelle Umfeld beleuchten, das es möglich machte, daß diese Abhandlungen ein solches Ansehen erlangten und, bislang jedenfalls, unwidersprochen blieben.

Doch was genau behaupten wir? Nicht zuwenig und nicht zuviel. Wir zeigen auf, daß berühmte Intellektuelle wie Lacan,

---

[1] Éditions Odile Jacob, Paris, Oktober 1997.
[2] Henley (1997).
[3] Maggiori (1997).
[4] Sokal (1996 a), hier abgedruckt auf den Seiten 262 ff. Auf den Scherz und seine Geschichte wird noch ausführlicher in Kapitel 1 eingegangen.

Kristeva, Irigaray, Baudrillard und Deleuze wiederholt mit wissenschaftlichen Ideen und Begriffen Mißbrauch getrieben haben, indem sie wissenschaftliche Konzepte ohne jede Rechtfertigung völlig aus dem Zusammenhang rissen – wir sind nicht grundsätzlich dagegen, daß Konzepte von einem Gebiet in ein anderes übertragen werden, sondern wenden uns nur gegen nicht nachvollziehbare Übertragungen – oder indem sie gegenüber ihrer fachlich nicht vorgebildeten Leserschaft mit Wissenschaftsjargon um sich warfen, ohne sich um dessen Relevanz oder gar Bedeutung zu kümmern. Wir behaupten nicht, daß ihre übrige Arbeit dadurch entwertet sei; darüber enthalten wir uns jeden Urteils.

Manchmal wird uns vorgeworfen, wir seien arrogante Wissenschaftler, aber in Wirklichkeit gestehen wir den exakten Wissenschaften eine eher bescheidene Rolle zu. Wäre es nicht schön (jedenfalls für uns Mathematiker und Physiker), wenn der Gödelsche Satz oder die Relativitätstheorie tatsächlich unmittelbare und weitreichende Implikationen für das Studium der Gesellschaft hätten? Oder wenn das Auswahlaxiom der Analyse von Gedichten dienlich wäre? Oder wenn die Topologie etwas mit der menschlichen Psyche zu tun hätte? Aber leider ist dem nicht so.

Unser Buch richtet sich zum zweiten gegen den epistemischen Relativismus, also die (zumindest als ausformuliertes Konzept in der englischsprachigen Welt bedeutend stärker als in Frankreich verbreitete) Vorstellung, daß die moderne Wissenschaft nur ein „Mythos" sei, eine „Erzählung" oder „gesellschaftliche Konstruktion" unter vielen anderen.[5] Neben einigen gravierenden Mißbräuchen (beispielsweise durch Irigaray) analysieren wir eine Reihe von Irrtümern, die unter postmodernen Kulturwissenschaftlern recht häufig kursieren, so die falsche Verwendung von Begriffen aus der Wissenschaftstheorie – wie etwa die Begriffe „Unterdeterminiertheit der Evidenztheorie" oder „Theoriebeladenheit der Beobachtung" – zur Stützung eines radikalen Relativismus.

Dieses Buch besteht deshalb aus zwei unterschiedlichen – obzwar miteinander verwandten – Teilen, die in einem Band vereint sind. Zum einen beinhaltet das Buch die Sammlung der

---

[5] Es sei an dieser Stelle betont, daß sich unsere Erörterung auf den epistemischen/kognitiven Relativismus beschränkt; die heikleren Fragen des moralischen oder ästhetischen Relativismus sind ausgeklammert.

von Sokal größtenteils zufällig entdeckten extremen Mißbräuche; dies ist der „elegante Unsinn", auf den sich der Titel bezieht. Zum anderen enthält es unsere Kritik am epistemischen Relativismus und an den falschen Vorstellungen hinsichtlich einer „postmodernen Wissenschaft"; diese Analysen sind erheblich subtiler. Die Verbindung zwischen diesen beiden Kritikpunkten ist in erster Linie eine soziologische: Die französischen Autoren des „eleganten Unsinns" sind gerade in vielen derjenigen englischsprachigen akademischen Zirkel beliebt, in denen auch der epistemische Relativismus gerade „angesagt" ist.[6] Die Existenz einer solchen Verbindung ist in gewisser Weise auch logisch: Akzeptiert man den epistemischen Relativismus, so ist man weniger geneigt, sich über die falsche Darstellung wissenschaftlicher Ideen aufzuregen, die ohnehin nur ein „Diskurs" unter vielen sind.

Natürlich haben wir dieses Buch nicht nur geschrieben, um vereinzelte Mißbräuche aufzuzeigen. Es geht uns um mehr, aber nicht unbedingt um das, was uns unterstellt wird. Dieses Buch handelt von Mystifizierung, bewußt verschleiernder Sprache, gedanklicher Verwirrung und vom Mißbrauch wissenschaftlicher Begriffe. Die zitierten Texte sind möglicherweise die Spitze eines Eisbergs, doch der Eisberg ist bestimmt durch das, was intellektuell gängig ist, und nicht durch eine gesellschaftliche Gruppe.

Nehmen Sie etwa an, ein Journalist stößt auf Dokumente, die beweisen, daß einige angesehene Politiker korrupt sind, und veröffentlicht sie. (Es sei betont, daß es sich hier um eine Analogie handelt und wir die hier beschriebenen Mißbräuche nicht für vergleichbar schlimm halten.) Einige Menschen werden daraus zweifellos den Schluß ziehen, daß die meisten Politiker korrupt sind, und Demagogen, die daraus politischen Gewinn ziehen, werden das Ihre dazu beitragen.[7] Dieser Schluß wäre jedoch ein Fehlschluß.

---

[6] Die Gruppierungen sind jedoch nicht völlig deckungsgleich. In der englischsprachigen Welt sind die in diesem Buch analysierten französischen Autoren vor allem an den Fakultäten für Literatur- und Kulturwissenschaft sowie im Fachbereich Frauenforschung beliebt. Der epistemische Relativismus ist deutlich weiter verbreitet und findet sich auch häufig in der Anthropologie, der Pädagogik und der Wissenschaftssoziologie, wo man sich kaum für Lacan oder Deleuze interessiert.

[7] Die auf frischer Tat ertappten Politiker werden dieselbe Interpretation

Auch die – von einigen französischen Rezensenten vertretene – Meinung, dieses Buch kritisiere die Geistes- oder Sozialwissenschaften insgesamt, verkennt nicht nur unsere Absichten, sondern ist auch auf eine merkwürdige Weise pauschal, die eine Geringschätzung der betreffenden Rezensenten gegenüber diesen Fachgebieten verrät.[8] Gehen wir die Sache logisch an: Entweder sind die Geistes- und Sozialwissenschaften mit den in diesem Buch angeprangerten Mißbräuchen gleichzusetzen oder nicht. Wenn ja, würden wir diese Fachgebiete tatsächlich *en bloc* angreifen – was dann auch gerechtfertigt wäre. Und wenn nein (und das ist unsere Ansicht), gibt es einfach keinen Grund, einen Wissenschaftler für das zu kritisieren, was ein anderer aus derselben Disziplin sagt. Allgemeiner ausgedrückt: Jede Deutung unseres Buches als Generalangriff auf X – ob X nun als Platzhalter für die französische Philosophie, die amerikanischen Linksintellektuellen oder was auch immer steht – setzt voraus, daß X als Ganzes von den intellektuellen Schwächen durchdrungen sei, die wir anprangern, aber diesen Vorwurf haben jene zu vertreten, die ihn erheben.

Die von Sokals Scherz ausgelösten Diskussionen drehten sich um eine immer größere Bandbreite von Themen, die mit der Parodie selbst immer weniger zu tun hatten, Themen, bei denen es nicht nur um den konzeptionellen Status wissenschaftlicher Erkenntnisse oder die Verdienste des französischen Poststrukturalismus ging, sondern auch um die gesellschaftliche Rolle von Wissenschaft und Technik, um multikulturelle Strömungen und „politische Korrektheit", um die akademische Linke im Gegensatz zur akademischen Rechten sowie um die kulturelle im Gegensatz zur ökonomischen Linken. Wir möchten betonen, daß das vorliegende Buch die meisten dieser Themen *nicht* behandelt. Insbesondere stehen die hier analysierten Themen, wenn überhaupt, in so gut wie keinem konzeptionellen oder logischen Zusammenhang mit der Politik. Unabhängig davon, wie man zur Lacanschen Ma-

---

der Absichten des Journalisten vertreten, allerdings aus anderen (wenngleich naheliegenden) Gründen.

[8] Marc Richelle gibt in seinem sehr interessanten und ausgewogenen Buch (1998) der Befürchtung Ausdruck, daß einige Leser (und vor allem *Nicht*-Leser) unseres Buches zu dem Schluß gelangen könnten, daß die Sozialwissenschaften insgesamt Unsinn seien. Er macht jedoch deutlich, daß dies nicht *unsere* Meinung ist.

thematik oder zur Theoriebeladenheit der Beobachtung steht, kann man – ohne befürchten zu müssen, sich in Widersprüche zu verstricken – jede denkbare Haltung zu den staatlichen Militärausgaben, zum Wohlfahrtsstaat oder zur Ehe zwischen Homosexuellen einnehmen. Gewiß, es gibt einen – wenngleich häufig überschätzten – soziologischen Zusammenhang zwischen den „postmodernen" intellektuellen Strömungen, die wir kritisieren, und Teilen der akademischen Linken in den USA. Ohne diese Verbindung hätten wir die Politik nicht einmal erwähnt. Wir wollen unser Buch aber nicht als einen weiteren Schuß verstanden wissen, der in den finsteren Kulturkriegen fällt, und noch weniger als einen, der aus der rechten Ecke kommt. Die Kritik an der Ungerechtigkeit unseres Wirtschaftssystems, an rassischer und sexueller Unterdrückung hat seit den 60er Jahren in vielen akademischen Institutionen zugenommen und war in den letzten Jahren vielfach dem Spott und unfairer Kritik ausgesetzt. Nichts an unserem Buch gibt Anlaß dazu, es in diese Ecke stellen.

Unser Buch findet in Frankreich einen ganz anderen institutionellen Kontext vor als in der englischsprachigen Welt. Während die von uns kritisierten Autoren einen starken Einfluß auf die französischen Universitäten ausüben und in den Medien, den Verlagen und unter der Intelligenzia zahlreiche Anhänger haben – daher auch einige der wütenden Reaktionen auf unser Buch –, sind ihre anglo-amerikanischen Pendants immer noch eine streitbare Minderheit innerhalb bestimmter intellektueller Kreise, wenngleich sie sich in einigen Stellungen sicher verschanzt haben. Deshalb kommen sie sich sowohl selbst als auch ihren Kritikern mitunter „radikaler" und „subversiver" vor, als sie es in Wirklichkeit sind. Unser Buch richtet sich jedoch nicht gegen politische Radikalität, sondern gegen geistige Verwirrung. Wir wollen nicht die Linke an sich kritisieren, sondern dazu beitragen, sie vor einem derzeit populären Teil ihrer selbst zu schützen. Michael Albert faßte dies im *Z Magazine* treffend zusammen: „Es ist alles andere als wahrheitsliebend, klug, menschlich oder weitsichtig, die Bekämpfung von Ungerechtigkeit und Unterdrükkung, die von links kommt, mit der Bekämpfung von Wissenschaftlichkeit und Rationalität, die Unfug ist, zu verwechseln."[9]

---

[9] Albert (1996, S. 69). Im Epilog werden wir auf diese politischen Fragen zurückkommen.

Der englische Text, der dieser Ausgabe zugrunde liegt, ist weitgehend eine direkte Übersetzung des französischen Originals. Einige intellektuelle Debatten in der englischsprachigen Welt werden vertieft behandelt, und darüber hinaus haben wir gegenüber dem Originaltext viele kleinere Änderungen vorgenommen, um den Text noch verständlicher zu machen, kleinere Ungenauigkeiten zu korrigieren und Mißverständnisse zu vermeiden. Wir danken den vielen Lesern der französischen Ausgabe, die uns hierzu Hinweise gaben. Abweichend von der englischen Fassung enthält die deutsche Ausgabe zusätzlich ein aus der französischen Originalausgabe übernommenes Kapitel über das Verhältnis von Naturwissenschaft und Philosophie in der Vergangenheit (Kapitel 12).

Beim Verfassen dieses Buches profitierten wir von zahllosen Diskussionen und Debatten, in denen wir viel Ermutigung und Kritik erfuhren. Wenngleich es uns nicht möglich ist, allen zu danken, die dazu beigetragen haben, möchten wir unsere Dankbarkeit doch gegenüber jenen ausdrücken, die uns durch ihre Hinweise oder durch die Lektüre von Teilen des Manuskripts eine große Hilfe waren: Michael Albert, Robert Alford, Roger Balian, Louise Barre, Paul Boghossian, Raymond Boudon, Pierre Bourdieu, Jacques Bouveresse, Georges Bricmont, James Robert Brown, Tim Budden, Noam Chomsky, Helena Cronin, Bérangère Deprez, Jean Dhombres, Cyrano de Dominicis, Pascal Engel, Barbara Epstein, Roberto Fernández, Vincent Fleury, Julie Franck, Allan Franklin, Paul Gérardin, Michel Gevers, Michel Ghins, Yves Gingras, Todd Gitlin, Gerald Goldin, Sylviane Goraj, Paul Gross, Étienne Guyon, Michael Harris, Géry-Henri Hers, Gerald Holton, John Huth, Markku Javanainen, Gérard Jorland, Jean-Michel Kantor, Noretta Koertge, Angèle Kremer-Marietti, Hubert Krivine, Jean-Paul Krivine, Antti Kupiainen, Louis Le Borgne, Gérard Lemaine, Geert Lernout, Jerrold Levinson, Norm Levitt, Jean-Claude Limpach, Andréa Loparic, John Madore, Christian Maes, Francis Martens, Tim Maudlin, Sy Mauskopf, Jean Mawhin, Maria McGavigan, N. David Mermin, Enrique Muñoz, Meera Nanda, Michael Nauenberg, Hans-Joachim Niemann, Marina Papa, Patrick Peccatte, Jean Pestieau, Daniel Pinkas, Louis Pinto, Patricia Radelet de Grave, Marc Richelle, Benny Rigaux-Bricmont, Ruth Rosen, David Ruelle, Manfred Salmhofer, Patrick Sand, Mónica Santoro, Abner Shimony, Lee Smolin, Philippe Spindel, Hector Sussmann, Jukka-Pekka Takala, Serge Tisseron, Jacques Treiner, Claire Van Cutsem, Jacques Van Rillaer, Loïc Wacquant, Nicolas Witkowski und Daniel Zwanziger. Dank schulden wir außerdem unseren Lektoren Nicky White und George Witte für viele wertvolle Hinweise. Wir möchten betonen, daß die genannten Personen nicht unbedingt dem Inhalt dieses Buches zustimmen oder gar seine Absicht teilen.

Zuletzt möchten wir gegenüber Marina, Claire, Thomas und Antoine unseren Dank dafür ausdrücken, daß sie uns die letzten zwei Jahre ertragen haben.

1. Einführung

Solange Autorität Furcht einflößt, verstärken Konfusion und Absurdität konservative Tendenzen in einer Gesellschaft. Erstens führt klares und logisches Denken zu einer Anhäufung von Wissen (wofür der Fortschritt in den Naturwissenschaften das beste Beispiel bietet), und die Vervollkommnung des Wissens unterminiert früher oder später die traditionelle Ordnung. Verworrenes Denken führt andererseits nirgendwohin und kann unbegrenzt so weiter getrieben werden, ohne daß es irgendeinen Einfluß auf die Welt hätte.
– Stanislav Andreski, *Die Hexenmeister der Sozialwissenschaften*
(1974, S. 92)

Die Geschichte dieses Buches beginnt mit einem Scherz. Seit einigen Jahren überraschen und beunruhigen uns die intellektuellen Trends in bestimmten Teilen der amerikanischen akademischen Welt. Große Teile der Geistes- und Sozialwissenschaften scheinen sich eine Philosophie zu eigen gemacht zu haben, die wir, in Ermangelung eines besseren Ausdrucks, „postmodern" nennen wollen: Es handelt sich dabei um eine intellektuelle Strömung, die gekennzeichnet ist durch eine mehr oder minder explizite Ablehnung der rationalistischen Tradition der Aufklärung, durch theoretische Abhandlungen, die von jeglichem empirischen Nachweis losgelöst sind, und durch einen kognitiven und kulturellen Relativismus, der die Wissenschaft lediglich als „Erzählung", als „Mythos" oder als eine gesellschaftliche Konstruktion unter vielen betrachtet.

Dieses Phänomen veranlaßte einen von uns (Alan Sokal), ein ungewöhnliches (und zugegebenermaßen unkontrolliertes) Experiment durchzuführen: Er bot der populären amerikanischen kulturwissenschaftlichen Zeitschrift *Social Text* eine Parodie des Typs von Aufsatz an, der in den letzten Jahren vermehrt publiziert wurde, um herauszufinden, ob man diese Parodie abdrukken würde. Der Aufsatz mit dem Titel „Die Grenzen überschreiten: Auf dem Weg zu einer transformativen Hermeneutik der Quantengravitation"[1] strotzt vor Absurditäten und eklatanten

---

[1] Der englische Titel lautet: „Transgressing the Boundaries: Toward a Transformative Hermeneutics of Quantum Gravity". Dieser Aufsatz ist in Anhang A (S. 262 ff.) abgedruckt, gefolgt von einigen kurzen Kommentaren in Anhang B.

Trugschlüssen. Darüber hinaus vertritt er eine extreme Form des kognitiven Relativismus: Er verspottet zunächst das überholte „Dogma", es gebe „eine äußere Welt, deren Eigenschaften unabhängig vom einzelnen Individuum und sogar von der gesamten Menschheit sind", und behauptet dann kategorisch, die „physische ‚Realität' [sei], nicht weniger als die gesellschaftliche, im Grunde ein soziales und sprachliches Konstrukt". Über eine Reihe abenteuerlicher logischer Sprünge gelangt er zu dem Schluß: „das π Euklids und das G Newtons, die früher als konstant und universal galten, werden heute in ihrer unabwendbaren Historizität gesehen". Der Rest des Aufsatzes ist im selben Stil gehalten.

Trotzdem wurde der Aufsatz angenommen und veröffentlicht. Schlimmer noch, er wurde in einer Sondernummer von *Social Text* abgedruckt, die jene Kritik widerlegen sollte, die einige bekannte Wissenschaftler vorgebracht hatten.[2] Die Herausgeber von *Social Text* hätten sich kaum schlimmer schaden können.

Sokal machte sofort publik, daß es sich um einen Scherz gehandelt hatte, und löste damit sowohl in der populären als auch in der akademischen Presse heftige Reaktionen aus.[3] Viele Forscher aus den Geistes- und Sozialwissenschaften schrieben Sokal, mitunter mit sehr bewegenden Worten, um ihm zu danken und ihrer eigenen Ablehnung der postmodernen und relativistischen Tendenzen Ausdruck zu verleihen, die weite Bereiche ihrer Disziplinen dominierten. Ein Student mutmaßte, er habe das Geld,

---

[2] Zu diesen kritischen Stimmen gehören etwa Holton (1993), Gross und Levitt (1994) sowie Gross, Levitt und Lewis (1996). Die Sondernummer von *Social Text* wird von Ross (1996) eingeleitet. Die Parodie selbst ist Sokal (1996 a). Auf die Motive für die Parodie gehen Sokal (1996 c) – hier abgedruckt in Anhang C – sowie Sokal (1997 a) näher ein. Zu früheren Angriffen auf die Postmoderne und den Sozialkonstruktivismus aus einer etwas anderen politischen Perspektive – die in der Sonderausgabe von *Social Text* allerdings nicht angesprochen werden – vgl. etwa Albert (1992–93), Chomsky (1992–93) und Ehrenreich (1992–93).

[3] Der Scherz wurde in Sokal (1996 b) zugegeben. Der Skandal landete (zu unserer größten Überraschung) auf der Titelseite der *New York Times* (Scott 1996), der *International Herald Tribune* (Landsberg 1996), des [London] *Observer*, von *Le Monde* (Weill 1996) und einigen anderen großen Zeitungen. Hinsichtlich der Reaktionen vgl. besonders die Analysen von Frank (1996), Pollitt (1996), Willis (1996), Albert (1996), Weinberg (1996 a, 1996 b), Boghossian (1996) und Epstein (1997).

das er zur Finanzierung seines Studiums verdient hatte, für die Kleider eines Kaisers ausgegeben, der, wie im Märchen, nackt sei. Ein anderer schrieb, seine Kollegen und er seien von der Parodie begeistert, bat aber zugleich darum, seine Äußerungen vertraulich zu behandeln, da er zwar dazu beitragen wolle, seine Disziplin zu verändern, dies aber erst tun könne, sobald er eine feste Stelle habe.

Doch warum die ganze Aufregung? Vom Medienrummel einmal abgesehen, ist durch die bloße Tatsache der Veröffentlichung an sich nicht viel bewiesen; sie verrät höchstens etwas über die intellektuellen Standards *einer* gerade hoch im Kurs stehenden Zeitschrift. Zu interessanteren Schlußfolgerungen gelangt man hingegen durch eine Analyse des *Inhalts* der Parodie.[4] Bei genauerem Hinsehen erkennt man, daß die Parodie um Zitate berühmter französischer und amerikanischer Intellektueller zu den angeblichen philosophischen und gesellschaftlichen Implikationen der Mathematik und der Naturwissenschaften herum konstruiert war. Die zitierten Passagen mögen absurd oder sinnlos sein, sind aber gleichwohl authentisch. Tatsächlich bestand Sokals einziger Beitrag darin, einen „Klebstoff" (von zugegebenermaßen wundersamer „Logik") zu liefern, um diese Zitate zusammenzufügen und entsprechend hochzujubeln. Die Autoren, um die es sich handelt, bilden ein wahres Pantheon der zeitgenössischen „Französischen Theorie": Gilles Deleuze, Jacques Derrida, Félix Guattari, Luce Irigaray, Jacques Lacan, Bruno Latour, Jean-François Lyotard, Michel Serres und Paul Virilio.[5] Viele Zitate stammen auch von herausragenden ameri-

---

[4] Für eine detailliertere Darstellung vgl. Sokal (1998).

[5] In dieses Buch haben wir zusätzlich noch Jean Baudrillard und Julia Kristeva aufgenommen. Unter den zehn „wichtigsten" französischen Philosophen, die Lamont (1987, Anm. 4) nennt, sind Baudrillard, Deleuze, Derrida, Lyotard und Serres. Unter den sechs von Mortley (1991) ausgewählten Philosophen sind Derrida, Irigaray und Serres. Fünf der acht von Rötzer (1986) interviewten französischen Philosophen sind Baudrillard, Derrida, Lyotard, Serres und Virilio. Dieselben Autoren befanden sich auch unter den 39 westlichen Denkern, die von *Le Monde* (1984 a, b) interviewt wurden, und man findet Baudrillard, Deleuze, Derrida, Irigaray, Kristeva, Lacan, Lyotard und Serres unter den 50 zeitgenössischen westlichen Denkern, die von Lechte (1994) ausgewählt wurden. Die Bezeichnung „Philosoph" wird hier generalisierend gebraucht; eine präzisere Bezeichnung wäre „philosophisch-literarischer Intellektueller".

kanischen Forschern aus dem Bereich der Kulturwissenschaften und aus verwandten Gebieten, aber diese Autoren sind oft, zumindest teilweise, Schüler oder Exegeten der französischen Meister.

Da die in der Parodie angeführten Zitate recht kurz waren, stellte Sokal später eine Reihe längerer Texte zusammen, um den Umgang der betreffenden Autoren mit den Naturwissenschaften zu illustrieren, und gab sie im Kreis seiner Kollegen herum. Ihre Reaktion war eine Mischung aus Belustigung und Entsetzen: Sie konnten kaum glauben, daß irgend jemand – geschweige denn berühmte Intellektuelle – solchen Unsinn schreiben konnte. Wissenschaftliche Laien, die die Texte lasen, wiesen jedoch darauf hin, daß es notwendig sei, in allgemeinverständlicher Weise zu erklären, *warum* die zitierten Passagen eigentlich absurd oder sinnlos waren. Wir begannen daher, zu den Texten eine Reihe von Analysen und Kommentaren zu verfassen, aus denen dieses Buch entstand.

Was wir zeigen wollen

Ziel dieses Buches ist, einen begrenzten, aber eigenständigen Beitrag zur Kritik des zugegebenermaßen nebulösen Zeitgeists zu leisten, den wir als „Postmoderne" bezeichnen. Wir erheben nicht den Anspruch, das postmoderne Denken in seiner Gesamtheit zu analysieren; vielmehr möchten wir die Aufmerksamkeit auf einen relativ wenig bekannten Aspekt lenken, nämlich den wiederholten Mißbrauch von Ideen und Begriffen aus der Mathematik und der Physik. Außerdem werden wir einige gedankliche Verwirrungen unter die Lupe nehmen, die in postmodernen Schriften gehäuft vorkommen und entweder den Inhalt oder die Theorie der Naturwissenschaften betreffen.

Das Wort „Mißbrauch" impliziert hier eine oder mehrere der folgenden Bedeutungen:
1. Die weitschweifige Darstellung naturwissenschaftlicher Theorien, von denen man günstigstenfalls eine äußerst vage Vorstellung hat. Die gebräuchlichste Taktik besteht darin, sich einer wissenschaftlichen (oder pseudowissenschaftlichen) Terminologie zu bedienen, ohne sich übermäßig darum zu kümmern, was die Wörter eigentlich *bedeuten*.

2. Die Übernahme von Begriffen aus den Naturwissenschaften in die Geistes- oder Sozialwissenschaften ohne die geringste inhaltliche oder empirische Rechtfertigung. Wenn eine Biologin in ihre Forschung elementare Begriffe der Topologie, der Mengenlehre oder der Differentialgeometrie übernehmen wollte, müßte sie eine Erklärung dafür liefern. Eine vage Analogie würden ihre Kolleginnen und Kollegen nicht ernst nehmen. Dagegen erfahren wir hier – ohne jede Erklärung – von Lacan, daß die Struktur des neurotischen Subjekts exakt dem Torus entspricht (es ist nichts weniger als die Realität selbst, vgl. S. 38), von Kristeva, daß poetische Sprache durch die Mächtigkeit des Kontinuums theoretisch zu erfassen ist (S. 57 f.), und von Baudrillard, daß der moderne Krieg in einem nichteuklidischen Raum stattfindet (S. 169).

3. Die Zurschaustellung von Halbbildung, indem man schamlos mit Fachbegriffen um sich wirft, die im konkreten Zusammenhang völlig irrelevant sind. Der Zweck besteht zweifelsohne darin, den wissenschaftlich nicht vorgebildeten Leser zu beeindrucken und – vor allem – einzuschüchtern. Selbst manche Kritiker aus Hochschulen und Medien fallen darauf herein: Roland Barthes ist beeindruckt von der Präzision der Arbeiten Julia Kristevas (S. 56), und *Le Monde* bewundert Paul Virilios Gelehrsamkeit (S. 193).

4. Die Verwendung von im Grunde bedeutungslosen Schlagworten und Sätzen. Einige der betreffenden Autoren lassen sich zwar wahrhaft berauschen von Worten, deren Bedeutungen sind ihnen aber zugleich ganz und gar gleichgültig.

Diese Autoren sprechen mit einem Selbstbewußtsein, das ihre wissenschaftliche Kompetenz bei weitem übersteigt: Lacan brüstet sich, „die jüngste Entwicklung der Topologie" einzubeziehen (S. 40), und Latour fragt, ob er Einstein etwas beigebracht habe (S. 152). Vielleicht glauben sie, sie könnten das Prestige der Naturwissenschaften benutzen, um ihren eigenen Diskursen den Anstrich der Exaktheit zu geben. Und sie scheinen darauf zu vertrauen, daß niemand ihre falsche Verwendung wissenschaftlicher Begriffe bemerkt, daß niemand mit einem Aufschrei verkünden wird, der König sei nackt.

Unser Ziel besteht genau darin: zu sagen, der König sei nackt (und die Königin ebenfalls). Doch damit keine Mißverständnisse aufkommen: Wir greifen die Philosophie, die Geistes- und die

Sozialwissenschaften nicht *in ihrer Gesamtheit* an, im Gegenteil: In unseren Augen sind diese Disziplinen von größter Bedeutung, und wir wollen jene, die in diesen Fächern arbeiten (vor allem die Studenten), vor einigen eklatanten Fällen von Scharlatanerie warnen.[6] Insbesondere wollen wir den Nimbus zerstören, den einige Texte besitzen: Sie seien deshalb so schwierig zu verstehen, weil die darin vorgebrachten Gedanken so tiefgründig seien. In vielen Fällen werden wir aufzeigen, daß die Texte einzig und allein deshalb so schwierig erscheinen, weil sie absolut nichts aussagen.

Der Mißbrauch kennt viele unterschiedliche Grade. Am einen Ende des Spektrums stehen Übertragungen wissenschaftlicher Begriffe in Bereiche außerhalb ihrer Gültigkeit, Übertragungen, die zwar nicht korrekt sind, dies aber aus subtilen Gründen. Am anderen Ende stehen zahlreiche Texte, die voll von wissenschaftlichen Begriffen, aber völlig inhaltsleer sind. Und natürlich gibt es ein Kontinuum an Abhandlungen, die irgendwo zwischen diesen beiden Extremen anzusiedeln sind. Wenngleich wir unser Augenmerk in diesem Buch vor allem auf die gravierendsten Mißbräuche richten wollen, werden wir auch kurz auf einige weniger offensichtliche Fehldeutungen der Chaostheorie zu sprechen kommen (Kapitel 7).

Es sei mit Nachdruck gesagt, daß es keine Schande ist, wenn man von Analysis oder Quantenmechanik nichts versteht. Was wir kritisieren, ist die Anmaßung einiger gefeierter Intellektueller, die tiefschürfende Einsichten zu komplizierten Fragen vermitteln wollen, die sie selbst, wenn überhaupt, nur auf dem Niveau populärwissenschaftlicher Darstellungen begriffen haben.[7]

An diesem Punkt mag sich der Leser natürlich fragen: Entspringen diese Mißbräuche bewußter Täuschung, unbewußter

---

[6] Wenn wir davon absehen, Beispiele für *gute* Arbeit in diesen Bereichen anzuführen – wie es uns einige Leser vorgeschlagen haben –, so liegt dies daran, daß eine umfassende Auflistung weit über unsere Möglichkeiten ginge, eine Auswahl uns jedoch sofort in die Beschäftigung mit Belanglosigkeiten verstricken würde. („Warum erwähnen Sie X und nicht Y?")

[7] Einige Rezensenten (Droit 1997, Stengers 1997, *Economist* 1997) haben uns mit Lehrern verglichen, die Lacan, Kristeva und anderen schlechte Noten in Mathematik und Physik erteilen. Doch der Vergleich hinkt: In der Schule muß man bestimmte Fächer lernen, aber niemand hat diese Autoren gezwungen, in ihren Schriften mathematische Begriffe ins Feld zu führen.

Selbsttäuschung oder vielleicht einer Kombination aus beiden? Aus Mangel an (der Allgemeinheit zur Verfügung stehenden) „Beweisen" können wir auf diese Frage keine kategorische Antwort geben. Aber vor allem müssen wir zugeben, daß uns diese Frage nicht sonderlich interessiert. Uns geht es hier darum, zu einer kritischen Haltung anzuregen, und zwar nicht nur gegenüber bestimmten Personen, sondern gegenüber einem Teil der Intelligenzia (sowohl in den Vereinigten Staaten als auch in Europa), der diese Form des Diskurses zugelassen, ja sogar gefördert hat.

Ja, aber ...

Bevor wir fortfahren, wollen wir auf einige der Einwände eingehen, die dem Leser ohne Zweifel kommen werden.

1. Die Nebensächlichkeit der Zitate. Man könnte vorbringen, wir würden hier Haarspalterei betreiben und Autoren kritisieren, die zugegebenermaßen keine naturwissenschaftliche Ausbildung genossen haben und vielleicht einen Fehler begingen, als sie sich auf unbekanntes Terrain wagten, deren Beitrag zur Philosophie und/oder zu den Sozialwissenschaften aber gleichwohl bedeutend ist und durch die von uns entdeckten „kleinen Fehler" in keiner Weise entwertet wird. Als erstes würden wir antworten, daß die betreffenden Texte etwas beinhalten, das über „Fehler" weit hinausgeht: Aus ihnen spricht eine tiefe Gleichgültigkeit, wenn nicht Verachtung, gegenüber Fakten und Logik. Unser Ziel ist es also nicht, Geisteswissenschaftler zu verspotten, die beim Zitieren von Einstein oder Gödel Fehler gemacht haben, sondern den Kanon der Rationalität und der intellektuellen Redlichkeit zu verteidigen, der allen wissenschaftlichen Disziplinen zu eigen ist (oder jedenfalls sein sollte).

Es versteht sich von selbst, daß wir nicht befähigt sind, die nichtnaturwissenschaftlichen Aspekte der Werke dieser Autoren zu beurteilen. Wir wissen sehr wohl, daß ihr „Eindringen" in die Naturwissenschaften nicht das Zentrale an ihren Werken ist. Doch wenn man in einem Teilbereich – und sei er ein Randbereich – mangelnde intellektuelle Redlichkeit (oder grobe Unfähigkeit) entdeckt, wird man das übrige Werk natürlich kritischer unter die Lupe nehmen. Wir wollen die Ergebnisse einer derartigen Analyse nicht vorwegnehmen, sondern den Arbeiten einfach die Aura der Tiefgründigkeit nehmen, die Studenten (und Professoren) manchmal von dieser Aufgabe abgeschreckt hat.

Ideen, die man aufgrund einer Mode oder eines Dogmas akzeptiert, sind besonders anfällig dafür, selbst in nebensächlichen Aspekten entlarvt zu werden. So zeigten geologische Entdeckungen im 18. und 19. Jahrhundert, daß die Erde weit älter ist als die fünf Jahrtausende, von denen die Bibel ausgeht. Obwohl diese Erkenntnisse nur einem kleinen Teil der Bibel direkt widersprachen, wirkten sie sich indirekt dergestalt aus, daß sie die Glaubwürdigkeit der Bibel als wahrheitsgetreue Darstellung der Geschichte untergruben, so daß heute (außer in den USA) nur noch wenige Menschen so *wörtlich* an die biblischen Aussagen glauben wie noch vor wenigen Jahrhunderten die meisten Europäer. Nehmen Sie dagegen das Werk Isaac Newtons: Man schätzt, daß 90 % seiner Schriften mit Alchimie und Mystizismus befaßt sind. Aber was heißt das schon? Der Rest hat überlebt, weil er auf unumstößlichen empirischen und theoretischen Beweisen beruht. Ähnlich ist es mit Descartes: Der Großteil seiner Physik ist falsch, aber einige der von ihm aufgeworfenen philosophischen Fragen sind bis heute relevant. Wenn dasselbe einmal über das Gesamtwerk unserer Autoren gesagt werden kann, dann sind unsere Ergebnisse nur von marginaler Bedeutung. Doch wenn diese Autoren in erster Linie aus soziologischen Gründen und nicht aufgrund intellektueller Leistungen internationale Berühmtheit erlangt haben, und zum Teil einfach deshalb, weil sie Meister des Worts sind und ihre Leserschaft durch einen geschickten Mißbrauch von – wissenschaftlicher und auch sonstiger – Fachterminologie beeindrucken, könnten die in diesem Essay enthaltenen Enthüllungen tatsächlich ein enormes Echo hervorrufen.

Wir möchten hervorheben, daß sich die betreffenden Autoren in ihrer Einstellung gegenüber der Naturwissenschaft und der Bedeutung, die sie ihr beimessen, deutlich voneinander unterscheiden. Sie sollten nicht alle in eine Schublade gesteckt werden, und wir möchten unsere Leser hier vor dieser Versuchung warnen. So ist das Derrida-Zitat in Sokals Parodie zwar recht amüsant,[8] aber es handelt sich um eine einmalige Verfehlung Derri-

---

[8] Das vollständige Zitat findet sich in Derrida (1970, S. 265–268).

das; da die Naturwissenschaften in seinem Werk nicht systematisch mißbraucht (und nicht einmal besonders beachtet) werden, enthält dieses Buch kein Kapitel zu Derrida. Im Gegensatz dazu steckt Serres' Werk voller mehr oder weniger poetischer Anspielungen auf die Naturwissenschaften und ihre Geschichte; seine äußerst vagen Behauptungen sind im allgemeinen jedoch weder völlig sinnlos noch völlig falsch, und so wurde hier nicht *en détail* auf sie eingegangen.[9] Kristevas frühe Schriften basierten stark (und zwar mißbräuchlich) auf der Mathematik, aber sie wandte sich vor mehr als 20 Jahren von diesem Ansatz ab. Wenn wir dennoch im vorliegenden Werk an diesen Schriften Kritik üben, so hat dies seinen Grund darin, daß sie in unseren Augen für einen bestimmten intellektuellen Stil symptomatisch sind. Die anderen Autoren haben sich in ihrem Werk alle ausgiebig auf die Naturwissenschaften berufen. Latours Schriften bieten genügend Material für die Mühlen des zeitgenössischen Relativismus und basieren auf einer angeblich strengen Analyse naturwissenschaftlicher Verfahren. Die Werke von Baudrillard, Deleuze, Guattari und Virilio sind voll von scheinbar klugen Bezügen zur Relativitätstheorie, zur Quantenmechanik, zur Chaostheorie etc. Wir betreiben also beileibe keine Haarspalterei, wenn wir nachweisen, daß ihre naturwissenschaftliche Bildung äußerst oberflächlich ist. Darüber hinaus verweisen wir bei mehreren Autoren auf andere Texte, in denen der Leser zahlreiche weitere Beispiele für Mißbrauch finden kann.

2. Sie verstehen den Kontext nicht. Verteidiger von Lacan, Deleuze und anderen Autoren könnten vorbringen, deren Berufung auf naturwissenschaftliche Konzepte sei stichhaltig, ja scharfsinnig, während unsere Kritik ihr Ziel verfehle, da wir den Kontext nicht verstünden. Schließlich geben wir sogar gerne zu, daß wir das übrige Werk dieser Autoren nicht immer verstehen. Sind wir also möglicherweise nicht einfach arrogante und borniertere Naturwissenschaftler, denen der Scharfsinn und der Tiefgang dieser Texte verborgen bleiben?

Unsere Antwort würde zunächst lauten: Wenn man sich in einem anderen Forschungsgebiet auf mathematische oder physi-

---

[9] Vgl. Kapitel 11 sowie S. 273 und 313 zu einigen Beispielen für gravierendere Mißbräuche in Serres' Werk.

kalische Begriffe beruft, sollte man deren Relevanz begründen können. In all den hier zitierten Fällen haben wir uns vergewissert, daß eine derartige Begründung fehlt, und zwar sowohl im Kontext des zitierten Abschnitts als auch an anderer Stelle im entsprechenden Artikel oder Buch.

Außerdem gibt es ein paar „Faustregeln", anhand derer sich entscheiden läßt, ob die Einbeziehung von Mathematik einem echten intellektuellen Anliegen dient oder ob sie beim Leser nur Eindruck schinden soll. Für eine begründete Übertragung bedarf der Autor/die Autorin zunächst einmal eines guten Verständnisses der Mathematik, die er/sie anzuwenden vorgibt – insbesondere sollten keine groben Fehler vorkommen –, und er/sie sollte so klar wie möglich die notwendigen Fachbegriffe erklären, und zwar mit Worten, die die angesprochenen Leser und Leserinnen (in der Regel mathematische Laien) auch verstehen können. Zweitens haben mathematische Begriffe eine exakte Bedeutung, weshalb die Mathematik in erster Linie in jenen Bereichen hilfreich ist, in denen Begriffe ebenfalls eine mehr oder weniger exakte Bedeutung haben. Es läßt sich schwer erkennen, wie sich der mathematische Begriff des „kompakten Raums" sinnvoll auf etwas so vage Definiertes wie den „Raum des Genießens" in der Psychoanalyse anwenden läßt. Drittens sollte man besonders mißtrauisch sein, wenn abstruse mathematische Begriffe (wie das Auswahlaxiom in der Mengenlehre), die, wenn überhaupt, nur selten in der Physik – und ganz sicher nie in der Chemie oder Biologie – Anwendung finden, auf wundersame Weise in den Geistes- oder Sozialwissenschaften relevant werden.

3. Dichterische Freiheit. Wenn ein Dichter Begriffe wie „Schwarzes Loch" oder „Freiheitsgrad" in einem anderen Zusammenhang und ohne echtes Verständnis ihrer wissenschaftlichen Bedeutung verwendet, so stört uns das nicht. Auch wenn eine Schriftstellerin, die Science-fictions verfaßt, Geheimgänge durch die Raum-Zeit benutzt, um ihre Helden in die Zeit der Kreuzzüge zurückzuexpedieren, ist es ausschließlich eine Frage des Geschmacks, ob einem diese Methode gefällt oder nicht.

Im Gegensatz dazu bestehen wir darauf, daß die in diesem Buch zitierten Beispiele mit dichterischer Freiheit nichts zu tun haben. Die betreffenden Autoren dozieren mit großem Ernst über Philosophie, Psychoanalyse, Semiotik oder Soziologie. Ihre Arbeiten sind Gegenstand unzähliger Analysen, Auslegungen, Seminare und Dissertationen.[10] Sie beabsichtigen ganz eindeutig, theoriebildend zu sein, und auf dieser Grundlage kritisieren wir sie. Außerdem ist ihr Stil im Normalfall schwerfällig und pompös, und so ist es höchst unwahrscheinlich, daß sie vorwiegend eine literarische oder dichterische Absicht verfolgen.

4. *Die Rolle von Metaphern.* Manche Menschen werden zweifellos der Meinung sein, wir interpretierten diese Autoren zu wörtlich; die zitierten Passagen sollten als Metaphern gelesen werden und nicht als exakte, logische Beweise. Nun ist das naturwissenschaftliche Element in manchen Fällen sicher tatsächlich metaphorisch gemeint, aber was ist der Zweck dieser Metaphern? Schließlich wird eine Metapher normalerweise verwendet, um etwas Unbekanntes zu verdeutlichen, indem man es zu etwas Bekanntem in Beziehung setzt und nicht umgekehrt. Stellen Sie sich etwa vor, wir würden in einem Seminar zur Theoretischen Physik ein sehr kompliziertes Konzept der Quantenfeldtheorie durch einen Vergleich mit dem Konzept der Aporie in der Literaturtheorie Derridas erklären. Die Seminarteilnehmer würden sich, völlig zu Recht, fragen, was wir mit einer solchen Metapher – sei sie nun passend oder nicht – bezwecken wollten, außer unsere Gelehrsamkeit zur Schau zu stellen. Ebenso können wir nicht erkennen, welchen Nutzen es haben soll, sich – und sei es metaphorisch – auf naturwissenschaftliche Begriffe zu beziehen, die man selbst nur vage verstanden hat, wenn man eine fast ausschließlich aus naturwissenschaftlichen Laien bestehende Leserschaft anspricht. Könnte das Ziel darin bestehen, eine ziemlich banale philosophische oder soziologische Beobachtung als tiefschürfend auszugeben, indem man sie im naturwissenschaftlichen Gewand modisch herausputzt?

5. *Die Rolle von Analogien.* Viele Autoren, darunter einige der hier besprochenen, ziehen gerne Analogieschlüsse. Wir sind beileibe nicht gegen den Versuch, Analogien zwischen verschie-

---

[10] Um zu illustrieren, daß ihre Behauptungen zumindest in Teilen der universitären Welt ernst genommen werden, führen wir Sekundärliteratur an, die etwa Lacans Topologie und mathematische Logik, Irigarays Hydromechanik und Deleuze' und Guattaris pseudowissenschaftliche Erfindungen analysiert und weiterentwickelt.

denen Bereichen menschlichen Denkens zu ziehen, kann doch das Erkennen einer schlüssigen Analogie zwischen zwei existierenden Theorien der weiteren Entwicklung beider Theorien oft sehr dienlich sein. Bei den von uns untersuchten Analogien handelt es sich jedoch unserer Ansicht nach um Analogien zwischen allgemein anerkannten Theorien (aus den Naturwissenschaften) einerseits und Theorien, die zu vage sind, um empirisch nachweisbar zu sein (etwa die Lacansche Psychoanalyse) andererseits. Es drängt sich die Vermutung auf, daß die Funktion dieser Analogien darin besteht, die Schwächen der weniger präzisen Theorie zu überdecken.

Wir möchten betonen, daß eine unausgegorene Theorie – sei es in der Physik, in der Biologie oder in den Sozialwissenschaften – nicht zu retten ist, indem man sie in Symbole oder Formeln packt. Der Soziologe Stanislav Andreski hat diesen Gedanken mit der ihm eigenen Ironie ausgedrückt:

> Das Rezept für Autorschaft in dieser Art von Geschäft ist so einfach wie lohnend: man nehme ein Lehrbuch der Mathematik, kopiere die weniger komplizierten Teile, füge einige Hinweise auf die Literatur in ein oder zwei Zweigen der Sozialforschung hinzu, ohne sich über Gebühr darum zu kümmern, ob die Formel, die man hingeschrieben hat, irgendeine Beziehung zu den wirklichen sozialen Handlungen hat, und gebe dem Produkt einen wohlklingenden Titel, der suggeriert, daß man einen Schlüssel zu einer exakten Wissenschaft kollektiven Verhaltens gefunden hat. (Andreski 1974, S. 133 f.)

Andreskis Kritik richtete sich ursprünglich gegen die quantitative Soziologie in den USA, läßt sich aber ebenso auf einige der in diesem Buch zitierten Texte anwenden, vor allem auf jene aus der Feder von Lacan und Kristeva.

6. Wer ist kompetent? Oft wurde uns folgende Frage gestellt: Sie wollen verhindern, daß sich Philosophen zu naturwissenschaftlichen Fragen äußern, da diese nicht die notwendige formale Ausbildung besitzen, aber was qualifiziert Sie, über Philosophie zu sprechen? Diese kritische Frage offenbart eine Reihe von Mißverständnissen. Erstens wollen wir niemanden daran hindern, sich über irgend etwas zu äußern. Zum zweiten wird der intellektuelle Wert einer Kritik durch deren Inhalt bestimmt, nicht durch die Identität desjenigen/derjenigen, der/die sie äußert, und noch viel weniger durch dessen/deren akademische Abschlüsse.[11] Drittens werden hier Äpfel mit Birnen verglichen: Wir erlauben uns kein Urteil über die Psychoanalyse Lacans, die Philosophie Deleuze' oder die konkrete Arbeit Latours auf dem Gebiet der Soziologie. Wir beschränken uns auf ihre Äußerungen zu Mathematik und Physik sowie zu Grundproblemen der Wissenschaftstheorie.

---

[11] Der Linguist Noam Chomsky verdeutlicht dies auf sehr treffende Weise:

Bei meiner eigenen beruflichen Arbeit bin ich mit einer Vielfalt verschiedener Gebiete in Berührung gekommen. Ich habe zum Beispiel ohne irgendwelche professionellen Ausweispapiere über mathematische Linguistik gearbeitet; auf diesem Gebiet bin ich ein reiner Autodidakt, und kein allzu gut unterrichteter. Aber ich wurde häufig von Universitäten aufgefordert, in mathematischen Seminaren und Kolloquien über mathematische Linguistik zu sprechen. Keiner hat mich je gefragt, ob ich die angemessenen Legitimationen hätte, um über diese Themen zu reden; den Mathematikern konnte es überhaupt nicht gleichgültiger sein. Was sie wissen möchten, ist lediglich, was ich zu sagen habe. Keiner hat je Einwände gegen mein Recht zu reden erhoben und gefragt, ob ich einen Doktorgrad in Mathematik habe oder ob ich Kurse für Fortgeschrittene auf diesem Gebiet belegt hätte. Es wäre ihnen niemals in den Sinn gekommen. Sie möchten wissen, ob ich recht oder unrecht habe, ob das Thema interessant ist oder nicht, ob bessere Ansätze möglich sind – die Diskussion drehte sich um den Gegenstand, nicht um mein Recht, ihn zu diskutieren.

Auf der anderen Seite wird in einer Diskussion oder Debatte über gesellschaftliche Fragen oder amerikanische Außenpolitik, zum Beispiel Vietnam oder der Nahe Osten, dieser Einwand ständig erhoben, häufig auf erheblich giftige Weise. Ich wurde wiederholt aufgefordert, meine Qualifikation nachzuweisen, oder gefragt, was für eine Fachausbildung haben Sie, die Sie berechtigt, über diese Angelegenheit zu reden. Es wird vorausgesetzt, daß Leute wie ich, die von einem beruflichen Gesichtspunkt her Außenseiter sind, nicht berechtigt sind, über derartige Dinge zu reden. Vergleichen Sie Mathematik und politische Wissenschaften – es ist ziemlich auffallend. In der Mathematik, in der Physik beschäftigen sich die Leute mit dem, was man sagt, nicht mit den Beglaubigungen, die man hat. Aber um über gesellschaftliche Realität zu sprechen, muß man die richtigen Zertifikate haben, insbesondere wenn man vom herrschenden Denksystem abweicht. Ganz allgemein gesprochen, scheint es gerechtfertigt zu sein, wenn man sagt, je reicher die intellektuelle Substanz eines Gebietes ist, desto weniger besteht ein Interesse an Qualifikationsnachweisen und desto größer ist das Interesse am Inhalt. (Chomsky 1981, S. 34 f.)

7. Vertrauen Sie nicht ebenfalls auf das Gewicht Ihrer Autorität? Wie sollen denn die fachlich nicht vorgebildeten Leser beurteilen, ob Lacans Mathematik tatsächlich Unsinn ist? Müssen sie uns das nicht einfach glauben?

Nicht ganz. Zunächst einmal haben wir uns sehr bemüht, den wissenschaftlichen Hintergrund *en détail* zu erklären, damit jeder Leser nachvollziehen kann, warum eine bestimmte Behauptung irreführend oder bedeutungslos ist. Vielleicht ist es uns nicht immer gelungen; der Platz ist begrenzt, und die Vermittlung von Wissenschaft eine schwierige Angelegenheit. Es ist absolut legitim, wenn sich der Leser ein Urteil in jenen Fällen vorbehält, in denen unsere Erklärung unzulänglich ist. Vor allem sollte man aber im Hinterkopf behalten, daß sich unsere Kritik *nicht* in erster Linie gegen Fehler richtet, sondern gegen die offensichtliche *Irrelevanz* der naturwissenschaftlichen Terminologie für das behandelte Thema. In allen Rezensionen, Diskussionen und privaten Schriftwechseln im Anschluß an die Veröffentlichung unseres Buches in Frankreich hat niemand auch nur ansatzweise begründen können, woraus sich diese Relevanz ergibt.

8. Aber die Autoren, um die es Ihnen geht, sind doch gar nicht „postmodern". Zugegeben, die in diesem Buch behandelten französischen Autoren verstehen sich nicht alle als „postmodern" oder „poststrukturalistisch". Einige der Texte wurden vor dem Aufkommen dieser geistigen Strömungen veröffentlicht, und manche Autoren weisen jede Verbindung zu diesen Strömungen zurück. Des weiteren sind die hier kritisierten Mißbräuche nicht alle gleich, sondern lassen sich ganz grob in zwei unterschiedliche Kategorien einteilen, die etwa zwei Phasen im französischen Geistesleben entsprechen. Die erste Phase ist die des extremen Strukturalismus, die in den frühen 70er Jahren ihren Höhepunkt erreichte.

Die Autoren, die dieser Phase zuzuordnen sind, versuchten verzweifelt, wenig präzisen geisteswissenschaftlichen Abhandlungen den Anstrich naturwissenschaftlicher Exaktheit zu verleihen, indem sie diese in mathematisches Gewand kleideten. Das Werk Lacans und die frühen Schriften Kristevas fallen in diese Kategorie. Die zweite Phase, der Poststrukturalismus, setzte Mitte der 70er Jahre ein, als jeder Anspruch auf naturwissenschaftliche Exaktheit aufgegeben wurde und die zugrundeliegende Philosophie (soweit sich eine erkennen läßt) zum Irrationalismus beziehungsweise zum Nihilismus tendierte. Für diese Haltung stehen die Texte von Baudrillard, Deleuze und Guattari.

Außerdem ist schon die Vorstellung, es gebe eine bestimmte „postmoderne" Schule, in Frankreich viel weniger verbreitet als in der englischsprachigen Welt. Wenn wir den Ausdruck „postmodern" der Einfachheit halber trotzdem verwenden, so deshalb, weil alle hier analysierten Autoren in der englischsprachigen postmodernen Diskussion eine zentrale Rolle spielen und weil manche Kennzeichen ihrer Schriften (unverständlicher Jargon, implizite Ablehnung rationalen Denkens, Mißbrauch der Naturwissenschaft als Metaphernlieferantin) auch gängige Merkmale der anglo-amerikanischen Postmoderne sind. Jedenfalls kann die Berechtigung unserer Kritik in keinster Weise von der Verwendung eines Wortes abhängen; unsere Argumente sind für alle Autorinnen und Autoren unabhängig von ihrem Verhältnis zur breiteren „postmodernen" Strömung zu beurteilen – sei es inhaltlich begründet oder nur soziologischer Natur.

9. Warum kritisieren Sie genau diese Autoren und nicht andere? Sowohl in Publikationen als auch in der privaten Korrespondenz wurde eine lange Liste weiterer „Kandidaten" vorgeschlagen, darunter praktisch alle Fälle, in denen die Mathematik auf die Sozialwissenschaften (etwa in der Wirtschaftslehre) angewendet wird, die Spekulationen von Physikern in populärwissenschaftlichen Darstellungen (beispielsweise Hawking, Penrose), die Soziobiologie, die Kognitionswissenschaft, die Informationstheorie, die Kopenhagener Deutung der Quantenmechanik und die Verwendung naturwissenschaftlicher Begriffe und Formeln durch Hume, La Mettrie, D'Holbach, Helvetius, Condillac, Comte, Durkheim, Pareto, Engels und viele andere.[12]

Es sei an dieser Stelle zunächst darauf hingewiesen, daß diese Frage für die Gültigkeit oder Nicht-Gültigkeit unserer Argumente keine Bedeutung hat; sie läßt sich bestenfalls dafür verwenden, uns böse Absichten zu unterstellen. Angenommen, andere Mißbräuche wären ebenso schlimm wie die von Lacan oder Deleuze – wie sollte das die Letztgenannten rechtfertigen?

Da die Frage nach unseren Auswahlkriterien jedoch so oft gestellt wird, wollen wir sie kurz beantworten. Zunächst einmal

---

[12] Vgl. etwa Lévy-Leblond (1997) und Fuller (1998).

haben wir nicht die Absicht, eine zehnbändige Enzyklopädie unter dem Titel „Unsinn seit Plato" zu schreiben, und dafür sind wir auch nicht kompetent. Wir beschränken uns erstens auf Mißbräuche in jenen Gebieten der Wissenschaft, für die wir eine gewisse Kompetenz für uns in Anspruch nehmen können, nämlich Mathematik und Physik,[13] zweitens auf Mißbräuche, die in bestimmten Intellektuellenkreisen gegenwärtig *en vogue* sind, und drittens auf Mißbräuche, die nicht bereits schon *en détail* analysiert wurden. Doch selbst innerhalb dieser Grenzen behaupten wir nicht, daß wir alle, gegen die sich unsere Kritik richtet, behandelt hätten oder daß diese eine natürliche „Einheit" darstellten. Das Buch entstand einfach so: Sokal stieß auf die meisten dieser Texte, während er an seiner Parodie schrieb, und nach einigem Überlegen, ob es sich auch lohne, entschlossen wir uns zu ihrer Veröffentlichung.

Außerdem behaupten wir, daß es einen grundlegenden Unterschied zwischen den hier analysierten und den meisten anderen Beispielen gibt, die uns vorgeschlagen wurden. Die in diesem Buch zitierten Autoren haben offensichtlich nur eine äußerst vage Ahnung von den naturwissenschaftlichen Begriffen, mit denen sie hantieren, und vor allem begründen sie deren Relevanz für die behandelten Themen nicht. Ihre Gedankengänge enthalten nicht nur Fehler, sondern es geht den Autoren vielmehr darum, die Namen berühmter Gewährsleute ins Spiel zu bringen. Obzwar es also sehr wichtig ist, die Verwendung der Mathematik in den Sozialwissenschaften und die philosophischen oder spekulativen Behauptungen von Naturwissenschaftlern einer kritischen Bewertung zu unterziehen, unterscheiden sich diese – im übrigen viel tiefschürfenderen – Vorhaben doch von unserem.[14]

---

[13] Es wäre allerdings interessant, ein ähnliches Projekt über den Mißbrauch der Biologie, der Informatik und der Linguistik in Angriff zu nehmen, aber diese Aufgabe überlassen wir jenen, die dafür qualifizierter sind als wir.

[14] In diesem Zusammenhang seien zwei Arbeiten von Bricmont erwähnt, die für die letztgenannte Kritik stehen: eine detaillierte Analyse der populären Bücher Prigogines und Stengers' über Chaos, Unumkehrbarkeit und den Zeitpfeil (Bricmont 1995 a) und eine Kritik der Kopenhagener Deutung der Quantenmechanik (Bricmont 1995 b). Unserer Meinung nach vermitteln Prigogine und Stengers der interessierten Öffentlichkeit zwar ein verzerrtes Bild der behandelten Themen, aber ihre Mißbräuche reichen nicht an die in diesem Buch analysierten heran. Die Mängel der Kopenhagener Deutung sind noch weit weniger offensichtlich.

In eine ähnliche Richtung geht folgende Frage:

10. Warum schreiben Sie ein Buch hierüber und nicht über wichtigere Themen? Ist die Postmoderne eine solch große Gefahr für die Zivilisation? Unsere Antwort hierauf möchten wir mit der Feststellung beginnen, daß dies eine merkwürdige Frage ist. Nehmen wir einmal an, jemand entdeckt Dokumente, die für die Geschichte Napoleons relevant sind, und schreibt ein Buch darüber. Würde irgend jemand auf die Idee kommen, ihn zu fragen, ob er dieses Gebiet für wichtiger hält als den Zweiten Weltkrieg? Seine Antwort – die die unsrige ist – würde lauten, daß ein Autor unter zwei Bedingungen über ein Thema schreibt: Er ist erstens kompetent und hat zweitens etwas Eigenständiges beizutragen. Wenn er nicht großes Glück hat, wird sein Thema kaum mit dem größten Problem der Welt identisch sein.

Natürlich ist die Postmoderne in unseren Augen keine große Gefahr für die Zivilisation. Global betrachtet, ist sie ein ziemlich unbedeutendes Phänomen, und es gibt weit gefährlichere Formen der Irrationalität, etwa religiösen Fundamentalismus. Wir glauben aber sehr wohl, daß die Kritik der Postmoderne aus intellektuellen, pädagogischen, kulturellen und politischen Gründen ein lohnendes Unterfangen darstellt; darauf werden wir im Epilog noch zu sprechen kommen.

Um nutzloser Polemik und oberflächlichen „Widerlegungen" vorzubauen, wollen wir schließlich betonen, daß dieses Buch kein rechtes Pamphlet gegen linke Intellektuelle, keine imperialistische Attacke Amerikas gegen die Pariser Intelligenzia und keine naive Forderung nach „gesundem Menschenverstand" darstellt. Tatsächlich führt die wissenschaftliche Strenge, die wir einfordern, oft zu Ergebnissen, die dem gesunden Menschenverstand entgegenstehen; gedankliche Verwirrung, eine wissenschafts- und aufklärungsfeindliche Haltung und die quasi-religiöse Verehrung „großer Intellektueller" sind wirklich nicht „links", und die Nähe eines Teils der amerikanischen Intelligenzia zur Postmoderne zeigt, daß es sich um ein internationales Phänomen handelt. Insbesondere ist unsere Kritik in keiner Weise von dem „theoretischen Nationalismus und Protektionismus" motiviert, den der französische Autor Didier Eribon im Werk einiger amerikanischer Kritiker zu erkennen glaubt.[15] Wir wollen ganz einfach intellektuelle Hochstapelei und Unehrlichkeit anprangern, aus welcher Ecke sie auch kommen mögen. Wenn auch ein wichtiger Teil des postmodernen „Diskurses" an den amerikanischen und britischen Universitäten heute französischen Ursprungs ist, so geben ihm doch englischsprachige Intellektuelle seit langem ein eigenes Gepräge.[16]

Zum Aufbau dieses Buches

Das Buch besteht im wesentlichen aus einer nach Autoren gegliederten Analyse von Texten. Für die fachlich nicht vorgebildeten Leser finden sich in den Fußnoten kurze Erklärungen der jeweiligen naturwissenschaftlichen Konzepte sowie Hinweise auf gute und mehr oder weniger allgemeinverständliche Fachliteratur.

Manche Leser werden zweifellos der Meinung sein, daß wir die vorgestellten Texte zu ernst nehmen. In gewissem Sinne stimmt das. Aber da diese Texte von vielen sehr wohl ernst genommen werden, halten wir es für angebracht, sie mit aller Strenge zu analysieren. In einigen Fällen haben wir sehr lange Passagen zitiert – auch auf die Gefahr hin, unsere Leser zu langweilen –, um zu zeigen, daß wir die Sätze nicht aus dem Zusammenhang gerissen und so die Intention des Textes verfälscht haben.

Neben Mißbräuchen im engeren Sinne haben wir auch bestimmte wissenschaftliche und philosophische Irrtümer analysiert, die dem postmodernen Denken häufig zugrunde liegen. Dabei wenden wir uns zunächst dem Problem des kognitiven Relativismus zu und zeigen auf, daß eine Reihe von Konzepten, die aus der Wissenschaftsgeschichte und -theorie stammen, nicht die radikalen Implikationen besitzt, die diesen Konzepten häufig zugeschrieben werden (Kapitel 4). Daraufhin sprechen wir einige Mißverständnisse an, die die Chaostheorie und die sogenannte „postmoderne Wissenschaft" betreffen. Zuletzt, im Epilog, ordnen wir unsere Kritik in einen breiteren kulturellen Kontext ein.

---

[15] Eribon (1994, S. 70).
[16] Auf die kulturellen und politischen Aspekte kommen wir im Epilog zurück.

Viele der in diesem Buch zitierten Texte erschienen ursprünglich auf französisch. Wo eine publizierte deutsche Übersetzung vorlag, wurde diese verwendet; sie ist in der Bibliographie zitiert, zusammen mit der ursprünglich französischen Ausgabe in Klammern. In anderen Fällen wurde die Übersetzung selbst besorgt, und zwar so nahe wie möglich am Original; in Zweifelsfällen ist dieses in Klammern oder sogar *in toto* wiedergegeben. Dem Leser sei versichert, daß es an der französischen Originalversion liegt, wenn die deutsche Fassung manchmal unverständlich erscheint.

2. Jacques Lacan

Lacan gibt Freuds Denken endlich die nötige wissenschaftliche Begrifflichkeit.
— Louis Althusser, *Écrits sur la psychanalyse* (1993, S. 50)

Lacan ist, wie er selbst sagt, ein kristallklarer Autor.
— Jean-Claude Milner, *L'œuvre claire* (1995, S. 7)

Jacques Lacan war einer der berühmtesten und einflußreichsten Psychoanalytiker dieses Jahrhunderts. Jedes Jahr werden der Analyse seiner Arbeiten Dutzende von Büchern und Aufsätzen gewidmet. Schenkt man seinen Schülern Gehör, so revolutionierte er die Theorie und Praxis der Psychoanalyse; schenkt man seinen Kritikern Gehör, so war er ein Scharlatan und sein Werk ist reine Phrasendrescherei. Wir wollen an dieser Stelle nicht in die Diskussion über den rein psychoanalytischen Teil seines Werks eintreten. Vielmehr beschränken wir uns auf eine Analyse seiner häufigen Verweise auf die Mathematik und zeigen auf, daß verschiedene Teile von Lacans Werks ein perfektes Beispiel für die in unserer Einführung aufgezählten Mißbräuche darstellen.

„Psychoanalytische Topologie"

Lacans mathematisches Interesse richtete sich vornehmlich auf die Topologie, jenen Zweig der Mathematik, in dem es (unter anderem) um diejenigen Eigenschaften geometrischer Objekte – Flächen, Körper etc. – geht, die unverändert bleiben, wenn das Objekt, ohne zu reißen, verformt wird. (Ein klassischer Witz behauptet, ein Topologe sei unfähig, ein Spritzgebäck von einer Kaffeetasse zu unterscheiden, da beide Objekte Körper mit einem Loch darstellen.) Lacans Schriften enthielten bereits in den 50er Jahren einige Bezüge zur Topologie, aber die erste ausführliche (und öffentliche) Diskussion wurde durch die berühmte Konferenz zum Thema *The Languages of Criticism and the Sciences of Man* entfacht, die 1966 an der Johns Hopkins Universität abgehalten wurde. Im folgenden ein Auszug aus Lacans Vortrag:

Dieses Diagramm [das Möbius-Band[1]] läßt sich als die Basis einer Art grundlegender Inschrift am Ursprung betrachten, im Knoten, der das Subjekt darstellt. Dies geht viel weiter, als man zunächst vielleicht annehmen mag, da man nach einer Oberfläche suchen kann, die solche Inschriften aufzunehmen vermag. Sie können vielleicht erkennen, daß die Kugel, dieses alte Symbol für Totalität, ungeeignet ist. Ein Torus, eine Kleinsche Flasche, die Oberfläche einer Kreuzhaube[2] sind zu einem derartigen Schnitt in der Lage. Und diese Verschiedenartigkeit ist sehr wichtig, da sie vieles hinsichtlich der Struktur der Geisteskrankheit erklärt. Wenn sich das Subjekt durch diesen fundamentalen Schnitt symbolisieren läßt, läßt sich in gleicher Weise zeigen, daß ein Schnitt auf einem Torus dem neurotischen Subjekt und auf der Oberfläche einer Kreuzhaube einer anderen Art der Geisteskrankheit entspricht. (Lacan 1970, S. 192 f.)

Der Leser mag sich vielleicht fragen, was diese verschiedenen Objekte der Topologie mit der Struktur von Geisteskrankheit zu tun haben. Uns geht es genauso, und auch im übrigen Text klärt Lacan die Sache in keinster Weise. Dennoch beharrt er darauf, daß seine Topologie „vieles erklärt". In der Diskussion im Anschluß an seinen Vortrag findet sich folgender Dialog:

Harry Woolf: Darf ich fragen, ob diese grundlegende Arithmetik und diese Topologie nicht selbst ein Mythos oder bestenfalls eine Analogie für eine Erklärung der Funktionsweise des Gehirns sind?

Jacques Lacan: Analogie wozu? „S" bezeichnet etwas, das exakt als dieses „S" geschrieben werden kann. Und ich habe gesagt, daß das „S", welches das Subjekt bezeichnet, ein Instrument darstellt, Materie zur Symbolisierung eines Verlusts. Eines Verlusts, den Sie (und ich ebenfalls) als Subjekt empfinden.

---

[1] Ein Möbius-Band läßt sich herstellen, indem man einen rechteckigen Papierstreifen zur Hand nimmt, eine der kurzen Seiten um 180° dreht und mit der anderen kurzen Seite verklebt. Auf diese Weise erhält man eine Fläche mit nur einer Seite: „vorne" und „hinten" sind durch ein kontinuierliches Band miteinander verbunden.
[2] Ein Torus (eine „Kreiswulst") ist die von einem hohlen Reifen gebildete Fläche. Eine Kleinsche Flasche ähnelt einem Möbius-Band, besitzt aber keine Kante; um sie konkret darzustellen, braucht man einen mindestens vierdimensionalen euklidischen Raum. Die Kreuzhaube ist eine weitere Fläche.

Mit anderen Worten: diese Kluft zwischen dem einen, das feste Bedeutungen besitzt, und dem anderen, das mein tatsächliches Sprechen ist, das ich an den Ort zu übertragen versuche, an dem Sie sind, Sie nicht als weiteres Subjekt, sondern als Menschen, die mich verstehen können. Wo ist das Analogon? Entweder existiert dieser Verlust, oder er existiert nicht. Existiert er, so ist es nur möglich, ihn durch ein System von Symbolen zu bezeichnen. In jedem Fall existiert der Verlust erst dann, wenn diese Symbolisierung seinen Platz anzeigt. Es handelt sich nicht um eine Analogie. Tatsächlich ist es eine in manchen Teilen dieser Realitäten, in dieser Art von Torus. Dieser Torus existiert tatsächlich, und er entspricht genau der Struktur des Neurotischen. Es handelt sich nicht um ein Analogon, nicht einmal um eine Abstraktion, denn eine Abstraktion vermindert die Realität in gewisser Weise, und ich bin der Ansicht, es handelt sich um die Realität selbst. (Lacan 1970, S. 195 f.)

Auch hier nennt Lacan kein Argument, um seine entschiedene Behauptung zu stützen, der Torus „entspricht genau der Struktur des Neurotischen" (was immer dies bedeuten mag). Und er verneint die explizite Frage, ob es sich einfach um eine Analogie handle.

Im Laufe der Jahre fand Lacan immer mehr Gefallen an der Topologie. In einem Text von 1972 spielt er am Anfang mit der Etymologie des Wortes (griechisch *topos:* Ort + *logos:* Wort):

In diesem Raum des Genießens etwas Begrenztes, Geschlossenes* [*borné, fermé*] nehmen, das ist ein Ort [*lieu*], und davon zu sprechen, das ist eine Topologie. (Lacan 1986, S. 13; das Seminar selbst fand 1972 statt.)

Dieser Satz enthält vier mathematische Fachbegriffe *(Raum, beschränkt, abgeschlossen, Topologie)*, die Lacan verwendet, ohne

---

* Anm. d. Übers.: Korrekt wäre hier die Formulierung „etwas Beschränktes, Abgeschlossenes". Die bereits vorliegenden deutschen Übersetzungen der Lacanschen Texte – und dies gilt auch für einen Teil der in diesem Buch zitierten Texte anderer Autoren – sind in der Verwendung von Begriffen aus der Mathematik und/oder der Physik teilweise fehlerhaft bzw. ungenau. So findet man, um zwei weitere Beispiele zu nennen, das Wort „Grenze", wo eigentlich „Grenzwert" gemeint ist, oder „Quantifikator" anstelle von „Quantor". Wo Mißverständnisse auftreten können, haben wir dies in einer Anmerkung berichtigt.

auf ihre Bedeutung zu achten; der Satz ist mathematisch gesehen sinnlos. Darüber hinaus – und das ist unser Hauptkritikpunkt – erklärt Lacan nie die Relevanz dieser mathematischen Begriffe für die Psychoanalyse. Selbst wenn der Begriff des „Genießens" eine klare und präzise Bedeutung hätte, nennt Lacan keinen Grund, weshalb *Genießen* im topologischen Sinne des Wortes als „Raum" zu betrachten sei. Dennoch fährt er fort:

> In einem Text, den Sie erscheinen sehen werden als Pointe meines Diskurses vom letzten Jahr, glaube ich, die strikte Äquivalenz von Topologie und Struktur zu zeigen.[3] Wenn wir

---

[3] Laut Anmerkung des Übersetzers ins Englische wie auch nach Roustang (1990, S. 87) bezieht sich „meines Diskurses vom letzten Jahr" auf Lacan (1973). Wir haben diesen Aufsatz daraufhin noch einmal gelesen und nach der Stelle gesucht, an der die „strikte Äquivalenz zwischen Topologie und Struktur" aufgezeigt wird. Nun enthält der Aufsatz zwar lange (und recht eigenartige) Betrachtungen, in denen Topologie, Logik, Psychoanalyse, griechische Philosophie und weiß Gott was noch alles durcheinandergeworfen werden – wir zitieren unten einen kurzen Auszug, vgl. S. 50–54 –, aber im Hinblick auf die angebliche Äquivalenz zwischen Topologie und „Struktur" findet man nur das folgende:

> Die Topologie ist nicht „dazu da, uns in der Struktur zu leiten". Diese Struktur ist es – als rückwirkende Kraft der Kettenordnung, aus der die Sprache besteht.
> Struktur ist das Asphärische, das insofern in der Artikulation der Sprache verborgen ist, als eine Wirkung des Subjekts sich ihrer bemächtigt.
> Es ist klar, daß dieses „sich ihrer bemächtigt" des pseudo-modalen Nebensatzes im Hinblick auf die Bedeutung vom Objekt selbst zurückstrahlt, das es als Verb in sein grammatikalisches Subjekt einwickelt, und daß es eine falsche Wirkung der Bedeutung gibt, eine von der Topologie erzeugte Resonanz des Imaginären, je nachdem, ob die Wirkung des Subjekts einen Wirbelwind der Asphäre [*sic!*] erzeugt oder sich die Wirkung dieses Subjekts darin „spiegelt".
> Hier muß man unterscheiden zwischen der Doppeldeutigkeit, die sich von der Bedeutung einbeschreibt, das heißt, von der Schleife des Schnitts, und der Suggestion des Lochs, das heißt, der Struktur, die diese Doppeldeutigkeit plausibel macht. (Lacan 1973, S. 40)

Da Lacans Sprache so unverständlich ist, drucken wir auch den französischen Text ab:

> La topologie n'est pas „faite pour nous guider" dans la structure. Cette structure, elle l'est – comme rétroaction de l'ordre de chaîne dont consiste le langage.
> La structure, c'est l'asphérique recelé dans l'articulation langagière en tant qu'un effet de sujet s'en saisit.

uns führen lassen darüber, ist das, was das Anonymat dessen auszeichnet, wovon man spricht als Genuß, nämlich das, was das Recht anordnet, eine Geometrie. Eine Geometrie, das ist die Heterogenität des Ortes, nämlich daß es einen Ort des Anderen gibt.[4] Von diesem Ort des Anderen, eines Geschlechts als Anderen, als absoluten Anderen, was erlaubt uns die [jüngste] Entwicklung der Topologie vorzubringen?

Ich möchte hier den Begriff der „Kompaktheit"[5] vortragen.

Il est clair que, quant à la signification, ce „s'en saisit" de la sous-phrase, pseudo-modale, se répercute de l'objet même que comme verbe il enveloppe dans son sujet grammatical, et qu'il y a faux effet de sens, résonance de l'imaginaire induit de la topologie, selon que l'effet de sujet fait tourbillon d'asphère ou que le subjectif de cet effet s'en „réfléchit".

Il y a ici à distinguer l'ambiguïté qui s'inscrit de la signification, soit de la boucle de la coupure, et la suggestion de trou, c'est-à-dire de structure, qui cette ambiguïté fait sens. (Lacan 1973, S. 40)

Wenn man Lacans verschleiernde Formulierungen beiseite läßt, ist das Verhältnis zwischen Topologie und Struktur leicht zu verstehen, aber es hängt davon ab, was man unter „Struktur" versteht. In seiner umfassenden Bedeutung – also einschließlich sprachlicher und gesellschaftlicher wie auch mathematischer Strukturen – läßt sich der Begriff eindeutig nicht auf den rein mathematischen Begriff „Topologie" reduzieren. Begreift man „Struktur" aber im streng mathematischen Sinne, wird sofort klar, daß die Topologie *eine* Art von Struktur darstellt, neben der es noch viele weitere gibt: Ordnungsstrukturen, Gruppenstrukturen, Vektorraumstrukturen, Mannigfaltigkeitsstrukturen etc.

[4] Wenn die voranstehenden beiden Sätze einen Sinn ergeben, haben sie jedenfalls nichts mit Geometrie zu tun.

[5] Kompaktheit ist ein wichtiger Begriff in der Topologie, aber schwierig zu erklären. So soll die Aussage genügen, daß im 19. Jahrhundert Mathematiker (Cauchy, Weierstraß und andere) die mathematische Analysis auf eine feste Grundlage stellten, indem sie dem Begriff des *Grenzwerts* eine genaue Bedeutung gaben. Diese Grenzwerte wurden ursprünglich für Folgen *reeller Zahlen* verwendet, aber mit der Zeit merkte man, daß der Begriff des Grenzwerts auf *Funktionenräume* ausgedehnt werden sollte (etwa zur Untersuchung von Differential- oder Integralgleichungen). Die Topologie entstand um 1900 auch im Gefolge dieser Untersuchungen. Nun läßt sich unter *topologischen Räumen* die Unterklasse der *kompakten Räume* auszeichnen, nämlich jene, in der jede *Folge* von Elementen eine *konvergente Teilfolge*, also eine Teilfolge mit einem Grenzwert, besitzt. (An dieser Stelle vereinfachen wir ein wenig, indem wir uns auf *metrische Räume* beschränken.) Eine andere Definition (die nachweisbar der ersten entspricht) beruht auf den *Schnitteigenschaften unendlicher Familien abgeschlossener* Mengen. Für den Spezialfall eines *endlichdimensionalen euklidischen Raumes* gilt, daß eine Teilmenge dann und nur dann kompakt ist, wenn sie *abgeschlossen* und

Nichts Kompakteres als eine Spalte, wenn klar ist, daß, wenn der Schnitt von allem, was sich hier schließt, angenommen wird als existierend über eine unendliche Zahl von Mengen, daraus resultiert, daß der Schnitt diese unendliche Zahl impliziert. Das ist die Definition selbst der Kompaktheit. (Lacan 1986, S. 13)

Einspruch: Lacan verwendet zwar einige Schlüsselwörter aus der mathematischen Theorie der Kompaktheit (vgl. Anm. 5), doch wirft er damit willkürlich und ohne jegliche Rücksicht auf ihre Bedeutung um sich. Seine „Definition" der Kompaktheit ist nicht nur falsch, sie ist schlichtweg Unfug. Darüber hinaus sei angemerkt, daß diese „jüngste Entwicklung in der Topologie" immerhin auf die Zeit zwischen 1900 und 1930 zurückgeht.

Sodann heißt es bei Lacan:

Dieser Schnitt, von dem ich spreche, ist derjenige, den ich vorgebracht habe vorhin als das, was deckt, was Hindernis macht dem unterstellten Geschlechtsverhältnis.

Lediglich unterstellt, weil ich sage, daß der analytische Diskurs sich nur unterhält aus der Aussage, daß es nichts gibt, daß es unmöglich ist zu setzen [poser] das Geschlechtsverhältnis. Darin liegt die vorgeschobene Stellung des analytischen Diskurses und darüber determiniert er das, was wirklich ist mit dem Statut aller anderen Diskurse.

So ist, benannt, der Punkt, der die Unmöglichkeit des Geschlechtsverhältnisses als solchen deckt. Der Genuß, als geschlechtlicher, ist phallisch, das heißt daß er sich nicht zum Anderen als solchen verhält.

Folgen wir da dem Gegenstück der Kompaktheitshypothese.

Eine Formel ist uns gegeben durch die Topologie, die ich als neueste bezeichnet habe, ihren Ausgang nehmend von einer Logik, konstruiert auf der Befragung der Zahl, die zur Einsetzung eines Ortes führt, der nicht der eines homogenen Raumes ist. Nehmen wir denselben begrenzten, geschlossenen, als eingerichtet unterstellten Raum, das Äquivalent dessen, was ich vorhin vorgebracht habe von dem sich ins Unendliche

---

beschränkt ist. Es sei betont, daß alle hier kursiv gedruckten Wörter genau definierte Fachbegriffe sind (die im allgemeinen auf einer langen Kette anderer Definitionen und Sätze aufbauen).

erstreckenden Schnitt. Unterstellt man ihn als gedeckt von
offenen Mengen, das heißt ihre Begrenzung ausschließenden
– die Grenze definiert sich als größer als ein Punkt, kleiner als
ein zweiter, aber in keinem Fall gleich weder dem Ausgangspunkt noch dem Ankunftspunkt, um's Ihnen schnell zu ver-
bildlichen[6] – zeigt es sich, daß es äquivalent ist zu sagen, daß
die Menge dieser offenen Räume sich immer einer Unter-Dek-
kung* offener Räume anbietet, konstituierend eine Endlichkeit [*finitude*], nämlich daß die Folge der Elemente eine endliche Folge konstituiert.

Sie können bemerken, daß ich nicht gesagt habe, daß sie
zählbar sind. Und trotzdem, das ist es, was der Ausdruck
endlich impliziert. Schließlich, man zählt sie, eines um eines.
Aber bevor man dahin kommt, wird man hier eine Ordnung
finden müssen, und wir müssen eine Zeit festlegen, ehe wir
unterstellen, daß diese Ordnung findbar sei.[7]

Was impliziert jedenfalls die demonstrierbare Endlichkeit
der offenen Räume, fähig, den in dem Fall begrenzten, geschlossenen Raum des geschlechtlichen Genusses abzudecken?
Daß besagte Räume genommen werden können, einer um einen [*un par un*] – und da es sich handelt um die andere Seite,
setzen wir sie ins Femininum – eine um eine.

Das ist es genau, was sich produziert im Raum des geschlechtlichen Genusses – der aus diesem Umstand sich als
kompakt erweist. (Lacan 1986, S. 13 f.)

Dieser Abschnitt stellt eine hervorragende Illustration zweier
„Mängel" dar, mit denen Lacans Darlegungen behaftet sind. Alles
beruht – bestenfalls – auf Analogien zwischen der Topologie und
der Psychoanalyse, die in keiner Weise begründet werden. Tatsächlich sind aber sogar die mathematischen Aussagen sinnlos.

---

[6] In diesem Satz bringt Lacan eine fehlerhafte Definition einer *offenen
Menge* und eine sinnlose „Definition" von *Grenze* bzw. *Grenzwert*. In An-
betracht der durchgängigen Verworrenheit der Darlegungen sind diese Dinge
jedoch nebensächlich.

* Anm. d. Übers.: Korrekt wäre hier der Ausdruck „Teilüberdeckung
durch offene Räume".

[7] Welch Pedanterie! Es ist doch offenkundig, daß man eine Menge, wenn
sie endlich ist, im Prinzip „zählen" und „ordnen" kann. All die Diskussionen
in der Mathematik über Abzählbarkeit (vgl. Kapitel 3, Anm. 3) oder die
Möglichkeit, Mengen zu ordnen, sind durch *unendliche* Mengen motiviert.

Mitte der 70er Jahre verlagerten sich Lacans topologische Vorlieben zur Knotentheorie: Vgl. etwa Lacan (1986, S. 127–147, Kapitel „Fadenringe"; 1998, S. 122–136) und vor allem Lacan (1975 b–e). Zu einer detaillierten Darstellung seiner Topologiebesessenheit vgl. Roudinesco (1996, Achter Teil, Kapitel II). Lacans Schüler haben seine *topologie psychanalytique* ausführlich wiedergegeben: vgl. etwa Granon-Lafont (1985, 1990), Vappereau (1985, 1995), Nasio (1987, 1992), Darmon (1990) und Leupin (1991).

Imaginäre Zahlen

Lacans Vorliebe für Mathematik spielt in seinem Werk alles andere als eine marginale Rolle. Bereits in den 50er Jahren waren seine Schriften voller Graphen, Formeln und „Algorithmen". Als Beispiel sei der folgende Auszug aus einem 1959 abgehaltenen Seminar zitiert:

> Wenn Sie mir erlauben, eine jener Formeln zu benutzen, die mir bei der Niederschrift meiner Notizen kommen, könnte man das menschliche Leben als ein Kalkül definieren, in dem die Null irrational ist. Diese Formel ist nur ein Bild, eine mathematische Metapher. Wenn ich „irrational" sage, beziehe ich mich nicht auf einen unergründlichen emotionalen Zustand, sondern genau auf das, was man als imaginäre Zahl bezeichnet. Die Quadratwurzel von minus eins entspricht nichts, was von unserer Intuition abhängig wäre, nichts Realem – im mathematischen Wortsinn –, und doch muß sie erhalten werden, zusammen mit ihrer vollen Funktion. (Lacan 1977, S. 28 f.; das Seminar selbst fand 1959 statt.)

In diesem Zitat verwechselt Lacan irrationale Zahlen mit imaginären Zahlen und behauptet im selben Atemzug, „genau" zu sein. Die beiden Arten von Zahlen haben nichts miteinander zu tun.[8]

---

[8] Eine Zahl bezeichnet man als *irrational*, wenn man sie nicht als Quotienten zweier ganzer Zahlen schreiben kann: etwa die Quadratwurzel von 2 oder π. (Im Gegensatz dazu ist die 0 eine ganze Zahl und deshalb zwangsläufig eine *rationale* Zahl.) Die *imaginären* Zahlen dagegen werden als Nullstellen von Polynomen eingeführt, die keine reelle Lösung haben, etwa $x^2 + 1 = 0$, deren eine Lösung als $i = \sqrt{-1}$ und deren andere als $-i$ bezeichnet wird.

Es ist zu betonen, daß die Wörter „irrational" und „imaginär" im mathematischen Sinne etwas ganz anderes bedeuten als im herkömmlichen oder philosophischen Sinne. Zugegebenermaßen ist Lacan so klug, hier von einer Metapher zu sprechen, aber es läßt sich eigentlich nicht erkennen, welche theoretische Funktion diese Metapher (das menschliche Leben als ein „Kalkül …, in dem die Null irrational ist") erfüllen könnte. Dennoch entwickelte Lacan ein Jahr später die psychoanalytische Funktion imaginärer Zahlen weiter:

> Wir selbst werden ausgehen von dem, was artikuliert ist in der Sigle S($\emptyset$), die zunächst ein Signifikant ist …
>
> Da nun die Batterie der Signifikanten schon dadurch vollständig ist, daß sie ist, kann dieser Signifikant nur ein Strich sein, der von ihrem Kreis aus abzweigt, ohne zu ihm gezählt werden zu können. Das Symbol dafür wäre, daß ein (−1) der Gesamtheit der Signifikanten inhärent ist.
>
> Es ist als solches unaussprechbar, nicht aber sein Wirken, denn dieses besteht in dem, was sich jedesmal zuträgt, wenn ein Eigenname ausgesprochen wird. Dessen Aussage ist gleichzusetzen mit seiner Bedeutung.
>
> Daraus folgt, wenn man diese unserer Algebra zufolge in einem Kalkül darstellen will, daß
>
> $$\frac{S \text{ (Signifikant)}}{s \text{ (Signifikat)}} = s \text{ (die Aussage);}$$
>
> setzt man S=(−1), ergibt das: s=$\sqrt{-1}$. (Lacan 1975a, S. 195; das Seminar fand bereits 1960 statt.)

Zweifellos nimmt Lacan den Leser hier ganz einfach auf den Arm. Selbst wenn seine „Algebra" einen Sinn hätte, sind die darin vorkommenden „Signifikant", „Signifikat" und „Aussage" offensichtlich keine Zahlen, und sein Strich (ein willkürlich ausgewähltes Symbol) bezeichnet nicht die Division zweier Zahlen. Seine „Berechnungen" sind daher reine Phantasieprodukte.[9] Trotzdem kommt Lacan zwei Seiten weiter auf dasselbe Thema zurück:

---

[9] Für eine Auslegung von Lacans „Algorithmus", die beinahe so lächerlich wie der Originaltext ist, vgl. Nancy und Lacoue-Labarthe (1992, Teil I, Kapitel 2).

44

Zweifellos war es die Absicht von Claude Lévi-Strauss, Mauss kommentierend, darin die Wirkung eines Nullsymbols zu erkennen. Uns aber scheint es sich in unserem Falle eher um den Signifikanten gerade des Mangels eines solchen Nullsymbols zu handeln. Aus dem Grund auch haben wir, selbst auf die Gefahr hin, daß wir uns dadurch bei einigen unbeliebt machen, genau angegeben, bis zu welchem Punkt wir die Umbiegung des mathematischen Algorithmus zu unseren Zwecken treiben wollen: Das Symbol $\sqrt{-1}$, in der Theorie der komplexen Zahlen auch als i geschrieben, läßt sich selbstverständlich nur dann rechtfertigen, wenn es keinem Automatismus in seiner folgenden Verwendung Vorschub leistet.

...

So also symbolisiert das erektionsfähige Organ den Platz des Genießens, nicht als es selbst, nicht mal als Bild, sondern als der dem begehrten Bild fehlende Teil: darum auch ist es dem $\sqrt{-1}$ der weiter oben produzierten Bedeutung gleichzusetzen, des Genießens, den es durch den Koeffizienten seiner Aussage der Mangelfunktion des Signifikanten wiedererstattet: (−1). (Lacan 1975 a, S. 197ff.)

Wir gestehen, daß es uns bedrückt, wenn unser erektionsfähiges Organ mit $\sqrt{-1}$ gleichgesetzt wird. Dies erinnert uns an Woody Allen, der sich in *Der Schläfer* gegen die Umprogrammierung seines Gehirns wehrt: „Sie dürfen mein Gehirn nicht anrühren, das ist mein zweitliebstes Organ!"

Mathematische Logik

In einigen seiner Texte tut Lacan der Mathematik nicht ganz so viel Gewalt an. So erwähnt er im nachfolgenden Zitat zwei grundlegende Probleme der Philosophie der Mathematik: das Wesen mathematischer Objekte, insbesondere der natürlichen Zahlen (1, 2, 3, ...), und die Gültigkeit der Argumentation durch „vollständige Induktion" (wenn eine Eigenschaft für die Zahl 1 gilt und wenn man zeigen kann, daß ihre Gültigkeit für die Zahl n auch ihre Gültigkeit für die Zahl $n + 1$ impliziert, dann kann man daraus schließen, daß die Eigenschaft für alle natürlichen Zahlen gilt).

Nach fünfzehn Jahren habe ich meinen Schülern beigebracht, mindestens bis fünf zu zählen, was schwierig ist (vier ist einfacher), und soviel haben sie begriffen. Erlauben Sie mir aber, heute abend bei zwei innezuhalten. Womit wir es hier zu tun haben, ist natürlich das Problem der ganzen Zahl, und das Problem der ganzen Zahlen ist kein einfaches, wie viele der hier Anwesenden wissen dürften. Man benötigt beispielsweise nur eine bestimmte Anzahl von Mengen und eine umkehrbar eindeutige Beziehung. Es ist beispielsweise wahr, daß in diesem Raum genauso viele Menschen sitzen, wie es Plätze gibt. Man benötigt aber eine Sammlung von ganzen Zahlen, um eine ganze Zahl darzustellen oder was als natürliche Zahl bezeichnet wird. Selbstverständlich ist dies teilweise ganz natürlich, aber nur in dem Sinne, daß wir nicht wissen, warum sie existiert. Das Zählen ist keine empirische Tatsache und der Akt des Zählens nicht alleine von empirischen Daten abzuleiten. Hume hat dies versucht, aber Frege hat die Unangemessenheit dieses Versuchs einwandfrei gezeigt. Die eigentliche Schwierigkeit liegt in der Tatsache begründet, daß jede ganze Zahl selbst eine Einheit bildet. Wenn ich zwei als Einheit nehme, macht das viel Vergnügen, Männer und Frauen zum Beispiel – Liebe plus Einheit! Doch nach einer Weile ist es vorbei, nach diesen beiden gibt es niemanden, vielleicht ein Kind, aber das ist eine andere Ebene, und die Erzeugung von drei ist eine andere Geschichte. Wenn Sie sich an der Lektüre der Theorien von Mathematikern über Zahlen versuchen, finden Sie die Formel „n plus 1" ($n + 1$) als Grundlage aller Theorien. (Lacan 1970, S. 190 f.)

Soweit gar nicht so schlecht: Wer mit dem Thema bereits vertraut ist, kann die vagen Anspielungen auf klassische Kontroversen (Hume/Frege, vollständige Induktion) erkennen und von einigen doch recht fraglichen Aussagen trennen. (Was soll etwa die Aussage: „Die eigentliche Schwierigkeit liegt in der Tatsache begründet, daß jede ganze Zahl selbst eine Einheit bildet" bedeuten?) Doch von hier an wird Lacans Argumentation immer verworrener:

Es ist diese Frage des „noch eins", die den Schlüssel zur Entstehung der Zahlen darstellt, und anstelle dieser vereinigenden Einheit, die im ersten Falle zwei darstellt, schlage ich vor, die wahre Entstehung der Zahl zwei zu betrachten.

Notwendigerweise stellen diese zwei die erste ganze Zahl dar, die noch nicht als Zahl geboren ist, bevor die zwei erscheint. Sie haben dies ermöglicht, da die *zwei* dazu da ist, die Existenz der ersten *eins* zu gewährleisten: Setzen Sie *zwei* an die Stelle der *eins* und daraufhin an die Stelle der *zwei*, so sehen Sie, wie die *drei* erscheint. Hier haben wir etwas, das ich als die *Markierung* bezeichnen möchte. Sie haben bereits etwas, was markiert ist, oder etwas, was nicht markiert ist. Durch die erste Markierung haben wir den Status der Sache. Genau auf diese Weise erklärt Frege die Entstehung der Zahl; die Klasse, die durch keine Elemente gekennzeichnet ist, ist die erste Klasse; die Eins ist an der Stelle der Null, und danach läßt sich leicht begreifen, wie die Stelle von eins zur zweiten Stelle wird, die ihren Platz für zwei, drei und so weiter räumt.[10] (Lacan 1970, S. 191; Hervorhebungen im Original)

Und genau dort, wo der Text so unklar ist, führt Lacan – ohne Erklärung – den angeblichen Zusammenhang mit der Psychoanalyse ein:

Die Frage der Zwei ist für uns die Frage des Subjekts, und hier gelangen wir insofern zu einer Gegebenheit psychoanalytischer Erfahrung, als die Zwei nicht die Eins vervollständigt, um Zwei zu ergeben, sondern die Eins wiederholen muß, um dieser die Existenz zu ermöglichen. Die erste Wiederholung ist die einzige, die notwendig ist, um die Entstehung der Zahl zu erklären, und nur eine Wiederholung ist notwendig, um den Status des Subjekts zu konstituieren. Das unbewußte Subjekt neigt dazu, sich selbst zu wiederholen, aber nur eine solche Wiederholung ist notwendig, um es zu konstituieren. Sehen wir uns aber genauer an, was für das zweite notwendig ist, damit das zweite das erste wiederholt und es eine Wiederholung geben kann. Diese Frage läßt sich nicht auf die Schnelle

---

[10] Dieser letzte Satz könnte eine recht wirre Anspielung auf ein spezielles Verfahren der mathematischen Logik sein, das dazu dient, die natürlichen Zahlen als Mengen zu definieren: Die 0 wird mit der leeren Menge $\emptyset$ identifiziert (d. h. mit der Menge, die kein Element enthält); dann wird die 1 mit der Menge $\{\emptyset\}$ identifiziert (d. h. mit der Menge, die als einziges Element die $\emptyset$ enthält); dann wird die 2 mit der Menge $\{\emptyset,\{\emptyset\}\}$ identifiziert (d. h. mit der Menge, die die beiden Elemente $\emptyset$ und $\{\emptyset\}$ enthält und so weiter.

beantworten. Wenn Sie vorschnell antworten, werden Sie antworten, daß es notwendig ist, daß die beiden identisch sind. In diesem Falle wäre das Prinzip der zwei das von Zwillingen – und warum nicht Drillinge oder Fünflinge? Zu meiner Zeit brachte man den Kindern bei, daß sie beispielsweise nicht Mikrophone mit Wörterbüchern zusammenzählen können, aber das ist absolut absurd, da es keine Addition gäbe, wenn wir keine Mikrophone und Wörterbücher zusammenzählen können oder, wie Lewis Carroll sagt, Kohlköpfe und Könige. Die Gleichheit liegt nicht in den *Dingen*, sondern in der *Markierung*, die es ermöglicht, Dinge ohne Beachtung ihrer Unterschiede zusammenzuzählen. Die Markierung löscht den Unterschied aus, und dies ist der Schlüssel dafür, was mit dem Subjekt geschieht, dem unbewußten Subjekt in der Wiederholung; weil man weiß, daß dieses Subjekt etwas besonders Bedeutendes wiederholt, ist das Subjekt da, zum Beispiel in dieser undurchschaubaren Sache, die wir in manchen Fällen Trauma nennen oder besonderes Vergnügen. (Lacan 1970, S. 191f.; Hervorhebungen im Original)

Danach versucht Lacan, mathematische Logik mit Linguistik zu verknüpfen:

Ich habe nur den Anfang der Folge der ganzen Zahlen betrachtet, da er eine Zwischenstellung zwischen Sprache und Realität einnimmt. Sprache konstituiert sich durch dieselbe Art von einheitlichen Merkmalen, wie ich sie verwendet habe, um die Eins und eins mehr zu erklären. Doch dieses Merkmal in der Sprache ist nicht identisch mit dem einheitlichen Merkmal, da in der Sprache eine Ansammlung von Unterscheidungsmerkmalen vorliegt. Mit anderen Worten: Sprache konstituiert sich durch eine Menge von Signifikanten – beispielsweise *ba*, *ta*, *pa* etc. etc. –, eine Menge, die endlich ist. Jeder Signifikant kann denselben Prozeß im Hinblick auf das Subjekt unterstützen, und es ist sehr wahrscheinlich, daß der Prozeß der ganzen Zahlen nur einen Sonderfall dieser Beziehung zwischen Signifikanten darstellt. Diese Sammlung von Signifikanten definiert sich so, daß sie das konstituieren, was ich das Andere nenne. Der durch die Existenz von Sprache gegebene Unterschied liegt darin, daß jeder Signifikant (im Gegensatz zum einheitlichen Merkmal der ganzen Zahl) in den meisten

Fällen nicht mit sich selbst identisch ist – gerade weil wir eine Sammlung von Signifikanten haben, und in dieser Sammlung kann sich ein Signifikant selbst bezeichnen oder nicht. Dies ist altbekannt und das Prinzip des Russellschen Paradoxons. Wenn man die Menge aller Elemente nimmt, die sich nicht selbst enthalten,

$$x \notin x$$

führt die Menge, die sich durch solche Elemente konstituiert, zu einem Paradoxon, das, wie Sie wissen, zu einem Widerspruch führt.[11] Mit einfachen Worten bedeutet dies nur, daß in einem Kosmos des Diskurses nichts alles enthält,[12] und hier findet man wiederum die Lücke, die das Subjekt konstituiert. Das Subjekt ist die Einführung eines Verlusts in der Realität, doch nichts kann dies einführen, da die Realität ihrem Status gemäß so vollständig wie möglich ist. Die Vorstellung eines Verlusts ist der Effekt, der sich duch den Fall des Merkmals ergibt, was durch das Eingreifen des selbst bestimmten Buchstabens – meinetwegen a_1 a_2 a_3 – plaziert, und die Orte sind Räume, in Ermangelung. (Lacan 1970, S. 193)

Erstens ist der Text ab der Stelle, an der Lacan behauptet, „mit einfachen Worten" zu sprechen, völlig unverständlich. Zweitens – und darum geht es uns vor allem – liefert Lacan kein Argument, um diese Paradoxien, die zu den Grundlagen der Mathe-

---

[11] Das Paradoxon, auf das Lacan hier anspielt, geht auf Bertrand Russell (1872–1970) zurück. Halten wir zunächst fest, daß die meisten „normalen" Mengen sich nicht selbst als Element enthalten: So ist die Menge aller Stühle nicht selbst ein Stuhl, die Menge aller ganzen Zahlen selbst keine ganze Zahl etc. Allerdings gibt es offenbar Mengen, die sich selbst als Element enthalten: So ist die Menge aller abstrakten Ideen selbst eine abstrakte Idee, die Menge aller Mengen$_1$ eine Menge etc. Stellen Sie sich nun die Menge aller Mengen vor, die sich nicht selbst als Element enthalten. Ist sie in sich selbst enthalten? Wenn die Antwort ja lautet, kann sie nicht zur Menge aller Mengen gehören, die *sich nicht selbst enthalten*, und somit sollte die Antwort nein lauten. Wenn die Antwort aber nein lautet, dann *muß* sie zur Menge aller Mengen gehören, die nicht in sich selbst enthalten sind, und die Antwort sollte ja lauten. Um dieses Paradoxon zu umgehen, haben Logiker die naive Vorstellung der Menge durch eine Vielzahl axiomatischer Theorien ersetzt.

[12] Dies ist vielleicht eine Anspielung auf ein *anderes* (wenngleich verwandtes) Paradoxon, das auf Georg Cantor (1845–1918) zurückgeht und die Nichtexistenz der „Menge aller Mengen" betrifft.

matik gehören, mit „der Lücke, die das Subjekt konstituiert", aus der Psychoanalyse zu verknüpfen. Könnte es sein, daß Lacan hier versucht, bei seinen Lesern mit einer oberflächlichen Bildung Eindruck zu schinden?

Insgesamt stellt dieser Text ein hervorragendes Beispiel für den dritten und vierten Typ von Mißbrauch auf unserer Liste dar: Lacan brüstet sich, gegenüber Laien, mit seinem Wissen über mathematische Logik, aber aus mathematischer Sicht sind seine Darlegungen weder originell, noch dienen sie der Lehre, und der Zusammenhang zur Psychoanalyse wird überhaupt nicht argumentativ begründet.[13]

In anderen Texten ist selbst der angeblich „mathematische" Inhalt ohne Sinn. So stellte Lacan in einem Aufsatz aus dem Jahre 1973 seine berühmte Maxime „Es gibt kein Geschlechtsverhältnis" auf und übersetzt diese Binsenweisheit in seinen berühmten „Formeln der Sexuation":[14]

Alles kann darauf beschränkt werden, sich um das zu entwickeln, was ich über den logischen Zusammenhang zweier Formeln gesagt habe, die, um sie mathematisch $\forall x \cdot \Phi x$ und $\exists x \cdot \overline{\Phi x}$ einzubeschreiben, wie folgt zu formulieren sind:[15]

Die erste, für alle x, Φx ist erfüllt, kann durch ein T übersetzt werden, was Wahrheitswert bedeutet. Dies, übersetzt in den analytischen Diskurs, zu dessen Praxis es gehört, sinnvoll zu sein, „bedeutet", daß sich jedes Subjekt als solches – darum geht es bei dem Diskurs – selbst in der phallischen Funktion einbeschreibt, um die Abwesenheit des Geschlechtsverhältnisses zu parieren (die Praxis, sinnvoll zu sein, besteht genau darin, sich auf diesen Un-sinn zu beziehen);

die zweite, es gibt ausnahmsweise den in der Mathematik bekannten Fall (das Argument $x = 0$ in der Exponentialfunk-

---

[13] Vgl. etwa Miller (1977/78) und Ragland-Sullivan (1990) für ehrfürchtige Kommentare zu Lacans mathematischer Logik.

[14] Da Lacan sich so unklar und häufig grammatikalisch nicht korrekt ausdrückt, ist im Anschluß an den besten Versuch einer Übersetzung der vollständige französische Text abgedruckt.

[15] In der mathematischen Logik bedeutet das Symbol $\forall x$ „für alle x", und das Symbol $\exists x$ bedeutet „es existiert wenigstens ein x, so daß"; sie werden als „Allquantor" bzw. als „Existenzquantor" bezeichnet. Weiter unten im Text bezeichnet Lacan diese Begriffe mit Ax und Ex.

tion 1/x), bei dem es ein x gibt, für das Φx, die Funktion, nicht erfüllt ist, d. h. nicht funktioniert, ist faktisch ausgeschlossen.

Genau von dort aus konjugiere ich das Alles des Universellen, modifizierter als man sich im *füralle* des Quantors vorstellt, bis zum *es existiert ein*, mit dem das Quantische ein Paar bildet, wobei der Unterschied durch das auf der Hand liegt, was der Satz impliziert, den Aristoteles einen besonderen nennt. Ich konjugiere sie von dem, was das betreffende *es existiert ein*, um das *füralle* zu begrenzen, ist, was es bekräftigt oder bestätigt (was ein Sprichwort gegen das Widersprüchliche des Aristoteles bereits einwendet).

...

Daß ich die Existenz eines Subjekts behaupte, um sie einer Verneinung der Aussagenfunktion Φx zu postulieren, impliziert, daß sie sich eines Quantors einbeschreibt, von dem sich diese Funktion von der Tatsache abgeschnitten findet, daß sie in diesem Punkt keinen Wert besitzt, den man als Wahrheitswert bezeichnen kann, was auch keinen Fehler bedeutet, das Falsche nur um *falsus* als gefallen zu begreifen, wie bereits betont.

Wenn man an die klassische Logik denkt, so wird dort das Falsche nicht nur als Gegenteil der Wahrheit gesehen, es bezeichnet die Wahrheit ebenso.

Es ist daher korrekt, zu schreiben, wie ich es tue: $Ex \cdot \overline{\Phi x}$.

...

Daß das Subjekt hier vorschlägt, als Frau bezeichnet zu werden, hängt von zwei Modi ab, und zwar:

$$\overline{Ex} \cdot \overline{\Phi x}; \text{ und } \overline{Ax} \cdot \Phi x.$$

Ihre Einbeschreibung wird in der Mathematik nicht verwendet.[16] Die Verneinung, die der Querstrich auf dem Quantor anzeigt, die Verneinung von *es existiert ein*, kommt nicht vor, und noch viel weniger wird *füralle* zu nichtfüralle.

---

[16] Genau. Der Querstrich $\overline{}$ bedeutet eine Verneinung („es ist falsch, daß") und kann daher nur auf vollständige Aussagen angewendet werden, nicht auf isolierte Quantoren wie Ex oder Ax. Man könnte annehmen, Lacan meine hier vielleicht $\overline{Ex} \cdot \overline{\Phi x}$ und $\overline{Ax} \cdot \Phi x$ – was faktisch das logische Äquivalent zu seinen Aussagen $Ax \cdot \Phi x$ und $Ex \cdot \overline{\Phi x}$ zu Beginn wäre –, aber er macht deutlich, daß diese banale Neuformulierung nicht seine Absicht ist. Natürlich steht es jedem frei, eine neue Bezeichnung einzuführen, doch verpflichtet dies, deren Bedeutung zu erklären.

Genau hier wird deutlich, daß sich die Bedeutung der Wendung dahingehend äußert, daß, das *nyania* konjugierend, welches die Geschlechter in Gesellschaft lärmt, für die Tatsache entschädigt, daß es zwischen ihnen kein Verhältnis gibt.

Was nicht in dem Sinn zu verstehen ist, der, um unsere Quantoren auf ihre aristotelische Lesart zu reduzieren, das *notexistone* mit dem *noneis* seiner negativen Universellen gleichsetzte, das μη παυτεζ zurückkommen ließe, das *nicht-alles* (das er dennoch zu formulieren vermochte), die Existenz eines Subjekts zu bezeugen, um zur phallischen Funktion nein zu sagen, das vom Widerspruch anzunehmen, der von zwei Besonderheiten behauptet wird.

Dies ist nicht die Bedeutung der Wendung, die sich selbst diesen Quantoren einbeschreibt.

Die Bedeutung ist: daß sich das Subjekt, um sich als Hälfte einzuführen, die über Frauen zu sagen ist, selbst durch die Tatsache bestimmt, daß, da es keine Erweiterung der phallischen Funktion gibt, alles hier gesagt werden kann, selbst wenn es aus dem ohne-Grund kommt. Aber es ist ein aus-dem-Universum Ganzes, das reibungslos vom zweiten Quantor als *nichtalles* gelesen wird.

Das Subjekt in der Hälfte, wo es sich von den verneinten Quantoren bestimmt, ist es, daß nichts Existierendes der Funktion eine Grenze setzen kann, daß sich rein gar nichts eines Universums versichern konnte. Um sich von dieser Hälfte zu verankern, sind „sie" (weiblich) nicht *nichtalles*, mit der Folge und aus demselben Grund, daß auch keine von ihnen alles ist. (Lacan 1973, S. 14 f., 22)

Tout peut être maintenu à se développer autour de ce que j'avance de la corrélation logique de deux formules qui, à s'inscrire mathématiquement $\forall x \cdot \Phi x$, et $\exists x \cdot \overline{\Phi x}$, s'énoncent:

la première, pour tout x, Φx est satisfait, ce qui peut se traduire d'un notant valeur de vérité. Ceci, traduit dans le discours analytique dont c'est la pratique de faire sens, „veut dire" que tout sujeten tant que tel, puisque c'est là l'enjeu de ce discours, s'inscrit dans la fonction phallique pour parer à l'absence du rapport sexuel (la pratique de faire sens, c'est justement de se reférer à cet ab-sens);

la seconde, il y a par exception le cas, familier en mathématique (l'argument $x = 0$ dans la fonction exponentielle $1/x$), le cas où il existe un x pour lequel Φx, la fonction, n'est pas satisfaite, c'est-à-dire ne fonctionnant pas, est exclue de fait.

C'est précisément d'où je conjugue le tous de l'universelle, plus modifié qu'on ne s'imagine dans le *pourtout* du quanteur, à l'*il existe un* en question, à faire limite au pourtout, est ce qui l'affirme ou le confirme (ce qu'un proverbe objecte déjà au contradictoire d'Aristote).

...

Que j'énonce l'existence d'un sujet à la poser d'un dire que non à la fonction propositionelle Φx, implique qu'elle s'inscrive d'un quanteur dont cette fonction se trouve coupée de ce qu'elle n'ait en ce point aucune valeur qu'on puisse noter de vérité, ce qui veut dire d'erreur pas plus, le faux seulement à entendre *falsus* comme du chu, ce où j'ai déjà mis l'accent.

En logique classique, qu'on y pense, le faux ne s'aperçoit pas qu'à être de la vérité l'envers, il la désigne aussi bien.

Il est donc juste d'écrire comme je le fais: $\mathrm{E} x \cdot \overline{\Phi x}$.

...

De deux modes dépend que le sujet ici se propose d'être dit femme. Les voici:

$$\overline{\mathrm{E} x} \cdot \overline{\Phi x} \text{ et } \overline{\mathrm{A} x} \cdot \Phi x.$$

Leur inscription n'est pas d'usage en mathématique. Nier, comme la barre mise au-dessus du quanteur le marque, nier qu'*existe un* ne se fait pas, et moins encore que *pourtout* se pourpastoute.

C'est là pourtant que se livre le sens du dire, de ce que, s'y conjuguant le *nyania* qui bruit des sexes en compagnie, il supplée à ce qu'entre eux, de rapport nyait pas.

Ce qui est à prendre non pas dans le sens qui, de réduire nos quanteurs à leur lecture selon Aristote, égalerait le *nexist-un* au *nulnest* de son universelle négative, ferait revenir le'μη παυτες, le *pastout* (qu'il a pourtant su formuler), à témoigner de l'existence d'un sujet à dire des femmes, le sujet se détermine de ce que, n'existant pas de suspens à la fonction phallique, tout puisse ici s'en dire, même à provenir du sans raison. Mais c'est un tout d'hors univers, lequel se lit tout de go du second quanteur comme *pastout*.

Le sujet dans la moitié où il se détermine des quanteurs

niés, c'est de ce que rien d'existant ne fasse limite de la fonction, que ne saurait s'en assurer quoi que ce soit d'un univers. Ainsi à se fonder ce cette moitié, „elles" ne sont *pastoutes*, avec pour suite et du même fait, qu'aucune non plus n'est toute. (Lacan 1973, 14 f., 22)

Weitere Beispielen für hochtrabende Terminologie, die Lacan dem Leser vorsetzt, sind in Lacan (1971): *Vereinigung* (in der mathematischen Logik) (S. 206) und *Stokesscher Integralsatz* (ein besonders schamloser Mißbrauch) (S. 213); in Lacan (1975c): *Gravitation* („Unbewußtes des Teilchens"!) (S. 100); in Lacan (1988): *einheitliche Feldtheorie* (S. 239); schließlich in Lacan (1998): *Bourbaki* (S. 28, 47), *Quark* (S. 36), *Kopernikus* und *Kepler* (S. 41–43), *Trägheit, mv²/2, mathematische Formalisierung* (S. 130).

Abschließende Bemerkungen

Was ist von Lacans Mathematik zu halten? Die Meinungen über Lacans Absichten, insbesondere über die Frage, wie stark er die Psychoanalyse „mathematisieren" wollte, gehen auseinander. Wir sind nicht in der Lage, diese Frage definitiv zu beantworten, aber das macht weiter nichts, denn seine „Mathematik" ist so bizarr, daß sie für eine seriöse Psychoanalyse nicht von Nutzen sein kann.

Gewiß hat Lacan eine vage Vorstellung von der Mathematik, auf die er sich beruft – viel mehr aber auch nicht. Ein Student wird nicht von ihm erfahren, was eine reelle Zahl oder eine kompakte Menge ist, aber sofern seine Aussagen verständlich sind, sind sie nicht durchgängig falsch. Jedoch glänzt er (es sei uns gestattet, dieses Wort zu verwenden) hinsichtlich der zweiten Art von Mißbrauch, wie wir sie in unserer Einleitung genannt haben: Seine Analogien zwischen der Psychonanalyse und der Mathematik sind so willkürlich, wie man es sich nur vorstellen kann, und er liefert keinerlei empirische oder theoretische Begründung (weder hier noch an anderer Stelle in seinem Werk). Was das Zurschaustellen von Halbbildung und das „Aufpolieren" sinnloser Sätze angeht, so sprechen die oben zitierten Abschnitte sicherlich für sich.

Was an Lacan und seinen Schülern wohl am meisten auffällt, ist ihre Haltung zur Wissenschaft und die Tatsache, daß sie die „Theorie" (in Wirklichkeit handelt es sich dabei um Formalismus und Wortspiele) sehr stark bevorzugen gegenüber Beobachtungen und Experimenten. Schließlich ist die Psychoanalyse – einmal vorausgesetzt, daß sie eine wissenschaftliche Basis besitzt – noch eine recht junge Wissenschaft. Es könnte klug sein, zumindest einige ihrer Aussagen empirisch zu überprüfen, bevor man in großem Maßstab theoretische Verallgemeinerungen vornimmt. Doch Lacans Schriften enthalten vor allem Zitate und Analysen von Texten und Begriffen.

Diejenigen, die Lacan (und die anderen hier untersuchten Autoren) verteidigen, reagieren auf diese Kritikpunkte gerne mit der Strategie des „weder/noch": Diese Schriften sollten weder als Wissenschaft bewertet werden noch als Philosophie, noch als Poesie, noch als ... Dieses Phänomen ließe sich als „säkularer Mystizismus" bezeichnen: Mystizismus, da der Diskurs geistig etwas bewirken möchte, was nicht ausschließlich ästhetischer Natur ist, aber dennoch nicht die Vernunft anspricht; säkular, da die kulturellen Bezüge (Kant, Hegel, Marx, Freud, Mathematik, aktuelle Literatur ...) mit den überlieferten Religionen nichts zu tun haben und den modernen Leser ansprechen sollen. Hinzugefügt sei, daß Lacans Schriften durch die Verbindung von Wortspielen mit einem gebrochenen Satzbau im Laufe der Zeit immer kryptischer wurden – eine Eigenschaft, die viele heilige Texte kennzeichnet – und seinen Schülern als Grundlage ehrfurchtsvoller Exegese dient. Es fragt sich daher, ob man es nicht mit einer neuen Religion zu tun hat.

3. Julia Kristeva

Julia Kristeva verändert die Ordnung der Dinge; immer zerstört sie das neueste Vorurteil, dasjenige, von dem wir glaubten, es würde uns Trost spenden, dasjenige, auf das wir stolz sein konnten: Was sie ersetzt, ist das bereits Gesagte, das heißt das Beharren des Signifikats, das heißt die Dummheit; was sie untergräbt, ist die Autorität der monologischen Wissenschaft und der Überlieferung. Ihr Werk ist von Grund auf neu und exakt ...
— Roland Barthes, *L'ètrangère* (1970, S. 19),
über Kristevas *Séméiotiké: Recherches pour une sémanalyse*

Julia Kristevas Arbeiten berühren viele Gebiete, von der Literaturkritik über die Psychoanalyse bis zur politischen Philosophie. Im folgenden analysieren wir einige Auszüge aus ihren frühen Arbeiten zur Linguistik und Semiotik. Diese Texte, die zwischen dem Ende der 60er Jahre und der Mitte der 70er Jahre entstanden sind, können strenggenommen nicht als poststrukturalistisch bezeichnet werden; vielmehr zählen sie zu den schlimmsten Auswüchsen des Strukturalismus. Kristevas erklärtes Ziel ist es, eine formale Theorie der poetischen Sprache aufzustellen. Dieses Ziel ist jedoch zweideutig, da Kristeva einerseits behauptet, die poetische Sprache sei „ein formales System, dessen Theoretisierung auf die [mathematische] Mengenlehre gegründet werden kann", und andererseits in einer Fußnote erklärt, dies gelte „nur metaphorisch".

Metapher oder keine Metapher – Kristevas Unterfangen wird mit einem schwerwiegenden Problem konfrontiert: In welcher Beziehung – wenn überhaupt – steht poetische Sprache zur Mengenlehre? Kristeva bleibt die Antwort auf diese Frage schuldig. Sie nimmt Bezug auf Konzepte aus dem Bereich der unendlichen Mengen, deren Relevanz für die poetische Sprache schwierig nachzuvollziehen ist, zumal sie keine Begründung dafür liefert. Außerdem enthalten ihre mathematischen Darlegungen einige grobe Fehler, etwa hinsichtlich des Gödelschen Satzes. Es sei an dieser Stelle betont, daß Kristeva diesen Ansatz schon lange aufgegeben hat, aber da er ganz und gar typisch für die von uns kritisierten Arbeiten ist, können wir ihn nicht einfach übergehen.

Die unten angeführten Textauszüge stammen vor allem aus Kristevas gefeiertem Buch *Séméiotiké: Recherches pour une sém-*

analyse (1969).[1] Einer ihrer Exegeten beschreibt ihr Werk wie folgt:

An Kristevas Werk beeindrucken am meisten … die Kompetenz, mit der es vorgelegt wird, die große Zielstrebigkeit, mit der es vorangetrieben wird, und schließlich die Komplexität und Schärfe der angestellten Analysen. Keine Quellen werden außer acht gelassen: Auf Theorien der Logik nimmt sie ebenso Bezug wie, an einer Stelle, auf die Quantenmechanik … (Lechte 1990, S. 109)

Sehen wir uns also einige Beispiele für diese Kompetenz und analytische Schärfe genauer an:

… die Naturwissenschaft ist eine logische Vorgehensweise, die auf dem griechischen (indo-europäischen) Satz basiert, der als Subjekt-Prädikat konstruiert ist und sich durch Identifikation, Determinierung und Kausalität entwickelt.[2] Die moderne Logik von Frege und Peano bis zu Lukasiewicz, Ackermann oder Church, die sich in den Dimensionen 0–1 bewegt, und sogar die Boolesche Logik, die, ausgehend von der Mengenlehre, Formalisierungen liefert, die zur Funktionsweise der Sprache stärker isomorph sind, gelten nicht im Bereich der poetischen Sprache, wo die 1 kein Grenzwert ist.

Es ist daher unmöglich, die poetische Sprache unter Einsatz bestehender logischer (wissenschaftlicher) Verfahren zu for-

---

[1] Toril Moi, eine Sekundärliteraturautorin zu Kristeva, erklärt das Umfeld, in dem dieses Buch entstand, folgendermaßen:

1966 erlebte Paris nicht nur die Veröffentlichung von Jacques Lacans *Schriften* und Michel Foucaults *Die Ordnung der Dinge*, sondern auch das Auftauchen einer jungen Linguistin aus Bulgarien. Im Alter von 25 Jahren … nahm Julia Kristeva die Rive Gauche im Sturm … Kristevas linguistische Forschung führte bald zur Veröffentlichung zweier wichtiger Bücher, *Le Texte du Roman* und *Séméiotiké*, und kulminierte 1974 in der Veröffentlichung ihrer umfangreichen Dissertation *La Révolution du langage poétique* [teilweise übersetzt als *Die Revolution der poetischen Sprache*; Anm. d. Übers.]. Dieses theoretische Werk brachte ihr einen Lehrstuhl an der Universität Paris VII ein. (Moi 1986, S. 1)

[2] An dieser Stelle scheint sich Kristeva implizit auf die „Sapir-Whorf-Hypothese" zu beziehen, das heißt auf jene Vorstellung, daß, vereinfacht ausgedrückt, die Sprache unsere Sicht der Welt entscheidend prägt. Diese These wird heute von einigen Linguisten scharf angegriffen. Vgl. etwa Pinker (1996, S. 69 ff.).

malisieren, ohne sie ungenießbar zu machen. Eine literarische Semiotik muß auf der Basis einer *poetischen Logik* entwickelt werden, in der der Begriff der *Mächtigkeit des Kontinuums*[3] das Intervall von 0 bis 2 enthält, ein Kontinuum, in dem die 0 bestimmt und die 1 implizit überschritten wird. (Kristeva 1969, S. 150 f.; Hervorhebungen im Original)

Dieser Abschnitt enthält eine richtige Behauptung und zwei Fehler. Richtig ist, daß poetische Sätze im allgemeinen nicht als richtig oder falsch zu werten sind. In der mathematischen Logik werden die Symbole 0 und 1 dazu benutzt, „falsch" bzw. „richtig" zu bezeichnen; in diesem Sinne verwendet die Boolesche Logik die Menge {0, 1}. Kristevas Anspielung auf die mathematische Logik ist daher zwar korrekt, doch fügt sie der ursprünglichen Beobachtung nichts hinzu. Im zweiten Absatz scheint Kristeva jedoch die *Menge* {0, 1}, die aus den beiden Elementen 0 und 1 besteht, mit dem *Intervall* [0, 1] zu verwechseln, das alle reellen Zahlen zwischen 0 und 1 enthält. Die zuletzt genannte Menge ist, anders als die zuvor erwähnte, eine unendliche Menge, die darüber hinaus die *Mächtigkeit des Kontinuums* besitzt (vgl. Anm. 3). Außerdem legt Kristeva großen Wert auf die Feststellung, daß ihre Menge (das Intervall von 0 bis 2) die 1 „überschreitet", aber aus ihrer angeblichen Perspektive, das heißt bezüglich der Mächtigkeit von Mengen, gibt es keinen Unterschied

---

[3] Der Begriff der „Mächtigkeit des Kontinuums" gehört zur mathematischen Theorie unendlicher Mengen, die seit den 1870er Jahren von Georg Cantor und anderen Mathematikern entwickelt wurde. Darin wird postuliert, daß es viele verschiedene „Größen" (oder *Mächtigkeiten*) unendlicher Mengen gibt. Manche unendliche Mengen bezeichnet man als *zählbar* (oder *abzählbar*), etwa die Menge aller positiven ganzen Zahlen (1, 2, 3, ...) oder, allgemeiner, jede Menge, deren Elemente zur Menge der positiven ganzen Zahlen in eineindeutiger Beziehung stehen. Allerdings bewies Cantor 1873, daß die ganzen Zahlen und die Menge der *reellen* Zahlen *nicht* in eineindeutiger Beziehung zueinander stehen. Somit sind die rellen Zahlen sozusagen „zahlreicher" als die ganzen Zahlen; sie besitzen, wie man sagt, die *Mächtigkeit des Kontinuums*, wie auch all jene Mengen, die zu ihnen in eineindeutiger Beziehung stehen. Es sei uns der (zunächst überraschend erscheinende) Hinweis erlaubt, daß man eine eineindeutige Zuordnung zwischen den reellen Zahlen und den reellen Zahlen innerhalb eines Intervalls finden kann, etwa jenen Zahlen zwischen 0 und 1 oder zwischen 0 und 2. Allgemeiner gesprochen, läßt sich jede unendliche Menge eineindeutig auf einige ihrer echten Teilmengen abbilden.

zwischen dem Intervall [0, 1] und dem Intervall [0, 2]; beide besitzen die Mächtigkeit des Kontinuums.

Im folgenden Text werden die beiden Fehler noch deutlicher:

Bei dieser „Mächtigkeit des Kontinuums" von null bis zum spezifisch poetischen Doppelten bemerkt man, daß das, was linguistisch, psychologisch und gesellschaftlich tabu ist [*inter- dit*], die 1 darstellt (Gott, das Gesetz, die Definition) und die einzige sprachliche Anwendung, die dieses Tabu „umgeht", der poetische Diskurs ist. Es ist kein Zufall, daß die Unzu- länglichkeiten der aristotelischen Logik bei ihrer Anwendung auf Sprache einerseits von dem chinesischen Philosophen Chang Tung-sun aufgezeigt wurden, der einem anderen sprachlichen Bereich entstammt (dem der Ideogramme), wo der Yin-Yang-„Dialog" an die Stelle Gottes tritt, und anderer- seits von Bachtin, der durch eine dynamische Theoretisierung innerhalb einer revolutionären Gesellschaft über die Formali- sten hinausgehen wollte. Für ihn ist der narrative Diskurs, den er mit dem epischen Diskurs gleichsetzt, ein Tabu, ein „*Mo- nologismus*", eine Unterordnung des Codes unter die 1, unter Gott. Infolgedessen ist das Epische religiös und theologisch, und jede realistische Erzählung, die sich der 0–1-Logik unter- wirft, dogmatisch. Der realistische Roman, den Bachtin mo- nologisch nennt (Tolstoi), entfaltet sich meist in diesem Raum. Eine realistische Beschreibung, die Definition eines Charak- ters, die Schaffung einer Figur, die Entwicklung eines Themas: all diese beschreibenden Elemente eines Erzähltextes gehören zum Intervall 0–1 und sind daher *monologisch*. Der einzige Diskurs, in dem die poetische Logik von 0–2 voll realisiert ist, wäre der des Karnevals: Er übernimmt eine traumartige Logik und verstößt dadurch gegen die Regeln des sprachlichen Codes wie auch der gesellschaftlichen Moral.

… Ein neuer Ansatz für poetische Texte läßt sich von die- sem Begriff [Dialogismus] aus skizzieren, den die literarische Semiotik übernehmen kann. Die im „Dialogismus" implizierte Logik ist gleichzeitig: … 3) eine Logik des „Transfiniten"[4],

---

[4] In der Mathematik ist das Wort „transfinit" mehr oder weniger gleich- bedeutend mit „unendlich". Es wird vor allem zur Charakterisierung einer „Kardinalzahl" oder „Ordinalzahl" verwendet.

ein Begriff, den wir von Cantor übernehmen und der, ausgehend von der „Mächtigkeit des Kontinuums" der poetischen Sprache (0–2), ein zweites formbildendes Prinzip einführt, und zwar: Eine poetische Sequenz ist „nächstgrößer" (nicht kausal abgeleitet) als alle vorhergehenden Sequenzen der aristotelischen Reihe (wissenschaftlich, monologisch, narrativ). Dann stellt sich der ambivalente Raum des Romans durch zwei formbildende Prinzipien strukturiert dar: das monologische (jede folgende Sequenz wird durch die vorhergehende bestimmt) und das dialogische (transfinite Sequenzen, die gegenüber der vorhergehenden kausalen Sequenz nächstgrößer sind). [In einer *Fußnote* präzisiert Kristeva: Es sei betont, daß die Übertragung von Konzepten aus der Mengenlehre in eine Analyse der poetischen Sprache nur metaphorisch zu verstehen ist: Sie ist möglich, da eine Analogie herstellbar ist zwischen den Beziehungen aristotelische Logik/poetische Logik einerseits und abzählbar/unendlich andererseits.] (Kristeva 1969, S. 151 ff.; Hervorhebungen im Original)

Am Ende des Abschnitts räumt Kristeva also ein, daß ihre „Theorie" nur eine Metapher sei. Doch selbst auf dieser Ebene liefert sie keine Begründung: Weit davon entfernt, eine Analogie zwischen „aristotelischer Logik/poetischer Logik" und „abzählbar/ unendlich" hergestellt zu haben, nennt sie lediglich diese Begriffe, ohne auch nur ansatzweise ihre *Bedeutung* oder, was noch wichtiger wäre, ihre Relevanz (und sei sie metaphorisch) für die „poetische Logik" zu erklären. Die Theorie der transfiniten Zahlen hat, bei Licht betrachtet, mit kausaler Ableitung nichts zu tun.

Weiter unten im Text kommt Kristeva auf die mathematische Logik zurück:

Für uns ist die poetische Sprache nicht ein Code, der die anderen einschließt, sondern eine Klasse A, die dieselbe Mächtigkeit hat wie die Funktion $\varphi(\chi_1...\chi_n)$ der Unendlichkeit des linguistischen Codes (vgl. den Existenzsatz, S. 189), und alle „anderen Sprachen" (die „gewöhnliche" Sprache, die „Metasprachen" etc.) sind Quotienten von A über begrenztere Bereiche (eingeschränkt etwa durch die Regeln der Subjekt-Prädikat-Konstruktion als der Basis der formalen Logik), die aufgrund dieser Einschränkung die Morphologie der Funktion $\varphi(\chi_1...\chi_n)$ verschleiern.

Die poetische Sprache (die wir fortan mit den Initialen ps bezeichnen wollen) enthält den Code der linearen Logik. Darüber hinaus können wir in ihr all die kombinatorischen Figuren finden, die die Algebra in einem System künstlicher Zeichen formalisiert hat und die auf der Manifestationsebene der gewöhnlichen Sprache nicht externalisiert werden ...

Die ps kann daher kein Teilcode sein. Sie ist der unendlich geordnete Code, ein komplementäres System von Codes, aus dem man (durch operatorische Abstraktion und durch den Beweis eines Theorems) eine gewöhnliche Sprache, eine wissenschaftliche Metasprache und all die künstlichen Zeichensysteme isolieren kann – die alle nur Teilmengen dieses Unendlichen sind, das seine Ordnungsregeln über einen begrenzten Raum externalisiert (ihre Mächtigkeit ist im Verhältnis zu jener der ps, die auf sie surjektiv abgebildet ist, kleiner). (Kristeva 1969, S. 178 f.)

Diese Absätze ergeben keinen Sinn, obgleich Kristeva sehr geschickt eine Reihe mathematischer Fachbegriffe aneinanderreiht. Aber es kommt noch besser:

Unter der Annahme, daß poetische Sprache ein formales System ist, dessen Theoretisierung auf die *Mengenlehre* begründet werden kann, können wir *zugleich* beobachten, daß das Funktionieren poetischer Bedeutung den Prinzipien gehorcht, die vom *Auswahlaxiom* festgelegt werden. Dieses Axiom besagt, daß es eine einwertige, von einer Klasse repräsentierte Beziehung gibt, die jeder nichtleeren Menge der Theorie (des Systems) eines ihrer Elemente zuordnet:

$$(\exists A) \; \{Un(A) \cdot (x)[\sim Em(x) \cdot \supset \cdot (\exists y)[y \in x \cdot \langle yx \rangle \in A]]\}$$

[$Un(A)$ – „A ist einwertig"; $Em(x)$ – „die Klasse x ist leer".]

Anders ausgedrückt: Man kann gleichzeitig ein Element aus jeder der hier behandelten nicht-leeren Mengen auswählen. So formuliert, läßt sich das Axiom in unserem Universum der ps anwenden. Es präzisiert, wie jede Sequenz die Aussage des Buchs enthält. (Kristeva 1969, S. 189; Hervorhebungen im Original.)

Diese Absätze (wie auch die folgenden) sind eine hervorragende Illustration der in unserer Einleitung (S. 28) zitierten beißenden Kommentare des Soziologen Stanislav Andreski. Kristeva erklärt an keiner Stelle die Relevanz des Auswahlaxioms für die Linguistik (in unseren Augen besitzt es keine). Das Auswahlaxiom besagt folgendes: Wenn man eine Menge von Mengen hat, die alle mindestens ein Element enthalten, dann gibt es eine Menge, die von jeder der ursprünglichen Mengen genau ein „ausgewähltes" Element enthält. Dieses Axiom erlaubt es, die Existenz bestimmter Mengen zu behaupten, ohne diese explizit zu konstruieren (es wird also nicht gesagt, wie diese „Auswahl" getroffen wird). Die Einführung dieses Axioms in die mathematische Mengenlehre ist durch die Untersuchung unendlicher Mengen oder unendlicher Mengen von Mengen motiviert. Wo sind derartige Mengen in der Poesie zu finden? Die Behauptung, daß das Auswahlaxiom „präzisiert, wie jede Sequenz die Aussage des Buchs enthält", ist grotesk, und wir sind uns nicht sicher, ob Kristeva damit der Mathematik oder der Literatur größere Gewalt antut. Dessenungeachtet fährt Kristeva fort:

> Die Kompatibilität des Auswahlaxioms und der allgemeinen Kontinuumhypothese[5] mit den Axiomen der Mengenlehre versetzt uns auf die Stufe des Nachdenkens über die Theorie, gleichsam in einer *Metatheorie* (und dies ist der Status semiotischer Erwägungen), deren Metatheoreme von Gödel auf den Punkt gebracht wurden [*mis au point*]. (Kristeva 1969, S. 189; Hervorhebung im Original)

An dieser Stelle versucht Kristeva erneut, den Leser mit Fachausdrücken zu beeindrucken. Sie hat in der Tat einige sehr bedeutende (Meta-)Sätze der mathematischen Logik zitiert, sich aber nicht die Mühe gemacht, dem Leser den Inhalt dieser Sätze zu erklären, geschweige denn ihre Relevanz für die Linguistik.

---

[5] Wie in Anmerkung 3 dargelegt, gibt es unendliche Mengen verschiedener „Größe" (die man als *Kardinalzahlen* bezeichnet). Die kleinste unendliche Kardinalzahl, die man „zählbar" (oder „abzählbar") nennt, ist diejenige, die der Menge aller positiven ganzen Zahlen entspricht. Eine größere Kardinalzahl, die man als „Kardinalzahl des Kontinuums" bezeichnet, ist diejenige, die der Menge aller reellen Zahlen entspricht. Die von Cantor Ende des 19. Jahrhunderts eingeführte Kontinuumhypothese behauptet, daß es keine Kardinalzahl „zwischen" dem Abzählbaren und dem Kontinuum gibt. Die allgemeine Kontinuumhypothese ist eine Ausweitung dieses Gedankens auf bedeutend größere unendliche Mengen. 1964 bewies Cohen, daß die spezielle (und die allgemeine) Kontinuumhypothese in dem Sinne unabhängig von den anderen Axiomen der Mengenlehre ist, daß weder sie noch ihre Negation aus diesen Axiomen bewiesen werden kann.

(Dazu sei angemerkt, daß die Menge aller in der gesamten Menschheitsgeschichte verfaßten Texte eine *endliche* Menge ist. Außerdem besitzt jede natürliche Sprache – beispielsweise Englisch oder Chinesisch – ein endliches Alphabet; ein Satz oder sogar ein Buch ist eine endliche Folge von Buchstaben. Daher ist sogar die Menge *aller* endlichen Buchstabenfolgen in allen denkbaren Büchern, ohne Begrenzung ihrer Länge, eine *abzählbare* unendliche Menge. Es läßt sich schwer erkennen, wie die Kontinuumhypothese, die sich mit nichtabzählbaren unendlichen Mengen befaßt, auf die Linguistik anwendbar sein sollte.)

All das hindert Kristeva nicht, mit Nachdruck fortzufahren:

Man stößt dort auf genau die Existenzsätze, die wir zwar hier nicht entwickeln wollen, die uns aber insofern interessieren, als sie Begriffe liefern, den uns interessierenden *Gegenstand*, die poetische Sprache, auf eine neue Weise – die ohne diese Begriffe unmöglich wäre – aufzugreifen. Der allgemeine Existenzsatz postuliert bekanntlich:

„Wenn $\varphi(x_1,\ldots,x_n)$ eine primitive Aussagenfunktion ist, die außer $x_1,\ldots,x_n$ keine freien Variablen enthält, ohne notwendigerweise alle zu enthalten, existiert eine Klasse A, für die gilt, daß alle Mengen $x_1,\ldots,x_n$, $\langle x_1,\ldots,x_n\rangle \in A \cdot\equiv\cdot\varphi(x_1,\ldots,x_n)$."[6]

In der poetischen Sprache bezeichnet dieses Theorem die unterschiedlichen Sequenzen als äquivalent zu einer Funktion, die sie alle einschließt. Daraus folgen zwei Dinge: 1) Es bestimmt die nichtkausale Verkettung der poetischen Sprache und die Ausweitung des Buchstabens im Buch; 2) es betont die Reichweite dieser Literatur, die ihre Botschaft in den kleinsten Sequenzen vorbringt: Die Bedeutung (φ) ist enthalten in der Art und Weise, wie Wörter, Sätze etc. verbunden werden.

Lautréamont war einer der ersten, der diesen Satz bewußt angewendet hat.[7]

---

[6] Dies ist ein technisches Resultat der Gödel-Bernays-Mengenlehre (einer von mehreren Versionen axiomatischer Mengenlehre). Kristeva erklärt nicht, inwiefern es für die poetische Sprache relevant ist. Nebenbei bemerkt, ist es ein typisches Beispiel für den „intellektuellen Terrorismus", einer solchen technischen Aussage das Wort „bekanntlich" *(on le sait)* voranzustellen.

[7] Es ist ziemlich unwahrscheinlich, daß Lautréamont (1846–1870) einen Satz der (zwischen 1937 und 1940) von Gödel und Bernays entwickelten Mengenlehre oder gar der (nach 1870 von Cantor und anderen) entwickelten Mengenlehre ganz allgemein „bewußt angewendet" hat.

In Verbindung mit dem soeben über die poetische Sprache Gesagten erklärt der im Auswahlaxiom implizierte Begriff der Konstruierbarkeit, daß es unmöglich ist, im Raum der poetischen Sprache einen Widerspruch herzustellen. Diese Beobachtung ähnelt Gödels Beobachtung, daß es unmöglich ist, die Widersprüchlichkeit innerhalb eines Systems durch innerhalb des Systems formalisierte Mittel zu beweisen. (Kristeva 1969, S. 189 f.; Hervorhebung im Original)

In diesem Abschnitt zeigt Kristeva, daß sie die von ihr angeführten mathematischen Begriffe nicht verstanden hat. Erstens impliziert das Auswahlaxiom keinen „Begriff der Konstruierbarkeit", im Gegenteil: Es erlaubt, die Existenz einiger Mengen anzunehmen, *ohne* daß eine Regel existiert, wie sie „konstruiert" werden (vgl. oben). Zweitens bewies Gödel exakt das Gegenteil dessen, was Kristeva behauptet, nämlich daß es unmöglich ist, durch Mittel, die innerhalb des Systems formalisierbar sind, die *Konsistenz* (d. h. Widerspruchsfreiheit) des Systems zu beweisen.[8]

Außerdem hat Kristeva versucht, die Mengenlehre auf die politische Philosophie anzuwenden. Der folgende Abschnitt ist ihrem Buch *La Révolution du langage poétique* (1974) entnommen:*

---

[8] In seinem berühmten Aufsatz von 1931 bewies Gödel zwei grundlegende Sätze zur Unvollständigkeit bestimmter formaler Systeme in der mathematischen Logik. Gödels erster Satz bringt eine Behauptung vor, die im gegebenen formalen System weder beweisbar noch widerlegbar ist – vorausgesetzt, dieses System ist widerspruchsfrei. (Durch Schlußfolgerungen, die nicht innerhalb des Systems zu formalisieren sind, kann man trotzdem erkennen, daß diese Behauptung *wahr* ist.) Gödels zweiter Satz besagt, daß es in einem widerspruchsfreien System unmöglich ist, diese Eigenschaft durch Mittel zu beweisen, die innerhalb des Systems selbst formalisierbar sind.

Es ist jedoch sehr einfach, nichtkonsistente (d. h. widersprüchliche) Axiomensysteme zu erfinden, und bei einem nichtkonsistenten System gibt es immer einen Beweis für diese Widersprüchlichkeit durch innerhalb des Systems formalisierte Mittel: Auch wenn dieser Beweis mitunter schwer zu finden ist, existiert er fast schon aufgrund der Definition des Wortes „widersprüchlich".

Für eine hervorragenden Einführung in den Gödelschen Satz vgl. Nagel und Newman (1964).

* Anm. d. Übers.: Das 1978 in deutscher Übersetzung erschienene *Die Revolution der poetischen Sprache* (Frankfurt/M.) enthält nur den ersten, *Préliminaires théoretiques* überschriebenen Teil des französischen Originals. Die folgende Passage ist darin nicht enthalten.

Eine Entdeckung von Marx, die bisher nicht genügend beachtet wurde, soll hier skizziert werden. Wenn jedes Individuum oder jeder gesellschaftliche Organismus eine Menge darstellt, existiert der Staat nicht, der die Menge aller Mengen sein sollte. Der Staat als Menge aller Mengen ist eine Fiktion; er kann nicht existieren, genau wie es in der Mengenlehre keine Menge aller Mengen gibt.[9] [*Fußnote:* Zu diesem Thema vgl. Bourbaki,[10] aber auch, zum Verhältnis zwischen der Mengenlehre und der Wirkungsweise des Unbewußten, D. Sibony, „Infinity and castration", in: *Scilicet*, No. 4, 1973, S. 75–133.] Der Staat ist höchstens die Gesamtheit aller endlichen Mengen. Damit aber diese Gesamtheit wie auch die endlichen Mengen existieren können, muß es eine Unendlichkeit geben: Die beiden Aussagen sind äquivalent. Der Wunsch, die Menge aller endlichen Mengen zu bilden, rückt das Unendliche ins Blickfeld, und umgekehrt. Marx, der die Illusion des Staates als die Menge aller Mengen interpretierte, sah in der Gesellschaft, wie sie sich in der bürgerlichen Republik darbietet, eine Gesamtheit, die, für sich genommen, dennoch eine Menge darstellt (so, wie die Gesamtheit der endlichen Ordinalzahlen eine Menge darstellt, wenn man sie als solche hinstellt), der etwas fehlt: Tatsächlich hängt ihre *Existenz* oder, wenn man so möchte, ihre *Mächtigkeit* von der Existenz des Unendlichen ab, das in keiner anderen Menge enthalten sein kann. (Kristeva 1974, S. 379 f.; Hervorhebungen im Original.)

Kristevas mathematische Kenntnisse beschränken sich jedoch nicht auf die Mengenlehre. In ihrem Aufsatz „Du sujet en linguistique" [„Zum Subjekt in der Linguistik"] wendet sie die Analysis und Topologie auf die Psychoanalyse an:

In den syntaktischen Operationen, die auf das Spiegelstadium folgen, ist das Subjekt seiner Einzigartigkeit bereits gewiß: Sein

---

[9] Vgl. Kapitel 2, Anmerkung 12. Es muß betont werden, daß bei endlichen Mengen – wie der Menge der Individuen in einer Gesellschaft – kein Problem auftaucht.

[10] Nicolas Bourbaki ist das Pseudonym einer Gruppe bekannter französischer Mathematiker, die seit Ende der 30er Jahre etwa dreißig Bände ihrer Reihe *Éléments de mathématique* veröffentlicht haben. Unabhängig davon, ob Kristeva Bourbaki gelesen hat oder nicht, besitzt dieser Verweis nur eine einzige Funktion: den Leser zu beeindrucken.

65

Streben zum „Punkt ∞" im Signifikanten wird gestoppt. Man denke beispielsweise an eine Menge C_0 auf dem gewöhnlichen Raum R^3, wo für jede stetige Funktion F auf R^3 und jede ganze Zahl $n > 0$ die Menge der Punkte X, für die $F(X)$ die Zahl n übersteigt, *beschränkt ist*, wobei die Funktionen von C_0 gegen 0 streben, wenn sich die Variable X zur „anderen Szene" zurückzieht. In diesem Topos erreicht das in C_0 gesetzte Subjekt dieses „Zentrum außerhalb der Sprache" nicht, von dem Lacan spricht und wo er sich als Subjekt verliert, eine Situation, die die Bezugsgruppe verschieben würde, die in der Topologie als *Ring* bezeichnet wird. (Kristeva 1977, S. 313; Hervorhebungen im Original.)

Das vorangehende Zitat ist eines der besten Beispiele für Kristevas Versuch, den Leser mit ausgefallenen Wörtern zu beeindrukken, die sie offensichtlich selbst nicht versteht. Andreski „riet" angehenden Sozialwissenschaftlern, die weniger komplizierten Passagen eines mathematischen Lehrbuchs *abzuschreiben*; die hier gelieferte Definition der Menge von Funktionen C_0 (R^3) wurde nicht einmal richtig abgeschrieben, und die Fehler springen jedem ins Auge, der mit der Materie vertraut ist.[11] Das eigentliche Problem ist jedoch, daß die vermeintliche Übertragung auf die Psychoanalyse Unsinn ist. Wie kann ein „Subjekt in C_0 gesetzt" werden?

Weitere Beispiele für mathematische Fachbegriffe, die Kristeva (1969) ohne Erklärung oder Rechtfertigung verwendet, sind: *stochastische Analysis* (S. 177), *Finitismus von Hilbert* (S. 180), *topologischer Raum* und *abelscher Ring* (S. 192), *Vereinigung* (S. 197), *Idempotenz, Kommutativität, Distributivität, ...* (S. 258–264), *Dedekindsche Struktur mit Orthokomplementen* (S. 265 f.), *unendliche Hilbertsche Funktionenräume* (S. 267), *algebraische Geometrie* (S. 296), *Differentialrechnung* (S. 297 f.), und in Kristeva (1977): *Artikulationsmenge* in der Graphentheo-

---

[11] Der Raum $C_0(R^3)$ besteht aus allen reellwertigen stetigen Funktionen, die auf R^3 definiert sind und „im Unendlichen gegen 0 streben". Um dieses Konzept exakt zu definieren, hätte Kristeva jedoch schreiben müssen: (a) $|F(X)|$ anstelle von $F(X)$, (b) „übersteigt $1/n$" anstelle von „übersteigt n" und (c) „die alle stetigen Funktionen F auf R^3 enthält, so daß" anstelle von „wo für jede stetige Funktion F auf R^3".

rie (S. 291), *Prädikatenlogik* (die sie seltsamerweise als „moderne Proportionallogik" bezeichnet[12]) (S. 327).

Unsere Bilanz der wissenschaftlichen Mißbräuche fällt bei Kristeva ähnlich aus wie bei Lacan. Im allgemeinen hat Kristeva zumindest eine vage Vorstellung von der von ihr verwendeten Mathematik, wenngleich sie die Bedeutung der von ihr benutzten Wörter offenbar nicht immer versteht. Doch das Hauptproblem der Texte besteht darin, daß Kristeva sich nicht darum bemüht, die *Relevanz* dieser mathematischen Begriffe für ihre Forschungsgebiete Gebiete – Linguistik, Literaturkritik, politische Philosophie, Psychoanalyse – zu rechtfertigen, und das, wie wir glauben, aus dem einfachen Grund, daß es eine solche Relevanz nicht gibt. Kristevas Sätze sind gehaltvoller als die Lacans, aber was die Oberflächlichkeit ihrer Kenntnisse anbelangt, so übertrifft sie ihn sogar noch.

---

[12] Dieser Mißgriff geht wahrscheinlich auf die Kombination von zwei Fehlern zurück: Einerseits scheint es, als habe Kristeva die Prädikatenlogik mit der Aussagenlogik verwechselt, und andererseits ist ihr oder dem Verlag wohl mit „logique proportionelle" anstelle von „logique propositionelle" (Aussagenlogik) ein Tipp- oder Druckfehler unterlaufen.

4. Intermezzo: Epistemischer Relativismus in der Wissenschaftstheorie

Ich habe dieses Buch nicht nur mit dem Ziel geschrieben, einmal die Exegese zurechtzurücken. Die größere Zielscheibe meiner Kritik sind jene Zeitgenossen, die – in wiederholten Akten der Wunscherfüllung – Schlußfolgerungen aus der Wissenschaftstheorie übernommen und für eine Vielzahl gesellschaftlicher und politischer Ziele instrumentalisiert haben, auf die jene Schlußfolgerungen überhaupt nicht passen. Feministinnen, religiöse Apologeten (darunter „Schöpfungswissenschaftler"), Anhänger einer Gegenkultur, Neokonservative und eine ganze Reihe anderer seltsamer Weggefährten haben behauptet, in der eingeräumten Inkommensurabilität und Unterdeterminiertheit wissenschaftlicher Theorien wichtiges Material für ihre Mühlen gefunden zu haben. Die Ersetzung der Ansicht, daß es auf Fakten und Beweise ankommt, durch die Idee, daß letztlich alles auf subjektive Interessen und Perspektiven hinausläuft, ist – nur noch von den amerikanischen Wahlkämpfen übertroffen – die herausragendste und zugleich bösartigste Manifestation des Anti-Intellektualismus in unserer Zeit.

– Larry Laudan, *Science and Relativism* (1990a, S. x)

Da ein Großteil des postmodernen Diskurses mit der einen oder anderen Form des kognitiven Relativismus liebäugelt oder sich auf Argumente beruft, die diesen stützen können, erscheint es an diesem Punkt sinnvoll, auf die Epistemologie einzugehen. Wir sind uns bewußt, daß wir dabei schwierige Fragen zum Wesen von Wissen und Objektivität ansprechen, die Philosophen seit Jahrhunderten Schwierigkeiten bereiten. Man muß unsere philosophischen Positionen nicht teilen, um mit unseren übrigen Aussagen übereinzustimmen. In diesem Kapitel werden wir Kritik an Ideen üben, die unserer Meinung nach zwar falsch sind, im Gegensatz zu den sonst in diesem Buch kritisierten Texten jedoch manchmal (nicht immer) nicht ganz offensichtlich falsch. Unsere philosophische Argumentation wird in jedem Fall ziemlich knapp ausfallen; so werden wir uns beispielsweise aus der komplexeren philosophischen Debatte zwischen gemäßigten Formen des Realismus und des Instrumentalismus heraushalten.

Wir haben es hier mit einem Potpourri oft schlecht formulierter Ideen zu tun, die unter der Sammelbezeichnung „Relativismus" firmieren und heute in einigen Bereichen der Geistes- und Sozialwissenschaften recht einflußreich sind. Dieser relativistische Zeitgeist entspringt zum einen aktuellen Werken zur Wissenschaftstheorie wie Thomas Kuhns *Die Struktur wissenschaftlicher Revolutionen* und Paul Feyerabends *Wider den Methodenzwang* und zum anderen Übertragungen des Werks dieser Philosophen durch ihre Nachfolger.[1] Natürlich behaupten wir nicht, das Gesamtwerk der in diesem Kapitel behandelten Autoren zu erörtern; diese Aufgabe wäre nicht zu bewerkstelligen. Vielmehr werden wir uns auf die Analyse bestimmter Texte beschränken, die exemplarisch für recht weit verbreitete Ideen stehen. Wir werden zeigen, daß diese Texte oft mehrdeutig sind und es mindestens zwei unterschiedliche Weisen gibt, sie zu lesen: Die „gemäßigte" Lesart führt zu Behauptungen, die entweder diskussionswürdig oder wahr, aber banal sind, während die „radikale" Lesart zu Behauptungen führt, die überraschend, aber falsch sind. Leider wird die radikale Interpretation oft nicht nur als die „richtige" Interpretation des Originaltextes angesehen, sondern als gesicherte Tatsache („X hat gezeigt, daß ..."), und dies werden wir scharf kritisieren. Man könnte natürlich einwenden, daß niemand diese radikale Interpretation vertritt – wenn das stimmen sollte, um so besser. Doch die von uns zahlreich geführten Diskussionen, in denen die Theoriebeladenheit der Beobachtung, die Unterdeterminiertheit der Theorie durch Erfahrung oder die angebliche Inkommensurabilität von Paradigmen vorgebracht wurden, um relativistische Positionen argumentativ zu stützen, stimmen uns ziemlich skeptisch. Und um zu zeigen, daß wir kein Phantasieprodukt kritisieren, zitieren wir am Ende dieses Kapitels ein paar konkrete Beispiele des in den Vereinigten Staaten, in Europa und in Teilen der Dritten Welt verbreiteten Relativismus.

Grob gesprochen, werden wir den Ausdruck „Relativismus" zur Bezeichnung jeder Theorie verwenden, die behauptet, die Wahrheit oder Falschheit einer Aussage hänge von einer Person oder einer gesellschaftlichen Gruppe ab. Entsprechend der Natur der jeweiligen Aussage lassen sich verschiedene Formen des Re-

---

[1] Der relativistische Zeitgeist speist sich selbstverständlich aus vielen weiteren Quellen, von der Romantik bis zu Heidegger, die hier jedoch nicht erörtert werden sollen.

lativismus unterscheiden: *kognitiver* oder *epistemischer* Relativismus im Falle einer Tatsachenbehauptung (also einer Behauptung darüber, was existiert oder angeblich existieren soll), *moralischer* oder *ethischer* Relativismus im Falle eines Werturteils (eines Urteils darüber, was gut oder schlecht, erstrebenswert oder schädlich ist) und *ästhetischer* Relativismus im Falle eines Urteils über Kunst (eines Urteils darüber, was schön oder häßlich, angenehm oder unangenehm ist). Uns geht es hier nur um den epistemischen und nicht um den moralischen oder den ästhetischen Relativismus, die ganz andere Fragen aufwerfen.

Wir sind uns sehr wohl bewußt, daß man uns wegen unserer fehlenden formellen Qualifikation in der philosophischen Disziplin angreifen wird. In der Einführung haben wir bereits erklärt, weshalb uns derartige Einwände kaltlassen, aber hier halten wir sie für besonders irrelevant. Schließlich steht außer Zweifel, daß eine relativistische Haltung der Vorstellung entgegensteht, die sich Wissenschaftler von ihrem eigenen Tun machen. Während Wissenschaftler danach streben, nach bestem Wissen zu einer objektiven Sicht (bestimmter Aspekte) der Welt zu gelangen,[2] erzählen ihnen relativistische Denker, sie verschwendeten ihre Zeit und ein solches Unterfangen sei prinzipiell eine Illusion. Wir haben es daher mit einem grundlegenden Konflikt zu tun, und als Physiker, die sich lange mit den Grundlagen ihrer Disziplin und wissenschaftlicher Erkenntnisse insgesamt auseinandergesetzt haben, halten wir es für wichtig, den relativistischen Einwänden fundiert zu begegnen, wenngleich wir beide keinen Abschluß in Philosophie besitzen.

Zunächst wollen wir skizzieren, welche Haltung wir selbst zu wissenschaftlicher Erkenntnis einnehmen,[3] bevor wir kurz einige

---

[2] Selbstverständlich hat das Wort „objektiv" viele Bedeutungsnuancen, die etwa in den Gegensätzen zwischen Lehren wie dem Realismus, dem Konventionalismus und dem Positivismus zum Ausdruck kommen. Dennoch würden nur wenige Wissenschaftler einräumen, daß der gesamte wissenschaftliche Diskurs lediglich eine gesellschaftliche Konstruktion sei. Wie einer von uns schrieb (Sokal 1996c, S. 94, hier abgedruckt in Anhang C), haben wir nicht die Absicht, die Emily Post der Quantenfeldtheorie zu sein.

[3] Dabei beschränken wir uns auf die Naturwissenschaften und wählen die meisten Beispiele aus unserem eigenen Bereich, der Physik. Die schwierige Frage der Wissenschaftlichkeit der verschiedenen Sozialwissenschaften werden wir ausklammern.

Aspekte der Epistemologie des 20. Jahrhunderts (Popper, Quine, Kuhn, Feyerabend) betrachten; unser Ziel besteht dabei vor allem darin, einige der Unklarheiten bei Begriffen wie „Unterbestimmtheit" und „Inkommensurabilität" auszuräumen. Schließlich werden wir einige neuere Entwicklungen in der Wissenschaftssoziologie (Barnes, Bloor, Latour) kritisch unter die Lupe nehmen und einige praktische Beispiele für die Auswirkungen des zeitgenössischen Relativismus geben.

Solipsismus und radikaler Skeptizismus

> Wenn zum Beispiel mein Gehirn in meiner Seele die Empfindung eines Baumes oder eines Hauses erweckt, so behaupte ich kühnlich, daß wirklich außer mir ein Baum oder ein Haus existire, wovon ich alsdann auch den Ort, die Größe oder andere Eigenschaften kenne. Auch findet man weder einen Menschen, noch ein Thier, das an dieser Wahrheit zweifelte. Wenn ein Bauer daran zweifeln und zum Exempel sagen wollte, daß er seinen Amtmann, ob er gleich vor ihm stünde, für kein wirkliches Ding hielte; so würde man ihn als einen Narren verlachen, und zwar mit Recht; aber wenn ein Philosoph dergleichen Meynungen vorbringt, so will er, daß man seinen Geist und seine Einsichten bewundern soll, als wenn sie unendlich weit über die Einsichten der Menge erhaben wären.
> – Leonhard Euler (1986 [1769], S. 69)

Fangen wir ganz von vorne an. Wie kann man nur irgendwie hoffen, ein objektives (wenngleich ungefähres und unvollständiges) Wissen über die Welt zu erlangen? Wir haben niemals einen direkten Zugang zur Welt, sondern nur zu unseren Sinneseindrücken. Woher wissen wir, daß etwas außerhalb dieser Wahrnehmungen auch nur *existiert*?

Die Antwort muß natürlich lauten, daß wir keinen *Beweis* dafür haben; es ist einfach eine absolut vernünftige Hypothese. Die natürlichste Art, das Fortdauern unserer Empfindungen (vor allem der unangenehmen) zu erklären, besteht in der Annahme, daß sie außerhalb unseres Bewußtseins erzeugt werden. Man kann fast immer nach Belieben die Gefühle ändern, die reine Produkte unserer Phantasie sind, aber alleine durch Gedanken kann man keinen Krieg beenden, keinen Löwen vertreiben und keinen kaputten Wagen wieder in Gang bringen. Dennoch – und das ist wichtig zu betonen – *widerlegt dieses Argument den Solipsismus nicht.* Wenn jemand darauf beharrt, er sei ein „Cembalo, das solo spielt" (Diderot), kann man ihn nicht davon überzeugen, daß er sich irrt. Trotzdem sind wir nie einem wirklichen Solipsisten begegnet, und wir bezweifeln, daß es überhaupt welche gibt.[4] Dies illustriert ein wichtiges Prinzip, auf das wir in diesem Kapitel mehrfach zurückkommen werden: *Die bloße Tatsache, daß ein Gedanke unwiderlegbar ist, bedeutet nicht, daß es einen Grund gibt, ihn für wahr zu halten.*

Eine andere Position, auf die man anstelle von Solipsismus mitunter stößt, ist radikaler Skeptizismus: „Natürlich existiert eine äußere Welt, aber es ist mir unmöglich, ein verläßliches Wissen über diese Welt zu erlangen." Im Grunde argumentiert der radikale Skeptiker genauso wie der Solipsist: Unmittelbaren Zugang habe ich nur zu meinen Empfindungen; wie kann ich wissen, ob sie die Realität *exakt widerspiegeln?* Um mir dessen gewiß zu sein, müßte ich mich auf ein apriorisches Argument berufen, wie den Beweis der Existenz einer gütigen Gottheit in der Philosophie Descartes'; solche Argumente sind in der modernen Philosophie jedoch in Ungnade gefallen, aus allerlei guten Gründen, die wir hier nicht aufzählen müssen.

Hume hat dieses Problem, wie viele andere, sehr gut formuliert:

> Es ist eine Tatsachenfrage, ob die Auffassungen der Sinne durch äußere Gegenstände erzeugt werden, die ihnen ähneln; wie soll diese Frage entschieden werden? Sicherlich durch Erfahrung, wie alle anderen Fragen gleicher Art. Aber hier schweigt die Erfahrung völlig und muß es tun. Dem Geiste ist nie etwas anderes gegenwärtig als Auffassungen, und er kann unmöglich eine Erfahrung über ihre Verknüpfung mit Gegenständen gewinnen. Daher ist die Annahme einer solchen Verknüpfung ohne jede Grundlage in der Vernunfttätigkeit. (Hume 1984 [1748], S. 179: *Eine Untersuchung über den menschlichen Verstand*, Abschnitt XII, Teil I)

---

[4] Von Bertrand Russell (1948, S. 196) stammt die folgende amüsante Geschichte: „Einmal erhielt ich einen Brief von einer angesehenen Logikerin, Mrs. Christine Ladd Franklin, die von sich sagte, sie sei Solipsistin und überrascht, daß es nicht mehr davon gebe." Den Hinweis darauf entnahmen wir Devitt (1997, S. 64).

Welche Haltung sollte man gegenüber radikalem Skeptizismus einnehmen? Die entscheidende Beobachtung ist, daß solcher Skeptizismus für *all* unser Wissen gilt: nicht nur für die Existenz von Atomen, Elektronen oder Genen, sondern auch für die Tatsache, daß Blut in unseren Adern zirkuliert, daß die Erde (annähernd) rund ist und wir bei unserer Geburt aus dem Leib der Mutter kamen. Tatsächlich hängt sogar das banalste Alltagswissen – vor mir steht ein Glas Wasser auf dem Tisch – vollständig von der Annahme ab, daß unsere Wahrnehmungen uns nicht systematisch in die Irre führen und wirklich von äußeren Dingen erzeugt werden, die in gewisser Weise diesen Wahrnehmungen ähneln.[5]

Die Allgemeingültigkeit des Humeschen Skeptizismus ist zugleich seine Schwäche. Natürlich ist er unwiderlegbar. Aber da niemand (wenn er oder sie aufrichtig ist) in bezug auf alltägliches Wissen systematisch skeptisch ist, sollte man die Frage stellen, warum Skeptizismus in diesem Bereich abgelehnt wird und trotzdem an anderer Stelle, etwa in den Naturwissenschaften, gelten sollte. Nun ist der Grund, weshalb man den systematischen Skeptizismus im Alltag ablehnt, mehr oder weniger offensichtlich und ähnelt dem Grund, weshalb man auch den Solipsismus ablehnt. Die beste Möglichkeit, die Kohärenz unserer Erfahrung zu erklären, ist die Annahme, die äußere Welt entspreche, zumindest annähernd, ihrem Bild, wie es uns unsere Sinne liefern.[6]

---

[5] Dies zu behaupten bedeutet nicht, wir hätten eine absolut befriedigende Antwort auf die Frage, wie eine solche Entsprechung zwischen Dingen und ihrer Wahrnehmung hergestellt wird.

[6] Diese Hypothese gewinnt durch die spätere Entwicklung der Wissenschaft, vor allem der Evolutionstheorie in der Biologie, an Plausibilität. Der Besitz von Sinnesorganen, die mehr oder weniger *getreu* die äußere Welt abbilden (oder zumindest einige wichtige Aspekte davon), verschafft eindeutig einen Evolutionsvorsprung. Wir möchten betonen, daß dieses Argument radikalen Skeptizismus nicht widerlegt, aber zumindest die Kohärenz der antiskeptischen Weltsicht erhöht.

Wissenschaft als Praxis

Für meinen Teil habe ich keinen Zweifel daran, daß, wenngleich Fortschritte in der Physik zu erwarten sind, die heutigen Lehren näher an der Wahrheit liegen dürften als alle konkurrierenden Lehren, die heute existieren. Die Wissenschaft hat in keinem Augenblick völlig recht, aber selten völlig unrecht und besitzt im Regelfall eine bessere Chance, recht zu haben, als unwissenschaftliche Theorien. Es ist daher vernünftig, sie als Hypothese zu akzeptieren.
– Bertrand Russell, *My Philosophical Development* (1995 [1959], S. 13)

Sobald die allgemeinen Probleme des Solipsismus und des radikalen Skeptizismus beiseite gelegt worden sind, kann man an die Arbeit gehen. Angenommen, man kann ein mehr oder weniger verläßliches Wissen über die Welt erlangen. Dann läßt sich fragen: *In welchem Grade* sind unsere Sinne verläßlich oder nicht? Um diese Frage zu beantworten, lassen sich Sinneseindrücke miteinander vergleichen und bestimmte Parameter unserer täglichen Erfahrung abwandeln. So können wir Schritt für Schritt den Entwurf einer praktisch anwendbaren Rationalität leisten. Wenn dies systematisch und mit genügend Präzision geschieht, kann die Wissenschaft beginnen.

Für uns unterscheidet sich die wissenschaftliche Methode nicht grundlegend von der rationalen Haltung im Alltag oder in anderen Bereichen menschlichen Wissens. Historiker, Detektive und Installateure – ja, alle Menschen – bedienen sich derselben Methoden der Induktion, der Deduktion und der Bewertung von Beweisen wie Physiker oder Biochemiker. Die moderne Wissenschaft versucht, diese Operationen vorsichtiger und systematischer auszuführen; sie verwendet Kontrollen und statistische Tests, besteht auf Wiederholung und so weiter. Darüber hinaus sind wissenschaftliche Messungen viel genauer als alltägliche Beobachtungen; sie erlauben uns die Entdeckung bislang unbekannter Phänomene, und sie widersprechen oft dem „gesunden Menschenverstand". Der Konflikt besteht jedoch auf der Ebene der Schlußfolgerungen, nicht des methodischen Ansatzes.[7, 8]

---

[7] Wasser nehmen wir beispielsweise als kontinuierliche Flüssigkeit wahr, aber chemische und physikalische Experimente lehren uns, daß es aus Atomen besteht.

[8] In diesem Kapitel heben wir immer wieder die methodische Kontinuität zwi-

Der Hauptgrund dafür, daß wir wissenschaftlichen Theorien (zumindest den am besten verifizierten) glauben, besteht darin, daß sie die Kohärenz unserer Erfahrung erklären. Um ganz genau zu sein: „Erfahrung" bezieht sich hier auf *all* unsere Beobachtungen, einschließlich der Ergebnisse von Laborexperimenten, deren Ziel darin besteht, quantitativ (manchmal mit unglaublicher Präzision) die Vorhersagen wissenschaftlicher Theorien zu überprüfen. Nur ein Beispiel: Die Quantenelektrodynamik sagt voraus, daß das magnetische Moment des Elektrons den Wert[9]

$$1.001\ 159\ 652\ 201 \pm 0.000\ 000\ 000\ 030$$

besitzt, wobei das „$\pm$" die Unsicherheiten bei der theoretischen Berechnung angibt (die mehrere Näherungswerte enthält). Ein neueres Experiment nennt als Ergebnis

---

schen wissenschaftlichem Wissen und Alltagswissen hervor. Auf diese Weise läßt sich in unseren Augen auf verschiedene skeptische Einwände reagieren und lassen sich die Verwirrungen beseitigen, die von radikalen Interpretationen richtiger philosophischer Gedanken wie der Unterbestimmtheit von Theorien durch Erfahrung hervorgerufen wurden. Es wäre jedoch naiv, diesen Zusammenhang überzustrapazieren. Die Wissenschaft – insbesondere die Elementarteilchenphysik – führt Konzepte ein, die intuitiv schwer zu erfassen und kaum direkt mit der Vorstellungswelt des gesunden Menschenverstands in Verbindung zu bringen sind (beispielsweise Kräfte, die gleichzeitig im gesamten Universum wirken, in der Newtonschen Mechanik oder die gekrümmte Raum-Zeit in Einsteins allgemeiner Relativitätstheorie). Und gerade bei der Erörterung der Bedeutung dieser theoretischen Konzepte entzweien sich die unterschiedlichen Strömungen der Realisten und Anti-Realisten (zum Beispiel Instrumentalisten, Pragmatiker) gerne. Wenn Relativisten herausgefordert werden, fallen sie manchmal auf instrumentalistische Positionen zurück, aber es gibt einen grundlegenden Unterschied zwischen diesen beiden Einstellungen. Instrumentalisten mögen behaupten wollen, man könne nicht wissen, ob „nicht beobachtbare" theoretische Einheiten tatsächlich existieren, oder deren Bedeutung sei ausschließlich durch meßbare Größen bestimmt; dies bedeutet jedoch nicht, daß sie solche Einheiten in dem Sinne als subjektiv betrachten, daß deren Bedeutung deutlich von außerwissenschaftlichen Faktoren (wie der Persönlichkeit des betreffenden Wissenschaftler oder den gesellschaftlichen Merkmalen der Gruppe, der diese angehören) beeinflußt wird. Tatsächlich sind wissenschaftliche Theorien in den Augen von Instrumentalisten vielleicht ganz einfach die befriedigendste Art, wie das menschliche Gehirn mit seinen spezifischen biologischen Beschränkungen die Welt zu begreifen imstande ist.

[9] Ausgedrückt in einer exakt definierten Einheit, die für die aktuelle Diskussion unerheblich ist.

$$1.001\ 159\ 652\ 188 \pm 0.000\ 000\ 000\ 004,$$

wobei das „$\pm$" die experimentellen Ungenauigkeiten bestimmt.[10] Diese Übereinstimmung zwischen Theorie und Experiment, in Verbindung mit Tausenden von ähnlichen, aber weniger spektakulären Übereinstimmungen, wäre ein Wunder, wenn die Wissenschaft über die Welt nicht die Wahrheit – oder zumindest *annähernd* die Wahrheit – spräche. Die experimentellen Bestätigungen der am besten gesicherten wissenschaftlichen Theorien sind, in ihrer Gesamtheit, der Beweis dafür, daß wir wirklich ein objektives (wenngleich nur annähernd wahres und unvollständiges) Wissen über die natürliche Welt erworben haben.[11]

An diesem Punkt der Diskussion wird ein radikaler Skeptiker oder Relativist fragen, was die Wissenschaft von anderen Arten der Auseinandersetzung mit der Wirklichkeit unterscheidet – von Religionen oder Mythen etwa oder von Pseudowissenschaften wie der Astrologie – und, vor allem, nach welchen Kriterien eine solche Unterscheidung getroffen wird. Bei der Antwort auf diese Fragen müssen wir differenzieren. Zunächst einmal gibt es einige allgemeine (aber grundsätzlich negative) epistemologische Prinzipien, die mindestens auf das 17. Jahrhundert zurückgehen: Skepsis gegenüber apriorischen Argumenten, Enthüllungen, heiligen Texten und Argumenten *ex cathedra*. Darüber hinaus hat uns die in drei Jahrhunderten wissenschaftlicher Praxis gesammelte Erfahrung eine Reihe mehr oder weniger allgemeingültiger methodischer Prinzipien gelehrt – beispielsweise die Wiederholung von Experimenten, die Verwendung von Kontrollmechanismen, der Test von Arzneimitteln in Doppelblindversuchen –, die sich durch rationale Argumente begründen lassen. Wir behaupten jedoch nicht, diese Prinzipien ließen sich endgültig kodifizieren oder die Liste sei bereits vollständig. Mit anderen Worten: Es gibt (jedenfalls im Augenblick) keine vollständige Kodifikation wissenschaftlicher Rationalität, und wir bezweifeln ernsthaft, daß es sie

---

[10] Vgl. Kinoshita (1995) zur Theorie und Van Dyck *et al.* (1987) zum Experiment. Crane (1968) bietet eine allgemeinverständliche Einführung in das Thema.

[11] Natürlich abhängig von vielen Nuancen der genauen Bedeutung der Ausdrücke „annähernd wahr" und „objektives Wissen über die natürliche Welt", die sich in den verschiedenen Varianten des Realismus und Anti-Realismus spiegeln (vgl. Anm. 8). Zu diesen Diskussionen vgl. etwa Leplin (1984).

je geben kann. Schließlich ist die Zukunft nicht vorhersehbar; Rationalität ist stets eine Anpassung an eine neue Situation. Trotzdem – und dies ist der Hauptunterschied zwischen uns und den radikalen Skeptikern – sind wir der Ansicht, daß ausgereifte wissenschaftliche Theorien im allgemeinen von guten Argumenten gestützt werden, wenngleich die Rationalität jener Argumente von Fall zu Fall neu untersucht werden muß.[12] Um dies zu illustrieren, wollen wir uns eines Beispiels bedienen, das in gewisser Weise zwischen dem wissenschaftlichen und dem gewöhnlichen Wissen angesiedelt ist, nämlich kriminalpolizeiliche Ermittlungen.[13] Es gibt Fälle, in denen selbst hartgesottene Skeptiker in der Praxis kaum Zweifel daran haben, daß der Schuldige tatsächlich gefunden ist: Man besitzt vielleicht die Tatwaffe, Fingerabdrücke, genetisches Beweismaterial, Dokumente, ein Motiv und so weiter. Trotzdem kann der Weg, der zu jenen Entdeckungen führt, sehr kompliziert sein. Der Ermittler muß Entscheidungen treffen (über die zu verfolgenden Spuren, die zu suchenden Hinweise) und vorläufige Schlüsse ziehen, solange die Informationen noch nicht vollständig sind. In beinahe jeder Ermittlung muß das Unbeobachtete (wer das Verbrechen beging) vom Beobachteten abgeleitet werden. Und wie in der Wissenschaft sind auch hier manche Schlußfolgerungen rationaler als andere. Manchmal wird bei den Ermittlungen gepfuscht, oder die „Beweise" werden einfach von der Polizei produziert. Aber es gibt keine Möglichkeit, *a priori* und unabhängig von den Umständen zu entscheiden, was gute Ermittlungen von schlechten unterscheidet. Ebensowenig läßt sich mit letzter Sicherheit garantieren, daß eine bestimmte Ermitt-

---

[12] Auch die Kluft zwischen den Wissenschaften und den Pseudowissenschaften läßt sich in ihrer vollen Größe erst ermessen, wenn man jeden Fall einzeln untersucht.

[13] Es sei – als ob dies nötig wäre – eilig hinzugefügt, daß wir uns keine Illusionen über das Verhalten der Polizei in der Realität machen, die weiß Gott nicht immer und ausschließlich der Wahrheitsfindung verpflichtet ist. Wir verwenden dieses Beispiel lediglich zur Illustration der abstrakten epistemologischen Frage in einem einfachen Kontext, nämlich: Wie würde man vorgehen, wenn man *tatsächlich* die Wahrheit über eine konkrete Frage herausfinden will (etwa darüber, wer einen Mord beging)? Zu einem extremen Beispiel für die Mißdeutung unserer Ansichten – wir wurden mit Mark Fuhrman (einem ehemaligen Ermittler aus Los Angeles, der durch den O. J. Simpson-Prozeß bekannt wurde) und seinen berüchtigten Pendants aus Brooklyn verglichen – vgl. Robbins (1998).

lung das korrekte Ergebnis erbracht hat. Zudem kann niemand eine letztgültige Abhandlung über *Die Logik kriminalpolizeilicher Ermittlungen* schreiben. Trotzdem – und dies ist der entscheidende Punkt – zweifelt niemand daran, daß zumindest bei einigen Ermittlungen (den besten) das Ergebnis tatsächlich der Realität entspricht. Außerdem hat es uns die Geschichte ermöglicht, bestimmte Regeln für die Durchführung einer Ermittlung zu entwickeln: Niemand glaubt mehr an die Feuerprobe, und man zweifelt an der Verläßlichkeit von Geständnissen, die unter Folter herausgepreßt wurden. Es kommt darauf an, Aussagen miteinander zu vergleichen, Zeugen ins Kreuzverhör zu nehmen, nach Beweismitteln zu suchen etc. Obwohl es keine Methodologie gibt, die auf unanfechtbaren und apriorisch angestellten Erwägungen basiert, sind diese Regeln nicht willkürlich. Sie sind rational und beruhen auf einer genauen Analyse bisheriger Erfahrung. Nach unserem Dafürhalten unterscheidet sich die „wissenschaftliche Methode" nicht grundlegend von diesem Ansatz.

Das Fehlen jeglicher „absoluter" Kriterien der Rationalität, die von allen Umständen unabhängig sind, bedeutet auch, daß es keine *generelle* Rechtfertigung des Induktionsprinzips gibt (noch ein Problem, das auf Hume zurückgeht). Ganz einfach ausgedrückt, sind manche induktiven Schlüsse gerechtfertigt und andere nicht, oder, um genauer zu sein, manche sind vernünftig und andere weniger. Alles hängt vom konkreten Fall ab. Um ein klassisches philosophisches Beispiel zu nennen: Die Tatsache, daß wir die Sonne jeden Tag aufgehen sehen, sowie unser gesamtes astronomisches Wissen sind gute Gründe für die Annahme, daß sie auch morgen aufgehen wird. Dies bedeutet aber nicht, daß sie auch noch in zehn Milliarden Jahren aufgehen wird – in der Tat sagen aktuelle astrophysikalische Theorien voraus, daß ihr Brennstoffvorrat schon früher erschöpft sein wird.

In gewisser Weise kehren wir immer wieder zu Humes Problem zurück: Keine Aussage über die reale Welt läßt sich je wirklich *beweisen*, aber man kann – um den sehr treffenden Ausdruck aus dem angelsächsischen Recht zu zitieren – manchmal jeden *vernünftigen* Zweifel ausschließen. Der unvernünftige Zweifel bleibt bestehen.

Wir haben diesen ziemlich elementaren Bemerkungen deshalb so viel Raum gegeben, weil sich der Großteil der relativistischen Strömung, die wir kritisieren, aus zwei Quellen speist:

– Einige Erkenntnistheoretiker des 20. Jahrhunderts (der Wiener Kreis, Popper und andere) haben versucht, die wissenschaftliche Methode zu formalisieren.

– Das partielle Scheitern dieses Versuches hat in manchen Kreisen zu einer Haltung des unvernünftigen Skeptizismus geführt.

Im folgenden wollen wir zeigen, daß eine Reihe relativistischer Argumente hinsichtlich des wissenschaftlich gewonnenen Wissens entweder (a) begründete Kritiken einiger Versuche darstellen, die wissenschaftliche Methode zu formalisieren, oder (b) bloße Umformulierungen des Humeschen Skeptizismus sind, die ihn in das eine oder das andere Gewand kleiden.

Epistemologie in der Krise

Science ohne Erkenntnistheorie ist – soweit überhaupt denkbar – primitiv und verworren. Hat aber einmal der nach einem klaren System suchende Erkenntnistheoretiker sich zu einem solchen System durchgerungen, so neigt er dazu, das Gedankengut der Science im Sinne seines Systems zu interpretieren und das abzulehnen, was in sein System nicht hineinpaßt. Der Scientist aber kann es sich nicht leisten, das Streben nach erkenntnistheoretischer Systematik so weit zu treiben ... Er muß dann dem systematischen Erkenntnistheoretiker als eine Art skrupelloser Opportunist erscheinen.
– Albert Einstein (1955, S. 507 f.)

Der zeitgenössische Skeptizismus gibt vielfach vor, in den philosophischen Schriften von Quine, Kuhn oder Feyerabend Unterstützung zu finden, die die Erkenntnistheorie der ersten Hälfte des 20. Jahrhunderts in Frage gestellt haben. Diese Epistemologie steckt tatsächlich in der Krise. Um das Wesen und den Ursprung der Krise sowie ihren möglichen Einfluß auf die Wissenschaftstheorie zu verstehen, wollen wir zu Popper zurückgehen.[14]

---

[14] Wir könnten bis zum Wiener Kreis zurückgehen, aber das würde zu weit führen. Unsere Analyse in diesem Abschnitt ist teilweise von Putnam (1974), Stove (1982) und Laudan (1990 b) inspiriert. Nachdem unser Buch auf französisch erschienen war, machte uns Tim Budden auf Newton-Smith (1981) aufmerksam, der eine ähnliche Kritik an Poppers Epistemologie formuliert hat.

Natürlich ist Popper kein Relativist, ganz im Gegenteil. Trotzdem läßt sich gut mit ihm beginnen, und zwar zunächst einmal, weil viele der Entwicklungen in der modernen Erkenntnistheorie (Kuhn, Feyerabend) als Reaktion auf ihn entstanden, und zum zweiten, weil wir zwar einige der von Poppers Kritikern wie Feyerabend vorgebrachten Schlußfolgerungen entschieden ablehnen, es aber dennoch zutrifft, daß ein großer Teil unserer Probleme auf Doppeldeutigkeiten oder Unzulänglichkeiten in Poppers *Logik der Forschung*[15] zurückzuführen ist. Es kommt darauf an, die Grenzen dieses Werks zu erkennen, um sich wirkungsvoller der irrationalen Strömung entgegenzustellen, die durch die Kritik an diesem Werk hervorgerufen wurde.

Poppers Grundgedanken sind bekannt. Er will zunächst ein Kriterium zur Unterscheidung zwischen wissenschaftlichen und nichtwissenschaftlichen Theorien an die Hand geben, und er glaubt, dieses Kriterium an dem Begriff der *Falsifizierbarkeit* festmachen zu können: Damit eine Theorie wissenschaftlich ist, muß sie Vorhersagen treffen, die in der realen Welt im Prinzip falsch sein können. Für Popper entziehen sich Theorien wie die Astrologie oder die Psychoanalyse einem solchen Test, indem sie entweder keine genauen Vorhersagen treffen oder ihre Behauptungen *ad hoc* aufstellen, um empirischen Ergebnissen Rechnung zu tragen, wenn sie der Theorie widersprechen.[16]

Wenn eine Theorie falsifizierbar und damit wissenschaftlich ist, kann man versuchen, sie zu *falsifizieren*. Das heißt, man kann die empirischen Vorhersagen der Theorie mit Beobachtungen oder Experimenten vergleichen, und sofern die letzteren den Vorhersagen widersprechen, folgt daraus, daß die Theorie falsch und somit abzulehnen ist. Diese Betonung des Kriteriums der Falsifizierbarkeit (im Gegensatz zur Verifizierbarkeit) verdeutlicht, nach Popper, eine entscheidende Asymmetrie: Man kann niemals beweisen, daß eine Theorie *wahr* ist, da sie, in der Regel, eine unendliche Zahl empirischer Vorhersagen trifft, von denen nur eine endliche Teilmenge zu überprüfen ist; trotzdem läßt sich beweisen, daß eine Theorie *falsch* ist, weil dazu eine einzige

---

[15] Popper (1966).
[16] Wie wir noch sehen werden, kommt es stark auf den Zusammenhang an, ob eine Erklärung als *ad hoc* zu bezeichnen ist oder nicht.

(verläßliche) Beobachtung genügt, die der Theorie wider-spricht.[17]

Der Poppersche Ansatz – Falsifizierbarkeit und Falsifizierung – ist nicht schlecht, wenn man ihn mit Augenmaß verwendet. Es ergeben sich jedoch große Schwierigkeiten, sobald man versucht, die Lehre von der Falsifizierbarkeit wörtlich zu nehmen. Es mag verlockend erscheinen, die Unsicherheit der Verifizierung zugunsten der Gewißheit der Falsifizierung aufzugeben. Doch dieser Ansatz zieht zwei Probleme nach sich: Mit der Aufgabe der Verifizierbarkeit zahlt man einen zu hohen Preis, und der Ansatz löst das Versprechen, das er gibt, nicht ein, da die Falsifizierbar-keit viel weniger Gewißheit bietet, als es den Anschein hat.

Die erste Schwierigkeit betrifft den Stellenwert wissenschaftli-cher Induktion. Wenn sich eine Theorie erfolgreich einem Ver-such der Falsifizierung widersetzt, wird ein Wissenschaftler sie ganz natürlich als teilweise bestätigt betrachten und ihr auch subjektiv eine größere Wahrscheinlichkeit einräumen. Der Grad der Wahrscheinlichkeit hängt selbstverständlich von den Um-ständen ab: von der Qualität des Experiments, der Unerwartet-heit des Ergebnisses etc. Aber Popper will davon nichts wissen: Sein Leben lang war er ein erbitterter Gegner jeder Idee der „Bestätigung" einer Theorie oder auch nur ihrer „Wahrschein-lichkeit". Er schrieb:

Ist es rational gerechtfertigt, von wiederholten Fällen, mit de-nen wir Erfahrung haben, auf Fälle zu schließen, mit denen wir keine Erfahrung haben? Humes unerbittliche Antwort lautet: Nein, es ist nicht gerechtfertigt ... Meine eigene Über-zeugung ist, daß Humes Antwort auf dieses Problem richtig ist. (Popper 1974, S. 1018 f.; Hervorhebung im Original)[18]

---

[17] In dieser kurzen Zusammenfassung haben wir Poppers Erkenntnistheo-rie natürlich übertrieben vereinfacht; nicht berücksichtigt wurden die Unter-schiede zwischen Beobachtungen, der Begriff der Beobachtungsaussagen (der auf den Wiener Kreis zurückgeht und von Popper kritisiert wird) sowie Poppers Begriff der Grundaussagen. Nicht berücksichtigt haben wir ferner Poppers Einschränkung, daß nur *wiederholbare* Ergebnisse zu einer Falsifi-zierung führen können, und so weiter. Diese Vereinfachungen sind jedoch auf die folgenden Erörterungen gänzlich ohne Einfluß.

[18] Für ähnliche Zitate vgl. auch Stove (1982, S. 48). Es sei darauf hinge-wiesen, daß Popper eine Theorie dann als „erhärtet" bezeichnet, wenn sie erfolgreich Falsifizierungstests besteht. Die Bedeutung dieses Wortes ist jedoch

Offenkundig ist jede Induktion eine Schlußfolgerung vom Beobachteten auf das Unbeobachtete, und kein derartiger Schluß läßt sich *ausschließlich* durch deduktive Logik rechtfertigen. Nähme man dieses Argument aber ernst – wäre also ausschließlich deduktive Logik rational –, so wäre damit, wie oben bereits ausgeführt, auch impliziert, daß es keinen guten Grund zu der Vermutung gibt, daß die Sonne morgen wieder aufgeht, und trotzdem erwartet niemand *wirklich*, daß die Sonne morgen nicht aufgehen wird.

Popper glaubt, durch seine Methode der Falsifizierung Humes Problem gelöst zu haben,[19] doch bei enger Auslegung ist seine Lösung ausschließlich negativ: Wir können sicher sein, daß manche Theorien falsch sind, aber niemals, daß eine Theorie wahr oder auch nur wahrscheinlich ist. Diese „Lösung" ist von einem wissenschaftlichen Standpunkt aus unbefriedigend, insbesondere deshalb, weil zumindest eine Aufgabe der Wissenschaft darin besteht, verläßliche Vorhersagen zu treffen, auf deren Grundlage andere (Ingenieure, Ärzte etc.) handeln können, und alle derartigen Vorhersagen basieren in irgendeiner Form auf Induktion.

Außerdem lehrt uns die Wissenschaftsgeschichte, daß wissenschaftliche Theorien vor allem aufgrund ihres Erfolgs akzeptiert werden. So konnten die Physiker auf Grundlage der Newtonschen Mechanik eine große Zahl von Bewegungen der Erde und der Himmelskörper ableiten, die ausgezeichnet mit den Beobachtungen übereinstimmten. Darüber hinaus wurde die Glaubwürdigkeit der Newtonschen Mechanik durch richtige Vorhersagen, beispielsweise der Wiederkehr des Halleyschen Kometen im Jahre 1759,[20] und durch spektakuläre Entdeckungen wie die des

---

unklar; es kann sich nicht nur um ein Synonym von „bestätigt" handeln, denn sonst wäre die gesamte Poppersche Kritik der Induktion gehaltlos. Vgl. Putnam (1974) für einer detaillierten Erörterung.

[19] So schreibt er: „Durch das vorgeschlagene Abgrenzungskriterium wird auch das Humesche Problem der Induktion, die Frage nach der Geltung der Naturgesetze, einer Auflösung zugeführt ... Die Methode der Falsifikation setzt keine induktiven Schlüsse voraus, sondern nur die unproblematischen tautologischen Umformungen der Deduktionslogik." (Popper 1966, S. 16 f.)

[20] Bei Laplace heißt es hierzu: „Die gelehrte Welt erwartete mit Ungeduld diese Wiederkehr, die eine der größten wissenschaftlichen Entdeckungen bestätigen sollte ..." (Laplace 1986 [1825], S. 34).

Neptun im Jahre 1846 an der von Le Verrier und Adams vorhergesagten Stelle bestärkt.[21] Hätte eine derart einfache Theorie so exakt *völlig neue* Phänomene beschreiben können, wenn sie nicht zumindest annähernd wahr wäre?

Die zweite Schwierigkeit von Poppers Epistemologie besteht darin, daß die Falsifizierung viel komplizierter ist, als es den Anschein hat.[22] Zur Verdeutlichung wollen wir noch einmal das Beispiel der Newtonschen Mechanik[23] als Verbindung zweier Gesetze aufgreifen: des Bewegungsgesetzes, nach dem die Kraft so groß ist wie Masse mal Beschleunigung, und des Gravitationsgesetzes, nach dem sich die Kraft der Anziehung zwischen zwei Körpern proportional zum Produkt ihrer Massen und umgekehrt proportional zum Quadrat des Abstands zwischen ihnen verhält. In welchem Sinne ist diese Theorie falsifizierbar? Sie selbst sagt nicht viel vorher; tatsächlich ist eine Vielzahl von Bewegungen mit den Gesetzen der Newtonschen Mechanik *vereinbar* und sogar von ihnen *ableitbar*, wenn die Annahmen über die Masse der verschiedenen Himmelskörper richtig sind. So erfordert Newtons berühmte Ableitung der Keplerschen Gesetze der Planetenbewegung bestimmte *zusätzliche Annahmen*, die von den Gesetzen der Newtonschen Mechanik logisch unabhängig sind, vor allem die Annahme, daß die Masse der Planeten im Verhältnis zur Sonnenmasse klein ist; damit ist impliziert, daß die Wechselwirkung zwischen den Planeten für eine erste Annäherung vernachlässigt werden kann. Diese zusätzliche Hypothese ist zwar vernünftig, jedoch alles andere als selbstverständlich: Die Planeten könnten beispielsweise aus einem sehr dichten Material bestehen, was die Hypothese zu Fall bringen würde. Oder es könnte eine große Menge unsichtbarer Materie existieren, die auf die Planetenbewegung einwirkt.[24] Hinzuzufügen ist, daß die

---

[21] Für eine detaillierte geschichtliche Darstellung vgl. Grosser (1962) oder Moore (1996, Kapitel 2 und 3).

[22] Es sei betont, daß sich Popper selbst der Mehrdeutigkeiten im Zusammenhang mit der Falsifizierung sehr wohl bewußt ist. Unserer Überzeugung nach bietet er zum „naiven Falsifikationismus" aber keine befriedigende Alternative, die dessen Mängel behebt, dabei aber zumindest einige seiner Vorzüge beibehält.

[23] Vgl. etwa Putnam (1974). Vgl. auch die Antwort Poppers (1974, S. 993–999) und die Reaktion Putnams (1978).

[24] Man beachte, daß die Existenz „dunkler" Materie – unsichtbarer Mate-

Interpretation jeder astronomischen Beobachtung von bestimmten theoretischen Annahmen abhängt, insbesondere von im Bereich der Optik angesiedelten Hypothesen im Hinblick auf die Funktionsweise von Teleskopen und die Lichtfortpflanzung durch den Raum. Dasselbe gilt eigentlich für jede Beobachtung; wenn man einen elektrischen Strom „mißt", so sieht man in Wirklichkeit die Position einer Nadel vor einem Raster (oder Zahlen auf einer Digitalanzeige), was, in Übereinstimmung mit unseren Theorien, als Anzeige der Existenz und der Stärke von Strom gedeutet wird.[25]

Daraus folgt, daß wissenschaftliche Behauptungen nicht einzeln falsifizierbar sind; um aus ihnen eine empirische Behauptung abzuleiten, muß man zahlreiche weitere Hypothesen aufstellen, und sei es nur über die Funktionsweise von Meßgeräten. Hinzu kommt, daß diese Hypothesen oft nur implizit sind. Der amerikanische Philosoph Quine hat diesen Gedanken sehr radikal ausgedrückt:

Mein Gegenvorschlag ... besteht darin, daß unsere Aussagen über die Außenwelt nicht als einzelne Individuen, sondern als ein Kollektiv vor das Tribunal der sinnlichen Erfahrung treten. ... Wissenschaft ist, kollektiv betrachtet, sowohl von Sprache wie von Erfahrung abhängig; doch dieser Doppelcharakter kann nicht sinnvollerweise bis in die einzelnen Aussagen der Wissenschaft, jede für sich genommen, verfolgt werden.

Der Gedanke, Symbole im Gebrauch zu definieren, war, wie bemerkt, ein Fortschritt gegenüber dem unmöglichen Empirismus Term-für-Term, wie Locke und Hume ihn vertraten. Mit Frege* wurde statt des Terms die Aussage als die Einheit anerkannt, die einer empiristischen Kritik verantwortlich ist. Doch worauf ich hier den Nachdruck lege, ist, daß wir, selbst wenn wir die Aussage als Einheit nehmen, noch zu fein sieben. Die

rie, die aber womöglich auf andere Weise zu entdecken ist – in einigen aktuellen kosmologischen Theorien postuliert wird, und diese Theorien werden nicht *ipso facto* für unwissenschaftlich erklärt.

[25] Die Bedeutung von Theorien bei der Interpretation von Experimenten hat Duhem (1978 [1908], Teil 2, Kapitel VI) betont.

* Anm. d. Übers.: Anders als die deutsche Übersetzung von Quine, aus der hier zitiert wird, nennt der englische Text an dieser Stelle nicht Frege, sondern Bentham.

Einheit empirischer Signifikanz ist die Wissenschaft als gesamte. (Quine 1979, S. 45 f.)[26]

Wie kann man solchen Einwänden begegnen? Lassen Sie uns zunächst betonen, daß sich Wissenschaftler bei ihrer Arbeit dieses Problems sehr wohl bewußt sind. Immer wenn ein Experiment einer Theorie widerspricht, stellen sich Wissenschaftler eine Menge Fragen: Ist der Fehler auf die Art und Weise zurückzuführen, wie das Experiment durchgeführt oder ausgewertet wurde? Ist er auf die Theorie selbst zurückzuführen oder auf eine zusätzliche Annahme? Das Experiment selbst legt nie fest, was zu tun ist. Die Vorstellung (von Quine als „empirisches Dogma" bezeichnet), wissenschaftliche Behauptungen könnten einzeln überprüft werden, ist ein wissenschaftliches Märchen.

Quines Behauptungen sind allerdings unter deutliche Vorbehalte zu stellen.[27] In der Praxis ist die Erfahrung nicht einfach vorgegeben; wir denken nicht einfach über die Welt nach, um sie anschließend zu deuten. Wir führen gerade deshalb besondere, durch Theorien motivierte Experimente durch, weil wir die verschiedenen Teile dieser Theorien überprüfen wollen, und zwar möglichst unabhängig voneinander oder zumindest in un-

---

[26] Es sei an dieser Stelle betont, daß Quine im Vorwort zur englischen Ausgabe von 1980 von der radikalsten Lesart dieser Passage abrückt, indem er (in unseren Augen zu Recht) darauf hinweist, daß „empirischer Inhalt zusammen mit den Aussagen der Wissenschaft in Gruppen enthalten ist und zum größten Teil nicht davon unterschieden werden kann. In der Praxis stellt die relevante Gruppe tatsächlich niemals die Gesamtheit der Wissenschaft dar" (S. viii). [Anm. d. Übers.: In neueren deutschen Ausgaben ist dieses Vorwort nicht enthalten.]

[27] Wie auch andere Behauptungen Quines in diesem Zusammenhang, so etwa: „Jede beliebige Aussage kann als wahr aufrechterhalten werden, was da auch kommen mag, wenn wir nur anderweitig in dem System ausreichend drastische Anpassungen vornehmen. Selbst eine Aussage ganz nahe der Peripherie [d. h. nahe an der unmittelbaren Erfahrung] kann angesichts gegenläufiger Erfahrung als wahr aufrechterhalten werden, indem mit Halluzination argumentiert wird oder indem gewisse Aussagen jener Art berichtigt werden, die logische Gesetze genannt werden" (S. 47). Aus dem Zusammenhang gerissen, könnte diese Passage als Rechtfertigung eines radikalen Relativismus gelesen werden. Quines Erörterung (S. 47 f.) legt jedoch nahe, daß dies *nicht* in seiner Absicht liegt und daß er der Ansicht ist (in unseren Augen wiederum zu Recht), bestimmte Modifizierungen unseres Glaubenssystems seien angesichts „gegenläufiger Erfahrung" viel vernünftiger als andere.

terschiedlichen Kombinationen. Wir führen eine *Reihe* von Tests durch, bei denen teilweise nur überprüft wird, ob die Meßinstrumente tatsächlich wie erwartet funktionieren (indem man sie in bekannten Situationen einsetzt). Und genau wie es die Gesamtheit der relevanten theoretischen Behauptungen ist, die einem Falsifizierungstest unterzogen wird, erlegt die Gesamtheit unserer empirischen Beobachtungen unseren theoretischen Interpretationen Beschränkungen auf. So trifft es zwar zu, daß unser astronomisches Wissen von Hypothesen über die Optik abhängt, aber diese Hypothesen sind nicht beliebig veränderbar, weil sie, zumindest teilweise, durch zahlreiche *unabhängige* Experimente überprüft werden können.

Damit sind wir aber noch nicht am Ende unserer Probleme angelangt. Wenn man die Lehre von der Falsifikation wörtlich nimmt, müßte man eigentlich auch kundtun, daß die Newtonsche Mechanik bereits Mitte des 19. Jahrhunderts durch das anomale Verhalten der Umlaufbahn des Merkur falsifiziert wurde.[28] Für einen strengen Popperianer bedeutet der Gedanke, bestimmte Schwierigkeiten (etwa die Umlaufbahn des Merkur) erst einmal in der Hoffnung, daß sie nur vorübergehend sind, außer acht zu lassen, eine unzulässige Strategie, um der Falsifizierung zu entgehen. Wenn man den Kontext berücksichtigt, kann man jedoch sehr wohl behaupten, daß ein derartiges Vorgehen zumindest für eine gewisse Zeit *vernünftig* ist – sonst wäre jede Wissenschaft unmöglich. Es gibt immer Experimente oder Beobach-

---

[28] Ausgehend von Le Verrier im Jahre 1859 bemerkten Astronomen, daß die beobachtete Umlaufbahn des Planeten Merkur leicht von der Umlaufbahn abweicht, die von der Newtonschen Mechanik vorhergesagt wurde: Die Abweichung entspricht einer Präzession des Perihels (Sonnennähe, Punkt der geringsten Entfernung eines Planeten von der Sonne) des Merkur von etwa 43 Bogensekunden pro Jahrhundert. (Dies ist ein unglaublich kleiner Winkel, wenn man bedenkt, daß eine Bogensekunde 1/3600 Grad entspricht und ein Grad 1/360 des gesamten Kreises ausmacht.) Es wurden verschiedene Versuche unternommen, um dieses anomale Verhalten im Kontext der Newtonschen Mechanik zu erklären, so durch die Annahme der Existenz eines weiteren Planeten innerhalb der Umlaufbahn des Merkur (ein naheliegender Gedanke, wenn man sich den Erfolg dieses Ansatzes beim Planeten Neptun vor Augen hält). Alle Versuche, diesen Planeten zu entdecken, schlugen jedoch fehl. Die Anomalie wurde 1915 schließlich im Gefolge von Einsteins allgemeiner Relativitätstheorie erklärt. Für eine detaillierte geschichtliche Darstellung vgl. Roseveare (1982).

tungen, die nicht restlos erklärbar sind oder der Theorie sogar widersprechen und die in der Hoffnung auf bessere Zeiten erst einmal in die Schublade gelegt werden. Im Hinblick auf die immensen Erfolge der Newtonschen Mechanik wäre es unvernünftig gewesen, sie aufgrund dessen, daß eine Vorhersage durch Beobachtungen (scheinbar) widerlegt wurde, abzulehnen, denn diese Abweichung konnte auch alle möglichen anderen Ursachen haben.[29] Die Wissenschaft ist ein rationales Unterfangen, das allerdings schwer zu kodifizieren ist.

Ohne Zweifel stecken in Poppers Epistemologie einige richtige Einsichten. Die Betonung von Falsifizierbarkeit und Falsifizierung ist ein positives Element, sofern sie nicht zu weit getrieben wird (etwa durch eine grundsätzliche Ablehnung von Induktion). Insbesondere wenn man zwei radikal voneinander verschiedene Gebiete wie Astronomie und Astrologie miteinander vergleicht, ist die Verwendung Popperscher Kriterien bis zu einem gewissen Grad nützlich. Es hat jedoch keinen Sinn, von den Pseudowissenschaften einzufordern, sich an strenge Regeln zu halten, die die Wissenschaftler selbst nicht genau einhalten

---

[29] Tatsächlich hätte der Fehler in einer der zusätzlichen Hypothesen stecken können und nicht in Newtons Theorie selbst. So wäre auch möglich gewesen, daß das anomale Verhalten der Umlaufbahn des Merkur auf einen unbekannten Planeten, einen Asteroidenring oder eine leicht elliptische Form der Sonne zurückgeht. Selbstverständlich können und sollten diese Hypothesen Tests unterworfen werden, die von der Umlaufbahn des Merkur unabhängig sind, doch diese Tests hängen wiederum von zusätzlichen Hypothesen (etwa über die Schwierigkeit, einen Planeten in der Nähe der Sonne zu sehen) ab, die nicht einfach zu bewerten sind. Wir wollen natürlich nicht behaupten, daß man damit *ad infinitum* weitermachen könnte – nach einer Weile werden die *Ad-hoc*-Erklärungen so bizarr, daß sie nicht mehr akzeptabel sind –, aber dieser Suchprozeß kann leicht ein halbes Jahrhundert dauern, wie es bei der Umlaufbahn des Merkur der Fall war (vgl. Roseveare 1982).

Darüber hinaus stellt Weinberg (1993, S. 100) fest, daß es zu Beginn des 20. Jahrhunderts mehrere Anomalien in der Mechanik des Sonnensystems gab, und zwar nicht nur bei der Umlaufbahn des Merkur, sondern auch bei den Umlaufbahnen des Mondes sowie des Halleyschen und Enckeschen Kometen. Heute wissen wir, daß die letztgenannten Anomalien alle auf Fehler in den zusätzlichen Hypothesen – hinsichtlich der Evaporation der Gase von Kometen und der auf den Mond wirkenden Gezeitenkräfte – zurückzuführen waren und nur die Umlaufbahn des Merkur eine echte Falsifikation der Newtonschen Mechanik darstellte. Zu jener Zeit war dies jedoch noch überhaupt nicht offenkundig.

(sonst setzt man sich Feyerabends Kritik aus, auf die wir weiter unten noch zu sprechen kommen).

Es versteht sich von selbst, daß eine *wissenschaftliche* Theorie auf die eine oder andere Weise empirischen Tests unterzogen werden muß – und zwar je strenger, desto besser. Wahr ist zudem, daß Vorhersagen unerwarteter Phänomene oft die spektakulärsten Tests darstellen. Und schließlich läßt sich leichter aufzeigen, daß eine präzise quantitative Behauptung falsch ist, als daß sie stimmt. Wahrscheinlich ist es eine Kombination aus diesen drei Vorstellungen, die Poppers Beliebtheit bei vielen Wissenschaftlern teilweise erklärt. Doch diese Gedanken gehen weder auf Popper zurück, noch stellen sie das Originäre an seinem Werk dar. Die Notwendigkeit empirischer Tests wurde spätestens im 17. Jahrhundert erkannt und ist ganz einfach eine Konsequenz des Empirismus, der Ablehnung *a priori* postulierter oder offenbarter Wahrheiten. Angemerkt sei außerdem, daß Vorhersagen nicht immer die besten Tests sind[30] und jene Tests relativ komplexe Formen annehmen können, die nicht auf die einfache Falsifizierung einzelner Hypothesen reduziert werden können.

All diese Probleme wären nicht so gravierend, hätten sie nicht eine höchst irrationale Reaktion provoziert: Einige Denker, insbesondere Feyerabend, lehnen Poppers Epistemologie aus vielen der eben diskutierten Gründe ab und verfallen dann in eine extrem wissenschaftsfeindliche Haltung (vgl. unten). Doch die rationalen Argumente für die Relativitätstheorie oder die Evolutionstheorie finden sich in den Werken Einsteins, Darwins und ihrer Nachfolger, nicht in denen Poppers. Selbst wenn Poppers Erkenntnistheorie völlig falsch wäre (was sicherlich nicht der Fall ist), wäre dies für die Richtigkeit wissenschaftlicher Theorien nicht relevant.[31]

---

[30] Beispielsweise erklärt Weinberg (1993, S. 97–113), warum die *nachträgliche* Bestimmung der Umlaufbahn des Merkur ein viel überzeugenderer Test der allgemeinen Relativitätstheorie war als die Vorhersage der Ablenkung des Sternenlichts durch die Sonne. Vgl. auch Brush (1989).

[31] Als Analogie sei auf das Zenosche Paradoxon verwiesen: Es zeigt nicht, daß Achilles die Schildkröte in Wirklichkeit niemals fangen wird, sondern nur, daß die Begriffe Bewegung und Grenzwert zu Zenos Zeit nicht richtig verstanden wurden. Entsprechend kann man sehr wohl Wissenschaft betreiben, ohne unbedingt zu verstehen, wie.

Die Duhem-Quine-These: Unterbestimmtheit

Ein weiterer – häufig als „Duhem-Quine-These" bezeichneter – Gedanke besagt, Theorien seien durch Erfahrungen unterbestimmt.[32] Die Menge all unserer experimentell gewonnenen Daten ist endlich; unsere Theorien enthalten jedoch, zumindest potentiell, eine unendliche Zahl empirischer Vorhersagen. So beschreibt die Newtonsche Mechanik nicht nur, wie sich die Planeten bewegen, sondern auch, welche Bahn ein erst noch abzuschießender Satellit einschlägt. Wie kann man von einer endlichen Menge von Daten zu einer potentiell unendlichen Menge von Behauptungen gelangen? Oder, genauer gesagt, gibt es dazu nur eine Möglichkeit? Dies entspricht ungefähr der Frage, ob es bei einer endlichen Menge von Punkten eine eindeutige Kurve gibt, die diese Punkte berührt. Die Antwort lautet eindeutig nein: Es gibt unendlich viele Kurven, die eine gegebene endliche Menge von Punkten berühren. In ähnlicher Weise gibt es immer eine große (sogar unendliche) Anzahl von Theorien, die mit den gegebenen Daten vereinbar sind – und dies unabhängig von der Art und Anzahl der Daten.

Es gibt zwei Möglichkeiten, auf eine derart allgemeine These zu reagieren. Der erste Ansatz besteht darin, sie systematisch auf *all* unsere Überzeugungen anzuwenden (wie man es nach den Regeln der Logik tun darf). Wir würden also beispielsweise folgern, daß es unabhängig von den Fakten am Ende einer kriminalpolizeilichen Ermittlung genauso viele Verdächtige gibt wie am Anfang. Dies klingt natürlich absurd, läßt sich aber tatsächlich anhand der Unterbestimmtheitsthese „zeigen": Man kann immer eine Geschichte erfinden (und sollte sie ganz seltsam sein), in der X schuldig und Y nicht schuldig ist und in der „die Daten *ad hoc* erklärt werden". Damit sind wir einfach wieder beim radikalen Skeptizismus Humes angelangt. Die Schwäche dieser These liegt wiederum in ihrer Allgemeinheit.

---

[32] Duhems Version dieser These ist, das sei an dieser Stelle vermerkt, viel weniger radikal als die von Quine. Manchmal bezeichnet der Ausdruck „Duhem-Quine-These" auch die (oben analysierte) Vorstellung, Beobachtungen seien theoriebeladen. Vgl. Laudan (1990 b) für eine detaillierte Diskussion der in diesem Abschnitt behandelten Ideen.

Eine andere Möglichkeit, mit diesem Problem umzugehen, besteht darin, sich die verschiedenen konkreten Situationen zu vergegenwärtigen, die sich ergeben können, wenn man die Theorie der Erfahrung gegenüberstellt:

1. Man kann über Erfahrungen verfügen, die so stark für eine Theorie sprechen, daß ein Anzweifeln der Theorie fast so unvernünftig wäre wie die solipsistische Position. So existieren gute Gründe zu glauben, daß es einen Blutkreislauf gibt, daß sich Arten von Lebewesen entwickelt haben, daß Materie aus Atomen besteht und vieles andere. Die analoge Situation bei einer Ermittlung bestünde darin, daß man sicher oder so gut wie sicher ist, den Schuldigen gefunden zu haben.

2. Man kann eine Reihe von konkurrierenden Theorien haben, die alle nicht völlig überzeugend erscheinen. Die Frage nach dem Ursprung des Lebens stellt hierfür (zumindest im Augenblick) ein gutes Beispiel dar. Der analoge Fall bei einer kriminalpolizeilichen Ermittlung wäre offensichtlich, daß es mehrere mögliche Verdächtige gibt, es aber unklar ist, welcher tatsächlich schuldig ist. Es könnte sich auch eine Situation ergeben, bei der man nur eine Theorie hat, die aufgrund des Fehlens von hinreichend guten Tests aber nicht sehr überzeugend ist. In einem solchen Fall wenden die Wissenschaftler implizit die Unterdeterminiertheitsthese an: Da eine andere, noch nicht entwickelte Theorie die richtige sein könnte, gesteht man der einzigen existierenden Theorie eine relativ niedrige subjektive Wahrscheinlichkeit zu.

3. Schließlich mag sogar jegliche plausible Theorie fehlen, die die vorliegenden Daten erklärt. Dies dürfte heute für die Vereinigung der allgemeinen Relativität mit der Elementarteilchenphysik sowie für viele weitere wissenschaftliche Probleme gelten.

Kommen wir einen Augenblick auf das Problem der Kurve zurück, die durch eine endliche Anzahl von Punkten führt. Natürlich spricht es am ehesten dafür, daß man die Kurve richtig gezogen hat, wenn nach weiteren Experimenten gewonnene *neue* Daten zu den *alten* passen. Implizit muß man annehmen, daß es keine kosmische Verschwörung gibt, bei der sich die tatsächliche Kurve stark von der Kurve unterscheidet, die man selbst gezogen hat, aber alle (alten und neuen) Daten zufällig auf den Schnittpunkt der beiden fallen. Um einen Ausspruch Einsteins zu zitieren: Man muß sich vorstellen, der HERR sei raffiniert, aber nicht böswillig.

Kuhn und die Inkommensurabilität von Paradigmen

Heute weiß man viel mehr als vor 50 Jahren, und damals wußte man viel mehr als 1580. So kam es in den letzten 400 Jahren zu einer deutlichen Akkumulation oder Vermehrung des Wissens. Dies ist eine weithin bekannte Tatsache ... Ein Autor, der aufgrund seiner Position dazu tendiert, dies zu leugnen oder nur höchst widerwillig einzuräumen, erweckt bei Philosophen, die ihn lesen, zwangsläufig den Eindruck, als vertrete er etwas äußerst Unplausibles.

– David Stove, *Popper and After* (1982, S. 3)

Wenden wir unsere Aufmerksamkeit nun einigen historischen Analysen zu, die offensichtlich Wasser auf die Mühlen des gegenwärtigen Relativismus sind. Die bekannteste ist sicherlich Thomas Kuhns *Die Struktur wissenschaftlicher Revolutionen*.[33] Wir befassen uns hier ausschließlich mit dem epistemologischen Aspekt von Kuhns Werk und lassen die Einzelheiten seiner historischen Analysen beiseite.[34] Es besteht kein Zweifel, daß Kuhn sein Werk als ein historisches betrachtet, das einen Einfluß auf unsere Auffassung von wissenschaftlicher Tätigkeit und damit, zumindest indirekt, auf die Erkenntnistheorie ausübt.[35]

Kuhns Position ist wohlbekannt: Der Großteil wissenschaftlicher Tätigkeit – das, was Kuhn als „normale Wissenschaft" bezeichnet – spielt sich innerhalb von Paradigmen ab, die festlegen, welche Probleme erforscht werden, welche Kriterien zur Bewertung einer Lösung angewendet werden und welche experimen-

---

[33] Zu diesem Abschnitt vgl. die detaillierten Studien von Shimony (1976), Siegel (1987) und besonders Maudlin (1996).

[34] Wir beschränken uns hier ausschließlich auf *Die Struktur wissenschaftlicher Revolutionen* (Kuhn 1976). Zu zwei recht unterschiedlichen Analysen von Kuhns späteren Gedanken vgl. Maudlin (1996) und Weinberg *et al.* (1996 b, S. 56).

[35] Im Hinblick auf das „Bild der Wissenschaft, wie es uns zur Zeit gefangenhält" und wie es, unter anderem, von Wissenschaftlern selbst vertreten wird, schreibt Kuhn (1976, S. 15): „Dieser Essay versucht zu zeigen, daß wir von ihnen gründlich irregeführt worden sind. Sein Ziel ist ein Entwurf der ganz anderen Vorstellung von der Wissenschaft, wie man sie aus geschichtlich belegten Berichten über die Forschungstätigkeit selbst gewinnen kann."

91

tellen Vorgehensweisen als akzeptabel gelten. Von Zeit zu Zeit gerät die normale Wissenschaft in eine Krise – eine „revolutionäre" Phase –, und es kommt zu einem Paradigmenwechsel. So stellte die Geburt der modernen Physik mit Galilei und Newton einen Bruch mit Aristoteles dar; in ähnlicher Weise stürzten die Relativitätstheorie und die Quantenmechanik das Newtonsche Paradigma im 20. Jahrhundert um. Vergleichbare Revolutionen fanden in der Biologie statt, als sie von einer statischen Sichtweise der Arten zur Evolutionstheorie gelangte oder von Lamarck zur modernen Genetik.

Diese Sicht der Dinge fügt sich so gut in die Vorstellung ein, die Wissenschaftler von ihrem eigenen Handeln haben, daß sich auf den ersten Blick kaum erkennen läßt, was an diesem Ansatz revolutionär sein soll, geschweige denn, wie er für antiwissenschaftliche Zwecke verwendet werden könnte. Das Problem entsteht nur im Hinblick auf den Gedanken der *Inkommensurabilität* der Paradigmen. Einerseits glauben Wissenschaftler im allgemeinen, daß es möglich ist, sich auf der Grundlage von Beobachtungen und Experimenten rational zwischen konkurrierenden Theorien (beispielsweise von Newton und Einstein) zu entscheiden, auch wenn jenen Theorien der Status von „Paradigmen" zugestanden wird.[36] Doch obwohl man dem Wort „inkommensurabel" mehrere Bedeutungen geben kann und die Diskussion über Kuhns Werk häufig um diese Frage kreiste, wirft zumindest eine Lesart der Inkommensurabilitätsthese Zweifel an der Möglichkeit eines rationalen Vergleichs zwischen konkurrierenden Theorien auf: nämlich der Gedanke, daß unsere Erfahrung der Welt entscheidend durch unsere Theorien konditioniert ist, die wiederum vom Paradigma abhängen.[37] So beobachtet Kuhn, daß die Chemiker nach Dalton chemische Zusammensetzungen als Verhältnis ganzer Zahlen und nicht als Dezimalzahlen angaben.[38] Und während die Atomtheorie viele der damals

---

[36] Natürlich leugnet Kuhn diese Möglichkeit nicht explizit, aber er neigt dazu, die weniger empirischen Aspekte zu betonen, die in die Entscheidung zwischen zwei Theorien einfließen, beispielsweise „die Sonnenverehrung, die Kepler zu einem Kopernikaner machen half" (Kuhn 1976, S. 163).

[37] Man beachte, daß diese Behauptung viel radikaler ist als Duhems Gedanke, daß die Beobachtung *teilweise* von zusätzlichen theoretischen Hypothesen abhängt.

[38] Kuhn (1976, S. 142–146).

verfügbaren Daten erklärte, führten einige Experimente zu abweichenden Ergebnissen. Kuhn zieht daraus eine ziemlich radikale Schlußfolgerung:

> Die Chemiker konnten darum nicht einfach Daltons Theorie aufgrund der Daten annehmen, denn zu viele waren noch negativ. Vielmehr mußten sie sogar noch nach der Annahme der Theorie die Natur „zurechtbiegen", ein Prozeß, der fast noch eine weitere Generation in Anspruch nahm. Als er abgeschlossen war, hatte sich sogar die prozentuale Zusammensetzung wohlbekannter Verbindungen geändert. Die Daten selbst waren andere geworden. Das ist der letzte Gesichtspunkt, unter dem wir sagen wollen, daß die Wissenschaftler nach einer Revolution in einer anderen Welt arbeiten. (Kuhn 1976, S. 146)

Doch was genau meint Kuhn mit „die Natur ‚zurechtbiegen'" [*to beat nature into line*]? Behauptet er, die Chemiker nach Dalton hätten ihre Daten manipuliert, um sie mit der Atomtheorie in Einklang zu bringen, und ihre Nachfolger hielten es heute noch immer so? Und die Atomtheorie sei falsch? Offensichtlich ist Kuhn nicht dieser Ansicht, aber das mindeste, was man sagen kann, ist, daß seine Äußerungen mehrdeutig sind.[39] Wahrscheinlich waren die im 19. Jahrhundert verfügbaren Messungen der chemischen Zusammensetzung recht ungenau, und die Experimentatoren standen möglicherweise so stark unter dem Einfluß der Atomtheorie, daß sie diese für besser bestätigt hielten, als sie es tatsächlich war. Dennoch gibt es heute so viele Beweise für den Atomismus (die zu einem großen Teil von der Chemie unabhängig sind), daß es irrational geworden ist, daran zu zweifeln.

Selbstverständlich haben Historiker absolut das Recht, ihr Desinteresse daran zu bekunden: Ihr Ziel ist zu begreifen, was passierte, als sich der Paradigmenwechsel vollzog.[40] Und es ist

---

[39] In Kuhns Wortwahl – „hatte sich sogar die prozentuale Zusammensetzung wohlbekannter Verbindungen geändert" – kommt eine Verwechslung von Fakten mit unserer Kenntnis von ihnen zum Ausdruck. Natürlich änderte sich das Wissen (oder die Überzeugung) der Chemiker hinsichtlich der Zusammensetzung, nicht die Zusammensetzung selbst.

[40] Der Historiker lehnt somit zu Recht eine einseitige Geschichtsdarstellung ab: die Geschichte der Vergangenheit, umgeschrieben als geradliniger

interessant zu sehen, in welchem Maße dieser Paradigmenwechsel auf stichhaltigen empirischen Argumenten oder auf nicht auf dem Wege der Wissenschaft gewonnenen Überzeugungen wie der Sonnenanbetung beruhte. Im Extremfall mag sich ein richtiger Paradigmenwechsel durch einen glücklichen Zufall sogar aus völlig irrationalen Gründen vollzogen haben. Dies würde aber nichts an der Tatsache ändern, daß die ursprünglich aus den falschen Gründen übernommene Theorie heute empirisch bewiesen und über jeden vernünftigen Zweifel erhaben ist. Darüber hinaus spielten sich Paradigmenwechsel zumindest seit der Geburt der modernen Wissenschaft in den meisten Fällen nicht aus *rein* irrationalen Gründen ab. Die Schriften Galileis oder Harveys enthalten beispielsweise viele empirische Argumente, die gewiß nicht alle falsch sind. Zur Entstehung einer neuen Theorie führt immer eine komplexe Mischung aus richtigen und falschen Gründen, und Wissenschaftler können durchaus das neue Paradigma übernehmen, bevor der empirische Beweis völlig überzeugen kann. Überraschend ist dies wirklich nicht: Wissenschaftler müssen versuchen, so gut wie möglich zu erraten, welches der richtige Weg für sie ist – das Leben ist schließlich kurz –, und oft sind vorläufige Entscheidungen zu treffen, ohne daß ausreichend empirische Beweise vorhanden sind. Dies untergräbt nicht die Rationalität des wissenschaftlichen Strebens, aber natürlich trägt es zur Faszination der Wissenschaftsgeschichte bei.

Das Grundproblem ist, daß es, wie es der Wissenschaftstheoretiker Tim Maudlin elegant formuliert hat, *zwei* Kuhns gibt – einen gemäßigten Kuhn und seinen radikalen Bruder –, die in *Die Struktur wissenschaftlicher Revolutionen* ständig miteinander ringen. Der gemäßigte Kuhn räumt ein, daß die wissen-

---

Marsch in die Gegenwart. Diese recht vernünftige Einstellung sollte jedoch nicht mit einer anderen – ziemlich zweifelhaften – methodologischen Vorschrift verwechselt werden: der Weigerung, alle heute verfügbaren Informationen (einschließlich wissenschaftlicher Beweise) miteinzubeziehen, um die bestmöglichen Schlüsse über die Geschichte zu ziehen, und dies unter dem Vorwand, daß diese Informationen in der Vergangenheit nicht zugänglich gewesen seien. Schließlich bedienen sich Kunsthistoriker der modernen Physik und Chemie, um Herkunft und Echtheit festzustellen, und die angewendeten Methoden sind für die Kunstgeschichte auch dann nützlich, wenn sie in der untersuchten Epoche nicht verfügbar waren. Zu einem vergleichbaren Beispiel aus der Wissenschaftsgeschichte vgl. Weinberg (1996a, S. 15).

schaftlichen Kontroversen der Vergangenheit richtig entschieden wurden, betont jedoch, daß die damals verfügbaren Beweise schwächer waren als gemeinhin angenommen und daß nichtwissenschaftliche Erwägungen ebenfalls eine Rolle spielten. Wir haben keine prinzipiellen Einwände gegen den gemäßigten Kuhn, und wir überlassen es Historikern herauszufinden, inwieweit seine Ideen in konkreten Situationen zutreffen.[41] Im Gegensatz dazu glaubt der radikale Kuhn – der, vielleicht unfreiwillig, zu einem der Gründerväter des zeitgenössischen Relativismus wurde –, daß Paradigmenwechsel prinzipiell auf nichtempirische Faktoren zurückzuführen sind und, einmal akzeptiert, unsere Wahrnehmung der Welt so stark prägen, daß sie durch die folgenden Experimente nur noch bestätigt werden können. Maudlin weist diesen Gedanken eloquent zurück:

Wenn man Aristoteles Mondgestein bringen würde, empfände er es als Gestein und als Objekt mit der Neigung zu fallen. Er käme zwangsläufig zu dem Schluß, daß sich das Material, aus dem der Mond besteht, im Hinblick auf seine natürliche Bewegung nicht grundlegend von Erdmaterial unterscheidet.[42] In ähnlicher Weise zeigten immer bessere Teleskope die Phasen der Venus deutlicher, und zwar unabhängig von der bevorzugten Kosmologie,[43] und selbst Ptolemäus hätte die offenkundi-

---

[41] Vgl. etwa die Untersuchungen in Donovan *et al.* (1988).

[42] Diese Anmerkung und die beiden folgenden stammen aus der Feder der Autoren (nicht von Maudlin).

Nach Aristoteles besteht die Materie der Erde aus vier Elementen – Feuer, Luft, Wasser und Erde –, deren natürliche Neigung entsprechend ihrer Zusammensetzung entweder darin besteht, zu steigen (Feuer, Luft) oder zu fallen (Wasser, Erde), während der Mond und andere Himmelskörper aus einem besonderen Element bestehen, dem „Äther", dessen natürliche Neigung darin besteht, einer ständigen Kreisbewegung zu folgen.

[43] Seit der Antike hatte man beobachtet, daß die Venus nie weit von der Sonne entfernt am Himmel steht. In der geozentrischen Kosmologie des Ptolemäus wurde dies dadurch erklärt, daß man *ad hoc* annahm, die Venus und die Sonne kreisten mehr oder weniger synchron um die Erde (die Venus in größerer Nähe). Daraus folgt, daß die Venus stets als dünne Sichel sichtbar sein sollte, wie der „Neumond". Im Unterschied dazu erklärt die heliozentrische Theorie die Beobachtungen automatisch, wenn sie annimmt, daß die Venus die Sonne mit einem kleineren Radius umkreist als die Erde. Daraus folgt, daß die Venus, wie der Mond, Phasen aufweist, die von „neu" (wenn die Venus auf derselben Seite der Sonne steht wie die Erde) bis beinahe „voll"

ge Rotation eines Foucaultschen Pendels bemerkt.[44] Der Grad, in dem das eigene Paradigma die Welterfahrung beeinflußt, kann gar nicht so hoch sein, als daß er die Erfahrung stets mit der Theorie in Einklang brächte; sonst würde sich niemals die Notwendigkeit ergeben, Theorien zu korrigieren. (Maudlin 1996, S. 442[45])

So ist es zwar richtig, daß wissenschaftliche Experimente nicht ihre eigene Interpretation liefern, aber zugleich gilt, daß die Theorie die Wahrnehmung der Ergebnisse nicht determiniert.

Der zweite Einwand gegen die radikale Version von Kuhns Wissenschaftsgeschichte – ein Einwand, den wir später gegen das *strong programme* in der Wissenschaftssoziologie anführen werden – ist der der Selbstwiderlegung. Historische Forschung, vor

---

(wenn die Venus auf der gegenüberliegenden Seite der Sonne steht) reichen. Da die Venus mit bloßem Auge nur als Punkt sichtbar ist, war es nicht möglich, sich empirisch zwischen diesen beiden Vorhersagen zu entscheiden, bis Galilei und seine Nachfolger der Existenz der Venusphasen durch Beobachtungen mit dem Teleskop zur Geltung verhalfen. Dies *bewies* zwar nicht das heliozentrische Modell (andere Theorien konnten die Phasen ebenfalls erklären), lieferte aber entscheidende Indizien dafür und damit zugleich gegen das ptolemäische Modell.

[44] Nach der Newtonschen Mechanik bleibt ein schwingendes Pendel stets auf einer einzigen Ebene; diese Vorhersage gilt jedoch nur im Hinblick auf ein sogenanntes „träges Bezugssystem", etwa eines, das auf die fernen Sterne bezogen ist. Aufgrund der täglichen Drehung der Erde um ihre eigene Achse ist ein an der Erde festgemachtes Bezugssystem *nicht* völlig träge. Der französische Physiker Bernard Léon Foucault (1819–1868) bemerkte, daß die Schwungrichtung eines Pendels im Verhältnis zur Erde allmählich vorrückt und dies als Beweis für die Erddrehung begriffen werden konnte. Um dies gedanklich nachzuvollziehen, stelle man sich beispielsweise ein Pendel am Nordpol vor. Seine Schwungrichtung bleibt im Verhältnis zu den fernen Sternen konstant, während die Erde unter dem Pendel rotiert; deshalb beschreibt seine Schwungrichtung *im Verhältnis zu einem Beobachter auf der Erde* alle 24 Stunden eine volle Drehung. Auf allen anderen Breitengraden (mit Ausnahme des Äquators) zeigt sich ein ähnlicher Effekt, aber die Präzession ist langsamer: Auf der Höhe von Paris (49° N) vollzieht sich die Präzession nur alle 32 Stunden. 1851 demonstrierte Foucault diesen Effekt mit einem 67 m langen Pendel, das er in der Kuppel des Pantheons aufhängen ließ. Wenig später gehörte das Foucaultsche Pendel auf der ganzen Welt zur Grundausstattung von Wissenschaftsmuseen.

[45] Dieser Aufsatz wurde bisher nur in französischer Übersetzung veröffentlicht. Wir danken Professor Maudlin für die Überlassung des englischen Texts, auf dem die vorliegende Übersetzung beruht.

allem auf dem Gebiet der Wissenschaftsgeschichte, benutzt Methoden, die sich von den naturwissenschaftlichen nicht grundlegend unterscheiden: Sie prüft Dokumente, zieht die auf Grundlage der verfügbaren Daten vernünftigsten Schlußfolgerungen und so weiter. Wenn derartige Argumente in der Physik oder Biologie keine hinreichend verläßlichen Schlußfolgerungen zuließen, wie sollte man ihnen dann in der Geschichtswissenschaft trauen? Warum sollte man realistisch über historische Kategorien wie etwa Paradigmen sprechen, wenn es illusorisch ist, realistisch über naturwissenschaftliche Begriffe wie etwa Elektronen oder die DNS (die in Wirklichkeit viel exakter definiert sind) zu sprechen?[46]

Aber man kann noch einen Schritt weiter gehen. Es ist nur natürlich, abhängig vom Grad der ihnen zugeschriebenen Glaubwürdigkeit eine Hierarchie der unterschiedlichen Theorien aufzustellen, und zwar je nach der Quantität und der Qualität der für sie sprechenden Indizien.[47] Jeder Wissenschaftler – ja, jeder Mensch – geht so vor und schreibt den etabliertesten Theorien (etwa der Evolution der Arten oder der Existenz von Atomen) eine höhere subjektive Wahrscheinlichkeit und spekulativeren Theorien (etwa detaillierten Theorien der Quantengravitation) eine niedrigere subjektive Wahrscheinlichkeit zu. Dieselbe Argumentation gilt auch, wenn man naturwissenschaftliche Theorien mit historischen oder soziologischen vergleicht. So sind die Beweise für die Erddrehung viel stärker als alles, was Kuhn zur Stützung seiner historischen Theorien vorbringen konnte. Dies bedeutet natürlich nicht, daß Physiker klüger als Historiker wären oder daß sie bessere Methoden verwendeten, sondern nur, daß sie es mit weniger komplexen Problemen und einer geringeren Zahl von Variablen zu tun haben, die darüber hinaus einfacher zu messen und zu steuern sind. Wir können gar nicht an-

---

[46] Es ist eine Erwähnung wert, daß Feyerabend in der letzten englischsprachigen Ausgabe von *Wider den Methodenzwang (Against Method)* ein ähnliches Argument vorgebracht hat: „Es genügt nicht, die Autorität der Naturwissenschaften durch historische Argumente zu untergraben: Warum sollte die Autorität der Geschichtswissenschaft größer sein als beispielsweise die der Physik?" (Feyerabend 1993, S. 271). Vgl. auch Ghins (1992, S. 225) für ein ähnliches Argument.

[47] Diese Argumentation geht mindestens auf Humes Einwand gegen Wunder zurück: Vgl. Hume (1984 [1748], Abschnitt X).

ders, als unsere Überzeugungen hierarchisch zu strukturieren, und aus der Existenz dieser Hierarchie folgt, daß kein Argument vorstellbar ist, das auf der Kuhnschen Sicht der Geschichte basiert und jene Soziologen oder Philosophen stützen könnte, die die Verläßlichkeit wissenschaftlicher Ergebnisse pauschal in Frage stellen wollen.

Feyerabend: „Anything goes"

Ein weiterer berühmter Philosoph, der in Diskussionen über Relativismus häufig zitiert wird, ist Paul Feyerabend. Lassen Sie uns mit der Feststellung beginnen, daß Feyerabend ein komplizierter Fall ist. Seine persönlichen und politischen Einstellungen haben ihm große Sympathien eingebracht, und seine Kritik an Versuchen, wissenschaftliches Vorgehen zu kodifizieren, ist oft gerechtfertigt. Auch wurde er, obwohl er sein Buch auf englisch *Farewell to Reason* (dt.: *Irrwege der Vernunft*) betitelte, nie vollständig und unverhohlen zum Irrationalisten; gegen Ende seines Lebens begann er (so scheint es jedenfalls), sich von den relativistischen und antiwissenschaftlichen Einstellungen einiger seiner Anhänger zu distanzieren.[48] Nichtsdestotrotz enthalten Feyerabends Schriften zahlreiche doppeldeutige oder wirre Aussagen, die manchmal in heftigen Attacken gegen die moderne Wissenschaft gipfeln: Attacken, die zugleich philosophisch, historisch und politisch sind und bei denen Urteile über Fakten mit Werturteilen verwechselt werden.[49]

---

[48] So schrieb er 1992:

Wie kann ein Unterfangen [die Wissenschaft] auf so mannigfache Weise von der Kultur abhängig sein und trotzdem so solide Ergebnisse erbringen? ... Die meisten Antworten auf diese Frage sind entweder unvollständig oder unzusammenhängend. Physiker nehmen diese Tatsache einfach als gegeben hin. Strömungen, die die Quantenmechanik als einen Wendepunkt des Denkens betrachten – und dazu gehören dubiose Mystiker, Propheten eines Neuen Zeitalters und alle möglichen Relativisten –, werden von der kulturellen Komponente aufgerüttelt und vernachlässigen Vorhersagen und die Technologie. (Feyerabend 1992, S. 29)

Vgl. auch Feyerabend (1993, S. 13, Anm. 12).

[49] Vgl. beispielsweise Kapitel 18 von *Wider den Methodenzwang* (Feyerabend 1976; entspricht Kapitel 19 in Feyerabend 1983). Dieses Kapitel ist in den späteren englischen Ausgaben des Buches (Feyerabend 1988, 1993)

Das Hauptproblem bei der Lektüre Feyerabends besteht darin zu entscheiden, wann man ihn ernst zu nehmen hat und wann nicht. Einerseits gilt er oft als eine Art Hofnarr der Wissenschaftstheorie und scheint an dieser Rolle einigen Gefallen gefunden zu haben.[50] Manchmal betonte er selbst, daß seine Aussagen nicht wörtlich zu nehmen seien.[51] Andererseits bezieht er sich in seinen Schriften oft auf Fachliteratur über die Geschichte und Theorie der Wissenschaft und der Physik, und dieser Aspekt seines Werks hat viel zu seinem Ruf als großer Wissenschaftstheoretiker beigetragen. Vor diesem Hintergrund sei im folgenden erörtert, was wir für Feyerabends grundlegende Fehler halten, und zugleich verdeutlicht, zu welchen Auswüchsen sie führen können.

Im wesentlichen stimmen wir dem zu, was Feyerabend allgemein über die wissenschaftliche Methode sagt:

Der Gedanke, die Wissenschaft könne und solle nach festen und allgemeinen Regeln betrieben werden, ist sowohl wirklichkeitsfern als auch schädlich. (Feyerabend 1976, S. 392)

Er kritisiert ausführlich die „festen und allgemeinen Regeln", durch die frühere Philosophen das Wesen der wissenschaftlichen Methode ausdrücken zu können glaubten. Wie bereits gesagt, ist es extrem schwierig, wenn nicht unmöglich, die wissenschaftliche Methode zu kodifizieren, doch steht dies nicht im Gegensatz

---

nicht mehr enthalten. Vgl. auch Kapitel 9 von *Irrwege der Vernunft* (Feyerabend 1989).

[50] So schreibt er: „Imre Lakatos nannte mich, in etwas scherzhafter Weise, einen Anarchisten, darum stelle ich mich selber als einen Anarchisten vor." (Feyerabend 1983, S. 11)

[51] Etwa: „Die Hauptgedanken [dieses] Aufsatzes ... sind ziemlich trivial und erscheinen trivial, wenn sie in den entsprechenden Begriffen ausgedrückt werden. Ich ziehe aber paradoxere Formulierungen vor, denn nichts betäubt den Geist so gründlich wie das Anhören bekannter Wörter und Sprüche." Und ebenso: „Man habe stets vor Augen, daß meine Demonstrationen und meine Rhetorik keinerlei ‚tiefe Überzeugungen' ausdrücken. Sie zeigen lediglich, wie leicht es ist, die Menschen im Namen der Vernunft an der Nase herumzuführen. Ein theoretischer Anarchist ist wie ein Geheimagent, der das Spiel der Vernunft mitspielt, um die Autorität der Vernunft (der Wahrheit, der Ehrlichkeit, der Gerechtigkeit usw.) zu untergraben." (Feyerabend 1983, S. 37f.) Auf diesen Abschnitt folgt eine Anmerkung über die dadaistische Bewegung.

zum Aufstellen bestimmter Regeln mit einem mehr oder weniger allgemeinen Grad der Gültigkeit auf der Grundlage bisheriger Erfahrung. Wenn sich Feyerabend darauf beschränkt hätte, anhand geschichtlicher Beispiele die Grenzen jeder allgemeinen und universalen Kodifizierung der wissenschaftlichen Methode aufzuzeigen, könnten wir ihm nur beipflichten.[52] Leider geht er viel weiter:

> Alle Methodologien haben ihre Grenzen, und die einzige „Regel", die übrigbleibt, lautet „Anything goes". (Feyerabend 1976, S. 393)

Dies ist eine falsche Schlußfolgerung, die für das relativistische Denken typisch ist. Ausgehend von einer richtigen Beobachtung – „Alle Methodologien haben ihre Grenzen" – gelangt Feyerabend zu einer völlig falschen Schlußfolgerung: „Anything goes". Es gibt verschiedene Schwimmarten, und alle haben ihre Grenzen, aber es trifft nicht zu, daß alle Körperbewegungen gleich geeignet wären (sofern man nicht untergehen will). Es gibt nicht *die* kriminalistische Methode, aber dies bedeutet nicht, daß alle Methoden gleich verläßlich wären (denken Sie an die Feuerprobe). Dasselbe gilt für wissenschaftliche Methoden.

In der zweiten Ausgabe seines Buchs versucht Feyerabend, sich gegen eine wörtliche Lesart des „Anything goes" zur Wehr zu setzen. Er schreibt:

> Ein naiver Anarchist sagt (a), daß sowohl absolute Regeln als auch kontextabhängige Regeln ihre Grenzen haben, und schließt daraus (b), daß alle Regeln und Maßstäbe wertlos sind und aufgegeben werden sollten. Die meisten Kritiker betrachten mich in dieser Hinsicht als naiven Anarchisten ...

---

[52] Zur Richtigkeit seiner historischen Analysen *en détail* nehmen wir jedoch keine Stellung. Vgl. etwa Clavelin (1994) für eine Kritik an Feyerabends Thesen zu Galilei.

Festzuhalten ist, daß manche seiner Erörterungen von Problemen der modernen Physik fehlerhaft oder grob übertrieben sind: Vgl. etwa seine Aussagen zur Brownschen Bewegung (Feyerabend 1983, S. 46 ff.), zur Renormierung (S. 78 f.), zur Merkurbahn (S. 80 ff.) und zum Streuproblem in der Quantenmechanik (S. 83, Anm. 23). Eine Korrektur all dieser Fehler würde zu viel Platz einnehmen, in Bricmont (1995 a, S. 184) findet sich jedoch eine kurze Analyse von Feyerabends Behauptungen im Zusammenhang mit der Brownschen Bewegung und dem zweiten Hauptsatz der Thermodynamik.

[Aber] während ich (a) zustimme, lehne ich (b) ab. Ich behaupte, daß alle Regeln ihre Grenzen haben und es keine umfassende „Rationalität" gibt; ich behaupte nicht, daß wir ohne Regeln und Maßstäbe vorgehen sollten. (Feyerabend 1993, S. 231)

Das Problem ist, daß Feyerabend kaum etwas zum *Inhalt* dieser „Regeln und Maßstäbe" sagt, und sofern sie rational begründet werden, ist man schnell beim extremsten Relativismus angelangt.

Wenn Feyerabend konkret wird, bringt er häufig vernünftige Beobachtungen mit recht sonderbaren Vorschlägen zusammen:

Daher besteht der erste Schritt unserer Kritik an herkömmlichen Begriffen und Reaktionen darin, aus dem Kreis herauszutreten und entweder ein neues Begriffssystem zu erfinden, etwa eine neue Theorie, die im Gegensatz zu den bestfundierten Beobachtungsergebnissen steht und die einleuchtendsten theoretischen Grundsätze über den Haufen wirft, oder ein solches System aus einer anderen Wissenschaft, aus der Religion, aus der Mythologie, aus den Ideen Unzuständiger oder aus den Ergüssen Verrückter zu entnehmen. (Feyerabend 1983, S. 87f.)[53]

Man könnte diese Behauptungen unter Hinweis auf die klassische Unterscheidung zwischen dem *Entdeckungszusammenhang* und dem *Begründungszusammenhang* verteidigen. Tatsächlich sind auf der einen Seite beim individuellen Prozeß der wissenschaftlichen Theoriebildung alle Methoden im Prinzip zulässig – Deduktion, Induktion, Analogie, Intuition und sogar Halluzination[54] –, und das einzige echte Kriterium ist die Praktikabilität. Auf der anderen Seite muß die Begründung von Theorien rational sein, auch wenn sich für diese Rationalität kein endgültiger Kodex festlegen läßt. Man könnte sich zu der Annahme verleiten lassen, daß Feyerabends zugegeben extreme Beispiele nur den Entdeckungszusammenhang betreffen und es deshalb keinen echten Widerspruch zwischen seiner und unserer Sichtweise gibt.

---

[53] Zu einer ähnlichen Aussage vgl. Feyerabend (1983, S. 55 f.).
[54] So heißt es, der Chemiker Kekulé (1829–1896) sei im Traum auf die (richtige) Struktur von Benzol gekommen.

Feyerabend *leugnet* jedoch explizit, daß sich zwischen Entdeckung und Begründung unterscheiden läßt.[55] Natürlich wurde die Schärfe der Unterscheidung in der traditionellen Epistemologie stark übertrieben. Immer wieder geht es um dasselbe Problem: Es ist naiv, zu glauben, daß es allgemeine, kontextunabhängige Regeln gibt, die es erlauben, eine Theorie zu verifizieren oder zu falsifizieren, oder anders ausgedrückt: Der Begründungszusammenhang und der Entdeckungszusammenhang entwickeln sich historisch parallel.[56] Dennoch läßt sich zu jedem geschichtlichen Augenblick eine solche Unterscheidung treffen. Wenn es sie nicht gäbe, wäre die Begründung von Theorien an keinerlei rationale Erwägungen gebunden. Denken wir noch einmal an die kriminalpolizeilichen Ermittlungen: Der Schuldige kann durch beliebige glückliche Umstände entdeckt werden, aber für die Indizien zum Beweis seiner Schuld gilt dieses Belieben nicht (selbst wenn die Beweisstandards historischem Wandel unterworfen sind).[57]

Nachdem Feyerabend den Schritt zum „Anything goes" einmal vollzogen hat, überrascht es nicht, daß er die Wissenschaft ständig mit der Mythologie oder der Religion vergleicht, wie etwa im folgenden Abschnitt:

> Newton herrschte mehr als 150 Jahre, Einstein führte für kurze Zeit eine mehr liberale Auffassung ein, die aber bald wieder von der Kopenhagener Deutung abgelöst wurde. Die Ähnlichkeiten zwischen Wissenschaft und Mythos sind in der Tat erstaunlich. (Feyerabend 1976, S. 396)

Hier behauptet Feyerabend, daß die sogenannte Kopenhagener Deutung der Quantenmechanik, die vor allem auf Niels Bohr und Werner Heisenberg zurückgeht, von Physikern fast als Dog-

---

[55] Feyerabend (1993, S. 147 ff.).

[56] So gewann das anomale Verhalten der Merkurbahn durch die Formulierung der allgemeinen Relativitätstheorie einen anderen epistemologischen Status (vgl. Anm. 28–30 in diesem Kapitel).

[57] Ähnliches läßt sich über die klassische, ebenfalls von Feyerabend kritisierte Unterscheidung zwischen auf Beobachtung gegründeten und theoretischen Aussagen feststellen. Man sollte nicht blauäugig sein, wenn man behauptet, etwas zu „messen"; dennoch gibt es „Fakten" – beispielsweise die Position eines Zeigers auf einer Skala oder die Zeichen auf einem Computerausdruck – und diese Fakten stimmen nicht immer mit unseren Wünschen überein.

ma aufgenommen wurde, was nicht völlig falsch ist. (Weniger klar ist, auf welche Auffassung Einsteins er anspielt.) Was Feyerabend aber nicht liefert, sind Beispiele von Mythen, die sich entweder ändern, weil Experimente ihnen widersprechen, oder die Experimente nahelegen, die auf eine Unterscheidung zwischen früheren und späteren Versionen des Mythos abzielen. Nur aus diesem Grund – und das ist wichtig – sind die „Ähnlichkeiten zwischen Wissenschaft und Mythos" oberflächlich.

Dieselbe Analogie taucht erneut auf, wenn Feyerabend eine Trennung von Wissenschaft und Staat vorschlägt:

> Die Eltern eines sechsjährigen Kindes können entscheiden, ob ihm die Grundlagen des Protestantismus oder des Judentums oder überhaupt keine Religion vermittelt werden soll, aber auf dem Gebiet der Wissenschaften haben sie kein solches Recht. Physik, Astronomie, Geschichte *müssen* gelernt werden. Sie können nicht durch Magie, Astrologie oder das Studium von Sagen ersetzt werden.
>
> Man ist auch nicht mit einer rein historischen Darstellung physikalischer (astronomischer, historischer usw.) Tatsachen und Grundsätze zufrieden. Man sagt nicht: *manche Leute glauben*, daß sich die Erde um die Sonne bewegt, andere dagegen betrachten die Erde als eine Hohlkugel, in der sich die Sonne, die Planeten, die Fixsterne befinden. Es heißt: Die Erde *bewegt* sich um die Sonne – alles andere ist reiner Blödsinn. (Feyerabend 1976, S. 400)

In diesem Abschnitt führt Feyerabend die klassische Unterscheidung zwischen „Fakten" und „Theorien" – eine Kernaussage der von ihm abgelehnten Epistemologie des Wiener Kreises – in besonders brutaler Form wieder ein. Zugleich scheint er sich in den Sozialwissenschaften implizit einer naiv realistischen Epistemologie zu bedienen, die er für die Naturwissenschaften ablehnt. Wie soll man schließlich herausfinden, was „manche Leute glauben", wenn nicht durch Methoden, die analog zu den naturwissenschaftlichen funktionieren (Beobachtungen, Umfragen etc.)? Wenn eine Untersuchung der astronomischen Überzeugungen von Amerikanern auf Physikprofessoren beschränkt wäre, gäbe es wahrscheinlich niemanden, der „die Erde als eine Hohlkugel betrachtet"; Feyerabend könnte – durchaus zu Recht – antworten, daß die Umfrage schlecht konzipiert und das Auswahlverfahren voreingenommen gewesen sei. (Würde er es wagen, sie als unwissenschaftlich zu bezeichnen?) Genauso wäre es mit einem Anthropologen, der in New York lebt und in seinem Büro die Mythen anderer Völker erfindet. Doch gegen welche Kriterien, die für Feyerabend akzeptabel sind, würde verstoßen? Ist nicht alles möglich? Wörtlich genommen, ist Feyerabends methodologischer Relativismus so radikal, daß er sich selbst widerlegt. Ohne ein Minimum an (rationaler) Methode wird selbst eine „rein historische Darstellung von Tatsachen" unmöglich.

Auffallend an Feyerabends Schriften ist, paradoxerweise, ihre Abstraktheit und Allgemeinheit. Seine Argumente zeigen bestenfalls, daß der wissenschaftliche Fortschritt keiner genau festgelegten Methode folgt, und dem stimmen wir im Grunde zu. Feyerabend erklärt jedoch nie, in welchem Sinne die Atom- oder Evolutionstheorie trotz allem, was wir heute wissen, *falsch* sein könnte. Und wenn er hierüber schweigt, so mag es daran liegen, daß er nicht daran glaubt, sondern mit den meisten seiner Kollegen (zumindest teilweise) die wissenschaftliche Weltsicht teilt, nämlich daß Arten entstanden sind, daß Materie aus Atomen besteht etc. Und wenn er diese Ideen teilt, so vor allem deshalb, weil er dafür gute Gründe hat. Sollte man also nicht über die Gründe nachdenken und versuchen, sie deutlich zu machen, anstatt nur stets aufs neue zu wiederholen, daß es keine universalen methodologischen Regeln gibt, mit denen sie zu rechtfertigen sind? Fall für Fall könnte er nachweisen, daß es tatsächlich unumstößliche empirische Argumente gibt, die jene Theorien stützen.

Natürlich muß das nicht unbedingt eine Frage sein, die Feyerabend interessiert. Er vermittelt oft den Eindruck, als sei seine ablehnende Haltung gegenüber der Wissenschaft nicht kognitiver Natur, sondern entspringe vielmehr einem bewußten Lebensstil, etwa wenn er sagt: „Liebe wird unmöglich für Menschen, die auf ‚Objektivität' bestehen, das heißt die völlig in Einklang mit dem Geist der Wissenschaft leben."[58] Das Problem ist, daß er keine klare Unterscheidung zwischen der Beurteilung von Fakten und Werturteilen trifft. Er könnte beispielsweise behaupten, daß die Evolutionstheorie unendlich plausibler sei als jeder Schöpfungsmythos, Eltern aber trotzdem ein Recht darauf hät-

---

[58] Feyerabend (1987, S. 263).

ten zu verlangen, daß die Schulen ihren Kindern falsche Theorien beibringen. Wir würden widersprechen, aber die Diskussion würde sich nicht mehr bloß auf der kognitiven Ebene abspielen, sondern sowohl politische als auch ethische Erwägungen einbeziehen.

Im selben Stil schreibt Feyerabend in der Einführung zur chinesischen Ausgabe von *Wider den Methodenzwang*:[59]

> *Die Wissenschaft der Ersten Welt ist eine unter vielen ...* Mein Hauptmotiv zum Schreiben des Buches war ein humanitäres, nicht ein intellektuelles. Ich wollte Menschen unterstützen, nicht „das Wissen mehren". (Feyerabend 1988, S. 3 und 1993, S. 3; Hervorhebung im Original)

Das Problem ist, daß die erste These rein kognitiver Natur ist (zumindest wenn er von der Wissenschaft und nicht von der Technik spricht), während die zweite mit praktischen Zielen verknüpft ist. Aber wenn es in Wirklichkeit keine „anderen Wissenschaften" gibt, die sich von denen der „Ersten Welt" unterscheiden und die auf der kognitiven Ebene trotzdem genauso leistungsstark sind, wie sollte ihn das Aufstellen der ersten These (die falsch wäre) in die Lage versetzen, „Menschen [zu] unterstützen"? Die Fragen nach Wahrheit und Objektivität lassen sich nicht so leicht umgehen.

Das *strong programme* in der Wissenschaftssoziologie

In den 70er Jahren entstand eine neue Schule der Wissenschaftssoziologie. Während sich frühere Wissenschaftssoziologen im allgemeinen damit begnügten, den gesellschaftlichen Kontext zu analysieren, in dem wissenschaftliches Handeln stattfand, waren die unter dem Banner des *strong programme* versammelten Forscher, wie der Name bereits nahelegt, viel ehrgeiziger. Ihr Ziel war es, den *Inhalt* wissenschaftlicher Theorien in soziologischen Begriffen zu erklären.

Die meisten Wissenschaftler, die mit diesen Ideen in Berührung kommen, legen Widerspruch ein und verweisen darauf, daß

---

[59] Abgedruckt in der zweiten und dritten englischen Auflage (Feyerabend 1988, 1993).

bei dieser Art von Erklärung etwas Entscheidendes fehlt: die Natur selbst.[60] In diesem Abschnitt werden wir die grundlegenden konzeptionellen Probleme darlegen, mit denen das *strong programme* konfrontiert ist. Wenngleich einige von dessen Anhängern ihre ursprünglichen Behauptungen in letzter Zeit korrigiert haben, erkennen sie offensichtlich nicht, in welchem Maße ihr Ausgangspunkt falsch war.

Zunächst wollen wir die Prinzipien zitieren, die David Bloor, einer der Begründer des *strong programme*, für die Soziologie des Wissens aufgestellt hat:

1. Sie sollte kausal sein, das heißt mit den Bedingungen befaßt, die Überzeugungen oder Wissenszustände hervorbringen. Natürlich wird es nicht nur gesellschaftliche Ursachen geben, sondern auch andere, die gemeinsam Überzeugungen hervorbringen.

2. Sie sollte neutral sein im Hinblick auf Wahrheit und Falschheit, Rationalität oder Irrationalität, Erfolg oder Scheitern. Beide Seiten dieser Dichotomien werden einer Erklärung bedürfen.

3. Sie sollte symmetrisch sein, was den Stil der Erklärung betrifft. Dieselben Arten von Ursachen würden beispielsweise wahre und falsche Überzeugungen erklären.

4. Sie sollte reflexiv sein. Im Prinzip müßten ihre Erklärungsmuster auf die Soziologie selbst anwendbar sein. (Bloor 1991, S. 7)

Um zu erfassen, was mit „kausal", „neutral" und „symmetrisch" gemeint ist, analysieren wir einen Aufsatz von Bloor und seinem Kollegen Barry Barnes, in dem sie ihr Programm darlegen und verteidigen.[61] Der Artikel beginnt mit einer scheinbaren Bekundung guten Willens:

Der Relativismus stellt für das wissenschaftliche Verständnis von Formen des Wissens keine Bedrohung dar, sondern ist

---

[60] Für Fallstudien, in denen Wissenschaftler und Wissenschaftshistoriker die konkreten Fehler aufweisen, die die Analysen von Anhängern des *strong programme* enthalten, vgl. etwa Gingras und Schweber (1986), Franklin (1990, 1994), Mermin (1996a, 1996b, 1996c, 1997a), Gottfried und Wilson (1997) sowie Koertge (1998).
[61] Barnes und Bloor (1981).

sogar dazu erforderlich … Jene, die den Relativismus ablehnen und bestimmten Formen des Wissens einen privilegierten
Status einräumen, stellen die eigentliche Gefahr für das wissenschaftliche Verständnis von Wissen und Erkenntnis dar.
(Barnes und Bloor 1981, S. 21 f.)

Damit taucht jedoch bereits das Problem der Selbstwiderlegung
auf: Beansprucht der Diskurs des Soziologen, der ein „wissenschaftliches Verständnis von Wissen und Erkenntnis" liefern
möchte, nicht einen „privilegierten Status" gegenüber anderen
Diskursen, beispielsweise gegenüber dem Diskurs der „Rationa-
listen", die Barnes und Bloor im ganzen Rest des Artikels kritisieren? Es scheint uns, daß man gezwungen ist, zwischen einem
guten und einem schlechten Verständnis zu unterscheiden, wenn
man ein „wissenschaftliches" Verständnis von etwas anstrebt.
Barnes und Bloor scheinen sich dessen bewußt zu sein, denn sie
schreiben:

Der Relativist ist wie jeder andere gezwungen, Überzeugungen
zu sortieren, manche zu akzeptieren und andere abzulehnen.
Er wird selbstverständlich Vorlieben haben, und diese werden
sich normalerweise mit den Vorlieben anderer aus seinem Umfeld decken. Die Wörter „richtig" und „falsch" liefern das
Idiom, durch das jene Bewertungen ausgedrückt werden, und
die Wörter „rational" und „irrational" haben eine ähnliche
Funktion. (Barnes und Bloor 1981, S. 27)

Dieses seltsame Verständnis von „Wahrheit" widerspricht offenkundig der Bedeutung des Wortes in der Alltagssprache.[62] Wenn
ich die Aussage „Heute morgen habe ich Kaffee getrunken" als
wahr ansehe, meine ich damit nicht einfach, daß ich glauben
möchte, ich hätte heute morgen Kaffee getrunken, und noch viel
weniger, daß „andere in meinem Umfeld" glauben, ich hätte
heute morgen Kaffee getrunken![63] Was wir hier haben, ist eine
radikale Neudefinition des Wahrheitsbegriffs, den niemand (an-

---

[62] Man könnte diese Passage natürlich als bloße *Beschreibung* interpretieren: Die Menschen bezeichnen häufig das als „wahr", was sie selbst glauben. In dieser Interpretation wäre die Aussage jedoch banal.
[63] Dieses Beispiel ist von Bertrand Russells Kritik am Pragmatismus von
William James und John Dewey abgeleitet: Vgl. Kapitel 29 und 30 in Russell
(1950), besonders S. 681 f.

gefangen mit Barnes und Bloor selbst) in der Praxis für gewöhnliches Wissen akzeptieren würde. Warum sollte diese Definition also für wissenschaftliches Wissen akzeptabel sein? Dazu sei noch angemerkt, daß diese Definition nicht einmal im wissenschaftlichen Kontext wasserdicht ist: Galilei, Darwin und Einstein sortierten ihre Überzeugungen nicht danach, was andere in ihrer Umgebung dachten.

Außerdem verwenden Barnes und Bloor ihren neuen „Wahrheits"-Begriff nicht systematisch; von Zeit zu Zeit greifen sie kommentarlos auf die traditionelle Wortbedeutung zurück. So räumen sie zu Beginn ihres Aufsatzes ein, „wenn man behauptet, alle Überzeugungen seien gleichermaßen wahr, stellt sich die Frage, wie man mit Überzeugungen umgeht, die sich gegenseitig widersprechen", und „wenn man behauptet, alle Überzeugungen seien gleichermaßen falsch, stellt sich die Frage nach dem Status der eigenen Behauptungen der Relativisten".[64] Wenn „eine wahre Überzeugung" aber nicht mehr ist als „eine Überzeugung, die man mit anderen Menschen in seinem Umfeld teilt", stellt das Problem des Widerspruchs zwischen Überzeugungen, die an unterschiedlichen Orten vertreten werden, kein Problem mehr dar.[65] Eine ähnliche Mehrdeutigkeit zieht sich durch die Erörterung der Rationalität:

---

[64] Barnes und Bloor (1981, S. 22).

[65] Ähnlich inkonsequent ist die Verwendung des Wortes „Wissen". Philosophen begreifen „Wissen" normalerweise als „gerechtfertigte wahre Überzeugung" oder ähnlich, doch Bloor bietet eine radikale Neudefinition des Begriffs an:

Anstatt Wissen als wahre Überzeugung – oder vielleicht als gerechtfertigte wahre Überzeugung – zu betrachten, ist es für Soziologen all das, was für Wissen gehalten wird. Es besteht aus jenen Überzeugungen, an die sich die Menschen halten und nach denen sie leben ... Natürlich muß Wissen von bloßer Überzeugung unterschieden werden. Dies ist möglich, indem man das Wort „Wissen" für das reserviert, was kollektiv für richtig gehalten wird, während das Individuelle und Persönliche als bloße Überzeugung gilt. (Bloor 1991, S. 5; vgl. auch Barnes und Bloor 1981, S. 22 Anm.)

Nur neun Seiten nach dieser abweichenden Definition von „Wissen" kehrt Bloor jedoch kommentarlos zur traditionellen Definition von „Wissen" zurück, das er dem „Irrtum" gegenüberstellt: „Es wäre falsch anzunehmen, das natürliche Wirken unserer tierischen Anlagen produziere stets Wissen. Sie produzieren eine Mischung aus Wissen und Irrtum mit gleicher Natürlichkeit ..." (Bloor 1991, S. 14).

Für den Relativisten macht der Gedanke keinen Sinn, daß manche Standards oder Überzeugungen wirklich rational sind, während andere nur an manchen Orten als rational gelten. (Barnes und Bloor 1981, S. 27)

Wiederum stellt sich die Frage, was dies genau bedeutet. Ist es nicht „wirklich rational", zu glauben, die Erde sei (annähernd) rund, zumindest für jene von uns, die Zugang zu Flugzeugen und Satellitenphotos haben? Gilt das „nur an manchen Orten als rational"?

Barnes und Bloor scheinen hier auf zwei Ebenen zu agieren: hier ein genereller Skeptizismus, der natürlich nicht widerlegt werden kann, und dort ein konkretes Programm, das auf eine „wissenschaftliche" Soziologie des Wissens abzielt. Letzteres setzt jedoch voraus, daß man den radikalen Skeptizismus aufgegeben hat und versucht, so gut wie möglich einen Teil der Realität zu begreifen.

Lassen wir daher die Argumente zugunsten eines radikalen Skeptizismus vorläufig außer acht, und fragen wir, ob das *strong programme*, als wissenschaftliches Projekt betrachtet, plausibel ist. Barnes und Bloor erklären das Symmetrieprinzip, auf dem das *strong programme* basiert, folgendermaßen:

Unser Äquivalenzpostulat lautet, daß alle Überzeugungen hinsichtlich ihrer Glaubwürdigkeit auf einer Stufe stehen. Das heißt nicht, daß alle Überzeugungen gleich wahr oder gleich falsch wären, sondern daß, unabhängig von Wahrheit oder Falschheit, die Tatsache ihrer Glaubwürdigkeit als gleichermaßen problematisch zu sehen ist. Die Position, die wir vertreten werden, lautet, daß das Vorkommen aller Überzeugungen ausnahmslos eine empirische Erforschung verlangt und erklärt werden muß, indem man die besonderen, lokalen Ursachen dieser Glaubwürdigkeit entdeckt. Dies bedeutet, daß der Soziologe unabhängig davon, ob er eine Überzeugung als wahr und rational oder als falsch und irrational bewertet, nach den Gründen für ihre Glaubwürdigkeit suchen muß ... All diese Fragen können und sollten unabhängig vom Status der Überzeugung beantwortet werden, wenn der Soziologe sie nach seinen eigenen Standards beurteilt und bewertet. (Barnes und Bloor 1981, S. 23)

Hier plädieren Barnes und Bloor nicht für einen *generellen* Skeptizismus oder philosophischen Relativismus, sondern für einen von den Wissenschaftssoziologen zu praktizierenden *methodologischen* Relativismus. Doch die Mehrdeutigkeit bleibt: Was genau meinen sie mit „unabhängig vom Status der Überzeugung ...", wenn der Soziologe sie nach seinen eigenen Standards beurteilt und bewertet"?

Wenn lediglich behauptet würde, daß wir dieselben Grundsätze der Soziologie und der Psychologie anwenden sollten, um die Ursache aller Überzeugungen zu erklären, und zwar unabhängig davon, ob wir sie als wahr oder falsch, rational oder irrational bewerten, hätten wir keinen speziellen Einwand.[66] Wird aber behauptet, daß nur gesellschaftliche Ursachen in eine solche Erklärung eingehen können – nicht aber die Art und Weise, wie die Welt ist (das heißt die *Natur*) –, dann möchten wir aufs heftigste widersprechen.[67]

Um zu verstehen, was für eine Rolle die Natur spielt, wollen wir ein konkretes Beispiel heranziehen: Warum ließen sich die führenden europäischen Wissenschaftler irgendwann zwischen 1700 und 1750 von der Richtigkeit der Newtonschen Mechanik überzeugen? Zur Erklärung muß zweifellos eine Vielzahl historischer, soziologischer, ideologischer und politischer Faktoren herangezogen werden – so ist zu erklären, warum die Newtonsche Mechanik rasch in England, jedoch langsamer in Frankreich akzeptiert wurde[68] –, aber *ein* Teil der Erklärung (und zwar ein sehr wichtiger) muß darin liegen, daß sich die Planeten und

---

[66] Auch wenn man die hyperwissenschaftliche Einstellung, daß menschliche Überzeugungen immer kausal zu erklären sind, und die Annahme, daß wir zu diesem Zweck bereits über adäquate und verifizierte soziologische und psychologische Grundsätze verfügen, in Zweifel ziehen könnte.

[67] An anderer Stelle behauptet Bloor explizit: „Natürlich gibt es neben den gesellschaftlichen Ursachen noch andere, die zur Herausbildung einer Überzeugung beitragen." (Bloor 1991, S. 7). Das Problem ist, daß er nicht deutlich macht, *in welcher Weise* natürliche Gründe zur Erklärung der Überzeugungen herangezogen werden können oder was genau vom Symmetrieprinzip noch übrigbleibt, wenn natürliche Gründe ernst genommen werden. Für eine detailliertere Kritik von Bloors Mehrdeutigkeiten (von einem philosophischen Standpunkt aus, der sich von unserem leicht unterscheidet) vgl. Laudan (1981); vgl. auch Slezak (1994).

[68] Vgl. etwa Brunet (1931) sowie Dobbs und Jacob (1995).

Kometen tatsächlich bewegen, wie es die Newtonsche Mechanik vorhersagt.[69]

Hier noch ein Beispiel, das nicht aus dem Wissenschaftsbereich stammt: Stellen Sie sich vor, Sie begegnen einem Mann, der gerade aus einem Hörsaal rennt und aus Leibeskräften schreit, drinnen befinde sich eine stampfende Elefantenherde. Was wir von dieser Behauptung zu halten und, vor allem, wie wir ihre „Ursachen" zu bewerten haben, sollte, soviel scheint klar, vorwiegend davon abhängen, ob in dem Raum tatsächlich eine stampfende Elefantenherde ist oder genauer, da wir zugegebenermaßen keinen direkten, unmittelbaren Zugang zur äußeren Realität haben, ob *wir* oder andere bei einem (vorsichtigen!) Blick in den Raum eine stampfende Elefantenherde sehen oder hören (oder die Zerstörung, die eine solche Herde gerade angerichtet haben könnte, bevor sie den Raum verließ). Wenn wir einen solchen Hinweis auf Elefanten wahrnehmen, dann lautet die plausibelste Erklärung für die Beobachtungen insgesamt, daß im Hörsaal tatsächlich eine stampfende Elefantenherde ist (oder war), daß der Mann sie sah und/oder hörte und daß seine anschließende Angst (die uns unter diesen Umständen genauso befallen könnte) dafür verantwortlich war, daß er aus dem Raum stürzte und schreiend verkündete, was wir aufschnappten. Und unsere Reaktion bestünde darin, die Polizei und Zoowärter herbeizurufen. Wenn unsere eigenen Beobachtungen aber keine Hinweise auf Elefanten im Hörsaal ergeben, lautet die plausibelste Erklärung, daß keine trampelnde Elefantenherde im Raum war, daß sich der Mann die Elefanten als Folge einer (krankhaften oder chemisch verursachten) Psychose eingebildet hat und *dies* dafür verantwortlich war, daß er aus dem Raum stürzte und

---

[69] Genauer gesagt: Es gibt eine große Zahl höchst überzeugender astronomischer Beweise zur Stützung des Glaubens, daß sich die Planeten und Kometen tatsächlich so bewegen wie von der Newtonschen Mechanik vorhergesagt (mit einem sehr guten Näherungswert, wenn auch nicht ganz exakt); und *wenn* diese Überzeugung stimmt, dann ist es die Tatsache dieser Bewegung (und nicht nur unser Glaube daran), die zum Teil erklärt, warum sich die Wissenschaftler im Europa des 18. Jahrhunderts allmählich von der Richtigkeit der Newtonschen Mechanik überzeugen ließen. Wir möchten an dieser Stelle darauf aufmerksam machen, daß *all* unsere Tatsachenbehauptungen – darunter auch „heute regnet es in New York" – auf diese Weise erklärt werden sollten.

schreiend verkündete, was wir aufschnappten. Und wir würden die Polizei und einen Psychiater herbeirufen.[70] Darüber hinaus wagen wir zu behaupten, daß Barnes und Bloor, was immer sie in Zeitschriftenaufsätzen für Soziologen und Philosophen schreiben mögen, im richtigen Leben genauso handeln würden.

Wie bereits dargelegt, sehen wir keinen *grundlegenden* Unterschied zwischen der Erkenntnistheorie der Wissenschaft und der rationalen Einstellung im Alltag: Erstere ist lediglich eine Erweiterung und Verfeinerung der letzteren. Jede Wissenschaftstheorie – oder Methodologie für Soziologen –, die so offenkundig falsch ist, wenn man sie auf die Epistemologie des Alltags anwendet, muß in ihrem Kern deutliche Mängel haben.

Alles in allem scheint es uns, als sei das *strong programme* seiner Absicht nach mehrdeutig, und je nachdem, wie man diese Mehrdeutigkeit auflöst, wird es entweder zu einem richtigen und halbwegs interessanten Korrektiv für die naivsten psychologischen und soziologischen Vorstellungen – es erinnert uns daran, „daß auch wahre Überzeugungen Gründe haben" –, oder es wird ein grober und eklatanter Irrtum.

Die Anhänger des *strong programme* stehen damit vor einem Dilemma. Wenn sie dies möchten, können sie konsequent einem philosophischen Skeptizismus oder Relativismus anhängen; dann ist aber nicht klar, warum (oder wie) sie eine „wissenschaftliche" Soziologie anstreben. Alternativ dazu können sie nur die Position eines methodologischen Relativismus einnehmen; wenn man den philosophischen Relativismus aufgibt, ist diese Position aber nicht haltbar, da sie ein zentrales Element der angestrebten Erklärung ignoriert, nämlich die Natur selbst. Aus diesem Grund verstärken sich der soziologische Ansatz des *strong programme* und die philosophische Haltung des Relativismus gegenseitig. Hierin liegt die Gefahr (und für manche zweifellos die Anziehungskraft) der unterschiedlichen Spielarten dieses Programms.

---

[70] Diese Entscheidungen lassen sich vermutlich statistisch rechtfertigen, wenn man die bisherigen Erfahrungen hinsichtlich der Wahrscheinlichkeit von Elefanten in Hörsälen, der Häufigkeit von Psychosen, der Verläßlichkeit unseres Seh- und Hörsinns etc. heranzieht.

Bruno Latour und seine Methodischen Regeln

Das *strong programme* in der Wissenschaftssoziologie hat in Frankreich einige Resonanz hervorgerufen, insbesondere im Umkreis von Bruno Latour. Dessen Werke enthalten in großer Zahl Vorschläge, die so mehrdeutig formuliert sind, daß sie kaum wörtlich zu nehmen sind. Und wenn man ihnen die Mehrdeutigkeit nimmt – wie wir es in einigen Beispielen tun werden –, gelangt man zu dem Schluß, daß das, was Latour behauptet, entweder wahr und banal oder aber überraschend und eindeutig falsch ist.

In seinem theoretischen Werk *Science in Action*[71] entwickelt Latour sieben Methodische Regeln für den Wissenschaftssoziologen. Hier seine Dritte Regel:

> Da die Beilegung einer Kontroverse die *Ursache* der Darstellung der Natur ist, nicht die Folge davon, können wir anhand des Ergebnisses – der Natur – niemals erklären, wie und warum eine Kontroverse beigelegt wurde. (Latour 1987, S. 99, 258)

Man beachte, wie Latour ohne Kommentar oder Begründung von der „Darstellung der Natur" in der ersten Satzhälfte *umstandslos* zu „der Natur" in der zweiten Hälfte übergeht. Wenn wir in *beiden* Satzteilen „Darstellung der Natur" lesen sollen, gelangen wir zu der Binsenweisheit, daß die wissenschaftlichen *Darstellungen* der Natur (das heißt die Theorien) durch einen gesellschaftlichen Prozeß erreicht werden und Verlauf und Ergebnis dieses gesellschaftlichen Prozesses nicht einfach durch dessen Ergebnis erklärt werden können. Wenn wir dagegen „Natur" im zweiten Satzteil (im Zusammenhang mit dem Wort „Ergebnis") ernst nehmen, gelangen wir zu dem Anspruch, daß die äußere Welt durch das Handeln der Wissenschaftler *geschaffen* wird – eine doch recht bizarre Form des radikalen Idealismus. Wenn wir schließlich das Wort „Natur" im zweiten Satzteil ernst

---

[71] Latour (1987). Für eine detailliertere Analyse von *Science in Action* vgl. Amsterdamska (1990). Für eine kritische Analyse der späteren Thesen der Schule Latours (wie auch anderer Tendenzen innerhalb der Wissenschaftssoziologie) vgl. Gingras (1995).

nehmen, aber das Wort „Ergebnis" davor streichen, gelangen wir entweder (a) zur schwachen (und auf triviale Weise wahren) Behauptung, daß Verlauf und Ergebnis einer wissenschaftlichen Kontroverse nicht *ausschließlich* durch das Wesen der äußeren Welt erklärt werden können (natürlich spielen *einige* gesellschaftliche Faktoren eine Rolle, und sei es nur bei der Entscheidung, welche Experimente zu einer bestimmten Zeit technisch machbar sind, ganz zu schweigen von anderen, komplizierteren gesellschaftlichen Einflüssen), oder (b)[72] zur starken (und eindeutig falschen) Behauptung, das Wesen der äußeren Welt spiele bei der Bestimmung des Verlaufs und des Resultats einer wissenschaftlichen Kontroverse *keine* Rolle.

Man könnte uns hier vorwerfen, wir richteten unsere Aufmerksamkeit auf eine Mehrdeutigkeit der Formulierung und bemühten uns nicht zu verstehen, was Latour wirklich meint. Um diesem Einwand zu begegnen, gehen wir zum Abschnitt „Anrufung der Natur" [engl.: „Appealing (to) Nature"] (S. 94–100) zurück, in dem die Dritte Regel eingeführt und entwickelt wird. Latour macht sich zunächst über die Anrufung der Natur als Weg zur Lösung wissenschaftlicher Kontroversen lustig, wie im Fall der Sonnenneutrinos:[73]

> Eine heftige Kontroverse spaltet die Astrophysiker, die die Zahl der Neutrinos der Sonne berechnen, und den Experimentalwissenschaftler Davis, der auf eine viel niedrigere Zahl kommt. Es ist einfach, sie voneinander zu unterscheiden und

---

[72] Das „einfache Beispiel" in Gross und Levitt (1994, S. 57 f.) verdeutlicht diesen Punkt.

[73] Man vermutet, daß die Kernreaktionen, welche die Sonne mit Energie versorgen, große Mengen eines Neutrino genannten Elementarteilchens aussenden. Durch eine Verbindung aktueller Theorien des Sonnenaufbaus, der Nuklearphysik und der Elementarteilchenphysik lassen sich quantitative Vorhersagen über den Fluß und die Energieverteilung der Neutrinos treffen. Ausgehend von der Pionierarbeit Raymond Davis' bemühen sich seit Ende der 60er Jahre Experimentalphysiker, die Neutrinos der Sonne aufzuspüren und ihren Fluß zu messen. Die Sonnenneutrinos wurden tatsächlich entdeckt, aber ihr Fluß scheint sich auf weniger als ein Drittel der theoretischen Vorhersage zu belaufen. Astrophysiker und Elementarteilchenphysiker bemühen sich ernsthaft darum zu klären, ob die Diskrepanz einem experimentellen oder einem theoretischem Irrtum entspringt und, falls letzteres zutrifft, ob der Fehler in den Modellen der Sonne oder der Elementarteilchen liegt. Für einen einführenden Überblick vgl. Bahcall (1990).

die Kontroverse auf sich beruhen zu lassen. Sehen wir also selbst nach, in welchem Lager die Sonne tatsächlich zu finden ist. Irgendwo wird die natürliche Sonne mit ihrer wahren Zahl von Neutrinos die Andersdenkenden zum Schweigen bringen und zwingen, die Fakten zu akzeptieren, so wohlformuliert deren Aufsätze auch gewesen sein mögen. (Latour 1987, S. 95)

Warum wird Latour hier ironisch? Es geht um die Frage, wie viele Neutrinos von der Sonne ausgesandt werden, und diese Frage ist tatsächlich schwierig zu beantworten. Wir können hoffen, daß sie eines Tages gelöst sein wird, nicht weil die „natürliche Sonne die Andersdenkenden zum Schweigen bringt", sondern weil hinreichend gute empirische Daten zu bekommen sind. Um die Lücken im derzeit verfügbaren Datenbestand zu füllen und die aktuellen Theorien voneinander abzugrenzen, haben mehrere Gruppen von Physikern in letzter Zeit tatsächlich unterschiedliche Detektoren konstruiert und führen nun die (schwierigen) Messungen durch.[74] Daher läßt sich durchaus erwarten, daß die Kontroverse irgendwann in den nächsten Jahren beigelegt wird, und zwar aufgrund einer Anhäufung von Indizien, die in ihrer Gesamtheit eindeutig auf *die* richtige Lösung hinweisen werden. Im Prinzip sind jedoch auch andere Szenarios möglich: Die Kontroverse könnte einschlafen, weil man sich für das Thema nicht mehr interessiert oder weil sich die Lösung des Problems als zu schwierig erweist, und auf dieser Ebene spielen soziologische Faktoren zweifellos eine Rolle (und sei es nur aufgrund der begrenzten Haushaltsmittel für die Forschung). Natürlich gehen Wissenschafler davon aus oder hoffen zumindest, daß die Kontroverse, wenn überhaupt, aufgrund von Beobachtungen und nicht aufgrund der literarischen Qualitäten der wissenschaftlichen Aufsätze gelöst wird. Sonst sind sie einfach keine Wissenschaftler mehr.

Doch wie Latour forschen auch wir nicht an dem Problem der Sonnenneutrinos; wir sind außerstande, eine begründete Vermutung darüber zu äußern, wie viele Neutrinos die Sonne emittiert. Wir könnten versuchen, durch eine Sichtung der Fachliteratur zum Thema eine grobe Vorstellung zu bekommen oder, wenn

---

[74] Vgl. etwa Bahcall *et al.* (1996).

das mißlingen sollte, eine noch gröbere Ahnung, indem wir die soziologischen Aspekte des Problems – etwa die wissenschaftliche Respektabilität der an der Kontroverse beteiligten Forscher – untersuchen. Es steht außer Zweifel, daß auch Wissenschaftler, in Ermangelung einer besseren Alternative, diesen Weg beschreiten, wenn sie nicht selbst auf diesem Gebiet arbeiten. Der Grad an Sicherheit, der durch diese Art der Nachforschung erzielt wird, ist allerdings sehr niedrig. Dennoch scheint Latour ihr eine entscheidende Rolle beizumessen. Er unterscheidet zwischen zwei „Modellen": Im ersten entscheidet die Natur über den Ausgang von Kontroversen; im zweiten spielen die Machtkämpfe zwischen Forschern diese Rolle.

> Es ist für uns Laien, die wir uns um ein Verständnis von Wissenschaft und Technik bemühen, wichtig zu entscheiden, welches Modell das richtige ist, da wir beim ersten Modell, bei dem die Natur genügt, um alle Kontroversen beizulegen, nichts tun müssen; unabhängig davon, wie groß die Ressourcen der Wissenschaftler sind, kommt es am Ende nicht darauf an – nur die Natur zählt ... Beim zweiten Modell dagegen haben wir viel Arbeit, da wir durch eine Analyse der Verbündeten und Ressourcen, die eine Kontroverse beilegen, *alles* verstehen, was es in Wissenschaft und Technik zu verstehen gibt. Wenn das erste Modell stimmt, brauchen wir nichts weiter zu tun, als nur die oberflächlichsten Aspekte der Wissenschaft zu begreifen; wird das zweite Modell aufrechterhalten, gibt es alles zu verstehen, außer vielleicht die oberflächlichsten und spektakulärsten Aspekte der Wissenschaft. Angesichts dessen, was hier auf dem Spiel steht, wird der Leser erkennen, warum dieses Problem mit Vorsicht angegangen werden sollte. Das ganze Buch ist hier in Gefahr. (Latour 1987, S. 97; Hervorhebung im Original)

Da hier „das ganze Buch ... in Gefahr" ist, wollen wir uns den Abschnitt genauer ansehen. Latour sagt, die Rolle des Soziologen sei sekundär, wenn die Natur selbst die Kontroversen beilege; sei dies aber nicht der Fall, so könne der Soziologe „alles verstehen, was es in Wissenschaft und Technik zu verstehen gibt". Wie entscheidet er, welches Modell das richtige ist? Die Antwort taucht im darauffolgenden Textabschnitt auf, in dem Latour unterscheidet zwischen den „kalten Teilen von Wissen-

schaft und Technik", für die „die Natur nun als die Ursache
exakter Beschreibungen ihrer selbst gilt" (S. 100), und den offen
ausgetragenen Kontroversen, in denen die Natur nicht angerufen
werden kann:

> Wenn wir Kontroversen untersuchen – wie wir es bislang ge-
> tan haben –, können wir nicht *weniger* relativistisch sein als
> eben diejenigen Wissenschaftler und Ingenieure, die wir be-
> gleiten; sie *benutzen* die Natur nicht als externen Schiedsrich-
> ter, und wir haben keinen Grund zu glauben, wir wären klü-
> ger als sie. (Latour 1987, S. 99; Hervorhebungen im Original)

In diesem und dem vorhergehenden Zitat verzichtet Latour darauf, Fakten und unser Wissen über diese Fakten auseinanderzuhalten.[75] Die korrekte Antwort auf jede wissenschaftliche Frage,
ob gelöst oder nicht, hängt von dem Wesen der Natur ab (beispielsweise von der Zahl der Neutrinos, die die Sonne tatsächlich
emittiert). Nun verhält es sich so, daß bei den ungelösten Pro-

---

[75] Ein noch extremeres Beispiel für diese Verwirrung findet sich in einem
neuen Artikel Latours in der französischen Monatszeitschrift *La Recherche*,
die sich der Popularisierung der Wissenschaft verschrieben hat (Latour
1998). Hier erörtert Latour, was er als Entdeckung französischer Wissenschaftler beschreibt, die 1976 nach einer Untersuchung der Mumie von König Ramses II. feststellten, daß dessen Tod (etwa 1213 v. Chr.) auf Tuberkulose zurückzuführen sei. Latour fragt: „Wie konnte er an einem Bazillus
sterben, der 1882 von Robert Koch entdeckt wurde?" Latour bemerkt – zu
Recht –, daß es anachronistisch wäre zu behaupten, Ramses II. sei durch
Schüsse aus einem Maschinengewehr oder die Aufregung nach einem Bör-
senkrach gestorben. Doch dann stellt sich Latour die Frage, warum der Tod
durch Tuberkulose nicht gleichfalls ein Anachronismus sei. Er versteigt sich
zu der Behauptung: „Vor Koch hat der Bazillus keine reale Existenz." Er tut
die vernünftige Vorstellung, Koch habe einen bereits zuvor existierenden
Bazillus *entdeckt*, als „nur scheinbar vernünftig" ab. Natürlich bringt Latour
im übrigen Artikel kein Argument, um diese radikalen Behauptungen zu
rechtfertigen, und er bietet keine echte Alternative zur vernünftigen Antwort.
Vielmehr betont er einfach die offensichtliche Tatsache, daß eine genaue
Analyse in Pariser Labors erforderlich war, um die Ursache von Ramses' Tod
herauszufinden. Doch sofern Latour nicht die wahrhaft radikale Behauptung
aufstellt, daß *nichts*, was wir entdecken, bereits *vor* seiner „Entdeckung"
existiert hat – insbesondere, daß kein Mörder in dem Sinne ein Mörder ist,
daß er ein Verbrechen beging, *bevor* ihn die Polizei als Mörder *entlarvte* –,
muß er erklären, was das Besondere an Bazillen ist, und dies hat er in keiner
Weise getan. Latour drückt sich also nicht klar aus, und so schwankt der
Aufsatz zwischen extremen Banalitäten und eklatanten Irrtümern.

blemen niemand die richtige Antwort kennt, während sie bei den gelösten Problemen bekannt ist (zumindest wenn die akzeptierte Lösung stimmt, was immer angezweifelt werden kann). Es gibt allerdings keinen Grund, in dem einem Fall eine „relativistische" und in dem anderen Fall eine „realistische" Haltung einzunehmen. Der Unterschied zwischen diesen beiden Haltungen ist ein philosophisches Problem und unabhängig davon, ob die Frage gelöst ist oder nicht. Für den Relativisten gibt es unabhängig von allen gesellschaftlichen und kulturellen Umständen einfach nicht *die* richtige Antwort – dies gilt für die gelösten Fragen ebenso wie für die offenen. Andererseits sind Wissenschaftler, die nach der richtigen Antwort suchen, beinahe *per definitionem* keine Relativisten. Natürlich benutzen sie „die Natur als externen Schiedsrichter", das heißt, sie möchten wissen, was in der Natur tatsächlich vor sich geht, und sie entwerfen zu diesem Zweck Experimente.

Wir wollen jedoch nicht den Eindruck erwecken, als sei die Dritte Regel *nur* trivial oder ein grober Irrtum. Wir möchten ihr noch eine Deutung geben (mit Sicherheit *nicht* die Latours), die sie zugleich interessant und richtig macht. Lesen wir sie als methodologisches Prinzip für einen Wissenschaftssoziologen, der selbst nicht die fachliche Kompetenz besitzt, um selbständig beurteilen zu können, ob die aus Experimenten und Beobachtungen gewonnenen Daten tatsächlich die Schlußfolgerungen rechtfertigen, die Wissenschaftler aus ihnen gezogen haben.[76] In einer solchen Situation wird der Soziologe verständlicherweise zögern zu behaupten, „die untersuchte Gruppe von Wissenschaftlern kam zum Schluß X, weil die Welt tatsächlich X entspricht" – selbst wenn die Welt tatsächlich X entspricht und dies der Grund dafür ist, daß die Wissenschaftler zu dieser Überzeugung kamen –, da der Soziologe keinen anderen *Grund zur Annahme* hat, daß die Welt tatsächlich X entspricht, als die Tatsache, daß die untersuchte Gruppe von Wissenschaftlern davon überzeugt ist. Die in An-

---

[76] Das Prinzip gilt insbesondere dann, wenn ein solcher Soziologe die gegenwärtige Wissenschaft erforscht, da es in diesem Fall keine andere als die untersuchte Gruppe von Wissenschaftlern gibt, die eine derartige unabhängige Bewertung durchführen könnte. Im Gegensatz dazu kann man sich bei Untersuchungen der fernen Vergangenheit die Erkenntnisse späterer Wissenschaftler zunutze machen, darunter auch die Ergebnisse aus Experimenten, die über die ursprünglichen hinausgehen. Vgl. Anm. 40 dieses Kapitels.

betracht dieser Sackgasse vernünftige Schlußfolgerung besagt natürlich, daß Wissenschaftssoziologen keine wissenschaftlichen Kontroversen untersuchen sollten, bei denen sie nicht kompetent sind, die Fakten eigenständig zu bewerten, sofern es keine andere (beispielsweise zeitlich spätere) Gruppe von Wissenschaftlern gibt, auf deren eigenständige Bewertung sie sich mit gutem Grund verlassen könnten. Es versteht sich allerdings von selbst, daß Latour diese Schlußfolgerung nicht gefallen würde.[77]

Hier liegt in der Tat das grundlegende Problem für den Wissenschaftssoziologen Latour. Es genügt nicht, die Allianzen oder die Machtverhältnisse zwischen Wissenschaftlern zu untersuchen, so wichtig diese sein mögen. Was einem Soziologen als reines Machtspiel erscheint, mag in Wirklichkeit durch absolut vernünftige Überlegungen motiviert sein, die jedoch nur zu begreifen sind, wenn man ein detailliertes Verständnis der wissenschaftlichen Theorien und Experimente als solcher besitzt.

Natürlich gibt es nichts, was einen Soziologen daran hindern könnte, ein solches Verständnis zu erwerben – oder daran, mit Wissenschaftlern zusammenzuarbeiten, die dieses bereits besitzen –, aber in keiner seiner Methodischen Regeln empfiehlt Latour den Wissenschaftssoziologen, diesen Weg zu beschreiten. Ja, im Falle von Einsteins Relativitätstheorie können wir sogar aufzeigen, daß Latour selbst ihn nicht beschritt.[78] Dies ist verständlich, da es selbst für Wissenschaftler, die auf einem verwandten Gebiet arbeiten, schwierig ist, sich das notwendige Wissen anzueignen. Aber nichts ist gewonnen, wenn man mehr abbeißt, als man kauen kann.

Praktische Konsequenzen

Wir möchten nicht den Eindruck vermitteln, als richte sich unsere Kritik nur gegen einige esoterische philosophische Lehren

---

[77] Ebensowenig wie Steve Fuller, der behauptet: „Forscher aus Wissenschaft und Technologie verwenden Methoden, die es ihnen ermöglichen, sowohl die ‚innere Funktionsweise‘ als auch das ‚äußere Wesen‘ der Wissenschaft zu ergründen, ohne in den erforschten Gebieten Experten sein zu müssen." (Fuller 1993, S. xii)

[78] Vgl. Kapitel 6.

oder die Methodologie einer Strömung innerhalb der Wissenschaftssoziologie. Tatsächlich ist die Zielscheibe unserer Kritik viel größer. Der Relativismus hat (wie andere postmoderne Ideen auch) Auswirkungen auf die gesamte Kultur und auf die Denkweise der Menschen. Wir illustrieren dies im folgenden anhand einiger Beispiele, auf die wir gestoßen sind. Zweifelsohne wird der Leser in den Feuilletons der Zeitungen, in bestimmten pädagogischen Theorien oder einfach in Gesprächen auf viele weitere Beispiele stoßen.

1. Relativismus und Kriminalistik. Wir haben einige relativistische Argumente auf den Bereich der kriminalistischen Ermittlung angewandt, um zu zeigen, daß sie in diesem Zusammenhang absolut nicht überzeugend sind und es daher keinen Grund gibt, ihnen im wissenschaftlichen Kontext zu vertrauen. Vor diesem Hintergrund sind die im folgenden zitierten Äußerungen, gelinde gesagt, überraschend; interpretiert man sie wörtlich, so kommt in ihnen ein ziemlich starker Relativismus zum Ausdruck, und zwar just im Zusammenhang mit einer kriminalpolizeilichen Ermittlung. Hier der Hintergrund: 1996 wurde Belgien von einer Serie von Kindesentführungen und -morden erschüttert. Als Reaktion auf die öffentliche Empörung über schlampige Polizeiarbeit wurde eine Parlamentskommission eingesetzt, um die Fehler während der Ermittlungen aufzuklären. In einer spektakulären Sitzung, die das Fernsehen übertrug, wurden zwei Zeugen – ein Polizist (Lesage) und ein Richter (Doutrèwe) – gegenübergestellt und zur Übergabe einer wichtigen Akte befragt. Der Polizist schwor, er habe dem Richter die Akte zukommen lassen, während der Richter abstritt, sie erhalten zu haben. Am nächsten Tag wurde Professor Yves Winkin, ein Kommunikationsanthropologe der Universität Lüttich, von einer großen belgischen Tageszeitung interviewt *(Le Soir* vom 20. Dezember 1996):

Frage: Die Gegenüberstellung [von Lesage und Doutrèwe] war von einer fast grundsätzlichen Suche nach Wahrheit motiviert. Gibt es Wahrheit?
Antwort: ... Meiner Ansicht nach beruht die gesamte Arbeit der Kommission auf einer Art Annahme, daß es nicht *eine* Wahrheit gibt, sondern *die* Wahrheit, die, wenn man

120

nur hartnäckig genug bohrt, irgendwann herauskommen
wird.

Anthropologisch gesehen gibt es aber nur partielle Wahrheiten, die eine größere oder kleinere Zahl von Menschen
teilt: eine Gruppe, eine Familie, eine Firma. Es gibt keine transzendente Wahrheit. Deshalb glaube ich auch nicht, daß Richter Doutrèwe oder der Polizeibeamte Lesage etwas verbergen:
Beide erzählen ihre Wahrheit.

Wahrheit ist immer mit einer Ordnung verknüpft, sie hängt
davon ab, was als wichtig empfunden wird. Es ist nicht überraschend, daß diese beiden Personen, die zwei sehr unterschiedliche berufliche Welten repräsentieren, jeweils eine andere Wahrheit vorbringen. Ich denke aber, daß die Kommission im Kontext ihrer öffentlichen Verantwortung nur so
weitermachen kann wie bisher.

Diese Antwort macht die Verwirrung überdeutlich, in die manche Teile der Sozialwissenschaften durch ihre Verwendung eines
relativistischen Vokabulars gestürzt wurden. Die Auseinandersetzung zwischen dem Polizisten und dem Richter betrifft
schließlich eine physische Tatsache: die Übergabe einer Akte. (Es
ist natürlich möglich, daß die Akte abgeschickt wurde, aber unterwegs verlorenging; dies ist aber immer noch ein genau defi-
nierter Sachverhalt.) Ohne Zweifel handelt es sich um ein kompliziertes erkenntnistheoretisches Problem: Wie kann die Kommission herausfinden, was wirklich passiert ist? Trotzdem *gibt*
es in der Sache eine Wahrheit: Entweder die Akte wurde abgeschickt oder nicht. Es ist schwer zu erkennen, was dadurch gewonnen ist, daß man das Wort „Wahrheit" (sei sie „partiell"
oder nicht) neu definiert als „Überzeugung, die von einer größeren oder kleineren Gruppe von Menschen geteilt wird".

In obigem Text findet man auch den Gedanken „unterschiedlicher Welten". Manche Strömungen innerhalb der Sozialwissenschaften haben die Menschheit Stück für Stück in Kulturen und
Grüppchen atomisiert, die ihre eigenen Begriffswelten besitzen –
manchmal sogar ihre eigenen „Realitäten" – und praktisch nicht
in der Lage sind, miteinander zu kommunizieren.[79] In diesem

---

[79] Die sogenannte Sapir-Whorf-Hypothese in der Linguistik scheint bei
dieser Entwicklung eine wichtige Rolle gespielt zu haben: Vgl. Kap. 3, Anm. 2.

Fall grenzt es jedoch schon an das Absurde: Diese beiden Menschen sprechen dieselbe Sprache, leben weniger als hundert Meilen voneinander entfernt und arbeiten in der Strafjustiz einer französischsprachigen belgischen Gemeinschaft, die nur vier Millionen Menschen umfaßt. Das Problem entspringt eindeutig nicht der Unfähigkeit, miteinander zu kommunizieren: Der Polizist und der Richter verstehen sehr wohl, was gefragt wird, und sie kennen die Wahrheit höchstwahrscheinlich; einer von ihnen hat ganz einfach ein Interesse daran zu lügen. Doch selbst wenn sie beide die Wahrheit sagen – das heißt, die Akte wurde abgeschickt, ging aber unterwegs verloren, was logisch möglich, aber nicht wahrscheinlich ist –, ist es sinnlos zu behaupten, „beide erzählen *ihre* Wahrheit". Was die praktischen Erwägungen anbelangt, räumt der Anthropologe glücklicherweise ein, die Kommission könne „nur so weitermachen ... wie bisher". Aber was für unglaubliche Verwirrungen sind zuvor zu überwinden.

2. Relativismus und Pädagogik. In einem an Lehrer an weiterführenden Schulen gerichteten Buch, dessen Ziel darin besteht, „einige Gedanken der Epistemologie"[80] zu erklären, findet man die folgende Definition:

Tatsache
Was man im allgemeinen als Tatsache bezeichnet, ist die Deutung einer Situation, die, zumindest im Augenblick, niemand in Frage stellen will. Man sollte im Gedächtnis behalten, daß man häufig davon spricht, eine Tatsache setze sich durch, was gut illustriert, daß man von einem theoretischen Modell spricht, das man für angemessen hält.

Beispiel: Die Aussagen „Der Computer steht auf dem Tisch" oder „Wenn man Wasser kocht, verdunstet es" gelten

---

Es sei noch angemerkt, daß Feyerabend in seiner Autobiographie (1995, S. 204 ff.) die radikal-relativistische Variante der Sapir-Whorf-Hypothese ablehnt, die er in seinem *Wider den Methodenzwang* (1976, Kapitel 17) verwendet hatte.

[80] Der Hauptautor des Buches ist Gérard Fourez, ein (zumindest in Belgien) im Bereich der Pädagogik sehr einflußreicher Wissenschaftstheoretiker, dessen Buch *La Construction des sciences* (1992) in mehrere Sprachen übersetzt wurde. [Anm. d. Übers.: Eine deutsche Übersetzung liegt jedoch nicht vor.]

in dem Sinne als Tatsachenbehauptungen, daß sie in diesem Augenblick niemand bestreiten will. Es sind theoretische Deutungen, die niemand in Frage stellt.

Zu behaupten, eine Aussage lege eine Tatsache dar (das heißt, sie habe den Status einer empirischen oder Tatsachenbehauptung), entspricht der Behauptung, es gebe zum Zeitpunkt der Aussage kaum eine Kontroverse über deren Interpretation. Doch eine Tatsache kann man in Frage stellen.

Beispiel: Viele Jahrhunderte lang galt es als Tatsache, daß sich die Sonne jeden Tag um die Erde dreht. Das Aufkommen einer anderen Theorie, die der täglich wiederkehrenden Drehung der Erde nämlich, zog die Ersetzung der eben zitierten Tatsache durch eine andere nach sich: „Die Erde dreht sich jeden Tag um ihre Achse." (Fourez *et al.* 1997, S. 76 f.)

Hier werden Tatsachen mit der *Behauptung* von Tatsachen verwechselt.[81] Wie für die meisten Menschen ist auch für uns eine „Tatsache" eine Situation in der äußeren Welt, die unabhängig von dem Wissen, das wir darüber besitzen (oder nicht), existiert – insbesondere unabhängig von jedem Konsens oder jeder Deutung. So ist es sinnvoll zu behaupten, es gebe Fakten, die wir nicht kennen (Shakespeares genaues Geburtsdatum oder die Zahl von Neutrinos, die die Sonne pro Sekunde emittiert). Und es liegen Welten zwischen der Aussage, X habe Y umgebracht, und der Aussage, im Augenblick wolle niemand dieser Behauptung widersprechen (etwa weil X schwarz ist und alle anderen Rassisten sind oder weil eine tendenziöse Berichterstattung erfolgreich den Glauben nährt, X habe Y getötet). Wenn es um ein konkretes Beispiel geht, machen die Autoren einen Rückzieher; sie behaupten, die Drehung der Sonne um die Erde habe *als Tatsache gegolten*, was darauf hinausläuft, daß die Existenz des von uns betonten Unterschieds (das heißt, in Wirklichkeit war es *keine* Tatsache) zugegeben wird. Im nächsten Satz fallen sie dagegen schon wieder auf die Verwechslung herein: Eine Tatsache wurde durch eine andere ersetzt. Wörtlich interpretiert, im üblichen Sinne des Wortes „Tatsache", würde dies bedeuten, daß sich die Erde erst seit Kopernikus um ihre eigene Achse dreht.

---

[81] Man beachte, daß dieser Text Lehrer an weiterführenden Schulen *aufklären* soll.

Doch natürlich meinen die Autoren in Wirklichkeit nur, daß sich die Überzeugungen der Menschen gewandelt haben. Warum sagt man dies dann nicht, anstatt Fakten mit (allgemein anerkannten) Überzeugungen zu verwechseln und beide Konzepte mit demselben Wort zu bezeichnen?[82]

Ein weiterer Nutzen des abweichenden Tatsachenbegriffs der Autoren besteht darin, daß man sich niemals täuschen kann (zumindest wenn man dieselben Dinge behauptet wie die Menschen im eigenen Umfeld). Eine Theorie ist niemals in dem Sinne falsch, daß sie von den Tatsachen widerlegt wird; vielmehr verändern sich die Tatsachen, wenn sich die Theorien verändern.

Vor allem aber scheint es uns, daß eine Pädagogik, die auf diesem Tatsachenbegriff beruht, bei den Studenten alles andere als eine kritische Einstellung fördert. Um Annahmen – die Annahmen anderer wie auch die eigenen – auf den Prüfstand zu stellen, muß man im Gedächtnis behalten, daß man sich täuschen *kann*: daß Tatsachen unabhängig von unseren Behauptungen existieren und daß unsere Behauptungen durch Vergleiche mit diesen Tatsachen (soweit wir sie feststellen können) zu bewerten sind. Fourez' Neudefinition von „Tatsache" besitzt – wie Bertrand Russell in einem ähnlichen Zusammenhang bemerkte – alle Vorteile von Diebstahl gegenüber ehrlicher Schinderei.[83]

---

[82] Oder, noch schlimmer, die Bedeutung von Tatsachen zu minimieren, aber nicht durch Argumente, sondern einfach dadurch, daß man sie ignoriert und statt dessen nur noch von gemeinsamen Überzeugungen spricht. Tatsächlich setzen die Definitionen in diesem Buch *systematisch* Tatsachen, Informationen, Objektivität und Rationalität in eins mit subjektiver Übereinstimmung – oder reduzieren sie darauf. Ein ähnliches Muster findet sich auch in Fourez' *La Construction des sciences* (1992). Dort heißt es zum Beispiel (S. 37): „,Objektiv' zu sein bedeutet, eingeführte Regeln zu befolgen ... ,Objektiv' ist nicht das Gegenteil von ,subjektiv': Vielmehr bedeutet es, auf eine bestimmte Weise subjektiv zu sein. Es ist jedoch etwas anderes als individuell subjektiv, da man gesellschaftlich etablierte Regeln befolgt ..." Dies ist hochgradig irreführend: Das Befolgen von Regeln sorgt nicht für Objektivität im gewöhnlichen Sinne (Menschen, die blind religiöse oder politische Sprüche wiederholen, befolgen sicherlich „gesellschaftlich etablierte Regeln", aber sie lassen sich kaum als objektiv bezeichnen), während Menschen objektiv sein können, auch wenn sie viele Regeln verletzen (man denke etwa an Galilei).

[83] Zu beachten ist auch, daß die Definition von „Tatsache" als Situation, in der es „kaum eine Kontroverse über deren Interpretation" gibt, ein logisches Problem aufwirft: Ist das Fehlen einer Kontroverse selbst eine Tatsache?

3. Relativismus in der Dritten Welt. Leider sind postmoderne Ideen nicht auf philosophische Fakultäten in Europa oder Lehrstühle für Literaturwissenschaft in Amerika beschränkt. Den größten Schaden scheinen sie in der Dritten Welt anzurichten, wo die Mehrheit der Weltbevölkerung lebt und das angeblich „überholte" Werk der Aufklärung noch lange nicht abgeschlossen ist.

Meera Nanda, ein indischer Biochemiker, der in der dortigen Bewegung „Wissenschaft für das Volk" arbeitete und heute in den Vereinigten Staaten Wissenschaftssoziologie studiert, erzählt die folgende Geschichte über den traditionellen vedischen Aberglauben, der den Bau heiliger Gebäude entscheidend bestimmt, um die „positive Energie" zu maximieren. Ein indischer Politiker, der sich in Schwierigkeiten befand, erhielt den Rat,

> seine Probleme würden sich geben, wenn er sein Büro durch ein Tor im Osten des Gebäudes betrete. Doch im Osten des Gebäudes lag ein Elendsviertel, durch das sein Wagen nicht fahren konnte. [So] ließ er das Elendsviertel abreißen. (Nanda 1997, S. 82)

Nanda bemerkt, völlig zu Recht:

> Wenn die indische Linke in der Bewegung zugunsten der Wissenschaft für das Volk noch so aktiv wie früher wäre, hätte sie nicht nur gegen den Abriß von Häusern protestiert, sondern auch gegen den Aberglauben, der zur Rechtfertigung angeführt wurde ... Eine linke Bewegung, die nichtwestlichem Wissen nicht so eifrig „Respekt" verschafft hätte, hätte es den Machthabern niemals erlaubt, sich hinter einheimischen „Experten" zu verstecken.
>
> Ich schilderte diesen Fall meinen sozialkonstruktionistischen Freunden hier in den Vereinigten Staaten ... [Sie sagten mir], es sei bereits fortschrittlich, die beiden kulturell geprägten Beschreibungen des Raums[84] als ebenbürtig anzusehen,

---

Und wenn ja, wie ist sie zu definieren? Durch das Fehlen einer Kontroverse über die Behauptung, es gebe keine Kontroverse? Offensichtlich bedienen sich Fourez und seine Kollegen in den Sozialwissenschaften einer naiv realistischen Epistemologie, die sie für die Naturwissenschaften implizit ablehnen. Vgl. S. 103 f. hinsichtlich einer ähnlichen Inkonsistenz bei Feyerabend.

[84] Das heißt die wissenschaftliche Sicht und die Sicht, die auf traditionellen vedischen Ideen basiert [Anmerkung der Autoren].

denn so könne *niemand* behaupten, die absolute Wahrheit zu kennen, und dadurch verliere die Tradition ihren Einfluß auf das Denken der Menschen. (Nanda 1997, S. 82)

Das Problem mit dieser Art von Antwort ist, daß praktische Entscheidungen getroffen werden müssen – welche Medizin verabreicht wird oder in welche Richtung Gebäude auszurichten sind –, und an diesem Punkt wird theoretische Nonchalance unhaltbar. Aus diesem Grund verfallen Intellektuelle häufig auf die Heuchelei, „westliche" Wissenschaft einzusetzen, wenn es darauf ankommt – etwa, wenn sie *ernsthaft* krank sind –, während sie dem einfachen Menschen nahelegen, sich an den Aberglauben zu halten.

5. Luce Irigaray

Luce Irigarays Schriften befassen sich mit einer Vielzahl von Themen, die von der Psychoanalyse über die Linguistik bis zur Wissenschaftstheorie reichen. In dieses Gebiet fällt ihre Behauptung:

> Jedes Wissen wird von Subjekten in einem gegebenen historischen Kontext produziert. Selbst wenn Wissenschaft Objektivität anstrebt, selbst wenn ihre Techniken Kontrollmittel dieser Objektivität sein wollen, manifestieren sich in ihr eine Wahl und gewisse Ausschließungen, die sich insbesondere aus dem Geschlecht ergeben. (Irigaray 1989, S. 318)

Nach unserer Überzeugung verdient diese These, eingehend unter die Lupe genommen zu werden. Werfen wir zunächst einen Blick auf die Beispiele aus der Physik, mit denen Irigaray ihre These illustriert:

> Dieses [wissenschaftliche] Subjekt interessiert sich heutzutage ungeheuer für Beschleunigungen, die unsere menschlichen Möglichkeiten übersteigen, für die Schwerelosigkeit, für das Durchqueren natürlicher Räume und Zeiten, die Überwindung der kosmischen Rhythmen und ihrer Regulationsmechanismen, aber auch für den Zerfall, die Spaltung, die Explosion, die Katastrophen etc. Das zeigt sich in den Naturwissenschaften und den Humanwissenschaften. (Irigaray 1989, S. 318)

Dieser Katalog aktueller wissenschaftlicher Forschung ist ziemlich willkürlich und vage: Was bedeutet „Beschleunigungen, die unsere menschlichen Möglichkeiten übersteigen", „Durchqueren natürlicher Räume und Zeiten" oder „Überwindung der kosmischen Rhythmen und ihrer Regulationsmechanismen"? Doch was folgt, ist noch eigenartiger:

> – Wenn bei Freud die Identität des Subjekts durch die *Spaltung** bestimmt ist, so bezeichnet dieses Wort auch die

---

* Anm. d. Übers.: Auch im französischen Original wird der Begriff auf deutsch gebraucht.

127

Atomspaltung. Nietzsche nahm sein Ego ebenfalls als einen von Explosion bedrohten Atomkern wahr. Was Einstein betrifft, so ist meiner Meinung nach das grundlegende Problem das, daß er uns keine andere Chance als seinen Gott läßt, geht man von seinem Interesse für die Beschleunigungen ohne elektromagnetisches Gleichgewicht aus. Sicher, er spielte Geige; die Musik bewahrte sein persönliches Gleichgewicht. Aber was bedeutet diese allgemeine Relativität für uns, die in den Atomkraftwerken über uns bestimmt und unsere Körperträgheit, eine lebenswichtige Bedingung, in Frage stellt?

— Bei den Astronomen beschreibt Reaves, im Anschluß an die amerikanische Big-Bang-Theorie, den Ursprung des Universums als eine Explosion. Warum diese neue Interpretation, die in den Begriffen so genau mit all den anderen theoretischen Entdeckungen übereinstimmt?

— René Thom, ein anderer Theoretiker an der Nahtstelle von Naturwissenschaften und Philosophie, spricht eher von Katastrophen durch Konflikte als vom Entstehen durch Überfluß, Wachstum oder positive, insbesondere natürliche Anziehungen.

— Die Quantenmechanik interessiert sich für das Verschwinden der Welt.

— Die Wissenschaftler arbeiten heute über immer winzigere, nicht mehr wahrnehmbare Teilchen, die nur mit Hilfe technischer Instrumente und durch Energiestrahlung bestimmbar sind. (Irigaray 1989, S. 318 f.)

Lassen Sie uns diese Punkte nacheinander durchgehen:
— Im Hinblick auf die *Spaltung* ist Irigarays „Logik" wahrlich bizarr: Ist sie wirklich der Überzeugung, daß diese zufällige sprachliche Übereinstimmung ein Argument darstellt? Und wenn ja, was zeigt es?

— Zu Nietzsche: Der Atomkern wurde 1911 entdeckt, die Kernspaltung 1938; die Möglichkeit einer Kettenreaktion, die zu einer Explosion führt, wurde in den späten 30er Jahren theoretisch erforscht und in den 40er Jahren traurigerweise experimentell erprobt. Es ist daher höchst unwahrscheinlich, daß Nietzsche (1844–1900) sein Ego „als einen von Explosion bedrohten Atomkern" wahrnehmen konnte. (Natürlich hat

128

dies keinerlei Bedeutung: Selbst wenn Irigarays Behauptung über Nietzsche zuträfe, was wäre damit ausgesagt?)

– Der Ausdruck „Beschleunigungen ohne elektromagnetisches Gleichgewicht" hat in der Physik keine Bedeutung; er ist Irigarays Erfindung. Es versteht sich von selbst, daß sich Einstein für dieses nicht existente Thema gar nicht interessieren konnte.

– Zwischen der allgemeinen Relativitätstheorie und Atomkraftwerken besteht kein Zusammenhang; Irigaray hat sie wahrscheinlich mit der speziellen Relativitätstheorie verwechselt, die für Atomkraftwerke und vieles andere Anwendung findet (Elementarteilchen, Atome, Sterne ...). Der Begriff der Trägheit kommt tatsächlich in der Relativitätstheorie vor, wie auch in der Newtonschen Mechanik; aber er hat nichts mit der „Körperträgheit" beim Menschen zu tun, was immer dies heißen soll.[1]

– Inwiefern stimmt die kosmologische Theorie des Big Bang „so genau mit all den anderen theoretischen Entdeckungen" überein? Mit welchen anderen Entdeckungen, die wann gemacht wurden? Irigaray gibt darüber keine Auskunft. Entscheidend ist jedenfalls, daß die Big-Bang-Theorie, die auf die späten 20er Jahre zurückgeht, heute von eine Vielzahl astronomischer Beobachtungen gestützt wird.[2]

---

[1] Als gute Einführungen in die spezielle und allgemeine Relativitätstheorie vgl. Einstein (1972 [1916]), Mermin (1989) und Sartori (1996).

[2] In den 20er Jahren entdeckte der Astronom Edwin Hubble, daß sich die Galaxien mit einer Geschwindigkeit von der Erde entfernen, die proportional zu ihrer Entfernung von der Erde sind. Zwischen 1927 und 1931 brachten verschiedene Physiker Erklärungen für diese Ausdehnung im Rahmen von Einsteins allgemeiner Relativitätstheorie vor (ohne die Erde dadurch zu einem privilegierten Beobachtungszentrum zu machen), die durch eine anfängliche kosmische „Explosion" entstanden sein soll; diese Theorie erhielt später die Bezeichnung „Big-Bang-" bzw. „Urknalltheorie". Doch obwohl die Urknalltheorie die beobachtete Ausdehnung auf eine sehr naheliegende Weise erklärt, ist sie nicht die einzig mögliche Theorie: Gegen Ende der 40er Jahre schlugen die Astrophysiker Hoyle, Bondi und Gold alternativ dazu die Theorie des stationären Kosmos vor, nach der es eine allgemeine Ausdehnung *ohne* eine ursprüngliche Explosion (aber mit der stetigen Erzeugung neuer Materie) gibt. 1965 entdeckten die Physiker Penzias und Wilson jedoch (durch Zufall!) die kosmische Hintergrundstrahlung, deren Spektrum und Beinahe-Isotropie sich genau in die – auf der allgemeinen Relativitätstheorie basierenden – Vorhersage eines „Rückstands" des Urknalls einfügten. Teilweise

– Es ist wahr, daß in einigen (höchst kontroversen) Deutungen der Quantenmechanik das Konzept der objektiven Realität auf der atomaren Ebene in Frage gestellt wird, aber mit dem „Verschwinden der Welt" hat dies nichts zu tun. Vielleicht spielt Irigaray auf kosmologische Theorien über das Ende des Universums an (den sogenannten Big Crunch), aber die Quantenmechanik spielt in diesen Theorien keine große Rolle.[3]
– Irigaray bemerkt zu Recht, daß die Elementarteilchenphysik mit Teilchen zu tun hat, die zu klein sind, um unmittelbar sinnlich wahrnehmbar zu sein. Es leuchtet aber nicht ein, wie dies mit dem Geschlecht der Forscher zusammenhängen soll. Ist die Verwendung von Instrumenten zur Vergrößerung der Reichweite menschlicher Sinneswahrnehmungen eine speziell „männliche" Eigenart? Marie Curie und Rosalind Franklin könnten sich erlauben, anderer Meinung zu sein.

Betrachten wir schließlich ein Argument, das Irigaray an anderer Stelle vorbringt:

Ist $E = Mc^2$ eine geschlechtsspezifische Gleichung? Vielleicht. Stellen wir die Hypothese auf, daß sie es insofern ist, als sie die Lichtgeschwindigkeit gegenüber anderen Geschwindigkeiten, die für uns elementar notwendig sind, vorzieht. Was in meinen Augen den möglicherweise geschlechtsspezifischen Charakter der Gleichung anzuzeigen scheint, ist nicht unmittelbar ihre Verwendung in Kernwaffen, sondern vielmehr die Bevorzugung dessen, was am schnellsten ist ... (Irigaray 1987b, S. 110)

Was immer man von den „anderen Geschwindigkeiten ...", die für uns elementar notwendig sind", halten mag, Tatsache ist, daß

---

aufgrund dieser Beobachtung, aber auch aus vielen anderen Gründen wird die Urknalltheorie heute von fast allen Astrophysikern akzeptiert, obwohl über die Einzelheiten eine rege Diskussion geführt wird. Für eine allgemeine Einführung in die Urknalltheorie und die sie stützenden Beobachtungen vgl. Weinberg (1991), Silk (1990) und Rees (1998). Der „Reaves", auf den sich Irigaray bezieht, ist wahrscheinlich Hubert Reeves, ein in Frankreich lebender kanadischer Astrophysiker, der mehrere populärwissenschaftliche Bücher über Kosmologie und Astrophysik geschrieben hat.

[3] Außer in der letzten Millionstel einer Milliardstel einer Milliardstel einer Milliardstel einer Milliardstel Sekunde, wenn Wirkungen der Quantenschwerkraft Bedeutung erlangen.

das Verhältnis $E = Mc^2$ zwischen Energie (E) und Masse (M) in einem hohen Präzisionsgrad experimentell bestätigt wurde, und offensichtlich wäre es nicht zutreffend, wenn die Lichtgeschwindigkeit (c) durch eine andere Geschwindigkeit ersetzt würde.

Insgesamt scheint uns der Einfluß kultureller, ideologischer und geschlechtlicher Faktoren auf wissenschaftliche Entscheidungen – welche Themen behandelt, welche Theorien aufgestellt werden – einen wichtigen Bereich der Wissenschaftsgeschichte darzustellen und eine gründliche Erforschung zu verdienen. Um dazu einen nützlichen Beitrag leisten zu können, muß man jedoch selbst tief in die analysierten Disziplinen eingedrungen sein. Was Irigaray behauptet, verrät eine leider nur oberflächliche Kenntnis der von ihr angesprochenen Themen und trägt daher nichts zur Diskussion bei.

Hydromechanik

Einige Jahre zuvor hatte Irigaray in einem „Die ‚Mechanik' des Flüssigen" betitelten Aufsatz ihre Kritik an der „männlichen" Physik bereits formuliert: Sie scheint zu behaupten, die Hydromechanik sei im Verhältnis zur Mechanik von festen Körpern unterentwickelt, weil das Feste (so ihre Überzeugung) mit Männern und das Flüssige mit Frauen identifiziert werde. (Irigaray wurde in Belgien geboren: Kennt sie nicht das Wahrzeichen von Brüssel?) Eine der amerikanischen Autorinnen zu Irigaray faßt deren Argumentation wie folgt zusammen:

Die Bevorzugung der Festkörpermechanik gegenüber der Hydromechanik wie auch die Unfähigkeit der Wissenschaft, mit turbulenter Strömung umzugehen, schreibt sie der Assoziation von Flüssigkeit mit Weiblichkeit zu. Während Männer Geschlechtsorgane haben, die vorstehen und hart werden, haben Frauen Öffnungen, die Menstruationsblut und Vaginalflüssigkeiten absondern. Obwohl es gelegentlich auch aus Männern fließt – beispielsweise, wenn Samen ausgestoßen wird –, wird dieser Aspekt ihrer Sexualität nicht betont. Es ist die Härte des männlichen Organs, die zählt, nicht sein Beitrag zum Fluß der Flüssigkeit. Diese Idealisierungen werden in der Mathematik weiter verfestigt, wenn Flüssigkeiten als geschichtete

Ebenen und andere Abwandlungen fester Formen betrachtet werden. In gleicher Weise, wie Frauen innerhalb männlicher Theorien und Sprache eliminiert wurden und nur als Nicht-Männer existieren, wurden Flüssigkeiten aus der Wissenschaft eliminiert und existieren nur als Nicht-Festkörper. Aus dieser Perspektive ist es nicht verwunderlich, daß die Wissenschaft nicht in der Lage war, geeignete Modelle der Turbulenz zu entwickeln. Das Problem turbulenter Strömung ist nicht zu lösen, weil die Vorstellungen von Flüssigkeit (und von Frauen) so formuliert wurden, daß zwangsläufig Inartikuliertes bestehen blieb. (Hayles 1992, S. 17)

Wir haben den Eindruck, daß Hayles' Deutung der Ideen Irigarays viel klarer formuliert ist als das Original. Aufgrund der Unklarheit von Irigarays Text können wir jedoch nicht garantieren, daß Hayles tatsächlich zutreffend erklärt, was Irigaray gemeint hat. Hayles ihrerseits lehnt Irigarays Argumentation ab, weil sie sich ihrer Meinung nach zu weit von den wissenschaftlichen Tatsachen entfernt (vgl. Anm. 5), versucht aber, auf anderem Wege zu ähnlichen Schlußfolgerungen zu gelangen. Unserer Meinung nach führt Hayles' Ansatz inhaltlich nicht viel weiter als der Irigarays, aber zumindest ist er klarer formuliert.[4]

---

[4] Hayles' Erörterung beginnt mit einer Erklärung der wichtigen konzeptionellen Unterschiede zwischen linearen Differentialgleichungen und den nichtlinearen, die in der Hydromechanik vorkommen. Es handelt sich um einen respektablen wissenschaftsjournalistischen Versuch, der allerdings mit einigen Fehlern behaftet ist. (So verwechselt Hayles Rückkopplung mit Nichtlinearität und behauptet, die Eulersche Gleichung sei linear.) Von diesem Punkt an sinkt ihre Erörterung jedoch zu einer Karikatur postmoderner Literaturkritik herab. Sie versucht, die historische Entwicklung der Hydromechanik in der Periode zwischen 1650 und 1750 nachzuzeichnen und behauptet dabei, „ein Paar hierarchischer Dichotomien" [was sonst?!] zu erkennen, „bei dem der erste Begriff gegenüber dem zweiten bevorzugt wird: Kontinuität versus Bruch, und Erhaltung versus Zerstreuung". (Hayles 1992, S. 22) Es folgen eine recht wirre Erörterung der konzeptionellen Grundlagen der Differentialrechnung, eine (vorsichtig ausgedrückt) phantasievolle Deutung der „unterbewußten Geschlechtsidentifikationen" in den Anfängen der Hydraulik und eine Freudsche Analyse der Thermodynamik „vom Hitzetod zum *Genuß*". Zum Schluß vertritt Hayles eine radikal relativistische These:

Trotz ihres Namens sind die Erhaltungssätze keine unumstößlichen Fakten der Natur, sondern Konstruktionen, die bestimmte Erfahrungen in den Vordergrund rücken und andere an den Rand drängen ... Fast ausnahms-

Versuchen wir nun, Irigarays Gedankenführung im einzelnen nachzuvollziehen. Der Aufsatz beginnt folgendermaßen:

Verbreitet sich bereits – mit welcher Geschwindigkeit? in welchem Milieu? welchen Widerständen zum Trotz? ... –, daß sie diffundieren gemäß Modalitäten, die sich schlecht vertragen mit den Abgrenzungen des Symbolischen, die Gesetz sind. Was nicht abginge, ohne einige Turbulenzen, wenn nicht gar Wirbelstürme, auszulösen, die es mit festen Wänden/Prinzipien einzudämmen gälte angesichts der Drohung, daß sie sich sonst endlos fortpflanzen. Gehen sie doch so weit, selbst jene dritte Instanz, die als das Reale bezeichnet wird, in Unruhe zu versetzen. Überschreitung und Verwirrung der Grenzen, deren rechte Ordnung wiederherzustellen vonnöten wäre ...

Man muß also zur „Wissenschaft" zurückkehren, um ihr einige Fragen zu stellen. [*Fußnote:* Es wird notwendig sein, sich auf einige Werke über die Mechanik des Festen und des Flüssigen zu beziehen.[5]]

---

los wurden die Erhaltungssätze von Männern formuliert, entwickelt und experimentell getestet. Wenn die Erhaltungssätze für bestimmte Schwerpunkte und nicht für unumstößliche Fakten stehen, hätten Menschen, die in andersartigen Körpern leben und sich mit anderen Konstruktionen des Geschlechts identifizieren, durchaus zu anderen Strömungsmodellen gelangen können. (Hayles 1992, S. 31f.)

Hayles liefert jedoch weder Argumente zur Stützung ihrer Behauptung, daß beispielsweise der Energie- und Drehimpulserhaltungssatz etwas anderes sein könnten als „unumstößliche Fakten der Natur", noch gibt sie auch nur den kleinsten Hinweis darauf, zu *welchen* „anderen Strömungsmodellen" „Menschen, die in andersartigen Körpern leben", hätten gelangen können.

[5] Hayles, die Irigaray im allgemeinen wohlwollend gegenübersteht, bemerkt:

Aus Gesprächen mit mehreren Vertretern der angewandten Mathematik und der Hydromechanik über Irigarays Behauptung kann ich bezeugen, daß sie einhellig der Meinung sind, Irigaray verstünde von ihren Disziplinen nicht das geringste.

Es gibt einiges, was dafür spricht. In einer Fußnote auf der ersten Seite des Kapitels rät Irigaray dem Leser hochtrabend, „sich auf einige Werke über die Mechanik des Festen und des Flüssigen zu beziehen", ohne sich die Mühe zu machen, welche zu nennen. Das Fehlen mathematischer Details in ihrer Erörterung legt die Frage nahe, ob sie diesen Rat selbst beherzigt hat. Nirgends erwähnt sie einen Namen oder ein Datum, die es ermöglichen würden, ihre Argumentation mit einer bestimmten Theorie der Hydromechanik in Zusammenhang zu bringen, geschweige denn, Kontroversen zwischen konkurrierenden Theorien nachzuvollziehen. (Hayles 1992, S. 17)

Zum Beispiel diejenige nach ihrer *historischen Verspätung bezüglich der Erarbeitung einer „Theorie" des Flüssigen* und dem, was als Aporie in der Formalisierung, auch der mathematischen, daraus folgt. Ein Versäumnis, das unter Umständen dem „Realen" [*Fußnote*: Vergleiche die Bedeutung des „Realen" in den „Schriften" und den „Seminaren" von Jacques Lacan.] angelastet werden wird. Befragt man jedoch die Eigenschaften des Flüssigen, so stellt man fest, daß dieses Reale eben zum guten Teil eine *physi(kali)sche Realität* verbergen könnte, die noch einer adäquaten Symbolisierung widersteht und/oder das Unvermögen der Logik bezeichnet, all die Charaktere der Natur in ihrer Schrift aufzunehmen. Und es wird oftmals nötig gewesen sein, einige von ihnen zu reduzieren, sie nur in Hinblick auf einen ideellen Status zu betrachten, damit sie nicht das Funktionieren der theoretischen Maschinerie hemmen.

Aber welche Scheidung zwischen einer Sprache, die immer schon den Postulaten der Idealität unterworfen ist, und einem Empirischen, das jeder Symbolisierung entgeht, verewigt sich da? Und wie kann man verkennen, daß in Hinblick auf diese Zäsur, auf diese Spaltung, die die Reinheit des Logischen sichert, die Sprache zwangsläufig meta „etwas" bleibt? Nicht nur einfach in ihrer Artikulation, in ihrer Aussprache, hier und jetzt, durch ein Subjekt, sondern, weil dieses „Subjekt" aufgrund ihrer Struktur und ohne sein Wissen schon immer normative „Urteile" über eine Natur, die sich dieser Transkription entzieht, wiederholt.

Und wie wäre vermeidbar, daß das Unbewußte (des) „Subjekt(s)" selbst als solches aufgeschoben, sogar reduziert wird in seiner Interpretation durch eine Systematik, die eine historische „Unaufmerksamkeit" gegenüber dem Flüssigen re-markiert? Anders gesagt: Welche Strukturierung der Sprache, welche sprachliche Strukturierung unterhält nicht seit langem eine *Komplizenschaft zwischen der Rationalität und einer Mechanik des nur Festen?* (Irigaray 1979, S. 110 f.)

Irigarays Behauptungen hinsichtlich der Festkörper- und Hydromechanik kann man nicht unkommentiert stehenlassen. Zunächst einmal ist die Mechanik fester Körper noch ganz und gar nicht zu einem Abschluß gebracht worden; es existieren viele ungelöste

Probleme, wie etwa die quantitative Beschreibung von Rissen (oder Frakturen). Zweitens sind Flüssigkeiten im Gleichgewicht oder in der laminaren Strömung relativ gut erforscht. Auch sind die Gleichungen bekannt – die sogenannten Navier-Stokes-Gleichungen –, die das Verhalten von Flüssigkeiten in einer großen Zahl von Situationen beschreiben. Das Hauptproblem ist, daß diese nichtlinearen partiellen Differentialgleichungen sehr schwierig zu lösen sind, vor allem bei turbulenten Strömungen.[6] Diese Schwierigkeit hat aber weder mit einem „Unvermögen der Logik" oder einem Scheitern „adäquater Symbolisierung" noch mit der „Strukturierung der Sprache" zu tun. Hier folgt Irigaray ihrem vormaligen Lehrer Lacan darin, daß sie auf Kosten des physikalischen Gehalts zu sehr auf logischem Formalismus besteht.

Irigaray fährt mit einer bizarren Mischung aus Hydromechanik, Psychoanalyse und mathematischer Logik fort:

Zweifellos hat sich der Akzent mehr und mehr von der Definition der Terme auf die Analyse ihrer Relationen verschoben (die Theorie von Frege ist dafür ein Beispiel unter anderen). Dies führt sogar so weit, *eine Semantik unvollständiger Wesenheiten* zuzulassen: die funktionellen Symbole.

Aber abgesehen davon, daß die derart im logischen Satz zugelassene Unbestimmtheit einer allgemeinen Implikation *formalen* Typs unterworfen ist – die Variable ist nur variabel in den Grenzen der Identität der Form(en) der Syntax –, wird dem *Symbol der Allheit* – dem universellen Quantifikator* – eine vorherrschende Rolle überlassen, deren Modalitäten des Rekurses aufs Geometrische befragt werden müssen.

Das „alle" – von *x*, aber ebensowohl das „Ganze" des Systems – wird immer schon das „nicht-alle" jeden besonderen In-Beziehung-Setzens vorgeschrieben haben, und dieses „alle" ist „alle" nur aufgrund einer Definition der Ausdehnung, die der Projektion auf einen „gegebenen" flächigen Raum nicht entbehren kann, dessen Dazwischen, dessen Zwischenräume dank Kennzeichnungen punktuellen Typs Werte annehmen werden.[7]

---

[6] Für eine allgemeinverständliche Erklärung des Begriffs der Linearität einer Gleichung vgl. S. 164 ff.

* Anm. d. Übers.: Der korrekte Fachausdruck ist „Allquantor".

[7] Die drei vorhergehenden Absätze, die sich angeblich mit mathematischer

Der „Ort" wird also in gewisser Weise eingeebnet werden und mit Punkten markiert worden sein, um jedes „alle", aber ebenso das „Ganze" des Systems zu kalkulieren. Ohne es sich ins Unendliche ausdehnen zu lassen, was jede Bestimmung des Werts sowohl der Variablen als auch ihrer Beziehungen a priori verunmöglicht.

Aber wo wird dieser Ort – des Diskurses – sein *„größer als alles"* gefunden haben, um so sich form(alisier)en zu können? Sich systematisieren zu können? Und dieses größer als „alles" gefunden haben, um so sich form(alisier)en zu können? Sich systematisieren zu können? Und dieses größer als „alles", wird es nicht aus seiner Verneinung – seiner Verwerfung? – unter die immer noch theo-logischen [sic] Modi wiederkehren? Bleibt deren Beziehung zum „nicht alle" zu artikulieren: *Gott oder die weibliche Lust.*

In Erwartung dieser göttlichen Funde wird die Anderefrau [sic] (nur) als *Projektionsfläche* für die Sicherung der Totalität des Systems gedient haben – indem sie es um sein „größer als alles" übertritt –, als *geometrische Stütze* zur Wertbestimmung des „alle" der Ausdehnung jeder seiner „Begriffe", worunter auch die noch unbestimmten fallen, der fixiert-versteinerten *Intervalle* zwischen ihren Definitionen in der „Sprache" (langue) und der Möglichkeit, *sie in besondere Beziehung miteinander zu setzen.* (Irigaray 1979, S. 111 ff.)

Etwas weiter unten kommt Irigaray auf die Hydromechanik zurück:

Das, was von der Ökonomie des Flüssigen nicht interpretiert sein wird – zum Beispiel gegen Festkörper ausgeübte Widerstände –, wird endgültig Gott übereignet worden sein. Das Nichtberücksichtigen der Eigenschaften des *realen* Flüssigen – innere Reibungen, Drücke, Bewegungen etc., das heißt seine *spezifische Dynamik* – wird dazu führen, das Reale Gott zu überlassen, wobei in der Mathematisierung des Flüssigen nur die idealisierbaren Charaktere desselben wiederholt werden.

Logik befassen, sind bar jeglicher Bedeutung, mit einer Ausnahme: die Behauptung, dem „universellen Quantifikator" [d. h. dem Allquantor; Anm. d. Übers.] werde „eine vorherrschende Rolle überlassen", besitzt eine Bedeutung – und ist falsch (vgl. Anm. 11 in diesem Kapitel).

Oder anders: die Betrachtungen der reinen Mathematik werden keine Analyse des Flüssigen gestattet haben, außer im Hinblick auf lamellierte Flächen, spiralförmige Bewegungen (eine Strömung, die den Bezug auf eine Achse privilegiert), in Hinblick auf punktförmige Quellen, Senken, Wirbel, die zur Realität höchstens eine approximative Beziehung unterhalten. Wobei sie etwas *übrig*lassen. Bis zum *Unendlichen*: das Zentrum dieser „Bewegungen" korrespondiert der Null und setzt hierbei eine unendliche Geschwindigkeit voraus, die *physi(kali)sch unzulässig* ist. Diese „theoretischen" Flüssigkeiten werden bestimmt die Technizität der Analyse, auch der mathematischen, vorangetrieben haben, wobei jedoch jeglicher Bezug zur *Realität der Körper* verlorengeht.

Was folgt daraus für die „Wissenschaft" und die psychoanalytische Praxis? (Irigaray 1979, S. 113 f.)

In diesem Abschnitt zeigt Irigaray, daß sie die Funktion von Annäherungen und Idealisierungen in der Wissenschaft nicht versteht. Erstens sind die Navier-Stokes-Gleichungen Annäherungen, die nur im makroskopischen (oder zumindest supra-atomaren) Maßstab gelten, da sie die Flüssigkeit als Kontinuum behandeln und ihre Molekularstruktur vernachlässigen. Und da diese Gleichungen selbst sehr schwer zu lösen sind, versuchen Mathematiker, sie zunächst in idealisierten Situationen oder durch mehr oder weniger kontrollierte Annäherungen zu untersuchen. Aber die Tatsache, daß beispielsweise die Geschwindigkeit im Inneren eines Wirbels unendlich ist, bedeutet nur, daß die Annäherungen in der Umgebung dieses Punkts nicht zu ernst genommen werden sollten – was von Anfang an klar war, da der Ansatz ohnehin nur deutlich oberhalb der Molekularebene sinnvoll ist. Jedenfalls ist nichts „Gott übereignet"; es gibt, ganz einfach, wissenschaftliche Probleme, die künftigen Generationen vorbehalten bleiben.

Schließlich ist schwer erkennbar, welcher Zusammenhang, abgesehen von reiner Metaphorik, zwischen der Hydromechanik und der Psychoanalyse bestehen könnte. Angenommen, es stellt morgen jemand eine befriedigende Turbulenztheorie auf. Inwiefern würde (oder sollte) dies unsere Theoriebildung zur menschlichen Psyche beeinflussen?

Es ließen sich noch weitere Äußerungen von Irigaray zitieren, aber der Leser kann (wie wir selbst auch) ihr vermutlich schon jetzt nicht mehr folgen. Sie beschließt ihren Aufsatz mit einigen tröstenden Worten:

> Und wenn Ihr zufällig den Eindruck habt, noch nicht alles verstanden zu haben, dann laßt doch Eure Ohren vielleicht ein wenig offen für das, was sich so nahe berührt, daß es Eure Diskretion darüber verwirrt. (Irigaray 1979, S. 123)

Insgesamt gesehen, hat Irigaray die physikalischen und mathematischen Probleme, die sich in der Hydromechanik auftun, nicht begriffen. Ihr Diskurs basiert lediglich auf vagen Analogien, die überdies die Theorie tatsächlich existierender Flüssigkeiten mit deren bereits analoger Verwendung in der Psychoanalyse verwechseln. Irigaray scheint sich dieses Problems bewußt zu sein, da sie darauf wie folgt antwortet:

> Falls man einwendet, daß die so gestellte Frage sich allzusehr auf Metaphern stützt, kann leicht darauf erwidert werden, daß sie vielmehr das Privileg der (quasi festen) Metapher über die Metonymie (die viel eher Anteil am Flüssigen hat) verwirft. (Irigaray 1979, S. 114)

Diese Antwort erinnert uns an den alten jüdischen Witz: „Warum beantwortet ein Jude eine Frage immer mit einer Gegenfrage?" „Und warum sollte ein Jude eine Frage nicht mit einer Gegenfrage beantworten?"

Mathematik und Logik

Wie wir bereits gesehen haben, hat Irigaray eine Schwäche dafür, physikalische Probleme auf Spiele mathematischer Formalisierung oder sogar auf Sprachspiele zu reduzieren. Leider ist ihre Kenntnis der mathematischen Logik so beschränkt wie ihre Kenntnis der Physik. Dies läßt sich anhand ihres berühmten Aufsatzes „Ist das Subjekt der Wissenschaft geschlechtsspezifisch?" [Le sujet de la science est-il sexué?] illustrieren. Nach einem recht eigenwilligen Überblick über die wissenschaftliche Methodik fährt Irigaray fort:

> Diese Merkmale enthüllen einen Isomorphismus im sexuellen Eingebildeten des Mannes, einen Isomorphismus, der streng

verborgen bleiben muß. „Unsere subjektiven Erfahrungen und unsere Überzeugungen können niemals eine Äußerung rechtfertigen", bestätigt der Erkenntnistheoretiker der Wissenschaften.

Man muß hinzufügen, daß all diese Entdeckungen in einer Sprache ausgedrückt werden müssen, die *gut geschrieben* ist, was *vernünftig* bedeutet, das heißt:

– durch Symbole oder Zeichen ausgedrückt, die mit *Eigennamen* austauschbar sind, die sich nur auf ein intra-theoretisches Objekt beziehen, daher auf keine Person oder kein Objekt aus dem Realen oder aus der Wirklichkeit. Der Forscher begibt sich in eine fiktionale Welt, die unverständlich ist für jene, die nicht an ihr teilhaben. (Irigaray 1985, S. 312; Irigaray 1987a, S. 73)

Hier stößt man erneut auf Irigarays Mißverständnisse im Hinblick auf die Funktion des mathematischen Formalismus in der Wissenschaft. Es ist nicht richtig, daß sich alle Konzepte einer wissenschaftlichen Theorie „nur auf ein intra-theoretisches Objekt beziehen". Ganz im Gegenteil: Zumindest einige der theoretischen Konzepte müssen in der realen Welt eine Entsprechung haben, denn sonst hätte die Theorie keinerlei empirische Konsequenzen (und wäre damit nicht wissenschaftlich). Infolgedessen ist die Welt des Wissenschaftlers nicht nur von Fiktionen bevölkert. Und schließlich sei noch angemerkt, daß weder die reale Welt noch die wissenschaftlichen Theorien, die sie erklären, für Laien völlig unverständlich sind; in vielen Fällen gibt es gute populärwissenschaftliche oder zwischen Wissenschaft und Populärwissenschaft angesiedelte Darstellungen.

Der Rest von Irigarays Text ist pedantisch und zugleich unfreiwillig komisch:

– die formbildenden Zeichen für Begriffe und Aussagen sind:
  +: oder Definition eines neuen Begriffs[8]
  =: was eine Eigenschaft durch Äquivalenz und Substitution anzeigt (zu einem Ganzen oder einer Welt gehörig)
  ∈: bezeichnet Zugehörigkeit zu einem Objekttyp

---

[8] Wie wir alle in der Grundschule gelernt haben, steht das Symbol „+" für die Addition zweier Zahlen. Wir wissen beim besten Willen nicht, wie Irigaray auf die Idee kam, es zeige die „Definition eines neuen Begriffs" an.

– die *Quantoren* (und nicht *Qualifikatoren)* sind:
$\geq \leq$;
der Allquantor;
der Existenzquantor, der – wie sein Name andeutet – dem Quantitativen unterworfen ist.
Gemäß der Semantik unvollständiger Wesen (Frege) sind funktionale Symbole Variablen, die an der Grenze der Identität syntaktischer Formen gefunden werden, und die dominante Rolle wird dem Universalitätssymbol oder dem Allquantor gegeben.
– die *Konnektoren* sind:
- Negation: P oder nicht P;[9]
- Konjunktion: P oder Q;[10]
- Disjunktion: P oder Q;
- Implikation: P impliziert Q;
- Äquivalenz: P entspricht Q.

Es gibt daher kein Zeichen:
- für *Differenz*, außer dem quantitativen;
- für *Reziprozität* (nur innerhalb einer gemeinsamen Eigenschaft oder eines gemeinsamen Ganzen);
- für *Austausch*;
- für *Flüssigkeit.*

(Irigaray 1985, S. 312 f.; Irigaray 1987 a, S. 73 f.)

Zunächst sei darauf hingewiesen, daß Irigaray den Begriff der „Quantifikation" in der Logik mit der Alltagsbedeutung des Wortes (etwas quantitativ oder numerisch ausdrücken) verwechselt hat; zwischen diesen beiden Begriffsverwendungen gibt es jedoch keinen Zusammenhang. Die Quantoren in der Logik sind „für alle" (Allquantor) und „es gibt" (Existenzquantor). Beispielsweise ist der Satz „x mag Schokolade" eine Aussage über eine bestimmte Person x; der Allquantor verwandelt sie in die Aussage „für alle x [zu einer als bekannt angenommenen Gruppe gehörig], x mag Schokolade", während der Existenzquantor sie in „Es gibt mindestens ein x [zu einer als bekannt angenom-

---

[9] Der Leser möge unsere Pedanterie entschuldigen: Die Negation einer Aussage P ist nicht „P oder nicht P", sondern einfach „nicht P".

[10] Dies ist wahrscheinlich ein Druckfehler; er steht sowohl in der französischen Originalfassung als auch in der englischen Übersetzung. Die Konjunktion zweier Aussagen ist, natürlich, „P *und* Q".

menen Gruppe gehörig], so daß x Schokolade mag" umwandelt. Dies hat eindeutig nichts mit Zahlen zu tun, und Irigarays vermeintlicher Gegensatz zwischen „Quantoren" und „Qualifikatoren" ist ohne jede Bedeutung.

Außerdem sind die Ungleichheitszeichen „$\geq$" (größer als oder gleich) und „$\leq$" (kleiner als oder gleich) keine Quantoren. Sie beziehen sich auf die Quantifizierung im herkömmlichen Wortsinn, nicht im Sinne von Quantoren in der Logik.

Darüber hinaus wird dem Allquantor keine „dominante Rolle" zugeschrieben. Ganz im Gegenteil, es herrscht eine vollständige Symmetrie zwischen dem All- und dem Existenzquantor, und jede Aussage, die einen dieser Quantoren verwendet, läßt sich in eine logisch äquivalente Aussage unter Verwendung des anderen umwandeln (zumindest in der klassischen Logik, auf die sich Irigaray angeblich bezieht).[11] Dies ist eine grundlegende Tatsache, die in jedem Einführungskurs zur Logik gelehrt wird; es überrascht, daß Irigaray, die so viel von mathematischer Logik spricht, dies nicht bekannt ist.

Schließlich ist ihre Behauptung falsch, es gebe kein anderes Zeichen (oder, was relevanter ist, keinen anderen *Begriff*) für Verschiedenheit als das quantitative. In der Mathematik gibt es nicht nur Zahlen, sondern noch viele andere Arten von Objekten – etwa Mengen, Funktionen, Gruppen, topologische Räume etc. –, und wenn man von zwei derartigen Objekten spricht, kann man natürlich sagen, daß sie gleich oder verschieden sind. Das Gleichheitszeichen (=) wird verwendet, um anzuzeigen, daß sie gleich sind, und das Ungleichheitszeichen ($\neq$), um zu zeigen, daß sie verschieden sind.

Im selben Aufsatz behauptet Irigaray, die sexistischen Vorurteile im Herzen der „reinen" Mathematik zu entlarven:

- die *mathematischen Wissenschaften* befassen sich, in der Mengenlehre, mit geschlossenen und offenen Räumen, mit dem unendlich Großen und dem unendlich Kleinen.[12] Sie

---

[11] Dies läßt sich folgendermaßen zeigen. Gehen wir davon aus, daß $P(x)$ eine beliebige Aussage über eine Person x ist. Der Aussage „für alle x, $P(x)$" entspricht „es gibt kein x, so daß $P(x)$ falsch ist". Und der Aussage „Es gibt mindestens ein x, so daß $P(x)$" entspricht „Es ist falsch, daß $P(x)$ für alle x falsch ist".

[12] Tatsächlich untersucht die Mengenlehre die Eigenschaften von „reinen"

befassen sich sehr wenig mit der Frage des teilweise Offenen, mit Einheiten, die nicht klar abgegrenzt sind, mit jeglicher Analyse des Problems der Ränder [*bords*], mit der Passage dazwischen, mit Fluktuationen, die zwischen den Schwellen besonderer Einheiten auftreten. Selbst wenn die Topologie diese Fragen aufwirft, betont sie das Einschließende eher als das, was aller Kreisförmigkeit widersteht.

(Irigaray 1985, S. 315; Irigaray 1987a, S. 76f.)

Irigarays Formulierungen sind vage: „des teilweise Offenen", „der Passage dazwischen", „Fluktuationen, die zwischen den Schwellen besonderer Einheiten auftreten" – wovon redet sie eigentlich? Das „Problem der Ränder" [*bords*] ist alles andere als vernachlässigt worden, vielmehr steht es seit deren Einführung vor einem Jahrhundert im Mittelpunkt der algebraischen Topologie,[13] und „berandete Mannigfaltigkeiten" [*variétés à bord*] sind seit mindestens fünfzig Jahren Gegenstand der Differentialgeometrie. Und, nicht zuletzt, stellt sich die Frage: Was hat dies alles mit Feminismus zu tun?

Wir waren daher sehr überrascht, diesen Abschnitt in einem neueren mathematischen Lehrbuch zitiert zu finden. Die Autorin ist eine bekannte amerikanische feministische Mathematikdozentin, deren Ziel – das wir voll und ganz unterstützen – darin besteht, mehr junge Frauen für eine wissenschaftliche Karriere zu gewinnen. Sie zitiert Irigaray zustimmend und fährt dann fort:

In dem von Irigaray hergestellten Kontext wird ein Gegensatz sichtbar zwischen der linearen Zeit der mathematischen Probleme der zusammenhängenden Größenbeziehungen, der Abstandsformeln und der linearen Beschleunigung einerseits und der herrschenden Erfahrung der zyklischen Zeit der Menstruation andererseits. Ist es für den weiblichen Geist-Körper offensichtlich, daß Intervalle Endpunkte haben, daß Parabeln die Ebene sauber aufteilen und daß die lineare Mathematik

---

Mengen, das heißt von Mengen ohne jede topologische oder geometrische Struktur. Die Fragen, auf die Irigaray hier anspielt, gehören eher in die Bereiche Topologie, Geometrie und Analysis.
[13] Vgl. etwa Dieudonné (1989).

des Unterrichts die Welt der Erfahrung auf eine intuitiv naheliegende Weise beschreibt?[14] (Damarin 1995, S. 252)

Die Theorie ist, gelinde gesagt, verblüffend: Glaubt die Autorin
wirklich, die Menstruation erschwere es jungen Frauen, die
Grundbegriffe der Geometrie zu verstehen? Diese Sicht erinnert
– und das ist unheimlich – an jene Herren aus dem 19. Jahrhundert, die meinten, Frauen seien aufgrund ihrer empfindlichen
Fortpflanzungsorgane nicht für rationales Denken und Wissenschaft geeignet. Mit solchen Freunden braucht die feministische
Sache eigentlich keine Feinde mehr.[15]

Ähnliche Gedanken findet man in Irigarays eigenen Schriften,
ja, sie verknüpft ihre wissenschaftlichen Irrungen mit allgemeineren und vage relativistischen philosophischen Erwägungen
und zieht sie zu deren Begründung heran. Ausgehend von dem
Gedanken, Wissenschaft sei „männlich", weist Irigaray „den
Glauben an eine vom Subjekt unabhängige Wahrheit" [la croy-
ance en une vérité indépendante du sujet] zurück und rät Frauen,

> daß sie der Existenz einer neutralen, allgemeingültigen Wis-
> senschaft weder Folge leisten noch ihr anhängen, einer Wis-
> senschaft, zu der die Frauen auf mühevollem Wege gelangen
> mußten, mit der sie sich und die anderen Frauen drangsalie-
> ren, indem sie aus der Wissenschaft ein neues Über-Ich ma-
> chen. (Irigaray 1989, S. 317)

Diese Behauptungen sind zweifellos sehr fragwürdig. Zwar gehen sie mit differenzierteren Behauptungen einher, etwa: „Die

---

[14] Angemerkt sei, daß das Wort „linear" in diesem Abschnitt dreimal verwendet wurde, unpassend und offensichtlich dreimal anders gemeint. Vgl. S. 164 ff.
für eine Erörterung der mißbräuchlichen Verwendung des Worts „linear".

[15] Dies ist auch kein Einzelfall. Hayles beschließt ihren Aufsatz zur Hydromechanik mit den Worten:

> Die in diesem Aufsatz zum Ausdruck gebrachten Erfahrungen sind ge-
> prägt von dem Bemühen, im Rahmen des rationalen Diskurses zu bleiben
> und gleichzeitig einige seiner zentralen Voraussetzungen in Frage zu stel-
> len. Während der Argumentationsfluß weiblich und feministisch war, ist
> der Kanal, in den er geleitet wurde, männlich und maskulinistisch. (Hayles
> 1992, S. 40)

Hayles scheint damit – ohne den geringsten Hinweis darauf, daß ihr das
bewußt ist – die Identifikation von „rationalem Diskurs" mit „männlich und
maskulinistisch" zu akzeptieren.

Wahrheit wird immer von irgend jemanden produziert. Das bedeutet nicht, daß sie keine Objektivität enthält"; „Jede Wahrheit ist teilweise relativ."[16] Das Problem besteht aber darin, daß wir nicht genau wissen, was Irigaray sagen und wie sie diese Widersprüche lösen will.

Die Wurzeln des Baums der Wissenschaft mögen bitter sein, aber seine Früchte sind süß. Zu behaupten, Frauen sollten sich von einer universalen Wissenschaft fernhalten, läuft darauf hinaus, sie zu entmündigen. Wer Rationalität und Objektivität für männlich sowie Gefühl und Subjektivität für weiblich hält, wiederholt die plattesten sexistischen Stereotypen. Über die weibliche „geschlechtliche Ökonomie" von der Pubertät zur Menopause schreibt Irigaray:

> Dabei hat jeder Moment dieses Werdens seine eigene, eventuell zyklische, an die kosmischen Rhythmen gebundene Zeitlichkeit. Wenn die Frauen sich durch den Unfall von Tschernobyl derart bedroht gefühlt haben, so kommt das von dieser nicht auflösbaren Beziehung ihres Körpers zum Universum. (Irigaray 1989, S. 311f.)[17]

Hier verfällt Irigaray geradewegs in mystizistisches Sprechen. Kosmische Rhythmen, Beziehung zum Universum – wovon um Himmels willen redet sie? Wer Frauen auf ihre Sexualität, ihre Menstruationszyklen und Rhythmen (ob kosmisch oder nicht) reduziert, der wendet sich gegen alles, wofür die feministische Bewegung in den letzten drei Jahrzehnten gekämpft hat. Simone de Beauvoir dreht sich sicherlich im Grabe um.

---

[16] Irigaray (1989, S. 316f.)

[17] Einige noch schockierendere Aussagen im selben Stil finden sich in Irigaray (1987b, S. 106ff.)

6. Bruno Latour

Der Wissenschaftssoziologe Bruno Latour wurde bekannt durch sein Buch *Science in Action*, das wir kurz in Kapitel 4 analysiert haben. Viel weniger bekannt ist dagegen seine semiotische Analyse der Relativitätstheorie, in der „Einsteins Text als Beitrag zur Delegationssoziologie" (Latour 1988, S. 3) gelesen wird. In diesem Kapitel werden wir Latours Interpretation der Relativitätstheorie untersuchen und zeigen, daß sie hervorragend illustriert, vor welchen Problemen ein Soziologe steht, der den Inhalt einer naturwissenschaftlichen Theorie analysieren will, die er nicht besonders gut verstanden hat.

Latour betrachtet seinen Artikel als Bestandteil und Erweiterung des *strong programme* der Wissenschaftssoziologie, das behauptet, daß „der Inhalt jeder Wissenschaft durch und durch gesellschaftlich ist" (S. 3). Das *strong programme* hatte, so Latour, „einen gewissen Erfolg in den empirischen Wissenschaften", weniger jedoch in der Mathematik. Er beklagt, frühere gesellschaftstheoretische Analysen von Einsteins Relativitätstheorie seien „den fachlichen Aspekten seiner Theorie aus dem Weg gegangen" und hätten keinen Hinweis darauf gegeben, „wie die Relativitätstheorie *selbst* als gesellschaftlich gelten könne" (S. 4 f.; Hervorhebung im Original). Latour setzt sich das ehrgeizige Ziel, diese Vorstellung zu verteidigen, und zwar durch eine Neudefinition des Begriffs „gesellschaftlich" *(social)* (S. 4 f.). Der Kürze halber gehen wir nicht auf die soziologischen Schlußfolgerungen ein, die Latour aus seiner Beschäftigung mit der Relativitätstheorie zieht, sondern beschränken uns darauf aufzuzeigen, daß seine Argumentation durch einige grundlegende Mißverständnisse in bezug auf diese Theorie selbst entwertet wird.[1]

Latour gründet seine Analyse der Relativitätstheorie auf eine semiotische Lesart von Einsteins zwischen Wissenschaft und Populärwissenschaft angesiedeltem Buch *Über die spezielle und die*

---

[1] Dennoch sei der Physiker John Huth (1998) zitiert, der Latours Artikel ebenfalls einer kritischen Analyse unterzogen hat: „In diesem Aufsatz werden die Begriffe ‚Gesellschaft' und ‚Abstraktion' so überstrapaziert, um in seine Interpretation der Relativität zu passen, daß sie ihrer üblichen Bedeutung völlig entkleidet werden und zur Erhellung der Theorie selbst nichts beitragen."

allgemeine Relativitätstheorie (1916). Nach einem Überblick über semiotische Begriffe wie *shifting in* oder *shifting out* von Erzählern versucht Latour, diese Gedanken auf Einsteins spezielle Relativitätstheorie anzuwenden. Dabei mißversteht er jedoch den physikalischen Begriff des „Bezugssystems". Ein kurzer Exkurs ist daher angebracht.

In der Physik ist ein *Bezugssystem* eine Methode, um räumliche und zeitliche Koordinaten (x, y, z, t) „Ereignissen" zuzuordnen. So läßt sich ein Ereignis in New York lokalisieren, indem man feststellt, daß es an der Ecke 6th Avenue (x) und 42nd Street (y) 30 Meter über dem Boden (z) am 1. Mai 1998 um 12 Uhr mittags (t) stattfindet. Generell läßt sich ein Bezugssystem als starrer, rechteckiger Rahmen aus Meterstäben und Uhren darstellen, die gemeinsam in der Lage sind, jedem Ereignis Koordinaten des „wo" und „wann" zuzuordnen.

Natürlich beinhaltet die Aufstellung eines Bezugssystems eine Reihe von willkürlichen Entscheidungen, etwa wo man den Ursprung der Raumkoordinaten festlegt (hier 0th Avenue und 0th Street in Bodennähe), wie man die Raumachsen ausrichtet (hier Ost-West, Nord-Süd, oben-unten) und wann man den Beginn der Zeit ansetzt (hier um 0 Uhr am 1. Januar des Jahres 0). Doch diese Willkür ist relativ bedeutungslos; wenn man den Ursprung und die Ausrichtung irgendwie verändert, gibt es nämlich recht einfache Formeln, um einen Koordinatensatz in einen anderen umzurechnen.

Eine interessantere Situation ergibt sich, wenn man zwei Bezugssysteme in relativer *Bewegung* betrachtet. Ein Bezugssystem könnte etwa für die Erde gelten, während ein anderes für einen Wagen gilt, der sich im Verhältnis zur Erde mit einer Geschwindigkeit von 100 Metern pro Sekunde in östlicher Richtung bewegt. Vieles in der Geschichte der modernen Physik seit Galilei dreht sich um die Frage, ob die Gesetze der Physik im Hinblick auf diese beiden Bezugssysteme dieselbe Form annehmen und welche Gleichungen zu verwenden sind, um den Koordinatensatz (x, y, z, t) in den zweiten (x', y', z', t') zu überführen. Insbesondere Einsteins Theorie der Relativität dreht sich genau um diese beiden Fragen.[2]

---

[2] Für eine gute Einführung in die Relativitätstheorie vgl. etwa Einstein (1972 [1916]), Mermin (1989) oder Sartori (1996).

In Lehrwerken der Relativitätstheorie wird ein Bezugssystem oft vage mit einem „Beobachter" gleichgesetzt. Genauer läßt sich ein Bezugssystem mit einer Gruppe von Beobachtern identifizieren, von denen sich an *jedem* Punkt des Raums einer aufhält und die sich alle im Verhältnis zueinander in Ruhelage befinden sowie mit synchronisierten Uhren ausgestattet sind. Es sei betont, daß diese „Beobachter" keine Menschen sein müssen: Ein Bezugssystem läßt sich ohne Probleme aus Maschinen konstruieren (was bei Experimenten in der Hochenergiephysik heute auch regelmäßig geschieht). Tatsächlich muß ein Bezugssystem nicht einmal „konstruiert" werden: Es ist absolut sinnvoll, sich vorzustellen, daß sich das Bezugssystem eines in Bewegung befindlichen Protons bei einer energiereichen Kollision mit dem Proton mitbewegt.[3]

Zurück zur Analyse Latours, in der drei unterschiedliche Fehler ausgemacht werden können. Erstens scheint er, zumindest in den folgenden Auszügen, der Ansicht zu sein, bei der Relativitätstheorie gehe es um die relative *Lage* (und nicht um die relative *Geschwindigkeit*) unterschiedlicher Bezugssysteme:

Ich werde das folgende Diagramm verwenden, in dem die zwei (oder mehr) Bezugssysteme unterschiedliche *Positionen* in Raum und Zeit markieren ... (S. 6)

Unabhängig davon, wie *weit* ich die Beobachter delegiere, senden sie alle übereinanderlegbare Berichte zurück ... (S. 14)

Entweder behaupten wir, absoluter Raum, absolute Zeit und die Naturgesetze unterschieden sich an unterschiedlichen *Orten* ... (S. 24)

Unter der Voraussetzung, daß man die beiden Relativitätstheorien [die spezielle und die allgemeine] akzeptiert, lassen sich mehr Bezugssysteme mit weniger Privileg erreichen, reduzieren, akkumulieren und kombinieren, Beobachter lassen sich an einige weitere *Orte* im unendlich Großen (Kosmos) und unendlich Kleinen (Elektronen) delegieren, und was sie von dort aus anzeigen, wird verständlich sein. Sein [Einsteins]

---

[3] In der Tat läßt sich Wichtiges über den inneren Aufbau von Protonen erfahren, wenn man den Zusammenstoß zweier Protonen im Hinblick auf das Bezugssystem des einen interpretiert.

Buch könnte betitelt werden: „Neue Anweisungen zum Zurückholen wissenschaftlicher Fernreisender". (S. 22 f.; Hervorhebungen durch die Autoren)

Dieser Fehler läßt sich vielleicht auf Latours wenig präzisen Stil zurückführen. Ein zweiter Fehler – der in unseren Augen gravierender ist und indirekt mit dem ersten zusammenhängt – entspringt einer offenkundigen Verwechslung zwischen den Begriffen des „Bezugssystems" in der Physik einerseits und des *actors* in der Semiotik andererseits:

Wie läßt sich entscheiden, ob eine Beobachtung, die in einem Zug über das Verhalten eines fallenden Steins angestellt wird, mit der Beobachtung in Übereinstimmung zu bringen ist, die vom Bahndamm aus über denselben fallenden Stein gemacht wird? Wenn es nur ein oder auch *zwei* Bezugssysteme gibt, läßt sich keine Lösung finden ... Einsteins Lösung besteht darin, *drei actors* zu betrachten: einen im Zug, einen auf dem Bahndamm und einen dritten, den Autor [*enunciator*] oder einen seiner Stellvertreter, der versucht, die verschlüsselten Beobachtungen, die von den beiden anderen zurückgeschickt wurden, übereinanderzulegen. (S. 10 f.; Hervorhebungen im Original)

In Wirklichkeit zieht Einstein niemals drei Bezugssysteme in Betracht. Die Lorentz-Transformationen[4] erlauben den Übergang der Koordinaten eines Ereignisses von einem Bezugssystem in ein anderes, ohne daß man je auf ein drittes zurückgreifen müßte. Latour scheint zu glauben, dieses dritte System sei aus physikalischer Sicht von entscheidender Bedeutung, denn in seiner Schlußbetrachtung schreibt er:

Die meisten Schwierigkeiten im Zusammenhang mit der Frühgeschichte des Inertialprinzips hängen mit der Existenz von nur zwei Bezugssystemen zusammen; die Lösung besteht immer in der Hinzufügung eines dritten Systems, das die von den beiden anderen gelieferten Informationen zusammenbringt. (S. 43)

---

[4] Nebenbei bemerkt, schreibt Latour diese Gleichungen falsch ab (S. 18, Abbildung 8). Im Zähler der letzten Gleichung muß es v/c^2 heißen und nicht v^2/c^2.

Einstein erwähnt an keiner Stelle ein drittes Bezugssystem, und in der Galileischen oder in der Newtonschen Mechanik, auf die Latour wahrscheinlich anspielt, wenn er die „Frühgeschichte des Inertialprinzips" erwähnt, kommt ein solches drittes System ebensowenig vor.[5]

Ebenso großen Wert legt Latour auf die Rolle *menschlicher* Beobachter, die er in soziologischen Begriffen analysiert, und beschwört dabei Einsteins angebliche

> Besessenheit von der Übermittlung von *Inf*ormation durch *Trans*formationen ohne *De*formation, seine Leidenschaft für das exakte Übereinanderlegen von Meßdaten, seine Panik, entsandte Beobachter könnten sich entziehen, Privilegien zurückhalten und Berichte schicken, die nicht zur Vermehrung unseres Wissens zu gebrauchen seien, seinen Wunsch, die delegierten Beobachter zu disziplinieren und zu abhängigen Teilen eines Apparats zu machen, die sich darauf beschränken, die Überlagerung von Zeigern und Stellungen zu beobachten … (S. 22; Hervorhebungen im Original)

Für Einstein sind die aus didaktischen Gründen eingeführten „Beobachter" jedoch nur fiktiv; sie lassen sich problemlos durch Geräte ersetzen, und es gibt absolut keine Notwendigkeit, sie zu „disziplinieren". Zitieren wir noch einmal Latour:

> Die Fähigkeit der delegierten Beobachter, übereinanderlegbare Berichte zu schicken, wird erst durch ihre absolute Abhängigkeit und sogar Dummheit möglich. Von ihnen wird lediglich verlangt, die Zeiger ihrer Uhr genau und unablässig zu beobachten … Das ist der Preis, der für die Freiheit und Glaubwürdigkeit des *enunciator* zu zahlen ist. (S. 19)

In den bereits angeführten Passagen wie auch an anderen Stellen seines Aufsatzes macht Latour einen dritten Fehler: Er betont die angebliche Rolle des *enunciator* in der Relativitätstheorie. Dieser Gedanke entspringt jedoch einer grundlegenden Verwechslung

---

[5] Mermin (1997b) gibt den – richtigen – Hinweis, daß bestimmte theoretische Erörterungen in der Relativitätstheorie einen Vergleich zwischen drei (oder mehr) Bezugssystemen enthalten. Dies hat jedoch nichts zu tun mit Latours angeblichem „dritten System, das die von den beiden anderen gelieferten Informationen zusammenbringt".

zwischen Einsteins Lehrmethode und der Relativitätstheorie selbst. Einstein beschreibt, wie die Raum-Zeit-Koordinaten eines Ereignisses mit Hilfe der Lorentz-Transformationen von einem beliebigen Bezugssystem zu einem anderen umgeformt werden können. Weder spielt ein Bezugssystem hier eine herausgehobene Rolle, noch existiert der Autor (Einstein) überhaupt *innerhalb* der physikalischen Situation, die er beschreibt – und schon gar nicht stellt er ein „Bezugssystem" dar. In gewissem Sinne ist Latours soziologische Befangenheit dafür verantwortlich, daß er eine der zentralen Aussagen der Relativitätstheorie mißverstanden hat, nämlich daß kein Inertialsystem gegenüber einem anderen ausgezeichnet ist.

Schließlich ist anzumerken, daß Latour eine außerordentlich vernünftige Unterscheidung zwischen „Relativismus" und „Relativität" trifft: Im Relativismus sind Sichtweisen subjektiv und unvereinbar, während in der Relativitätstheorie Raum-Zeit-Koordinaten eindeutig zwischen verschiedenen Bezugssystemen umgeformt werden können (S. 13 f.). Doch dann behauptet er, der *enunciator* spiele eine zentrale Rolle in der Relativitätstheorie, die er in soziologischen und sogar ökonomischen Begriffen wiedergibt:

Nur wenn der *Gewinn* des *enunciator* berücksichtigt wird, enthüllt sich die tiefere Bedeutung des Unterschieds zwischen Relativismus und Relativität … Es ist der *enunciator*, der das Privileg besitzt, alle Beschreibungen von allen Schauplätzen anzusammeln, zu denen er Beobachter entsandt hat. Das oben angesprochene Dilemma reduziert sich auf einen Kampf um die Kontrolle über Privilegien, um die Disziplinierung fügsamer Körper, wie Foucault gesagt hätte. (S. 15; Hervorhebungen im Original)

Und noch deutlicher:

Diese Kämpfe gegen Privilegien in der Ökonomie oder in der Physik sind im *wörtlichen* Sinne dasselbe, nicht im metaphorischen.[6] … Wer profitiert davon, daß all diese delegierten

---

[6] Es ist zur Kenntnis zu nehmen, daß Latour, genau wie Lacan (vgl. S. 38), hier auf der *wörtlichen* Gültigkeit eines Vergleichs besteht, der bestenfalls als vage Metapher zu verstehen wäre.

Beobachter zu Bahndämmen, Zügen, Sonnenstrahlen, der Sonne, nahen Sternen, beschleunigten Auftrieben und den Grenzen des Weltalls geschickt werden? Wenn der Relativismus recht hat, wird jeder von ihnen in gleicher Weise davon profitieren. Wenn die Relativitätstheorie recht hat, wird nur *einer* von ihnen (das heißt der *enunciator*, Einstein oder ein anderer Physiker) in der Lage sein, an einem Ort (sein Labor, sein Büro) die Dokumente, Berichte und Messungen zu sammeln, die von all seinen Delegierten zurückgeschickt wurden. (S. 23; Hervorhebungen im Original)

Dieser letzte Fehler ist sehr gravierend, da die soziologischen Schlußfolgerungen, die Latour aus seiner Analyse der Relativitätstheorie zu ziehen versucht, auf der privilegierten Rolle gründen, die er dem *enunciator* zuschreibt, der wiederum mit seiner Vorstellung von „Kalkulationszentren"[7] zusammenhängt.

Es läßt sich das Fazit ziehen, daß Latour die didaktische Aufbereitung der Relativitätstheorie mit dem „sachlichen Inhalt" der Theorie verwechselt. Seine Analyse von Einsteins halb populärwissenschaftlichem Buch könnte bestenfalls ein Licht auf Einsteins didaktisches Vorgehen und seine Rhetorik werfen – gewiß ein interessantes Vorhaben, wenngleich es deutlich bescheidener ist als der Nachweis, daß die Relativitätstheorie *selbst* „durch und durch gesellschaftlich" sei. Doch selbst eine fruchtbare Analyse der Didaktik setzt voraus, daß man die zugrundeliegende Theorie verstanden hat und damit die rhetorische Darbietungsweise und den sachlichen Gehalt in Einsteins Text auseinanderhalten kann. Latours unzureichendes Verständnis der Theorie, die Einstein zu erklären versucht, führt zu gravierenden Mängeln in seiner Analyse.

Es sei noch angemerkt, daß Latour die Kritik von Naturwissenschaftlern an seinem Werk verächtlich zurückweist:

Erstens sind die Meinungen von Naturwissenschaftlern über Studien, welche die Naturwissenschaft zum Gegenstand haben, nicht weiter von Bedeutung. Naturwissenschaftler sind die Informanten für unsere Forschungen zur Naturwissenschaft, nicht unsere Richter. Die von uns entwickelte Sicht der Naturwissenschaft muß keine Ähnlichkeit mit dem besitzen,

---

[7] Dieser Begriff taucht in Latours Soziologie auf.

was Naturwissenschaftler über ihre eigene Disziplin denken ... (Latour 1995, S. 6)

Der letzten Aussage mag man zustimmen. Aber was soll man von einem „Forscher" halten, der so gründlich mißversteht, was ihm seine „Informanten" mitteilen?

Latour beschließt seine Analyse der Relativitätstheorie mit der bescheidenen Frage:

Haben wir Einstein etwas beigebracht? ... Ich würde behaupten, daß Einsteins eigene theoretische Beweisführung ohne die Position des *enunciator* (die in Einsteins Darstellung versteckt ist) und ohne die Vorstellung von Kalkulationszentren unverständlich ist ... (Latour 1988, S. 35)

Nachtrag

Fast gleichzeitig mit der Veröffentlichung unseres Buches in Frankreich erschien in der amerikanischen Zeitschrift *Physics Today* ein Artikel des Physikers N. David Mermin, der eine wohlwollende Lektüre von Latours Aufsatz über die Relativitätstheorie empfahl und sich, zumindest implizit, gegen unsere deutlich kritischere Analyse wandte.[8] Im Grunde behauptet Mermin, daß eine Kritik an Latours mangelndem Verständnis der Relativitätstheorie am Kern vorbeigehe; laut seiner „hervorragend qualifizierten Tochter Liz, die seit Jahren kulturwissenschaftlich tätig ist", geht es bei Latour um folgendes:

Latour will dazu anregen, die formalen Eigenschaften von Einsteins Beweisführung auf die Sozialwissenschaft zu übertragen, um herauszufinden, sowohl was Sozialwissenschaftler über die „Gesellschaft" lernen können und wie sie den Begriff verwenden, als auch was Naturwissenschaftler über ihre eigenen Annahmen lernen können. Er versucht die Relativitätstheorie nur insoweit zu erklären, als er zu einer formalen („semiotischen") Lesart gelangen will, die auf die Gesellschaft übertragbar ist. Er sucht ein Modell zum Verständnis der gesellschaftlichen Wirklichkeit, das Sozialwissenschaftlern bei

---

[8] Mermin (1997b).

ihren wissenschaftlichen Auseinandersetzungen helfen soll, bei denen es um die Position und Bedeutung des Beobachters geht, um das Verhältnis zwischen dem „Inhalt" gesellschaftlichen Handelns und dem „Kontext" (um seine Begriffe zu verwenden) und um die Art der Schlußfolgerungen und Regeln, die durch Beobachtung zu gewinnen sind. (Mermin 1997b, S. 13)

Das ist nur die halbe Wahrheit. Latour nennt in seiner Einleitung *zwei* Ziele:

Unsere Absicht ... ist die folgende: In welcher Weise können wir, durch eine Neuformulierung des Begriffs der Gesellschaft, Einsteins Werk als *explizit* gesellschaftlich begreifen? Eine verwandte Frage lautet: Wie können wir von Einstein lernen, die Gesellschaft zu erforschen? (Latour 1988, S. 5; Hervorhebung im Original; vgl. S. 35 f. zu ähnlichen Aussagen)

Der Kürze halber haben wir darauf verzichtet zu untersuchen, inwieweit Latour diese beiden Ziele erreicht, sondern uns darauf beschränkt, seine grundlegenden Mißverständnisse hinsichtlich der Relativitätstheorie aufzuzeigen, die *beide* Projekte entwerten. Da Mermin die Frage jedoch aufgeworfen hat, wollen wir uns damit auseinandersetzen: Hat Latour aus seiner Analyse der Relativitätstheorie etwas gelernt, was „auf die Gesellschaft übertragbar" ist?

Auf der Ebene reiner Logik lautet die Antwort nein: Die Relativitätstheorie in der Physik enthält keinerlei Implikationen für die Soziologie. (Nehmen Sie an, morgen würde ein Experiment bei CERN ergeben, daß das Verhältnis zwischen der Geschwindigkeit eines Elektrons und seiner Energie etwas von dem Verhältnis abweicht, das Einstein vorhergesagt hat. Dieses Ergebnis würde die Physik revolutionieren, aber warum um alles in der Welt sollten sich die Soziologen deshalb gezwungen sehen, ihre Theorien des menschlichen Verhaltens umzuwerfen? Zweifelsohne stehen Relativitätstheorie und Soziologie bestenfalls in einer analogen Beziehung zueinander. Vielleicht kann Latour den soziologischen Relativismus und verwandte Themen erhellen, wenn er die Rolle von „Beobachtern" und „Bezugssystemen" in der Relativitätstheorie versteht. Es fragt sich aber: Wer ist es, der hier spricht, und zu wem spricht er? Nehmen wir in diesem

Zusammenhang einmal an, die von Latour verwendeten soziologischen Begriffe seien ebenso exakt zu definieren wie die der Relativitätstheorie und jemand, der mit beiden Theorien vertraut ist, könne eine formale Analogie zwischen den beiden herstellen. Diese Analogie könnte vielleicht dazu beitragen, einem Soziologen, der mit Latours Soziologie vertraut ist, die Relativitätstheorie zu erklären oder einem Physiker Latours Soziologie, aber welchen Sinn soll es haben, anhand der Analogie zur Relativitätstheorie *anderen Soziologen* die Soziologie Latours zu erklären? Denn selbst wenn man Latour ein umfassendes Verständnis der Relativitätstheorie zubilligt,[9] kann man nicht davon ausgehen, seine Kollegen aus der Soziologie besäßen ebenfalls ein solches Wissen. Normalerweise wird ihr Verständnis der Relativitätstheorie (sofern sie nicht zufällig Physik studiert haben) auf Analogien zu soziologischen Konzepten beruhen. Warum bezieht sich Latour also nicht direkt auf den soziologischen Hintergrund seiner Leser, wenn er neue soziologische Konzepte einführen möchte?

---

[9] Mermin geht nicht so weit: Er räumt ein, es gebe „sicherlich viele unklare Aussagen, die sich auf die Physik der Relativität zu beziehen scheinen, aber durchaus Mißdeutungen grundlegender Fachbegriffe sein könnten" (Mermin 1997b, S. 13).

7. Intermezzo:
Chaostheorie und „postmoderne Wissenschaft"

Der Tag wird kommen, an dem durch ein mehrere Jahrhunderte während des Studium die heute verborgenen Dinge offensichtlich zutage treten; und die Nachwelt wird verblüfft sein, daß so klare Wahrheiten uns entgangen sind.
– Seneca zur Kometenbewegung, zitiert nach Laplace
(1986 [1825], S. 34)

In postmodernen Schriften stößt man häufig auf die Behauptung, daß mehr oder weniger neue wissenschaftliche Entwicklungen nicht nur unsere Sicht der Welt verändert, sondern auch tiefgreifende philosophische und epistemologische Veränderungen bewirkt haben – kurz, daß sich das gesamte Wesen der Wissenschaft verändert hat.[1] Die am häufigsten zur Stützung dieser These angeführten Beispiele sind die Quantenmechanik, der Gödelsche Satz und die Chaostheorie. Man findet jedoch auch den Zeitpfeil, Selbstorganisation, Fraktalgeometrie, den Urknall und verschiedene andere Theorien erwähnt.

Unserer Ansicht nach beruhen diese Ideen größtenteils auf Verwirrungen, die allerdings auf einer viel tieferen Ebene angesiedelt sind als bei Lacan, Irigaray oder Deleuze. Man müßte mehrere Bücher schreiben, um all die Mißverständnisse zu entwirren und um den Körnchen der Wahrheit gerecht zu werden, die sie manchmal im Innersten enthalten. In diesem Kapitel skizzieren wir eine solche Kritik, wobei wir uns auf zwei Beispiele beschränken: die „postmoderne Wissenschaft" nach Lyotard und die Chaostheorie.[2]

Eine mittlerweile klassische Formulierung des Gedankens einer tiefgreifenden gedanklichen Revolution findet sich in einem Kapitel aus Jean-François Lyotards *Das postmoderne Wissen*, das „Die postmoderne Wissenschaft als Erforschung der Instabilitäten" überschrieben ist.[3] Dort untersucht Lyotard einige Aspekte

---

[1] Zahlreiche Beispiele für solche Texte werden in Sokals Parodie zitiert (vgl. Anhang A, S. 262 ff.).
[2] Vgl. auch Bricmont (1995 a), der sich ausführlich mit Verwirrungen im Hinblick auf den „Zeitpfeil" befaßt.
[3] Lyotard (1993, Kapitel 13).

der Wissenschaft des 20. Jahrhunderts, die in seinen Augen Anzeichen für den Übergang zu einer neuen „postmodernen" Wissenschaft darstellen. Betrachten wir im folgenden einige der Beispiele, die er vorbringt, um diese Interpretation zu untermauern.

Nach einer flüchtigen Anspielung auf den Gödelschen Satz wendet sich Lyotard den Grenzen der Vorhersagbarkeit in der Atom- und Quantenphysik zu. Auf der einen Seite bemerkt er, daß es praktisch unmöglich ist, die Lage aller Moleküle in einem Gas zu kennen, da es bei weitem zu viele sind.[4] Diese Tatsache ist allerdings sehr wohl bekannt und diente zumindest seit den letzten Jahrzehnten des 19. Jahrhunderts als Grundlage der statistischen Physik. Auf der anderen Seite benutzt Lyotard, während er offensichtlich die Unbestimmtheit in der Quantenmechanik erörtert, zur Illustration ein absolut klassisches Beispiel (nicht aus der Quantenphysik): die Dichte eines Gases (das Verhältnis zwischen Masse und Volumen). Lyotard zitiert aus einem populärwissenschaftlichen Buch des französischen Physikers Jean Perrin über Atomphysik[5] und bemerkt, die Dichte eines Gases hänge von der Größe des Bereiches ab, in dem das Gas beobachtet wird: Wenn man beispielsweise eine Region betrachtet, deren Größe etwa einem Molekül entspricht, kann die Dichte innerhalb dieser Region zwischen null und einem sehr hohen Wert liegen, je nachdem, ob sich ein Molekül zufällig dort befindet oder nicht. Diese Beobachtung ist allerdings banal: Die Angabe der Dichte, bei der es sich um eine makroskopische Größe handelt, ist nur dann sinnvoll, wenn eine große Zahl von Molekülen vorhanden ist. Lyotards konzeptionelle Schlußfolgerungen sind jedoch sehr radikal:

> Die Erkenntnis, die die Dichte der Luft betrifft, löst sich also in eine Vielzahl von Aussagen auf, die absolut unvereinbar sind und nur vereinbar gemacht werden, wenn sie in bezug auf die vom Aussagenden gewählte Skala relativiert werden. (Lyotard 1993, S. 165)

Der subjektivistische Ton dieser Bemerkung ist durch den angeführten Fall nicht gerechtfertigt. Natürlich hängt die Wahrheit

---

[4] In jedem Kubikzentimeter Luft gibt es etwa $2,7 \times 10^{19}$ (= 27 Trillionen) Moleküle.

[5] Perrin (1990 [1913], S. xii–xiv).

oder Falschheit jeder Aussage von der Bedeutung der benutzten Wörter ab. Und wenn die Bedeutung dieser Wörter (wie Dichte) vom Maßstab abhängt, hängt auch die Wahrheit oder Falschheit der Aussage vom Maßstab ab. Die „vielzähligen Aussagen" zur Dichte der Luft sind, wenn die Aussagen sorgfältig formuliert sind (indem man beispielsweise den Maßstab, auf den sich die Aussage bezieht, eindeutig angibt), absolut miteinander vereinbar.

Im selben Kapitel weiter unten erwähnt Lyotard die *Fraktalgeometrie*, die sich mit „unregelmäßigen" Objekten wie Schneeflocken und Küstenlinien beschäftigt. In einem gewissen theoretischen Sinne besitzen diese Objekte eine geometrische Dimension, die keine ganze Zahl ist.[6] In ähnlicher Weise führt Lyotard die Katastrophentheorie an, einen Zweig der Mathematik, der sich, stark vereinfacht ausgedrückt, der Klassifizierung der Kuspen bestimmter Flächen (und ähnlicher Objekte) widmet. Diese beiden mathematischen Theorien sind sicherlich interessant, und es gab einige praktische Anwendungen in den Naturwissenschaften, vor allem in der Physik.[7] Wie alle wissenschaftlichen Fortschritte haben sie neue Werkzeuge geschaffen und die Aufmerksamkeit auf neue Probleme gelenkt. Die traditionelle wissenschaftliche Epistemologie wurde durch sie aber in keiner Weise in Frage gestellt.

Letztlich bringt Lyotard kein Argument vor, um seine philosophischen Schlußfolgerungen zu untermauern:

Man gewinnt aus diesen – und manchen anderen – Forschungen die Idee, daß die Überlegenheit der stetigen, ableitbaren

---

[6] Gewöhnliche (glatte) Objekte lassen sich entsprechend ihrer *Dimension* klassifizieren, die immer eine ganze Zahl ist: Beispielsweise ist die Dimension einer geraden Linie oder einer glatten Kurve immer 1, während die einer Ebene oder glatten Fläche immer gleich 2 ist. Im Gegensatz dazu sind fraktale Objekte komplizierter; man muß ihnen mehrere unterschiedliche „Dimensionen" zuordnen, um verschiedene Aspekte ihrer Geometrie zu beschreiben. Während die „topologische Dimension" eines geometrischen Objekts (ob glatt oder nicht) immer eine ganze Zahl ist, ist die „Hausdorff-Dimension" eines fraktalen Objekts im allgemeinen *keine* ganze Zahl.
[7] Dennoch sind einige Physiker und Mathematiker der Überzeugung, daß der Medienrummel um diese beiden Theorien deren wissenschaftlichen Nutzen bei weitem übersteigt: Vgl. beispielsweise Zahler und Sussmann (1977), Sussmann und Zahler (1978), Kadanoff (1986) und Arnol'd (1992).

Funktion[8] als Paradigma der Erkenntnis und Prognose im Verschwinden begriffen ist. In ihrem Interesse für die Unentscheidbaren, für die Grenzen der Präzision der Kontrolle, die Quanten, die Konflikte unvollständiger Information, die *„Frakta"*, die Katastrophen und pragmatischen Paradoxa entwirft die postmoderne Wissenschaft die Theorie ihrer eigenen Evolution als diskontinuierlich, katastrophisch, nicht zu berichtigen,[9] paradox. Sie verändert den Sinn des Wortes Wissen, und sie sagt, wie diese Veränderung stattfinden kann. Sie bringt nichts Bekanntes, sondern Unbekanntes hervor. Und sie legt ein Legitimationsmodell nahe, das keineswegs das der besten Performanz ist, sondern der als Paralogie verstandenen Differenz. (Lyotard 1993, S. 172 f.)

Da dieser Absatz häufig zitiert wird, wollen wir ihn genau unter die Lupe nehmen.[10] Lyotard hat hier mindestens sechs verschiedene Zweige der Mathematik und der Physik durcheinandergeworfen, die konzeptionell weit voneinander entfernt sind. Darüber hinaus hat er die Einführung nichtdifferenzierbarer (oder sogar unstetiger) Funktionen in wissenschaftliche Modelle mit einer sogenannten „diskontinuierlichen" oder „paradoxen" Entwicklung der Wissenschaft selbst verwechselt. Die von Lyotard zitierten Theorien bringen natürlich neues Wissen hervor, doch dabei verändern sie die Bedeutung des Wortes nicht.[11] Und vor

---

[8] Dies sind Fachbegriffe aus der Differentialrechnung: Eine Funktion bezeichnet man als *stetig*, wenn (hier vereinfachen wir ein wenig) ihr Graph gezeichnet werden kann, ohne den Bleistift vom Papier zu nehmen, während man eine Funktion als *differenzierbar* bezeichnet, wenn an jedem Punkt ihres Graphen eine einzige Tangente existiert. Nebenbei sei bemerkt, daß jede differenzierbare Funktion automatisch stetig ist und daß die Katastrophentheorie (Lyotard zum Trotz) auf der sehr schönen Theorie differenzierbarer Funktionen basiert.

[9] „Nichtrektifizierbar" [dies ist mit „nicht zu berichtigen" gemeint; Anm. d. Übers.] ist ein weiterer Begriff aus der Differentialrechnung; er bezieht sich auf bestimmte nichtdifferenzierbare Kurven.

[10] Vgl. auch Bouveresse (1984, S. 125–130) für eine ähnlich ausgerichtete Kritik.

[11] Mit einer kleinen Einschränkung: Metatheoreme in der mathematischen Logik wie der Gödelsche Satz oder Unabhängigkeitstheoreme in der Mengenlehre besitzen einen logischen Status, der sich von dem herkömmlicher mathematischer Theoreme leicht unterscheidet. Man sollte jedoch betonen, daß diese Bereiche der mathematischen Grundlagenforschung nur einen

allem: Was sie hervorbringen, ist bekannt, nicht unbekannt (außer in dem trivialen Sinne, daß neue Entdeckungen neue Probleme aufwerfen). Schließlich ist das „Legitimationsmodell" nach wie vor der Vergleich von Theorien mit Beobachtungen und Experimenten und nicht die „als Paralogie verstandene Differenz" (was immer dies bedeuten mag).

Richten wir unsere Aufmerksamkeit nun auf die Chaostheorie.[12] Wir werden uns drei verschiedenen Arten der Verwirrung zuwenden; dabei geht es erstens um die philosophischen Implikationen, zweitens um die metaphorische Verwendung der Begriffe „linear" und „nichtlinear" und drittens um vorschnelle Anwendungen und Übertragungen.

Worum geht es bei der Chaostheorie? Es gibt viele physikalische Phänomene, die durch deterministische Gesetze bestimmt[13] und daher im Prinzip vorhersagbar sind, aufgrund ihrer „Empfindlichkeit gegenüber den Ausgangsbedingungen" in der Praxis, aber trotzdem nicht vorhergesagt werden können. Dies bedeutet, daß sich zwei Systeme, die denselben Gesetzen gehorchen, zu einem bestimmten Zeitpunkt in einem ganz ähnlichen (wenngleich nicht identischen) Zustand befinden und dennoch nach kurzer Zeit ganz unterschiedliche Zustände aufweisen. Bildlich gesprochen, könnte der Flügelschlag eines Schmetterlings in Madagaskar drei Wochen später einen Wirbelsturm in Florida auslösen. Natürlich tut der Schmetterling selbst kaum etwas. Vergleicht man aber die beiden Systeme – die Erdatmosphäre mit und ohne den Flügelschlag des Schmetterlings –, so kann das Ergebnis in drei Wochen ganz anders aussehen, es einen Wirbelsturm geben oder nicht. Eine praktische Konsequenz daraus ist, daß man nicht damit rechnet, das Wetter für mehr als ein paar Wochen vorhersagen zu können.[14] Man müßte wirklich eine der-

---

sehr geringen Einfluß auf das Gros mathematischer Forschung und so gut wie keinen Einfluß auf die Naturwissenschaften haben.

[12] Für eine tiefergehende und dennoch allgemeinverständliche Erörterung vgl. Ruelle (1994 a).

[13] Zumindest in einem sehr hohen Annäherungsgrad.

[14] Es sei darauf hingewiesen, daß dies nicht *a priori* die Möglichkeit ausschließt, das zukünftige Klima, etwa die durchschnittliche Niederschlagsmenge und Temperatur in England zwischen 2050 und 2060, *statistisch* vorher-

art große Menge an exakten Daten in die Vorhersage einbeziehen, daß selbst die denkbar größten Computer überfordert wären.

Genauer gesagt, wollen wir ein System betrachten, dessen Ausgangszustand nur unzureichend bekannt ist (wie immer in der Praxis). Es ist offensichtlich, daß sich diese Ungenauigkeit bei den Ausgangsdaten in der Qualität der Vorhersagen niederschlägt, die sich über den künftigen Zustand des Systems treffen lassen. Im allgemeinen werden die Vorhersagen im Lauf der Zeit ungenauer. Doch *wie* sich die Ungenauigkeit erhöht, unterscheidet sich von einem System zum anderen: In manchen Systemen geht dies langsam, in anderen sehr schnell.[15]

Dies läßt sich folgendermaßen erläutern: Stellen wir uns vor, daß wir für unsere letzten Vorhersagen eine bestimmte, genau festgelegte Präzision anstreben und uns selbst die Frage stellen, wie lange unsere Vorhersagen hinreichend exakt bleiben. Nehmen wir darüber hinaus an, daß uns eine technische Verbesserung in die Lage versetzt, die Ungenauigkeit unseres Wissens über den Ausgangszustand auf die Hälfte zu reduzieren. Für das erste System (bei dem sich die Ungenauigkeit langsam erhöht) erlaubt die technische Verbesserung, die Zeitdauer zu verdoppeln, während der man den Zustand des Systems mit der gewünschten Präzision vorhersagen kann. Für das zweite System (bei dem sich die Ungenauigkeit schnell erhöht) verlängert sich unser „Zeitfenster der Vorhersagbarkeit" nur um eine feste Größe, beispielsweise um eine zusätzliche Stunde oder um eine zusätzliche Woche (um wieviel, hängt von den Umständen ab). Etwas vereinfachend nennen wir Systeme der ersten Art *nichtchaotisch* und Systeme der zweiten Art *chaotisch* (bzw. „empfindlich gegenüber den Ausgangsbedingungen"). Chaotische Systeme sind somit dadurch charakterisiert, daß ihre Vorhersagbarkeit scharf begrenzt ist, da selbst eine spektakuläre Verbesserung hinsichtlich der Präzision der Ausgangsdaten (etwa um den Faktor 1000) nur zu einer relativ dürftigen Vergrößerung des

---

zusagen. Die Erstellung eines weltklimatischen Modells stellt ein schwieriges und umstrittenes wissenschaftliches Problem dar, ist jedoch extrem wichtig für die Zukunft der Menschheit.

[15] In der Fachsprache spricht man davon, daß sich im ersten Fall die Ungenauigkeit mit der Zeit linear oder polynomial erhöht, im zweiten Fall exponentiell.

Zeitraums führt, während dessen die Vorhersagen ihre Gültigkeit behalten.[16]

Es dürfte kaum überraschen, daß Vorhersagen für ein sehr komplexes System wie die Erdatmosphäre schwierig sind. Überraschender ist aber, daß ein System, das durch eine *kleine* Zahl von Variablen zu beschreiben ist und einfachen deterministischen Gleichungen gehorcht – beispielsweise zwei zusammenhängende Pendel –, dennoch ein sehr komplexes Verhalten und eine extreme Empfindlichkeit gegenüber den Ausgangsbedingungen aufweisen kann.

Man sollte daraus jedoch keine vorschnellen philosophischen Schlüsse ziehen.[17] So wird vielfach behauptet, die Chaostheorie habe die Grenzen der Wissenschaft aufgezeigt. Viele natürliche Systeme sind aber nichtchaotisch, und selbst bei der Untersuchung chaotischer Systeme geraten Wissenschaftler weder in eine Sackgasse noch an eine Absperrung, auf der „Durchgang verboten" steht. Die Chaostheorie eröffnet ein weites Feld für künftige Vorhaben und lenkt die Aufmerksamkeit auf viele neue Forschungsobjekte.[18] Im übrigen haben nachdenkliche Wissenschaftler schon immer gewußt, daß sie nicht hoffen können, *alles* vorhersagen oder berechnen zu können. Es ist vielleicht eine eher unangenehme Erfahrung, daß sich ein bestimmtes Gebiet, das für uns von Interesse ist (etwa das Wetter in drei Wochen), unserer Fähigkeit zur Vorhersage entzieht, aber dies bringt die Entwicklung der Wissenschaft nicht zum Stillstand. So wußten Physiker im 19. Jahrhundert sehr wohl, daß es in der Praxis unmöglich ist, die Lage aller Moleküle eines Gases zu kennen. Dies stachelte sie an, die Methoden der statistischen Physik zu entwickeln, mit deren Hilfe sich viele Eigenschaften von aus einer

---

[16] Eine Einschränkung ist unverzichtbar: Bei manchen chaotischen Systemen kann die feste Größe, die man gewinnt, wenn man die Präzision der ursprünglichen Messung verdoppelt, sehr lang sein. Das bedeutet, daß diese Systeme in der Praxis viel länger vorhersagbar sind als die meisten nichtchaotischen Systeme. So haben neuere Forschungen gezeigt, daß die Umlaufbahnen einiger Planeten ein chaotisches Verhalten aufweisen, aber die „feste Größe" liegt in der Größenordnung von einigen Millionen Jahren.

[17] Kellert (1993) bietet eine klare einführende Darstellung der Chaostheorie und eine nüchterne Prüfung ihrer philosophischen Implikationen, auch wenn wir nicht alle seiner Schlußfolgerungen teilen.

[18] Seltsame Attraktoren, Ljapunow-Exponenten etc.

großen Zahl von Molekülen zusammengesetzten Systemen (wie etwa Gasen) verstehen ließen. Ähnliche statistische Methoden werden heute zur Untersuchung chaotischer Phänomene verwendet. Vor allem aber besteht das Ziel der Wissenschaft nicht nur in der Vorhersage, sondern auch darin, die Dinge zu verstehen.

Eine zweite große Verwirrung betrifft Laplace und den Determinismus. Wir möchten betonen, daß es in dieser seit langem geführten Diskussion immer darauf ankam, zwischen Determinismus und Vorhersagbarkeit zu unterscheiden. Der Determinismus hängt davon ab, wie die Natur sich verhält, und ist unabhängig von uns, während die Vorhersagbarkeit teilweise von der Natur und teilweise von uns abhängt. Stellen wir uns zur Verdeutlichung ein absolut vorhersagbares Phänomen vor – beispielsweise eine Uhr. Nehmen wir an, diese befindet sich an einem nicht zugänglichen Ort (etwa auf einem Berggipfel). Die Bewegung der Uhr ist *für uns* nicht vorhersehbar, weil wir ihren Ausgangszustand nicht kennen. Es wäre jedoch lächerlich zu behaupten, die Bewegung der Uhr sei deshalb nicht mehr deterministisch. Oder, um ein anderes Beispiel anzuführen, betrachten wir ein Pendel. Ohne äußere Krafteinwirkung ist seine Bewegung deterministisch und nichtchaotisch. Wenn man eine periodische Kraft ausübt, kann seine Bewegung chaotisch und daher viel schwieriger vorhersagbar werden – aber ist sie dadurch nicht mehr deterministisch?

Das Werk Laplace' wird oft mißverstanden. Als er den Begriff des universalen Determinismus einführte,[19] fügte er sofort hinzu, wir würden „stets unendlich weit entfernt bleiben" von seiner imaginären „Intelligenz" und deren idealem Wissen der „jeweiligen Situation der Wesen, aus denen sie [die natürliche Welt] sich zusammensetzt", das heißt, in eine moderne Sprache übersetzt, von den exakten Ausgangsbedingungen aller Teilchen. Laplace unterschied klar zwischen dem, wie sich die Natur verhält, und dem Wissen, das wir darüber haben. Er formulierte diese

---

[19] „Wenn wir einen Augenblick von einer Intelligenz ausgehen, die alle Kräfte, durch die die Natur belebt wird, und die jeweilige Situation der Wesen, aus denen sie sich zusammensetzt, erfassen könnte – eine Intelligenz, die so groß wäre, daß sie diese Daten analysieren könnte –, würde sie die Bewegungen der größten Himmelskörper und des leichtesten Atoms in einer Formel erfassen; für sie wäre nichts ungewiß, und die Zukunft wäre, wie die Vergangenheit, vor ihren Augen präsent." (Laplace 1986 [1825], S. 32 f.)

prinzipielle Unterscheidung sogar zu Beginn eines Aufsatzes über *Wahrscheinlichkeitstheorie*. Aber welche Bedeutung hat die Wahrscheinlichkeitstheorie für Laplace? Sie stellt für ihn lediglich eine Methode dar, um in einer Situation partieller Unwissenheit vernünftig entscheiden zu können. Die Bedeutung von Laplace' Text wird vollkommen falsch dargestellt, wenn man sich einbildet, *er* habe gehofft, eines Tages zu vollkommenem Wissen und universeller Vorhersagbarkeit zu gelangen, denn das Ziel seines Aufsatzes bestand gerade darin zu erklären, wie man vorgehen solle, wenn man ein derartiges vollständiges Wissen nicht besitzt – so, wie man zum Beispiel in der statistischen Physik vorgeht.

In den letzten drei Jahrzehnten gab es bemerkenswerte Fortschritte in der mathematischen Chaostheorie, aber der Gedanke, manche physikalischen Systeme könnten eine Empfindlichkeit gegenüber Ausgangsbedingungen aufweisen, ist nicht neu. So äußerte sich James Clerk Maxwell 1879, nachdem er das Prinzip des Determinismus aufgestellt hatte („dieselben Ursachen werden stets dieselben Wirkungen haben"):

Ein anderer Grundsatz, der mit dem am Anfange dieses Artikels citirten nicht verwechselt werden darf, sagt: „Aehnliche Ursachen bringen ähnliche Wirkungen hervor."

Dieser Satz ist nur dann richtig, wenn kleine Veränderungen in dem Anfangszustande des Systemes nur kleine Veränderungen in seinem Endzustande zur Folge haben. Bei einer großen Anzahl von physikalischen Phänomenen ist diese Bedingung erfüllt; aber es gibt Fälle, in welchen eine kleine anfängliche Veränderung eine sehr grosse Veränderung in dem Endzustande des Systemes hervorbringt, so wenn die Verrükkung der Weichen einen Eisenbahnzug veranlasst, in einen anderen hineinzurennen, statt seinen richtigen Weg einzuhalten. (Maxwell 1879, S. 15)[20]

Und im Hinblick auf meteorologische Vorhersagen war Henri Poincaré 1909 bemerkenswert modern:

---

[20] Mit Hilfe dieses Zitats wollen wir natürlich den Unterschied zwischen Determinismus und Vorhersagbarkeit verdeutlichen und nicht die Richtigkeit des Determinismus beweisen. In der Tat war Maxwell selbst offenkundig kein Determinist.

Warum haben Meteorologen solche Probleme, das Wetter mit einer gewissen Sicherheit vorherzusagen? Warum scheinen Schauer und sogar Stürme zufällig zu kommen, so daß es viele Menschen für ganz natürlich halten, um Regen oder gutes Wetter zu beten, obgleich sie es für lächerlich hielten, im Gebet eine Finsternis zu erbitten? Wir sehen, daß große Störungen normalerweise in Regionen vorkommen, in denen sich die Atmosphäre in einem instabilen Gleichgewicht befindet. Die Meteorologen sehen sehr wohl, daß das Gleichgewicht instabil ist, daß irgendwo ein Wirbelsturm entstehen wird, aber wo genau, vermögen sie nicht zu sagen; ein zehntel Grad mehr oder weniger an einem bestimmten Punkt, und der Wirbelsturm bricht hier los und nicht dort und verwüstet auch Gebiete, die er ansonsten verschont hätte. Wenn sie sich dieses Zehntel Grad bewußt gewesen wären, hätten sie das vorher wissen können, aber die Beobachtungen waren weder umfassend noch genau genug, und das ist der Grund, weshalb alles auf das Eingreifen des Zufalls zurückzugehen scheint. (Poincaré 1952 [1909], S. 68 f.)

Wenden wir uns nun den Verwirrungen zu, die sich aus dem falschen Gebrauch der Wörter „linear" und „nichtlinear" ergeben. Zunächst sei darauf hingewiesen, daß das Wort „linear" in der Mathematik zwei unterschiedliche Bedeutungen hat, die es auseinanderzuhalten gilt. Einerseits kann man von einer *linearen Funktion* (oder *Gleichung*) sprechen: Beispielsweise sind die Funktionen $f(x) = 2x$ und $f(x) = -17x$ linear, die Funktionen $f(x) = x^2$ und $f(x) = \sin x$ dagegen nichtlinear. Als mathematisches Modell ausgedrückt, beschreibt eine lineare Gleichung eine Situation, in der (etwas vereinfacht) „die Wirkung proportional zur Ursache ist".[21] Andererseits kann man von einer *linearen Ordnung* sprechen:[22] Dies bedeutet, daß die Elemente einer Men-

---

[21] Diese Verbalisierung der Gleichung bringt das Problem der Linearität mit dem davon grundverschiedenen Problem der Kausalität durcheinander. In einer linearen Gleichung ist es die *Menge aller Variablen*, die einem Verhältnis der Proportionalität gehorcht. Es ist nicht notwendig zu spezifizieren, welche Variablen die „Wirkung" repräsentieren und welche die „Ursache"; tatsächlich ist eine solche Unterscheidung in vielen Fällen bedeutungslos (etwa in Systemen mit Rückkopplung).
[22] Die häufig als *totale Ordnung* bezeichnet wird.

ge so geordnet sind, daß für jedes Paar der Elemente *a* und *b* entweder $a < b$, $a = b$ oder $a > b$ gilt. So gibt es eine natürliche lineare Ordnung für die Menge reeller Zahlen, während es für die komplexen Zahlen keine derartige natürliche Ordnung gibt.[23] Nun haben postmoderne Autoren dem Wort „linear" eine dritte Bedeutung unterlegt – die vage mit der zweiten zusammenhängt, von ihnen aber oft mit der ersten verwechselt wird –, wenn sie von *linearem Denken* sprechen. Eine genaue Definition wird nicht gegeben, aber die Grundbedeutung ist trotzdem klar: Gemeint ist das logische und rationalistische Denken der Aufklärung und der sogenannten „klassischen" Wissenschaft (der oft ein extremer Reduktionismus und Zahlengläubigkeit vorgeworfen wird). Im Gegensatz zu dieser altmodischen Art des Denkens plädieren diese Autoren für ein postmodernes „nichtlineares Denken". Was letzteres genau beinhaltet, wird ebenfalls nicht richtig erklärt, aber es ist offensichtlich eine Methodologie, die auf Intuition und subjektive Wahrnehmung baut und dadurch über die Vernunft hinausgeht.[24] Und es wird häufig behauptet, die sogenannte postmoderne Wissenschaft – und vor allem die Chaostheorie – rechtfertige und stütze das neue „nichtlineare Denken". Doch diese Behauptung basiert lediglich auf einer Verwechslung zwischen den drei Bedeutungen des Wortes „linear".[25]

---

[23] Für die Fachleute: „Natürlich" bedeutet hier „kompatibel mit der Körperstruktur" in dem Sinne, daß $a,b > 0$ die Gleichung $ab > 0$ und $a > b$ die Gleichung $a + c > b + c$ impliziert.

[24] Nebenbei bemerkt, handelt es sich um eine *falsche* Annahme, die Intuition spiele in der „traditionellen" Wissenschaft keine Rolle. Ganz im Gegenteil: Da wissenschaftliche Theorien dem menschlichen Denken entspringen und in den experimentell gewonnenen Daten fast nie „geschrieben" stehen, spielt die Intuition eine wichtige Rolle, wenn in einem kreativen Prozeß neue Theorien aufgestellt werden. Dennoch kann die Intuition nicht explizit die Gedankenführung beeinflussen, die zur *Verifikation* (oder Falsifikation) dieser Theorien führt, da dieser Prozeß unabhängig von der Subjektivität einzelner Wissenschaftler bleiben muß.

[25] Hierfür seien drei Beispiele zitiert: „Diese [wissenschaftlichen] Praktiken waren in einer binären Logik hermetischer Subjekte und Objekte sowie einer linearen, teleologischen Rationalität verwurzelt ... Die Linearität und Teleologie werden durch Chaosmodelle der Nichtlinearität und eine Betonung der historischen Bedingtheit verdrängt." (Lather 1991, S. 104 f.)

„Im Gegensatz zu den mehr linearen (historischen und psychoanalytischen wie auch naturwissenschaftlichen) Determinismen, die dazu neigen, bestimmte ältere Determinismen als Anomalien außerhalb des grundsätzlich linearen

Aufgrund dieser mißbräuchlichen Verwendungen begegnet man häufig postmodernen Autoren, die die Chaostheorie als eine gegen die Newtonsche Mechanik gerichtete Revolution betrachten – wobei letztere als „linear" bezeichnet wird – oder die die Quantenmechanik als Beispiel für eine nichtlineare Theorie anführen.[26] In Wirklichkeit kommen in Newtons „linearem Denken" Gleichungen vor, die absolut *nichtlinear* sind; aus diesem Grund entstammen viele Beispiele aus der Chaostheorie der Newtonschen Mechanik, weshalb die Erforschung des Chaos tatsächlich eine *Renaissance* der Newtonschen Mechanik als Gegenstand gegenwärtiger Forschung darstellt. Genauso wird die Quantenmechanik häufig als *das* Beispiel einer „postmodernen Wissenschaft" dargestellt, aber die grundlegende

---

Laufs der Dinge auszuklammern, schlossen diese Chaos, ständige Turbulenz und puren Zufall in dynamische Interaktionen ein, die mit der modernen Chaostheorie verwandt sind ..." (Hawkins 1995, S. 49)

„Anders als teleologische lineare Systeme verschließen sich chaotische Modelle der Abgeschlossenheit und brechen statt dessen zu endlosen ‚rekursiven Symmetrien' ab. Dieser Mangel an Abgeschlossenheit privilegiert die Unsicherheit. Eine einzige Theorie oder ‚Bedeutung' vervielfältigt sich zu unendlichen Möglichkeiten ... Was wir früher für von der linearen Logik abgeschlossen hielten, öffnet sich zu einer überraschenden Serie neuer Formen und Möglichkeiten." (Rosenberg 1992, S. 210)

Es sei betont, daß wir die zitierten Autoren *nicht* kritisieren, weil sie das Wort linear in ihrem eigenen Sinne verwenden: Die Mathematik besitzt kein Monopol auf das Wort. Was wir kritisieren, ist die Tendenz einiger postmoderner Autoren, die Bedeutung, die sie dem Wort beilegen, mit der mathematischen zu *verwechseln* und Verbindungen zur Chaostheorie herzustellen, die durch kein stichhaltiges Argument gestützt werden. Dahan-Dalmedico (1997) scheint uns diesen Punkt zu übersehen.

[26] So verweist Harriett Hawkins auf die „linearen Gleichungen, die die gleichmäßigen und damit vorhersagbaren Bewegungen von Planeten und Kometen beschreiben" (Hawkins 1995, S. 31), und Steven Best spielt auf „die linearen Gleichungen in der Newtonschen und sogar in der Quantenmechanik" an (Best 1991, S. 225); sie begehen damit den ersten Fehler, aber nicht den zweiten. Umgekehrt behauptet Robert Markley, „die Quantenphysik, die Bootstrap-Theorie, die Theorie der komplexen Zahlen [!] und die Chaostheorie teilten die Grundannahme, daß sich die Realität nicht in linearen Begriffen beschreiben läßt, daß nichtlineare – und nicht lösbare – Gleichungen die einzig möglichen Mittel sind, um eine komplexe, chaotische und nichtdeterministische Realität zu beschreiben" (Markley 1992, S. 264). Dieser Satz verdient einen Preis dafür, in so wenige Worte wie möglich so viele Verwechslungen wie möglich zu packen. Vgl. S. 317 f. für eine kurze Auseinandersetzung damit.

Gleichung der Quantenmechanik – die Schrödinger-Gleichung – ist absolut *linear.*

Überdies wird das Verhältnis zwischen Linearität, Chaos und der expliziten Lösbarkeit einer Gleichung oft mißverstanden. Nichtlineare Gleichungen sind im allgemeinen schwieriger zu lösen als lineare Gleichungen, aber nicht immer: Es gibt sehr schwierige lineare Probleme und sehr einfache nichtlineare. Newtons Gleichungen für das Keplersche Zweikörperproblem (die Sonne und *ein* Planet) sind beispielsweise nichtlinear und trotzdem explizit lösbar. Für das Auftreten von Chaos ist es darüber hinaus notwendig, daß die Gleichung nichtlinear und (hier vereinfachen wir ein wenig) nicht explizit lösbar ist, aber diese beiden Bedingungen sind – ob sie nun einzeln auftreten oder zusammen – alles andere als ausreichend, um Chaos hervorzubringen. Im Gegensatz zu einer weitverbreiteten Meinung ist ein nichtlineares System nicht unbedingt chaotisch.

Die Schwierigkeiten und Verwechslungen potenzieren sich, wenn man versucht, die mathematische Chaostheorie auf konkrete Situationen in der Physik, der Biologie und in den Sozialwissenschaften anzuwenden.[27] Um dies auf vernünftige Weise tun zu können, braucht man zunächst eine Vorstellung von den relevanten Variablen und von der Art der Entwicklung, die sie durchmachen. Leider ist es oft schwierig, ein mathematisches Modell zu finden, das einfach genug ist, um analysierbar zu sein, und die untersuchten Objekte dennoch angemessen beschreibt. In der Tat ergeben sich solche Probleme bei jedem Versuch, eine mathematische Theorie auf die Realität anzuwenden.

Einige angebliche „Anwendungen" der Chaostheorie – beispielsweise auf die Managementpraxis oder die Literaturanalyse – grenzen ans Absurde.[28] Und zu allem Übel wird die Chaostheorie – die mathematisch gut ausgearbeitet ist – häufig mit den erst ansatzweise formulierten Theorien der Komplexität und der Selbstorganisation verwechselt.

Eine weitere gravierende Verwechslung entsteht dadurch, daß man die mathematische Chaostheorie mit der Binsenweisheit verwechselt, daß kleine Ursachen eine große Wirkung haben

---

[27] Vgl. Ruelle (1994 b) für eine detailliertere Erörterung.
[28] Für eine überlegte Kritik der Anwendungen der Chaostheorie auf die Literatur vgl. etwa Matheson und Kirchhoff (1997) sowie van Peer (1998).

können nach dem Motto: „wenn Cleopatras Nase kürzer gewesen wäre" – oder man denke an die Geschichte vom fehlenden Nagel, der zum Zusammenbruch eines Reichs geführt hat. Ständig hört man die Behauptung, die Chaostheorie sei auf die Geschichte oder die Gesellschaft „angewendet" worden. Menschliche Gesellschaften sind jedoch komplexe Systeme, die eine große Zahl von Variablen enthalten, für die man (zumindest zum gegenwärtigen Zeitpunkt) keine sinnvollen Gleichungen aufstellen kann. Wenn man bei diesen Systemen von Chaos spricht, bringt uns das nicht viel weiter als das, was bereits intuitiv in der Binsenweisheit enthalten ist.[29]

Die (absichtliche oder unabsichtliche) Verwechslung der zahlreichen Bedeutungen des vielerlei Vorstellungen hervorrufenden Wortes „Chaos" – seiner spezifischen Bedeutung in der mathematischen Theorie der nichtlinearen Dynamik, wo es in etwa (wenn auch nicht völlig) mit „Empfindlichkeit gegenüber den Ausgangsbedingungen" gleichzusetzen ist, und seiner allgemeineren Bedeutung in der Soziologie, der Politologie, der Geschichtswissenschaft und der Theologie, wo es häufig als Synonym für Unordnung verwendet wird – führt zu einem weiteren Mißbrauch. Wie wir noch sehen werden, wird diese Begriffsverwirrung von Baudrillard und Deleuze/Guattari besonders schamlos ausgenutzt beziehungsweise zur Falle für sie.

---

[29] Wir bestreiten nicht, daß die mathematische Chaostheorie interessante Informationen liefern könnte, wenn man diese Systeme besser verstünde – gut genug, um Gleichungen aufstellen zu können, die diese zumindest annähernd richtig beschreiben. Die Soziologie und die Geschichtswissenschaft sind derzeit jedoch noch weit von dieser Entwicklungsstufe entfernt (und werden sie vielleicht niemals erreichen).

8. Jean Baudrillard

Jean Baudrillards soziologisches Werk fordert alle gängigen Theorien provokant heraus. Spöttisch, aber auch *extrem genau*, analysiert er die etablierten Beschreibungen der Gesellschaft mit Gelassenheit, Zuversicht und Humor.
– *Le Monde* (1984 b, S. 95; Hervorhebung durch die Autoren)

Der Soziologe und Philosoph Jean Baudrillard ist bekannt für seine Gedanken über die Probleme der Realität, des Scheins und der Illusion. In diesem Kapitel wollen wir auf einen weniger bekannten Aspekt von Baudrillards Werk aufmerksam machen, nämlich auf seine häufige Verwendung wissenschaftlicher und pseudowissenschaftlicher Terminologie.

In manchen Fällen ist Baudrillards Aufgreifen wissenschaftlicher Begriffe eindeutig metaphorisch. So schrieb er etwa folgendes über den Golfkrieg:

> Es ist höchst außergewöhnlich, daß die zwei Hypothesen, die Apokalypse der Echtzeit und des reinen Krieges sowie der Triumph des Virtuellen über das Reale, zur selben Zeit realisiert werden, in der selben Raum-Zeit, beide in erbitterter Verfolgung der jeweils anderen. Es ist ein Zeichen dafür, daß der Raum des Ereignisses zu einem Hyperraum mit mehrfacher Refraktion und *der Raum des Krieges eindeutig nichteuklidisch geworden ist.* (Baudrillard 1995, S. 50; Hervorhebung im Original)

Es scheint schon eine Tradition zu geben, die darin besteht, wissenschaftliche Begriffe aus dem Zusammenhang zu reißen. Bei Lacan waren es Tori und imaginäre Zahlen, bei Kristeva unendliche Mengen, und hier haben wir nichteuklidische Räume.[1]

---

[1] Was ist ein nichteuklidischer Raum? In der ebenen Geometrie Euklids – der in der Schule gelehrten Geometrie – gibt es für jede gerade Linie *L* und jeden Punkt *p*, der nicht auf *L* liegt, eine und nur eine gerade Linie parallel zu *L* (das heißt, die *L* nicht schneidet), die durch *p* läuft. Im Gegensatz dazu kann es in der nichteuklidischen Geometrie entweder eine unendliche Zahl paralleler Linien oder gar keine parallele Linie geben. Diese Geometrien gehen auf die Werke Bolyais, Lobatschewskys und Riemanns im 19. Jahrhundert zurück; Einstein verwendete sie in seiner allgemeinen Relativitätstheo-

Aber was könnte diese Metapher bedeuten? Ja, wie würde ein *euklidischer* Kriegsraum aussehen? Nebenbei bemerkt, existiert der Begriff eines „Hyperraums mit mehrfacher Refraktion" [*hyperespace à refraction multiple*] weder in der Mathematik noch in der Physik; er ist eine Erfindung Baudrillards.

Baudrillards Schriften sind voll von ähnlichen Metaphern aus der Mathematik und der Physik, zum Beispiel:

Im euklidischen Raum der Geschichte ist der schnellste Weg von einem Punkt zum anderen die Gerade, die gerade Linie von Fortschritt und Demokratie. Aber das gilt nur für den linearen Raum der Aufklärung.[2] In unserem nichteuklidischen Raum am Ende des Jahrhunderts werden alle Bahnen unweigerlich durch eine unheilvolle Krümmung umgelenkt. Das hängt zweifellos mit der Kugelgestalt der Zeit (die am Horizont des Jahrhundertendes ebenso sichtbar wird wie die der Erde am Horizont gegen Abend) oder mit einer unmerklichen Verzerrung des Gravitationsfeldes zusammen ...

Durch diese Rückwendung der Geschichte bis ins Unendliche, durch diese hyperbolische Krümmung entgeht auch das Jahrhundert seinem Ende. (Baudrillard 1994, S. 23 f.)

Eben dem verdanken wir zweifellos folgenden amüsanten physischen Effekt: den Eindruck, daß die kollektiven oder individuellen Ereignisse in ein Erinnerungsloch gefallen sind. Dieses Versagen der Erinnerung ergibt sich zweifellos aus der Umkehrbewegung, aus der parabolischen Krümmung des geschichtlichen Raumes. (Baudrillard 1994, S. 38)

Doch nicht die gesamte Physik Baudrillards ist metaphorischer Natur. In seinen philosophischeren Texten nimmt Baudrillard die Physik – oder was er dafür hält – offensichtlich wörtlich, so etwa in seinem Aufsatz „Das Fatale oder die reversible Imminenz", der dem Thema des Zufalls gewidmet ist:

---

rie (1915). Für eine gute Einführung in die nichteuklidischen Geometrien (unter Ausklammerung ihrer militärischen Anwendungsmöglichkeiten) vgl. Greenberg (1980) oder Davis (1993).

[2] Vgl. unsere Ausführungen zu den Mißbräuchen des Wortes „linear" (S. 164 ff.).

Diese Reversibilität der Kausalordnung, diese Umkehrung von Wirkung und Ursache, diese Präzession und dieser Triumph der Wirkung über die Ursache ist grundsätzlich ...

Genau das verspürt auch die Wissenschaft, die nicht mehr damit zufrieden ist, das deterministische Kausalitätsprinzip in Frage zu stellen (was bereits eine erste Revolution ist), sondern sogar über die Unschärferelation, die noch die Rolle einer Hyperrationalität spielt (der Zufall ist ein Flottieren der Gesetze, was bereits eine außergewöhnliche Erkenntnis darstellt), hinausdrängt: Was die Wissenschaft heute an die Grenzen ihres physikalischen und biologischen Anwendungsbereiches bringt, ist nicht nur das Flottieren oder die Unschärfe der physikalischen Gesetze, sondern ihre mögliche *Reversibilität*. Das wäre das *absolute Rätsel*: nicht irgendeine Extremwertformel oder eine Metagleichung des Universums (was noch zur Relativitätstheorie gehören würde), sondern die Vorstellung, daß jedes Gesetz sich reversibel verhalten könnte (nicht nur das Partikel im Anti-Partikel oder die Materie in der Anti-Materie, sondern die Gesetze selber). Diese Reversibilität, deren Hypothese schon immer in den großen Metaphysiken aufgestellt wurde, ist die Grundregel des Spiels des Scheins, der Metamorphose des Scheins, gegen die irreversible Ordnung der Zeit, des Gesetzes und des Sinns. Aber es ist faszinierend, die Wissenschaft zu den gleichen Ergebnissen gelangen zu sehen, obwohl sie deren eigener Logik und ihrem eigenen Ablauf so sehr widersprechen. (Baudrillard 1991, S. 199 ff.; Hervorhebungen im Original)

Es ist schwer zu entscheiden, was Baudrillard unter dem „Umkehren" eines physikalischen Gesetzes versteht. In der Physik spricht man von der *Umkehrbarkeit* von Gesetzen, als Kürzel für ihre „Invarianz gegenüber der Zeitumkehrung".[3] Diese Ei-

---

[3] Man stelle sich Billardkugeln vor, die nach den Newtonschen Gesetzen auf einem Tisch rollen (ohne Reibung und mit elastischen Stößen). Diese Bewegung zeichnet man mit einer Kamera auf, und anschließend spielt man den Film rückwärts ab: Die umgekehrte Bewegung wird den Gesetzen der Newtonschen Mechanik ebenfalls gehorchen. Daß dem so ist, wird in der Aussage zusammengefaßt, daß die Gesetze der Newtonschen Mechanik gegenüber der Zeitumkehrung invariant sind. Tatsächlich genügen alle bekannten Gesetze der Physik, mit Ausnahme jener der „schwachen Wechselwirkungen" zwischen Elementarteilchen, dieser Eigenschaft der Invarianz.

genschaft kennt jedoch bereits die Newtonsche Mechanik, die so kausal und deterministisch ist, wie es eine Theorie nur sein kann; sie hat nichts mit Unsicherheit zu tun und ist in keiner Weise an den „Grenzen [des] physikalischen und biologischen Anwendungsbereiches" der Wissenschaft. (Ganz im Gegenteil: Gerade die 1964 entdeckte *Nicht*-Umkehrbarkeit der Gesetze der „schwachen Wechselwirkungen" stellt eine neue Entdeckung dar, deren Verständnis derzeit noch ungenügend ist.) Jedenfalls hat die Umkehrbarkeit der Gesetze nichts mit einer angeblichen „Reversibilität der Kausalordnung" zu tun. Schließlich ist noch darauf hinzuweisen, daß Baudrillards Verwechslungen (oder Phantasien) auf wissenschaftlichem Gebiete ihn zu haltlosen Behauptungen verleiten: So führt er keinerlei Argumente zur Stützung seiner These an, daß die Wissenschaft zu Hypothesen gelangt, die „ihrem eigenen Ablauf so sehr widersprechen".

Diesen Gedankengang nimmt Baudrillard in seinem „Exponentielle Instabilität und Stabilität" betitelten Aufsatz noch einmal auf:

Das Problem einer Diskussion über das Ende (und das der Geschichte im besonderen) liegt darin, daß man von dem, was nach dem Ende kommt, und zugleich von der Unmöglichkeit, Schluß zu machen, reden muß. Dieses Paradox ergibt sich daraus, daß in einem nichtlinearen Raum, im nichteuklidischen Raum der Geschichte kein Ende ausgemacht werden kann. Ein Ende ist nur in einer logischen Kausalitäts- und Kontinuitätsordnung vorstellbar. Weil die Ereignisse selber künstlich erzeugt werden, vernichten sie durch ihr vorprogrammiertes Verfallsdatum oder durch die Vorwegnahme ihrer Wirkungen (ganz zu schweigen von ihrer Verklärung in den Medien) das Verhältnis der Ursache zur Wirkung und somit jede geschichtliche Kontinuität.

Diese Verzerrung von Ursachen und Wirkungen, diese geheimnisvolle Autonomie der Wirkungen, diese Umkehrung von Wirkung und Ursache, die Unordnung oder eine chaotische Ordnung erzeugt (genau das ist unsere gegenwärtige Situation: eine Umkehrung von Information und Realem, die eine Unordnung von Ereignissen und eine völlig überdrehte Medienwirkung erzeugt), erinnert unweigerlich an die Chaostheorie und an das Ungleichgewicht zwischen dem Flügelschlag eines Schmetterlings und dem Orkan, den er am anderen Ende der Welt auslöst. Außerdem erinnert sie an die paradoxe Hypothese von Jacques Benveniste über das Gedächtnis des Wassers ...

Vielleicht muß man die Geschichte selber als eine chaotische Formation betrachten, bei der die Beschleunigung der Linearität ein Ende macht und wo die von der Beschleunigung geschaffenen Turbulenzen die Geschichte endgültig von ihrem Ende entfernen, so wie sie die Wirkungen von ihren Ursachen entfernen. (Baudrillard 1994, S. 171 f.)

Erstens kehrt die Chaostheorie in keiner Weise das Verhältnis zwischen Ursache und Wirkung um. (Selbst wenn es um Menschen geht, hegen wir ernste Zweifel daran, daß sich eine Handlung in der Gegenwart auf ein Ereignis in der *Vergangenheit* auswirken könnte!) Auch hat die Chaostheorie nichts mit Benvenistes These zum Gedächtnis von Wasser zu tun.[4] Und schließlich ist der letzte Satz zwar aus wissenschaftlichen Fachbegriffen zusammengesetzt, aus wissenschaftlicher Sicht aber völlig ohne Bedeutung.

Der Text fährt in einem allmählichen Crescendo von Unsinn fort:

Selbst wenn es sich um das Jüngste Gericht handelt, werden wir unsere Bestimmung nicht erreichen. Wir sind heute von unserer Bestimmung durch einen Hyperraum mit variabler Brechung abgeschnitten. Man könnte die Rückwendung der Geschichte durchaus als eine Turbulenz dieser Art interpretieren, die sich aus einer Beschleunigung von Ereignissen ergibt, welche ihren Lauf umkehrt und ihre Bahn auslöscht. Das ist eine Version der Chaostheorie, die Version der *exponentiellen*

---

[4] Die Experimente von Benvenistes Arbeitsgruppe zu den biologischen Wirkungen hochgradig verdünnter Lösungen, die eine wissenschaftliche Grundlage für die Homöopathie zu liefern schienen, wurden rasch angezweifelt, nachdem sie vorschnell im Wissenschaftsmagazin *Nature* veröffentlicht worden waren (Davenas *et al.* 1988). Vgl. Maddox *et al.* (1988), und für eine eingehendere Erörterung vgl. Broch (1992). Kürzlich hat Baudrillard die Meinung geäußert, das Gedächtnis von Wasser sei „die letzte Phase der Transfiguration der Welt in reine Information" und „diese Virtualisierung von Wirkungen decke sich völlig mit der neuesten Wissenschaft" (Baudrillard 1997, S. 94).

Instabilität und ihrer unkontrollierbaren Wirkungen. Sie berücksichtigt besonders das „Ende" der Geschichte, die in ihrer linearen und dialektischen Bewegung durch jene katastrophische Singularität unterbrochen wird ...

Aber die Version der exponentiellen Instabilität ist nicht die einzige – es gibt auch die Version der *exponentiellen Stabilität*. Diese definiert einen Zustand, in dem man von einem beliebigen Punkt aus immer wieder an den gleichen Punkt zurückkehrt. Die Ausgangsbedingungen, die ursprünglichen Besonderheiten sind unwichtig, alles tendiert zum Nullpunkt – auch er ein seltsamer Attraktor.[5] ...

Diese beiden Hypothesen – exponentielle Instabilität und Stabilität – sind, wenn auch unvereinbar, gleichzeitig gültig. Unser System verbindet sie in seinem *normalen* Ablauf, seinem normalerweise katastrophischen Ablauf, in starkem Maße. Es verbindet in der Tat eine Inflation, eine galoppierende Beschleunigung, einen Mobilitätsrausch, eine Exzentrizität von Wirkungen und einen Exzeß an Bedeutung und Information mit einer exponentiellen Tendenz zur totalen Entropie. Unsere Systeme sind somit auf doppelte Weise chaotisch: Sie funktionieren gleichzeitig nach dem Modus von exponentieller Instabilität und Stabilität.

Es gibt somit kein Ende, weil wir uns in einer Übersteigerung des Endes befinden: überbeendet – in einer Überbietung aller Endlichkeiten: Transfinalität ...

Unsere komplexen, metastatischen und virenverseuchten Systeme, die allein der exponentiellen Dimension (ganz gleich, ob es sich nun um exponentielle Instabilität oder Stabilität handelt), der Exzentrizität und der unendlichen fraktalen Fortpflanzung durch Teilung ausgesetzt sind, können kein Ende mehr finden. Einem intensiven Metabolismus und einer intensiven inneren Metastase ausgesetzt, erschöpfen sie sich in sich selbst und haben sie keine Bestimmung, kein Ende, keine Andersheit und keine Fatalität mehr. Sie sind der Epidemie

---

[5] Ganz und gar nicht! Wenn Null ein Attraktor ist, dann ist es das, was man einen „Fixpunkt" nennt; diese Attraktoren (wie auch andere, die als „Grenzzyklen" bekannt sind) kennt man seit dem 19. Jahrhundert, und der Ausdruck „seltsamer Attraktor" wurde eigens zur Bezeichnung andersartiger Attraktoren eingeführt. Vgl. etwa Ruelle (1994 a).

ausgesetzt, dem endlosen Wuchern des Fraktalen, und nicht der Reversibilität und der vollkommenen Lösung des Fatalen. Wir kennen nur noch die Zeichen der Katastrophe, wir kennen keine Zeichen des Schicksals mehr. (Hat man sich wohl deshalb in der Chaostheorie mit dem gegenteiligen, auch ganz außergewöhnlichen Phänomen der *Hyposensibilität* für Anfangsbedingungen, mit der umgekehrten Exponentialität von Wirkungen im Verhältnis zu Ursachen beschäftigt – mit den potentiellen Wirbelstürmen, die zum Flügelschlag von Schmetterlingen führen?) (Baudrillard 1994, S. 172–177; Hervorhebungen im Original)

Der letzte Absatz ist Baudrillard in Reinkultur. Man muß sich schon sehr bemühen, keine Notiz von der starken Durchsetzung des Texts mit wissenschaftlichen und pseudowissenschaftlichen Ausdrücken[6] zu nehmen, die in – soweit wir erkennen können – inhaltslose Sätze eingestreut werden.

Diese Textstücke sind jedoch insofern untypisch für Baudrillards Werk, als sie auf mehr oder weniger klar definierte wissenschaftliche Ideen anspielen. Häufiger stößt man auf Sätze wie den folgenden:

Es gibt keine schönere Topologie als die von Möbius, um diese Kontiguität des Nahen und Fernen, des Inneren und Äußeren, von Objekt und Subjekt in derselben Schleife zu bezeichnen, auf der sich auch der Bildschirm unserer Computer mit dem mentalen Bildschirm unseres eigenen Gehirns verflechtet. Immer nach demselben Modell fallen Information und Kommunikation in inzestuöser Windung auf sich selbst zurück, in oberflächlicher Ununterscheidbarkeit von Subjekt und Objekt, von Innen und Außen, von Frage und Antwort, von Ereignis und Bild – was sich nur mit der liegenden 8 beschreiben läßt, die die mathematische Figur für das Unendliche darstellt. (Baudrillard 1992, S. 65)

Wie Gross und Levitt bemerken, ist dies „so aufgeblasen wie bedeutungslos".[7]

---

[6] Etwa *Hyperraum mit variabler Brechung* und *fraktale Fortpflanzung durch Teilung*.
[7] Gross und Levitt (1994, S. 80).

Zusammenfassend läßt sich sagen, daß Baudrillards Arbeiten eine Fülle wissenschaftlicher Ausdrücke enthalten, die unter völliger Mißachtung ihrer Bedeutung und, vor allem, in einem Kontext verwendet werden, in dem sie eindeutig irrelevant sind.[8] Unabhängig davon, ob man sie als Metaphern interpretiert oder nicht, läßt sich kaum erkennen, welche Funktion sie haben könnten, außer trivialen Beobachtungen über Soziologie oder Geschichte den Anstrich der Tiefgründigkeit zu verleihen. Darüber hinaus vermischt Baudrillard die wissenschaftliche Terminologie mit einem nichtwissenschaftlichen Vokabular, das er mit derselben Lässigkeit verwendet. Am Ende fragt man sich, was von Baudrillards Denken noch übrigbleibt, wenn man hinter die Wortfassade blickt.[9]

---

[8] Zu anderen Beispielen vgl. die Hinweise auf die Chaostheorie (Baudrillard 1991, S. 189), den Urknall (Baudrillard 1994, S. 179) und die Quantenphysik (Baudrillard 1996, S. 29 ff.). Das letztgenannte Buch steckt voller wissenschaftlicher und pseudowissenschaftlicher Anspielungen.

[9] Für eine eingehendere Kritik von Baudrillards Denken vgl. Norris (1992).

9. Gilles Deleuze und Félix Guattari

Ich muß hier auf zwei Büchern zu sprechen kommen, die mir zu den größten der großen zu gehören scheinen: *Differenz und Wiederholung*, *Logik des Sinns*. Zweifellos sogar so große Bücher, daß es schwierig ist, über sie zu sprechen, und nur wenige haben dies getan. Lange, glaube ich, wird dieses Werk über unseren Köpfen schweben, in rätselhafter Resonanz mit jenem von Klossovski, einem anderen wichtigen und herausragenden Zeichen. Doch eines Tages wird das Jahrhundert vielleicht deleuzianisch sein.
– Michel Foucault, *Theatrum Philosophicum* (1970, S. 885)

Der kürzlich verstorbene Gilles Deleuze gilt als einer der herausragendsten zeitgenössischen Denker Frankreichs. Er hat mehr als 20 Bücher über Philosophie geschrieben, alleine oder in Zusammenarbeit mit Félix Guattari. In diesem Kapitel werden wir jenen Teil von Deleuze' und Guattaris Werk analysieren, in dem sie sich auf Begriffe und Konzepte aus Physik und Mathematik berufen.

Das zentrale Merkmal der in diesem Kapitel zitierten Texte ist ihr Mangel an Klarheit. Natürlich könnten Verteidiger von Deleuze und Guattari auf diese Feststellung hin erwidern, daß diese Texte tiefgründig seien und wir sie nicht richtig verstanden hätten. Bei genauerem Hinsehen erkennt man jedoch, daß eine Fülle wissenschaftlicher Begriffe vorkommt, die aus dem Zusammenhang gerissen und ohne jede erkennbare Logik verwendet werden, zumindest wenn man von ihrer üblichen wissenschaftlichen Bedeutung ausgeht. Gewiß steht es Deleuze und Guattari frei, diese Begriffe in einem anderen Sinne zu verwenden: Die Naturwissenschaft besitzt kein Monopol auf die Verwendung von Wörtern wie „Chaos", „Grenzwert/Grenze" oder „Energie". Doch wie wir zeigen werden, sind ihre Schriften auch mit reinen Termini technici überfrachtet, die außerhalb des spezialisierten wissenschaftlichen Diskurses nicht verwendet werden und für die sie keine andere Definition anbieten.

Die zitierten Texte berühren eine Vielzahl von Themen: den Gödelschen Satz, die Theorie der transfiniten Zahlen, die Riemannsche Geometrie, die Quantenmechanik ...[1] Die Anspielun-

---

[1] Gödel: Deleuze und Guattari (1996, S. 139, 160 f.). Transfinite Kardi-

gen sind jedoch so kurz und oberflächlich, daß ein Leser, der sich auf diesen Gebieten nicht schon hervorragend auskennt, nichts Konkretes daraus lernen kann. Ein kundiger Leser wird ihre Aussagen dagegen zumeist als sinnlos empfinden, gelegentlich auch als akzeptabel, dafür aber banal und verworren.

Wir sind uns sehr wohl bewußt, daß Deleuze und Guattaris sich mit der Philosophie befassen, nicht mit der Popularisierung der Wissenschaft. Aber welche philosophische Funktion kann diese Lawine an schlecht verdautem wissenschaftlichem (und pseudowissenschaftlichem) Jargon erfüllen? Unserer Meinung nach lautet die plausibelste Erklärung, daß die beiden Autoren eine umfassende, aber sehr oberflächliche Bildung besitzen, die sie in ihren Schriften zur Schau stellen.

Ihr Buch *Qu'est-ce que la philosophie?* (dt.: *Was ist Philosophie?*) war 1991 in Frankreich ein Bestseller. Eines seiner Hauptthemen ist die Unterscheidung zwischen Philosophie und Wissenschaft. Nach Deleuze und Guattari beschäftigt sich die Philosophie mit „Begriffen", die Wissenschaft dagegen mit „Funktionen". Den Gegensatz beschreiben sie folgendermaßen:

> Unter diesen Voraussetzungen besteht der erste Unterschied in der jeweiligen Haltung von Wissenschaft und Philosophie gegenüber dem Chaos. Man definiert das Chaos weniger durch seine Unordnung als durch die unendliche Geschwindigkeit, mit der sich jede in ihm abzeichnende Form auflöst. Es ist ein Vakuum, das kein Nichts, sondern ein *Virtuelles* ist, alle möglichen Partikel enthält und alle möglichen Formen zeichnet, die auftauchen, um sogleich zu verschwinden, ohne Konsistenz oder Referenz, ohne Folge. Dies ist eine unendliche Geschwindigkeit in Geburt und Vergehen. (Deleuze und Guattari 1996, S. 135 f.; Hervorhebung im Original)

Am Rande sei angemerkt, daß Deleuze und Guattari das Wort „Chaos" hier nicht in seinem üblichen wissenschaftlichen Sinne verwenden (vgl. Kapitel 7),[2] obwohl es an späterer Stelle im

---

nalzahlen: Deleuze und Guattari (1996, S. 138 f.). Riemannsche Geometrie: Deleuze und Guattari (1992, S. 51, 513, Anm. 37, 669–674; 1996, S. 143, 189, 258). Quantenmechanik: Deleuze und Guattari (1996, S. 151). Diesen Verweisen ließen sich noch viele andere hinzufügen.
[2] Tatsächlich verweisen Deleuze und Guattari den Leser in einer Fußnote

Buch kommentarlos auch in diesem letztgenannten Sinne benutzt wird.[3] Sie fahren wie folgt fort:

Nun fragt die Philosophie danach, wie sich die unendlichen Geschwindigkeiten bewahren lassen, indem man zugleich Konsistenz hinzugewinnt, indem man dem Virtuellen eine ihm angemessene Konsistenz verschafft. Als Immanenzebene, die das Chaos schneidet, selektiert das philosophische Sieb unendliche Bewegungen des Denkens und stattet sich mit formierten Begriffen als konsistenten Partikeln aus, die so schnell sind wie das Denken. Die Wissenschaft geht das Chaos auf ganz andere, fast entgegengesetzte Weise an: Sie verzichtet auf das Unendliche, auf die unendliche Geschwindigkeit, um eine *Referenz* zu gewinnen, *die das Virtuelle zu aktualisieren vermag.* Die Philosophie, die das Unendliche bewahrt, verleiht dem Virtuellen

---

auf ein Buch von Prigogine und Stengers, in dem man die folgende pittoreske Beschreibung der Quantenfeldtheorie findet:

Das Quantenvakuum ist das Gegenteil von nichts: Weit davon entfernt, passiv oder träge zu sein, enthält es potentiell alle möglichen Teilchen. Unaufhörlich tauchen diese Teilchen aus dem Vakuum auf, um sofort zu verschwinden. (Prigogine und Stengers 1988, S. 162)

Etwas weiter unten erörtern Prigogine und Stengers einige Theorien über die Entstehung des Universums, die eine Instabilität des Quantenvakuums (in der allgemeinen Relativitätstheorie) zur Folge haben, und fügen dann hinzu:

Diese Beschreibung erinnert an die Kristallisation einer unterkühlten Flüssigkeit (einer Flüssigkeit, die unter ihre Gefriertemperatur abgekühlt wurde). In einer solchen Flüssigkeit bilden sich kleine kristalline Kerne, die sich aber anschließend ohne Folgen auflösen. Damit ein solcher Kern den Prozeß auslösen kann, der zur Kristallisation der gesamten Flüssigkeit führt, muß er eine kritische Größe erreichen, die auch in diesem Fall von einem hochgradig nichtlinearen kooperativen Mechanismus abhängt, den man als „Kristallisationskeimbildung" bezeichnet. (Prigogine und Stengers 1988, S. 162 f.)

[Anm. d. Übers.: In der deutlich veränderten deutschen Übersetzung – *Das Paradox der Zeit: Zeit, Chaos und Quanten.* München 1993 – wird die hier zitierte Passage nur unvollständig wiedergegeben (S. 296 f.).]
Der von Deleuze und Guattari verwendete Chaosbegriff ist somit eine Mixtur aus der Beschreibung der Quantenfeldtheorie mit der Beschreibung einer unterkühlten Flüssigkeit. Diese beiden Zweige der Physik haben keinen direkten Bezug zur Chaostheorie, wie sie normalerweise verstanden wird (nämlich als Theorie nichtlinearer dynamischer Systeme).
[3] Deleuze und Guattari (1996, S. 182 mit Anm. 15 sowie besonders S. 244 f. mit Anm. 7.)]

Konsistenz durch Begriffe; die Wissenschaft, die auf das Unendliche verzichtet, verleiht dem Virtuellen eine Referenz, die es aktualisiert, und zwar durch Funktionen. Die Philosophie verfährt mit einer Immanenz- oder Konsistenzebene; die Wissenschaft mit einer Referenzebene. Im Falle der Wissenschaft entspricht dies einem Bildstop. Dies ist eine phantastische *Verzögerung*, und es ist diese Verlangsamung, mit der sich die Materie aktualisiert, aber auch das wissenschaftliche Denken, das sie mittels Propositionen zu durchdringen vermag. Eine Funktion ist eine Zeitlupe. Sicher befördert die Wissenschaft fortwährend Beschleunigungen, nicht nur in den Katalysen, sondern auch in den Teilchenbeschleunigern, in den Expansionen, die die Galaxien auseinandertreiben. Dennoch finden diese Phänomene in der ursprünglichen Verzögerung keinen Null-Moment, mit dem sie brechen, sondern eher eine Bedingung, die ihre Entwicklung insgesamt begleitet. Verzögern heißt, eine Grenze ins Chaos zu ziehen, die von allen Geschwindigkeiten unterschritten wird, so daß sie eine als Abszisse bestimmte Variable bilden, während die Grenze zugleich eine universale Konstante bildet, die man nicht überschreiten kann (etwa ein Maximum an Kontraktion). Die ersten Funktive sind also die Grenze und die Variable, und die Referenz ist ein Verhältnis zwischen Werten der Variablen oder eigentlich das Verhältnis der Variablen als Abszisse der Geschwindigkeiten mit der Grenze. (Deleuze und Guattari 1996, S. 136 f.; Hervorhebungen im Original)

Dieser Abschnitt enthält mehr als ein Dutzend wissenschaftlicher Begriffe,[4] die ohne Sinn und Verstand verwendet werden, und die Abhandlung bewegt sich in einem Spektrum zwischen Unsinn („Eine Funktion ist eine Zeitlupe") und Binsenweisheiten („Sicher befördert die Wissenschaft fortwährend Beschleunigungen"). Doch was dann folgt, ist noch eindrucksvoller:

Es kommt vor, daß die Grenzkonstante selbst als ein Verhältnis in der Gesamtheit des Universums erscheint, dem alle Teile mit einer endlichen Bedingung unterliegen (eine Quantität von Bewegung, Kraft, Energie ...). Freilich muß es Koordinatensyste-

---

[4] Zum Beispiel: *unendlich, Geschwindigkeit, Partikel, Funktion, Katalyse, Teilchenbeschleuniger, Expansion, Galaxie, Grenze, Variable, Abszisse, universale Konstante, Kontraktion.*

me geben, auf die die Glieder des Verhältnisses sich beziehen: Dies ist also ein zweiter Sinn der Grenze, eine äußere Rahmung oder eine Exo-Referenz. Denn die Proto-Grenzen erzeugen – außerhalb aller Koordinaten – zunächst Geschwindigkeitsabszissen, auf denen sich die koordinierbaren Achsen errichten werden. Ein Partikel wird eine Position, eine Energie, eine Masse, einen Spinwert besitzen, unter der Bedingung allerdings, daß es eine Existenz oder eine physische Aktualität erhält oder in Trajektorien „landet", die von Koordinatensystemen erfaßt werden können. Diese ersten Grenzen machen die Verzögerung im Chaos oder die Suspensionsschwelle des Unendlichen aus, dienen als Endo-Referenz und bewirken eine Zählung: Sie sind keine Verhältnisse, sondern Zahlen, und die gesamte Theorie der Funktionen hängt an Zahlen. Man kann die Lichtgeschwindigkeit, den absoluten Nullpunkt, das Wirkungsquantum, den Big Bang anführen: Der absolute Nullpunkt der Temperatur ist –273,15 Grad; die Lichtgeschwindigkeit 299 796 km/sek, wo nämlich die Längen gegen Null schrumpfen und die Uhren stillstehen. Derartige Grenzen gelten nicht aufgrund des empirischen Werts, den sie nur in Koordinatensystemen annehmen, sie wirken zunächst als Bedingung ursprünglicher Verzögerung, die sich im Verhältnis zum Unendlichen über jeden Maßstab der korrespondierenden Geschwindigkeiten, über ihre bedingten Beschleunigungen oder Verzögerungen hinweg erstreckt. Und nicht nur die Vielfalt dieser Grenzen rechtfertigt den Zweifel an der einheitlichen Bestimmung der Wissenschaft; jede erzeugt nämlich ihrerseits irreduzible heterogene Koordinatensysteme und schreibt je nach Nähe oder Ferne der Variable (etwa der Entfernung der Galaxien) Diskontinuitätsschwellen vor. Die Wissenschaft wird nicht von ihrer eigenen Einheit beherrscht, sondern von der Referenzebene, die von allen Grenzen oder Rändern gebildet wird, mit denen sie dem Chaos trotzt. Die Ränder verleihen der Ebene ihre Referenzen; was die Koordinatensysteme betrifft, so bevölkern oder besetzen sie die Referenzebene selbst. (Deleuze und Guattari 1996, S. 137 f.)

Strengt man sich ein wenig an, kann man in diesem Absatz einige sinnvolle Sätze entdecken,[5] aber die Gedankenführung, in die sie eingestreut sind, ergibt absolut keinen Sinn.

---

[5] Beispielsweise ist die Aussage „die Lichtgeschwindigkeit …, wo nämlich

Die nächsten Seiten sind im selben Stil gehalten, und wir wollen unsere Leser nicht damit langweilen. Zugegebenermaßen ist die Einbeziehung wissenschaftlicher Terminologie nicht überall so absurd. Manche Absätze scheinen sich mit ernsten Probleme der Wissenschaftstheorie zu befassen, so etwa der folgende:

In der Regel ist der Beobachter weder unzulänglich noch subjektiv: Selbst in der Quantenphysik drückt der Heisenbergsche Dämon nicht die Unmöglichkeit einer gleichzeitigen Messung von Geschwindigkeit und Position eines Teilchens aus, und zwar unter dem Vorwand einer subjektiven Interferenz zwischen Messung und Gemessenem, er mißt vielmehr exakt einen objektiven Sachverhalt, der die jeweilige Position zweier seiner Teilchen zueinander aus seinem Aktualisierungsfeld ausschließt, wobei die Zahl von unabhängigen Variablen reduziert ist und die Werte der Koordinaten sogar Wahrscheinlichkeit besitzen. (Deleuze und Guattari 1996, S. 151)

Der Anfang dieses Texts besitzt die Aura einer tiefgründigen Bemerkung zur Interpretation der Quantenmechanik, aber das Ende (von „der die jeweilige Position" an) ist völlig sinnlos. Und die Autoren fahren fort:

Die subjektivistischen Interpretationen der Thermodynamik, der Relativität, der Quantenphysik legen gleiche Unzulänglichkeiten an den Tag. Der wissenschaftliche Perspektivismus oder Subjektivismus ist niemals relativ zu einem Subjekt: Er bildet keine Relativität des Wahren, sondern im Gegenteil eine Wahrheit des Relativen, das heißt der Variablen, deren Fälle er nach den Werten ordnet, die er in seinem Koordinatensystem aus ihnen herausholt (so etwa die Ordnung der Kegelformen nach den Schnitten des Kegels, dessen Spitze vom Auge besetzt wird). (Deleuze und Guattari 1996, S. 151)

Wiederum ist das Ende des Absatzes sinnlos, obwohl der Anfang die Wissenschaftstheorie vage anklingen läßt.[6]

---

die Längen gegen Null schrumpfen und die Uhren stillstehen" nicht falsch, kann aber dennoch zur Verwirrung führen. Um sie richtig zu verstehen, muß man bereits eine gute Kenntnis der Relativitätstheorie besitzen.

   [6] Zu einer amüsanten Auseinandersetzung mit den oben zitierten Passagen (im selben Tonfall wie das Original) vgl. Alliez (1993, Kapitel II).

In ähnlicher Weise erörtern Deleuze und Guattari Themen aus der Philosophie der Mathematik:

> Die jeweilige Unabhängigkeit der Variablen erscheint in der Mathematik, wenn die eine eine höhere Potenz als die erste besitzt. Hegel zeigt deshalb, daß sich die Variabilität in der Funktion nicht mit Werten begnügt, die man verändern kann (2/3 und 4/6) oder unbestimmt läßt ($a = 2b$), sondern verlangt, daß eine der Variablen eine höhere Potenz annimmt ($y^2/x = P$).[7] Denn damit kann ein Verhältnis unmittelbar als Differentialquotient dx/dy' bestimmt werden, in dem der Wert der Variablen keine andere Bestimmung mehr hat als sein Schwinden oder Entstehen, obwohl er den unendlichen Geschwindigkeiten entrissen wird. Von einem derartigen Verhältnis hängt ein Sachverhalt oder eine „abgeleitete" Funktion ab: Man hat eine Depotenzierungsoperation durchgeführt, die einen Vergleich distinkter Potenzen erlaubt, von denen ausgehend sich sogar ein Ding und ein Körper werden entwickeln können (Integration). Allgemein aktualisiert ein Sachverhalt kein chaotisches Virtuelles, ohne ihm ein *Potential* zu entlehnen, das sich im Koordinatensystem verteilt. Er schöpft aus dem Virtuellen, das er aktualisiert, ein Potential, das er sich aneignet. (Deleuze und Guattari 1996, S. 141)

Um ein paar zusätzliche Erfindungen *(unendliche Geschwindigkeiten, chaotisches Virtuelles)* angereichert, werden hier alte Ideen von Deleuze recycled, die ursprünglich in dem Buch enthalten waren, das Michel Foucault als eines der „größten der großen" einstufte: *Differenz und Wiederholung.* An zwei Stellen dieses Buches erörtert Deleuze klassische Probleme der konzeptionellen Grundlagen der Differential- und Integralrechnung. Seit der Begründung dieses Zweigs der Mathematik im 17. Jahrhundert durch die Werke von Newton und Leibniz wurden überzeugende Einwände gegen die Verwendung „infinitesimaler" (unendlich kleiner) Größen wie dx und dy vorgebracht.[8] Diese

---

[7] Dieser Satz wiederholt eine Verwechslung Hegels (1964 [1812], S. 354 ff.), der Brüche wie y^2/x als etwas grundlegend anderes ansah als Brüche wie a/b. Der Philosoph J. T. Desanti bemerkte dazu: „Solche Aussagen mußten einen ‚mathematischen Denker' überraschen, der dazu gebracht wurde, sie als absurd zu betrachten." (Desanti 1975, S. 43)

[8] Sie kommen in der Ableitung dy/dx und im Integral $f(x)\,dx$ vor.

Probleme wurden um 1760 bzw. 1820 durch die Werke d'Alemberts bzw. Cauchys gelöst, wobei letzterer den strengen Begriff des *Grenzwerts* einführte – einen Begriff, der seit der Mitte des 19. Jahrhunderts in allen Lehrbüchern steht, die der Differentialrechnung gewidmet sind.[9] Trotzdem setzt Deleuze zu einer langen und wirren Betrachtung dieser Probleme an, aus der wir nur ein paar charakteristische Auszüge zitieren wollen:[10]

Muß man sagen, die Vize-Diktion[11] gehe weniger weit als die Kontradiktion, unter dem Vorwand, sie betreffe nur die Eigenschaften? In Wirklichkeit weist der Ausdruck „unendlich kleine Differenz" zwar darauf hin, daß die Differenz im Verhältnis zur Anschauung verlischt; aber sie findet ihren Begriff, und es ist eher die Anschauung, die selbst zugunsten des Differentialquotienten verlischt. Man weist dies nach, indem man sagt, dx sei nichts im Verhältnis zu x, dy nichts im Verhältnis zu y, aber dy/dx sei das innere qualitative Verhältnis, das das Universale einer Funktion losgelöst von seinen besonderen Zahlenwerten ausdrückt.[12] Wenn aber das Verhältnis keine numerischen Bestimmungen besitzt, so hat es dennoch Variationsgrade, die mit verschiedenen Formen und Gleichungen übereinstimmen. Diese Grade entsprechen selbst den Verhältnissen des Universalen; und die Differentialquotienten werden in diesem Sinne vom Prozeß einer Wechselbestimmung erfaßt, der die Interdependenz der variablen Koeffizienten wiedergibt. Wiederum aber drückt die *Wechselbestimmung* nur den ersten

---

[9] Für eine historische Darstellung vgl. zum Beispiel Boyer (1959 [1949], S. 247–250, 267–277).

[10] Weitere Kommentare zur Differential- und Integralrechnung fnden sich in Deleuze (1992, S. 219–228, 233 ff., 264–267). Zu weiteren mathematischen Ergüssen, in denen sich Banalitäten mit Unsinn mischen, vgl. Deleuze (1992, S. 256 f., 293–297, 299 ff., 308–311).

[11] Der vorhergehende Abschnitt enthält die folgende Definition: „Dieses Verfahren des unendlich Kleinen, das die Unterscheidung der Wesenheiten aufrechterhält (sofern eine im Verhältnis zur anderen die Rolle des Unwesentlichen übernimmt), ist völlig verschieden von der Kontradiktion; man muß ihm daher einen besonderen Namen, den Namen ‚Vize-Diktion', geben." (Deleuze 1992, S. 71)

[12] Dies ist bestenfalls eine sehr komplizierte Möglichkeit auszudrücken, daß die übliche Schreibweise dy/dx ein Objekt bezeichnet – die Ableitung der Funktion $y(x)$ –, das jedoch nicht dem Quotienten der zwei Größen dy und dx entspricht.

Aspekt eines wahrhaften Vernunftprinzips aus; der zweite Aspekt ist die vollständige, die *durchgängige Bestimmung.* Denn jeder Grad oder jedes Verhältnis, verstanden als das Universale einer Funktion, bestimmt die Existenz und die Aufteilung von ausgezeichneten Punkten der entsprechenden Kurve. Wir müssen hier große Sorgfalt darauf wenden, nicht das „Vollständige" mit dem „Ganzen" zu verwechseln; denn etwa für die Gleichung einer Kurve verweist der Differentialquotient nur auf gerade Linien, die durch die Natur der Kurve bestimmt sind; er ist bereits vollständige Bestimmung des Objekts und drückt dennoch nur einen Teil des ganzen Objekts aus, den als „abgeleitet" betrachteten Teil (der andere Teil, der durch die sogenannte primitive Funktion ausgedrückt wird, kann nur durch Integration gefunden werden, die sich keineswegs damit begnügt, die Umkehrung der Differentiation darzustellen;[13] ebenso ist es die Integration, die die Natur der vorher bestimmten ausgezeichneten Punkte definiert). Darum kann ein Objekt durchgängig bestimmt sein – *ens omni modo determinatum* –, ohne darum schon über seine integrale Beschaffenheit zu verfügen, die allein seine aktuelle Existenz ausmacht. Aber unter dem doppelten Gesichtspunkt der Wechselbestimmung und der durchgängigen Bestimmung wird bereits offenbar, daß der Grenzwert mit der Macht selbst zusammenfällt. Der Grenzwert wird durch die Konvergenz definiert. Die Zahlenwerte einer Funktion finden ihre Grenze im Differentialverhältnis; die Differentialquotienten finden ihre Grenze in den Variationsgraden; und bei jedem Grad sind die ausgezeichneten Punkte die Grenze von Reihen,* die sich analytisch ineinander fortsetzen. Nicht nur ist das Differentialverhältnis das reine Element der Potentialität, vielmehr ist die Grenze der Macht des Stetigen [*puissance du continu*][14]

---

[13] In der Differentialrechnung einer einzigen Variablen ist die Integration tatsächlich die Umkehrung der Differentiation, bis hin zu einer additiven Konstante (zumindest für hinreichend stetige Funktionen). Bei Funktionen mit mehreren Variablen ist die Situation komplizierter. Selbst wenn sich – was denkbar ist – Deleuze auf letzteren Fall bezieht, kann man die Art und Weise nur als sehr wirr bezeichnen.

* Anm. d. Übers.: Gemeint sind Folgen.

[14] Die korrekte Übersetzung des mathematischen Terminus „*puissance du*

wie die Stetigkeit die der Grenzen selbst. (Deleuze 1992, S. 71 f.; Hervorhebungen in Original)

Wir stellen Nicht-A *dx* gegenüber und entsprechend dem Symbol des Widerspruchs das der Differenz (Differenzphilosophie [i. O. dt.]) – und ebenso der Negativität die Differenz an sich selbst. Freilich sucht der Widerspruch die Idee seitens der größten Differenz, während das Differential Gefahr läuft, in den Abgrund des unendlich Kleinen zu stürzen. Das Problem ist damit aber nicht richtig gestellt: Es ist falsch, den Wert des Symbols *dx* mit der Existenz der Infinitesimalen zu verbinden; aber es ist ebenso falsch, im Namen ihrer Ablehnung jenem Symbol jeglichen ontologischen oder gnoseologischen Wert zu verweigern ... Das Prinzip einer differentiellen Philosophie überhaupt muß Gegenstand einer strengen Darlegung sein und darf in keiner Weise vom unendlich Kleinen abhängen.[15] Das Symbol *dx* erscheint zugleich als unbestimmt, als bestimmbar und als Bestimmung. Diesen drei Aspekten entsprechen drei Prinzipien, die den zureichenden Grund bilden: Dem Unbestimmten als solchem (*dx, dy*) entspricht ein Prinzip der Bestimmbarkeit; dem real Bestimmbaren (*dx/dy*) entspricht ein Prinzip von Wechselbestimmung; dem wirklich Bestimmten (Werte von *dx/dy*) entspricht ein Prinzip durchgängiger Bestimmung. Kurz, *dx* ist die Idee – die platonische, leibnizsche oder kantische Idee, das „Problem" und dessen Sein. (Deleuze 1992, S. 220; Hervorhebungen im Original)

Der Differentialquotient zeigt schließlich ein drittes Element, das Element der reinen Potentialität. Die Potenz ist die Form der Wechselbestimmung, der zufolge variable Größen als

---

continu" ist „Mächtigkeit des Kontinuums". Vgl. Kapitel 3, Anm. 3 zu einer kurzen Erklärung dieses Begriffs.

Deleuze ungeachtet sind „Grenzwert" und „Mächtigkeit des Kontinuums" zwei völlig unterschiedliche Begriffe. Es ist korrekt, daß der Gedanke des „Grenzwerts" mit dem Gedanken der „reellen Zahl" zu tun hat und die *Menge* der reellen Zahlen die Mächtigkeit des Kontinuums besitzt. Deleuze' Formulierung ist aber, bestenfalls, äußerst wirr.

[15] Ganz genau, und was die Mathematik betrifft, so gibt es eine derartige exakte Darlegung seit mehr als 150 Jahren. Man fragt sich, warum ein Philosoph sie bewußt ignoriert.

Funktionen voneinander begriffen werden; darum berücksichtigt die Differentialrechnung auch nur Größen, von denen eine zumindest eine höhere Potenz als die andere besitzt.[16] Sicher besteht der erste Schritt des Kalküls in einer „Depotenzierung" der Gleichung (an Stelle von $2ax - x^2 = y^2$ erhält man $dy/dx = a-x/y$). Das Entsprechende aber fand sich bereits in den beiden vorangehenden Figuren, in denen das Verschwinden des *quantum* und der *quantitas* das Erscheinen des Elements der Quantitabilität und die Entqualifizierung das Erscheinen des Elements der Qualitabilität bedingte. Dieses Mal bedingt, gemäß der Darstellung von Lagrange, die Depotenzierung die reine Potentialität, indem sie eine Entwicklung der Funktion einer Variablen in einer Reihe ermöglicht, die durch die Potenzen von i (unbestimmte Qualität) und die Koeffizienten dieser Potenzen (neue Funktionen von x) gebildet wird, und zwar so, daß die Entwicklungsfunktion dieser Variable mit denen der anderen vergleichbar ist. Das reine Element der Potentialität erscheint im ersten Koeffizienten oder in der ersten Ableitung, wobei die anderen Ableitungen und folglich alle Terme aus der Reihe der Wiederholung derselben Operation resultieren; das ganze Problem aber besteht gerade darin, jenen ersten Koeffizienten, der selbst unabhängig von i ist, zu bestimmen.[17] (Deleuze 1992, S. 224f.; Hervorhebungen im Original)

Es gibt also einen anderen Teil des Objekts, der durch die Aktualisierung bestimmt wird. Der Mathematiker fragt nach diesem anderen Teil, der durch die sogenannte Stammfunktion repräsentiert wird; die Integration ist in diesem Sinne keineswegs die Umkehrung der Differen*tiation*,[18] sondern bildet eher einen ursprünglichen Differen*zierung*sprozeß. Während die

---

[16] Dieser Satz wiederholt die auf Hegel zurückgehende Verwechslung, die in Anmerkung 7 dieses Kapitels erwähnt ist.

[17] Dies ist eine äußerst pedantische Art und Weise, die Taylorsche Reihe einzuführen, und wir bezweifeln, daß dieser Absatz von jemandem begriffen werden kann, der nicht bereits mit dem Thema vertraut ist. Darüber hinaus übernimmt Deleuze (wie Hegel) eine veraltete Definition von „Funktion" (nämlich durch ihre Taylorsche Reihe), die auf Lagrange (um 1770) zurückgeht, durch die Arbeit Cauchys (1821) jedoch überholt wurde. Vgl. etwa Boyer (1959 [1949], S. 251ff., 267–277).

[18] Vgl. Anm. 13 in diesem Kapitel.

Differentiation den virtuellen Inhalt der Idee als Problem bestimmt, drückt die Differenzierung die Aktualisierung dieses Virtuellen und die Konstitution der Lösungen (durch lokale Integrationen) aus. Die Differenzierung ist gleichsam der zweite Teil der Differenz, und man muß den komplexen Begriff Differen*tiation/zierung* [*différent/ciation*] prägen, um die Integrität oder Integralität des Objekts zu bezeichnen ... (Deleuze 1992, S. 265; Hervorhebungen im Original)

Die vorangehenden Texte enthalten eine Handvoll verständlicher Sätze – manche davon banal, manche fehlerhaft –, und wir haben einen Teil davon in den Fußnoten kommentiert. Die übrigen stellen wir dem Urteil des Lesers anheim. Die Grundfrage lautet: Was soll diese ganze Mystifizierung von Gegenständen aus der Mathematik, die man seit mehr als 150 Jahren begriffen hat?

Werfen wir einen kurzen Blick in das zweite Buch, das zu den „größten der großen" gehört, in *Logik des Sinns*. Dort findet man den folgenden bemerkenswerten Absatz:

Zunächst entsprechen die Singularitäts-Ereignisse heterogenen Serien, die sich in einem weder stabilen noch instabilen, sondern „metastabilen" System organisieren, das über eine potentiale Energie verfügt und in dem sich die Differenzen zwischen Serien verteilen. (Die potentiale Energie ist die Energie des reinen Ereignisses, während die Aktualisierungsformen den Verwirklichungen des Ereignisses entsprechen.) Zweitens erfreuen sich die Singularitäten eines stets beweglichen und in dem Maße verschobenen Selbstvereinheitlichungsprozesses, in dem ein paradoxes Element die Serien durchläuft und in Resonanz versetzt, das die entsprechenden singulären Punkte im selben Zufallspunkt und alle Ausstreuungen, alle Würfe in einem einzigen Werfen umhüllt. Drittens spuken die Singularitäten und Potentiale auf der Oberfläche herum. Alles ereignet sich auf der Oberfläche in einem Kristall, das sich nur an den Rändern entwickelt. Zweifellos verhält es sich hier ganz anders als bei einem Organismus; dieser nämlich sammelt sich unablässig in einem inneren Raum, um sich gleichsam in den äußeren Raum auszubreiten, zu assimilieren und zu veräußerlichen. Seine Membrane aber sind nicht weniger wichtig: Sie tragen die Potentiale und erneuern die Polaritäten, sie bringen den Innenraum und den Außenraum unabhängig von der Distanz in Kontakt. Das Innere und das Äußere, das Tiefe und das Hohe haben nur dank dieser topologischen Kontaktoberfläche biologische Bedeutung. „Das Tiefste, das ist die Haut" ist also durchaus biologisch zu verstehen. Die Haut verfügt über eine genuin oberflächliche, potentielle vitale Energie. Und wie die Ereignisse die Oberfläche nicht besetzen, sondern auf ihr herumspuken, ist die Oberflächenenergie nicht auf der Oberfläche *lokalisiert*, sondern mit ihrer Bildung und Neubildung eng verbunden. (Deleuze 1993, S. 135 f.; Hervorhebung im Original)

Dieser Absatz – der den Stil von Deleuze' späterem Werk, das in Zusammenarbeit mit Félix Guattari entstand, vorwegnimmt – ist wiederum mit Fachausdrücken überfrachtet;[19] aber abgesehen von der banalen Beobachtung, daß eine Zelle mit der Außenwelt durch ihre Membran kommuniziert, ist der Text weder logisch noch sinnvoll.

Zum Schluß wollen wir einen kurzen Auszug aus dem Buch *Chaosmose* zitieren, das Guattari alleine verfaßt hat. Dieser Absatz enthält die brillanteste Mischung aus wissenschaftlichem, pseudowissenschaftlichem und philosophischem Jargon, die uns jemals untergekommen ist; nur ein Genie konnte so etwas schreiben.

Es läßt sich klar erkennen, daß es, je nach Autor, keine umkehrbare Eindeutigkeit zwischen linearen Gliedern eines Wortgeplänkels oder Arche-Schrift und dieser multireferentiel-

---

[19] Zum Beispiel: *Singularität, stabil, instabil, metastabil, potentielle Energie* [die fälschlich als „potentiale Energie" übersetzt wird; Anm. d. Übers.], *singulärer Punkt, Kristallmembran, Polarität, topologische Fläche.* Zur Verteidigung von Deleuze könnte jemand vorbringen, Deleuze verwende diese Worte hier nur in einem metaphorischen oder philosophischen Sinne. Doch im nächsten Absatz erörtert Deleuze „Singularitäten" und „singuläre Punkte" unter Verwendung mathematischer Begriffe aus der Theorie der Differentialgleichungen *(cols, nœuds, foyers, centres)* und zitiert anschließend in einer Fußnote einen Absatz aus einem Buch über Differentialgleichungen, in dem Wörter wie „Singularität" und „singulärer Punkt" in ihrer spezifisch mathematischen Bedeutung vorkommen. (Deleuze 1990, S. 50, 54, 339 f. [Anm.]). Es steht Deleuze natürlich frei, diese Wörter nach Belieben in mehr als einem Sinne zu verwenden, aber dann sollte er zwischen den zwei (oder mehr) Bedeutungen *unterscheiden* und eine *Begründung* liefern, die den Zusammenhang erklärt.

len, mehrdimensionalen maschinischen Katalyse gibt. Die Symmetrie des Maßstabs, die Transversalität, der pathische, nicht-diskursive Charakter ihrer Ausdehnung: all diese Dimensionen entfernen uns von der Logik der ausgeschlossenen Mitte und bestärken uns in unserer Ablehnung des zuvor kritisierten ontologischen Binarismus. Durch ihre unterschiedlichen Bestandteile zieht eine Assemblage von Maschinen ihre Schlüssigkeit aus dem Überschreiten ontologischer Schwellen, nichtlinearer Schwellen der Unumkehrbarkeit, ontologischer und phylogenetischer Schwellen, schöpferischer Schwellen der Heterogenese und Autopoiese. Der Begriff des Maßstabs muß erweitert werden, um fraktale Symmetrien in ontologischen Begriffen zu betrachten. Was fraktale Maschinen überqueren, sind substantielle Maßstäbe. Sie überqueren sie, indem sie sie erzeugen. Aber, und dies sollte festgehalten werden, die existentiellen Ordinaten, die sie „erfinden", waren immer schon da. Wie läßt sich dieses Paradox erhalten? Es liegt daran, daß alles möglich wird (einschließlich der von René Thom geschilderten rezessiven Glättung der Zeit), sobald man der Assemblage erlaubt, den Koordinaten von Energie, Raum und Zeit zu entfliehen. Und hier gilt es wiederum, eine Weise, das Sein zu sein, wiederzuentdecken – davor, danach, hier und überall sonst –, ohne jedoch mit sich selbst identisch zu sein; ein prozeßhaftes, polyphones Wesen, das durch unendlich komplizierbare Strukturen singularisierbar ist, entsprechend der unendlichen Geschwindigkeiten, die ihre virtuellen Kompositionen beleben.

Die hier vorgeschlagene ontologische Relativität ist nicht von einer Relativität des Ausdrucks zu trennen. Die Kenntnis eines Universums (in einem astrophysikalischen oder axiologischen Sinne) ist nur durch die Vermittlung autopoietischer Maschinen möglich. Irgendwo muß eine Zone des Selbstgehörens existieren, damit ein Wesen oder die Modalität eines Wesens zum kognitiven Leben erweckt werden kann. Außerhalb dieser Kopplung Maschine/Universum besitzen Wesen nur den reinen Status einer virtuellen Einheit. Und dasselbe gilt für ihre Ausdruckskoordinaten. Die auf diesem Planeten gekoppelten Biosphäre und Mecanosphäre konzentrieren sich auf eine Perspektive des Raums, der Zeit und der Energie. Sie beschreiben einen Winkel der Konstitution unserer Galaxie.

Außerhalb dieser partikularisierten Perspektive existiert das übrige Universum (in dem Sinne, daß wir Existenz hier-unten begreifen) nur durch die virtuelle Existenz anderer autopoietischer Maschinen im Zentrum anderer durch das Weltall verstreuter Bio-Mecanosphären. Trotz alledem absorbiert die Relativität der Perspektiven von Raum, Zeit und Energie nicht das Reale in den Traum. Die Kategorie der Zeit löst sich in kosmologische Reflexionen über den Urknall auf, obgleich die Kategorie der Unumkehrbarkeit bestätigt wird. Die Restobjektivität widersetzt sich der Abtastung durch die unendliche Variation darauf konstituierbarer Perspektiven. Stellen Sie sich eine autopoietische Einheit vor, deren Teilchen aus Galaxien konstruiert sind. Oder, umgekehrt, eine im Maßstab von Quarks konstituierte Kognitivität. Ein anderes Panorama, eine andere ontologische Beschaffenheit. Die Mecanosphäre entzieht und aktualisiert Konfigurationen, die unter unendlich vielen anderen in Feldern der Virtualität leben. Existentielle Maschinen sind auf derselben Ebene wie in ihrer inneren Vielfalt. Sie werden nicht durch transzendente Signifikanten vermittelt und durch eine eindeutige ontologische Begründung zusammengefaßt. Sie sind sich selbst ihr eigenes Material semiotischen Ausdrucks. Existenz als ein Prozeß der Entterritorialisierung ist ein spezifisch inter-maschinischer Vorgang, der sich selbst über die Förderung singularisierter existentieller Intensitäten legt. Und, ich wiederhole, es gibt keine verallgemeinerte Syntax für diese Entterritorialisierungen. Existenz ist nicht dialektisch, nicht darstellbar. Sie ist kaum lebbar! (Guattari 1995, S. 50 ff.)

Sollte die Leserin/der Leser noch Zweifel an der Einzigartigkeit der pseudowissenschaftlichen Sprache des Werks von Deleuze und Guattari haben, ist sie/er eingeladen, neben den Hinweisen in den Fußnoten, insbesondere *Was ist Philosophie?*[20] (Deleuze/Guattari 1996, S. 26–32, 39 f., 42–51, 59 f., 135–156, 157–167, 176–190, 234 f., 238–247, 254–259) und *Tausend Plateaus* (Deleuze/Guattari 1992, S. 50–53, 196 ff., 286–290,

---

[20] Dieses Buch steckt wirklich voller mathematischer, wissenschaftlicher und pseudowissenschaftlicher Begriffe, die zumeist völlig willkürlich benutzt werden.

342 ff., 398–403, 495–501, 507–514, 537 ff., 638 ff., 650–655, 669–679) zu konsultieren. (Die Auflistungen der Seitenzahlen sind alles andere als vollständig.) Auch Guattaris Aufsatz (1988) über die Anwendung der Tensorrechnung in der Psychologie ist im übrigen eine wahre Perle.[21]

---

[21] Mit der Pseudowissenschaft Deleuze' und Guattaris befassen sich zum Beispiel Rosenberg (1993), Canning (1994) und die 1997 an der Universität Warwick abgehaltene Konferenz zum Thema „Deleuze/Guattari and Matter" (Deleuze/Guattari und Materie).

10. Paul Virilio

Der Architekt und Stadtplaner Paul Virilio, ehemaliger Direktor der École Spéciale d'Architecture, stellt ausgehend von der Erfahrung des Krieges Fragen zu Geschwindigkeit und Raum. Für ihn ist die Bewältigung der Zeit eine Frage der Macht. Mit einer erstaunlichen Gelehrsamkeit, die Raum-Entfernungen mit Zeit-Entfernungen verbindet, eröffnet dieser Forscher ein wichtiges Feld philosophischer Fragen, das er als „Dromokratie" bezeichnet (vom griechischen Wort *dromos* für Geschwindigkeit).[1]
                                                    – *Le Monde* (1984b, S. 195)

Paul Virilios Schriften drehen sich vorwiegend um die Themen Technologie, Kommunikation und Geschwindigkeit. Sie enthalten eine Fülle von Bezügen zur Physik, vor allem zur Relativitätstheorie. Obwohl Virilios Sätze etwas sinnvoller sind als die von Deleuze/Guattari, ist das, was als „Wissenschaft" präsentiert wird, eine Mischung aus stupenden Verwechslungen und wilden Phantasien. Außerdem sind seine Analogien zwischen der Physik und gesellschaftlichen Fragen so willkürlich wie nur möglich, wenn er sich nicht ohnehin ganz einfach an seinen eigenen Worten berauscht. Wir gestehen unsere Sympathie für viele von Virilios politischen und gesellschaftlichen Überzeugungen, aber seine Pseudophysik dient der Sache leider nicht.

Beginnen wir mit einem kleineren Beispiel für die von *Le Monde* gerühmte erstaunliche Gelehrsamkeit:

Da auch die jüngste MEGAPOLITANE Überkonzentration (Mexiko, Tokio usw.) das Ergebnis des immer schnelleren Warenverkehrs ist, scheint es notwendig zu sein, sich erneut sowohl mit der Bedeutung der Begriffe BESCHLEUNIGUNG und VERLANGSAMUNG (die Physiker sprechen von positiver bzw. negativer Beschleunigung [*vitesses positive et négative selon les physiciens*]) . . . auseinanderzusetzen (Virilio 1996, S. 23; Hervorhebungen im Original)

---

[1] Revel (1997) hat darauf hingewiesen, daß *dromos* nicht „Geschwindigkeit" bedeutet, sondern vielmehr „Lauf, Rennen"; das griechische Wort für „Geschwindigkeit" ist *tachos*. Der Fehler geht wahrscheinlich auf das Konto von *Le Monde*, da Virilio (1997, S. 22) die richtige Bedeutung angibt.

Hier verwechselt Virilio Geschwindigkeit *(vitesse)* und Beschleunigung, die beiden Grundbegriffe der Kinematik (der Bewegungslehre), die zu Beginn jedes Einführungskurses in die Physik erläutert und sorgfältig unterschieden werden.[2] Vielleicht bräuchte man diese Verwechslung nicht so zu betonen, aber sie überrascht doch etwas bei einem angeblichen Spezialisten für die Philosophie der Geschwindigkeit.

Von der Relativitätstheorie inspiriert, fährt Virilio fort:

> Wie sollte sich dieser Sachverhalt anders erfassen lassen, als durch das Auftauchen eines neuen Typs von Intervall, des INTERVALLS DER ART LICHT (Nullzeichen)? Tatsächlich ist die relativistische Erfindung dieses dritten Intervalls bereits für sich genommen eine Art unbemerkt gebliebene kulturelle Entdeckung.
>
> Genauso wie das *Zeitintervall* (positives Vorzeichen) und das *Raumintervall* (negatives Vorzeichen) mittels Geometrisierung der ländlichen und städtischen Gebiete (Parzellierung und Kataster) sowohl die Geographie als auch die Geschichte dieser Welt gestalteten, haben auch der Kalender und die Zeitmessung (die Uhr) zu einer umfassenden chrono-politischen Regulierung der menschlichen Gesellschaften beigetragen. Infolgedessen bedeutet die allerjüngste Erscheinung eines dritten Intervalltypus für uns einen qualitativen Sprung, eine tiefgreifende Veränderung der Beziehung zwischen dem Menschen und seiner Lebensumwelt.
>
> Weder die ZEIT (die Dauer) noch der RAUM (die Ausdehnung) sind fürderhin denkbar ohne das LICHT (die Höchstgeschwindigkeit), ohne die kosmologische Konstante der LICHTGESCHWINDIGKEIT ... (Virilio 1996, S. 24; Hervorhebungen im Original)

Es stimmt, daß man in der speziellen Relativitätstheorie „raumartige", „zeitartige" und „lichtartige" Intervalle einführt, deren „invariante Längen" entsprechend positiv, negativ und null sind (nach der üblichen Konvention). Dies sind jedoch Intervalle in der Raumzeit, die sich nicht mit dem decken, was wir norma-

---

[2] Beschleunigung ist das Maß der *Änderung* der Geschwindigkeit. Diese Verwechslung zieht sich durch das gesamte Werk Virilios, vgl. etwa Virilio (1997, S. 31 f., 43, 142).

lerweise als „Raum" oder „Zeit" bezeichnen.[3] Vor allem sind
„sowohl die Geographie als auch die Geschichte dieser Welt"
davon unberührt, und auch mit der „chrono-politischen Regu-
lierung der menschlichen Gesellschaften" hat dies nichts zu tun.
Die „allerjüngste Erscheinung eines dritten Intervalltypus" ist
lediglich eine pedantische Anspielung auf die moderne Telekom-
munikation. In diesem Absatz führt Virilio beispielhaft vor, wie
man eine banale Beobachtung in eine komplizierte Terminologie
verpackt.

Was darauf folgt, versetzt den Leser noch mehr in Erstaunen:

Bezüglich der Logik der Partikel bemerkte ein Physiker: „Eine
Darstellung ist bestimmt durch eine vollständige Einheit meßbarer, kommutierender physikalischer Größen." [G. Cohen
Tannoudji und M. Spiro, *La matière-espace-temps*, Paris
1986.] Die makroskopische Logik der Techniken der ECHT-
ZEIT dieser plötzlichen „teleoptischen* Kommunikation", die
das bisher durch und durch „topische" Wesen der menschlichen Stadt ergänzt und vollendet, läßt sich nicht besser beschreiben. (Virilio 1996, S. 25; Hervorhebung im Original)

Der Satz „Eine Darstellung ist bestimmt durch eine vollständige
Einheit meßbarer, kommutierender physikalischer Größen" ist
eine recht gängige Formulierung in der *Quantenmechanik* (nicht
in der Relativitätstheorie). Er hat nichts mit „Echtzeit" oder
„makroskopischer Logik" zu tun (ganz im Gegenteil: Er bezieht
sich auf die *Mikro*physik), geschweige denn mit einer „teletopi-
schen Kommunikation" oder der „menschlichen Stadt". Aber
vor allem muß man einige Jahre ernsthaft Physik und Mathematik studiert haben, um die exakte Bedeutung dieses Satzes zu
verstehen. Wir finden es unglaublich, daß Virilio *bewußt* einen
Satz zitierte, den er offensichtlich nicht verstand, einen völlig
willkürlichen Kommentar hinzufügte und trotzdem von Verle-
gern, Kommentatoren und Lesern ernst genommen wird.[4]

---

[3] Das Buch von Taylor und Wheeler (1994) bietet eine hervorragende
Einführung in die Theorie des Raum-Zeit-Intervalls.

* Anm. d. Übers.: In der deutschen Übersetzung heißt es fälschlicherweise
„tele*opti*sche Kommunikation", im französischen Original wie auch in der
englischen Übersetzung ist von „tele*topi*scher Kommunikation" die Rede.

[4] In einer amerikanischen Literaturzeitschrift wurde ein Buch, in dem
dieser Aufsatz Virilios abgedruckt ist, mit folgenden Worten gepriesen:

Virilios Werke enthalten diesen pseudowissenschaftlichen Jargon im Überfluß.[5] Hier ein weiteres Beispiel:

> Wie steht es nun mit der Transparenz der Luft, des Wassers oder des Glases, anders ausgedrückt, mit der Transparenz des „Realraumes" der uns umgebenden Dinge, wenn das realzeitliche *Interface* das klassische Intervall ablöst und wenn die *Entfernung* ihren Platz plötzlich einer augenblicklichen Sende- und Empfangs*leistung* überläßt? ... dann stellen wir fest, daß mit dem neuen Begriff des *realzeitlichen Interface* die Transparenz ihr Wesen verändert, weil es nicht mehr die der Lichtstrahlen (der Sonne oder der Elektrizität) ist, sondern gerade die der Geschwindigkeit der (Elektronen, Neutronen) – Elementarteilchen, die sich mit der Geschwindigkeit des Lichts selbst ausbreiten. (Virilio 1992, S. 98 f.; Hervorhebungen im Original)

Elektronen haben nun einmal, anders als Photonen, eine von Null verschiedene Masse und *können* sich deshalb gar nicht mit Lichtgeschwindigkeit bewegen, und zwar genau aufgrund der Relativitätstheorie, die Virilio so liebt.

In den folgenden Abschnitten wirft Virilio weiter mit Wissenschaftsjargon um sich und erfindet schon einmal eigene Begriffe hinzu *(Teletopologie)*:

> *Re-thinking Technologies* stellt einen wichtigen Beitrag zur Analyse heutiger Techno-Kulturen dar. Dieses Buch wird zweifelsfrei jene Lügen strafen, die immer noch meinen, die Postmoderne sei nur eine Mode oder hohle Zeiterscheinung. Die nörgelnde Kritik, die Kulturtheorie und die kritische Theorie seien „zu abstrakt", hoffnungslos realitätsfern, ohne ethische Werte und vor allem unvereinbar mit *Gelehrsamkeit, systematischem Denken, intellektueller Schärfe* und schöpferischer Kritik, wird einfach hinweggefegt ... Diese Anthologie versammelt einige der aktuellsten und anregendsten Arbeiten führender Kulturkritiker sowie Kunst- und Wissenschaftstheoretiker wie Paul Virilio, Félix Guattari ... (Gabon 1994, S. 119 f.; Hervorhebungen durch die Autoren)

Es ist belustigend, zu beobachten, wie es beim Rezensenten zu Mißverständnissen kommt, während er Virilios Hirngespinste zur Relativitätstheorie zu verstehen bemüht ist (und zu verstehen glaubt). Wir fürchten, es braucht stichhaltigere Argumente, um unsere „nörgelnde Kritik" hinwegzufegen.

[5] Vor allem *L'Espace critique* (1984), *L'inertie polaire* (1990) [dt.: *Rasender Stillstand* (1992)] und *La Vitesse de libération* (1995) [dt.: *Fluchtgeschwindigkeit* (1996)].

Diese Überschreitung der direkten Transparenz der Materialien ist in der Tat in erster Linie auf das Aufkommen einer neuen Optik zurückzuführen: … Sie ist auf den effektiven Gebrauch der *Wellenoptik* neben, vollkommen abseits von der klassischen *geometrischen Optik* zurückzuführen. Genauso, wie nunmehr in der Nähe der euklidischen Geometrie eine nichteuklidische oder nichttopologische Geometrie zur Verfügung steht, so findet sich neben, vollkommen abseits der passiven Optik der Geometrie der Linsen der Kameraobjektive und der Teleskope gleichfalls eine aktive Optik: die der *Teletopologie* der elektro-optischen Wellen. (Virilio 1992, S. 99; Hervorhebungen im Original)

Die Zeit der „Aufnahme" ist folglich von Anfang an die *Licht-Zeit.* Das Intervall der Art ZEIT (positives Vorzeichen) und das Intervall der Art RAUM (negatives Vorzeichen … gleichen Namens wie die Einschreibungsfläche des Films) schreiben sich nur dank des LICHTES ein, dank dieses Intervalls der dritten Art, bei dem das Nullzeichen die absolute Geschwindigkeit bezeichnet.

Die Belichtungszeit der Photoplatte ist also einzig die *Belichtung der Zeit* (der Raumzeit) ihrer lichtempfindlichen Materie in Lichtgeschwindigkeit, das heißt letztlich in der Frequenz der die Photonen tragenden Wellen. (Virilio 1992, S. 105; Hervorhebungen im Original)

Dieser Mischmasch aus Optik, Geometrie, Relativitätstheorie und Photographie bedarf keines weiteren Kommentars.

Beschließen wir unsere Betrachtung der Schriften Virilios mit einem kleinen Juwel:

Denken Sie daran, daß der dromosphärische Raum, die Raum-Geschwindigkeit, physikalisch durch die sogenannte „logistische Gleichung" beschrieben wird, das Ergebnis des Produkts der verdrängten Masse mal der Geschwindigkeit ihrer Verdrängung, M × V. (Virilio 1984, S. 176)

Die logistische Gleichung ist eine Differentialgleichung, die (unter anderem) in der Populationsbiologie erforscht wird; sie lautet $dx/dt = \lambda x(1-x)$ und wurde 1838 von dem Mathematiker Verhulst eingeführt. Mit $M \times V$ hat sie nichts zu tun. In der Newtonschen Mechanik bezeichnet man $M \times V$ als „Impuls";

in der relativistischen Mechanik kommt $M \times V$ überhaupt nicht vor. Der *dromosphärische Raum* ist eine Erfindung Virilios.

Natürlich wäre kein Werk dieses Genres vollständig ohne eine Anspielung auf den Gödelschen Satz:

> Dieses Treiben von Zahlen und geometrischem Rechnen, dieses Hereinbrechen von Dimensionen und transzendentaler Mathematik, bringt uns zu den verheißenen surrealistischen Gipfeln wissenschaftlicher Theorie, Gipfeln, die im Gödelschen Satz kulminieren: *dem existentiellen Beweis*, einer Methode, die mathematisch die Existenz eines Objekts beweist, ohne es hervorzubringen ... (Virilio 1984, S. 20; Hervorhebung im Original)

In Wirklichkeit sind Existenzbeweise viel älter als die Arbeit Gödels, und der Beweis seines Satzes ist, im Vergleich dazu, absolut konstruktiv: Er zeigt eine Aussage, die im untersuchten System weder beweisbar noch widerlegbar ist (vorausgesetzt, das System ist widerspruchsfrei).[6]

Und als Krönung:

> Wenn die Tiefe der Zeit Tiefen vernünftigen Raums ersetzt; wenn die Kommutation des Interface die Entgrenzung von Oberflächen verdrängt; wenn die Transparenz Erscheinungen wiederherstellt, dann stellen wir uns die Frage, ob das, was wir beharrlich RAUM nennen, in Wirklichkeit nicht LICHT ist, ein unterbewußtes, para-optisches Licht, von dem Sonnenlicht nur eine Phase oder Reflektion ist. Dieses Licht tritt in einem Zeitraum auf, der eher in der augenblicklichen Zeitbelichtung als im historischen und chronologischen Vergehen der Zeit gemessen wird. Die Zeit dieses Augenblicks ohne Dauer ist „Belichtungszeit", sei es Über- oder Unterbelichtung. Ihre photographischen und kinematographischen Technologien sagten bereits die Existenz und die Zeit eines aller physikalischen Dimensionen entkleideten KONTINUUMS voraus, in dem das QUANTUM energetischer Handlung und das PUNCTUM kinematischer Beobachtung plötzlich die letzten Überreste einer verschwundenen morphologischen Realität geworden sind. Übertragen auf das ewige Geschenk einer Re-

---

[6] Vgl. etwa Nagel und Newman (1964).

lativität, deren topologische und teleologische Stärke und Tiefe zu diesem letzten Meßinstrument gehören, besitzt diese Lichtgeschwindigkeit eine Richtung, die zugleich ihre Größe und Dimension ist und die sich mit derselben Geschwindigkeit in alle Radialrichtungen fortpflanzt, die das Universum durchmessen. (Virilio 1984, S. 77; Hervorhebungen im Original)

Dieser Absatz – im französischen Original ein einziger Satz mit 193 Wörtern, dessen „Poesie" von der Übersetzung leider nicht ganz eingefangen wird – ist das vollkommenste Beispiel für literarische Diarrhöe, auf das wir je gestoßen sind. Und soweit wir erkennen können, hat er rein gar keine Bedeutung.

11. Der Gödelsche Satz und die Mengenlehre: Einige Beispiele für ihren Mißbrauch

Seit Gödel gezeigt hat, daß es keinen Beweis für die Widerspruchs-freiheit der Peanoschen Arithmetik gibt, die innerhalb dieser Theorie formalisierbar ist (1931), konnten Politologen verstehen, warum es notwendig war, Lenin zu mumifizieren und vor den „zufälligen" Ka-meraden in einem Mausoleum auszustellen, im Herzstück der natio-nalen Gemeinschaft. – Régis Debray, *Le Scribe* (1980, S. 70)

Indem er das Gödelsche Theorem von der Logik auf die Fragen von Geschlossenheit und Offenheit ausdehnt, beendet und rekapituliert Debray zugleich die Geschichte und die Arbeit der letzten zweihundert Jahre.
– Michel Serres, *Elemente einer Geschichte der Wissenschaften* (1994, S. 639 f.)

Der Gödelsche Satz ist eine unerschöpfliche Quelle intellektueller Mißbräuche: Wir sind bereits bei Kristeva und Virilio auf einige Beispiele dafür gestoßen, aber im Grunde könnte man dem The-ma ein ganzes Buch widmen. In diesem Kapitel wollen wir einige besondere Beispiele vorstellen, bei denen der Gödelsche Satz und andere Grundlagen der Mathematik völlig willkürlich auf den sozialen und politischen Bereich übertragen werden.

Der Gesellschaftskritiker Régis Debray verwendet ein Kapitel seiner theoretischen Schrift *Critique de la raison politique* (1981) auf die Erklärung, daß „kollektiver Wahnsinn seinen letzten Grund in einem logischen Axiom findet, das selbst nicht begrün-det wird: *Unvollständigkeit*".[1] Dieses „Axiom" (das auch als „These" oder „Satz" bezeichnet wird) wird recht großspurig eingeführt:

Das „Geheimnis" unseres kollektiven Elends, der apriorischen Bedingung jeder politischen Geschichte in Vergangenheit, Ge-genwart und Zukunft, läßt sich in wenigen einfachen, ja kind-lichen Worten wiedergeben. Wenn man sich vergegenwärtigt, daß Mehrarbeit und das Unbewußte in einem einzigen Satz zu definieren sind (und daß in der Physik die Gleichung der

---

[1] Debray (1981, S. 10).

allgemeinen Relativitätstheorie in drei Buchstaben zu erfassen ist), besteht keine Gefahr, Einfachheit mit übertriebener Vereinfachung zu verwechseln. Das Geheimnis nimmt die Form eines logischen Gesetzes an, einer Erweiterung des Gödelschen Satzes: *Es kann kein organisiertes System ohne Abgeschlossenheit geben, und kein System läßt sich durch Elemente abschließen, die nur diesem System angehören.* (Debray 1981, S. 256; Hervorhebung im Original)

Lassen wir die Anspielung auf die allgemeine Relativitätstheorie beiseite. Wichtiger ist die Bezugnahme auf den Gödelschen Satz, die die Eigenschaften bestimmter formaler Systeme in der mathematischen Logik betrifft, um das „Geheimnis unseres kollektiven Elends" zu erklären. Es existiert ganz einfach keine logische Beziehung zwischen diesem Satz und soziologischen Fragen.[2]

Trotzdem gelangt Debray auf Basis seiner „Erweiterung des Gödelschen Satzes" zu recht spektakulären Schlußfolgerungen wie etwa der folgenden:

So, wie es ein biologischer Widerspruch wäre, wenn jemand sich selbst gebären würde (integrales Klonen als biologische Aporie?), ist die Herrschaft eines Kollektivs über sich selbst – *verbi gratia* ‚die Herrschaft über das Volk durch das Volk' – eine logisch widersprüchliche Operation („Arbeiterselbstkontrolle" als politische Aporie). (Debray 1981, S. 264)

Und ähnlich kühn:

Es ist ganz natürlich, daß Gruppen etwas Irrationales an sich haben, denn wenn dies anders wäre, gäbe es keine Gruppen. Es ist positiv, daß ihnen etwas Mystisches anhaftet, denn eine

---

[2] Der hier zitierte Text ist relativ alt, aber derselbe Gedanke findet sich in *Manifestes Médiologiques* (1994, S. 12). In der Folgezeit scheint sich Debray jedoch auf eine klügere Position zurückgezogen zu haben: In einem neueren Vortrag (Debray 1996 b) räumt er ein, daß „Gödelitis ... eine verbreitete Krankheit" sei und daß die „Übertragung einer wissenschaftlichen Erkenntnis und ihre Verallgemeinerung außerhalb ihres speziellen Gültigkeitsbereichs zu großen Irrtümern ... führen kann" (S. 7); außerdem erklärt er hinsichtlich seiner eigenen Verwendung des Gödelschen Satzes, diese sei „nur metaphorisch beziehungsweise isomorph" gemeint (S. 7).

entmystifizierte Gesellschaft wäre eine pulverisierte Gesellschaft. (Debray 1981, S. 262)

Nach Debray ist also weder eine Herrschaft über das Volk durch das Volk noch eine entmystifizierte Gesellschaft möglich, und dies offenbar aus streng *logischen* Gründen.

Wenn seine Argumentation aber stichhaltig wäre, könnte man mit ihr ebenso die Existenz Gottes beweisen, wie die folgende Aussage nahelegt:

Die Unvollständigkeit fordert, daß eine Menge *per definitionem* keine Substanz im Spinozaschen Sinne sein kann: etwas, was in sich selbst existiert und durch sich selbst empfangen wird. Sie bedarf einer Ursache (um sie hervorzubringen), und sie ist nicht ihre eigene Ursache. (Debray 1981, S. 264)

Dennoch leugnet Debray die Existenz Gottes (S. 263), ohne zu begründen, weshalb sie keine ebenso „logische" Folge seines „Satzes" darstellt.

Das Grundproblem ist, daß Debray an keiner Stelle erklärt, welche Rolle der Gödelsche Satz in seiner Argumentation spielen soll. Wenn er ihn beim Durchdenken der Organisation der Gesellschaft in der wissenschaftlichen Bedeutung verwenden will, dann ist das einfach falsch. Soll der Gödelsche Satz aber nur als Analogie dienen, mag er vielleicht anregend sein, besitzt aber gewiß keine Beweiskraft. Um seine soziologischen und historischen Thesen zu untermauern, müßte Debray Argumente liefern, die mit Menschen und ihrem sozialen Verhalten zu tun haben, aber nicht mit mathematischer Logik.

Der Gödelsche Satz wird auch in zehntausend oder einer Million Jahren noch gültig sein, aber niemand kann vorhersagen, wie die menschliche Gesellschaft in so ferner Zukunft aussehen wird. Der Bezug auf diesen Satz verleiht Thesen, die bestenfalls in einem bestimmten Kontext und zu einer bestimmten Zeit stichhaltig sind, den Anschein „ewiger" Gültigkeit. Auf jeden Fall wirkt die Anspielung auf die „biologische Aporie", die angeblich im „integralen Klonen" steckt, heute bereits etwas veraltet – was zeigt, daß man vorsichtig sein muß, wenn man den Gödelschen Satz „anwendet".

Da uns dieser Gedanke Debrays nicht besonders eindrucksvoll erscheint, waren wir recht überrascht, daß er von dem bekannten Philosophen Michel Serres zum „Gödel-Debrayschen-Prinzip" erhöht wurde.[3] Serres erklärt:

In seiner *Critique de la raison* dehnt Régis Debray das für formale Systeme geltende Unvollständigkeitstheorem auf soziale Gruppen aus (oder findet es dort wieder). Danach organisieren sich Gesellschaften nur unter der ausdrücklichen Bedingung, daß sie auf etwas gründen, das von ihnen verschieden ist, etwas, das außerhalb ihrer Definition oder Grenze liegt. Sie können sich nicht selbst genügen. Er bezeichnet die Grundlegung als religiös. Mit Gödel vollendet er Bergson, dessen Werk über *Les deux sources de la morale et de la religion* die offenen Gesellschaften den geschlossenen gegenüberstellte. Nein, sagte er, die innere Kohärenz wird von außen gewährleistet, die Gruppe schließt sich nur ab, wenn sie sich öffnet. Die Heiligen, Genies, Helden, Vorbilder, die Stars aller Art zerbrechen die Institutionen nicht, sondern machen sie möglich. (Serres 1994, S. 636 f.)

Serres fährt fort:

Nun schreiben seit Bergson selbst die angesehensten Historiker aus den *Deux sources* ab … Wo jene nur ein Vorbild transkribieren, löst Debray ein Problem. Wo die Historiker Übergänge oder Überschreitungen sozialer oder begrifflicher Grenzen beschreiben, ohne sie zu begreifen, weil sie von Bergson ein fertiges Schema übernommen haben – ein Modell, das Bergson von Carnot und der Thermodynamik ausgehend entwickelt hat –, konstruiert Debray auf eigene Faust (und begreift folglich) ein neues Schema, das von Gödel und den logischen Systemen ausgeht.

Der entscheidende Beitrag von Gödel und Debray erlöst uns von den alten Modellen und ihrer Wiederholung. (Serres 1994, S. 637)

Daraufhin wendet Serres das „Gödel-Debraysche-Prinzip" auf die Wissenschaftsgeschichte an,[4] wo es genauso irrelevant ist wie in der Politik.

---

[3] Serres (1994, S. 638). Vgl. auch Dhombres (1994, S. 195) zu einer kritischen Anmerkung zu diesem „Prinzip".

[4] In Serres' Ausführungen über das *Ancien régime* findet man folgende

Unser letztes Beispiel erinnert an Sokals Parodie, bei der dieser auf das Wort „Wahl" anspielt, um eine absurde Verbindung zwischen dem Auswahlaxiom in der Mengenlehre[5] und der Bewegung für das Recht auf Abtreibung herzustellen. Er geht sogar so weit, den Cohenschen Satz anzuführen, wonach das Auswahlaxiom und die Kontinuumhypothese[6] von den anderen Axiomen der Mengenlehre unabhängig (in der spezifischen Bedeutung, die dieses Wortes in der Logik besitzt) sind, um zu behaupten, die herkömmliche Mengenlehre sei für eine „emanzipatorische" Mathematik untauglich. Hier stößt man ebenfalls auf einen völlig willkürlichen Gedankensprung von den Grundlagen der Mathematik zu politischen Erwägungen.

Innerhalb der Parodie gehört diese Passage zu den Stellen, die ganz offensichtlich lächerlich sind. Wir waren daher ziemlich überrascht, daß der Philosoph Alain Badiou in vollem Ernst – so scheint es jedenfalls – ganz ähnliche Gedanken vorbringt. (Allerdings ist zu betonen, daß die betreffenden Texte bereits älteren Datums sind.) In *Théorie du sujet* (1982) wirft Badiou Politik, Lacansche Psychoanalyse und mathematische Mengenlehre lustig durcheinander. Der folgende Auszug aus dem „Logik des Überschusses" betitelten Kapitel vermittelt eine einen Eindruck davon, welcher Art dieses Buch ist. Nach einer kurzen Erörterung der Lage von Gastarbeitern bezieht sich Badiou auf die Kontinuumhypothese und fährt mit den Worten fort (S. 282 f.):

Was hier auf dem Spiel steht, ist nicht weniger als die Verschmelzung der Algebra (die geordnete Folge der Kardinalzahlen) mit der Topologie (der Überschuß des Teilenden gegenüber dem Elementaren). Die Wahrheit der Kontinuumhypothese würde die Tatsache zum Gesetz machen [*ferait loi*], daß der Überschuß im Mehrfachen keine andere Aufgabe hat als das Besetzen des leeren Platzes, als die Existenz des Nichtexi-

---

Perle: „Zu jenen Zeiten nahm der Klerus einen genau bestimmbaren Platz in der Gesellschaft ein. Dieser Platz, diese herrschende und beherrschte, weder beherrschte noch herrschende Position innerhalb jeder Klasse, der herrschenden wie der beherrschten, gehört zu keiner der beiden, weder zur beherrschten noch zur herrschenden." Serres (1994, S. 641)

[5] Vgl. S. 62 für eine kurze Erklärung des Auswahlaxioms.

[6] Vgl. Kapitel 3, Anm. 5 für eine kurze Erklärung der Kontinuumhypothese.

stenten, die dem ursprünglichen Mehrfachen gemäß ist. Es gäbe diese behauptete Verzweigung der Geschlossenheit, daß das, was im Inneren über das Ganze hinausgeht, nur den Grenzpunkt dieses Ganzen benennt.

Doch die Kontinuumhypothese ist nicht beweisbar.

Mathematischer Triumph der Politik über den Realismus der Gewerkschaften.[7]

Man fragt sich unwillkürlich, ob hier zwischen den letzten beiden Sätzen aus Versehen ein paar Absätze ausgelassen wurden, aber leider Fehlanzeige: Der Gedankensprung von der Mathematik zur Politik ist tatsächlich so abrupt.[8]

---

[7] Der maoistische Diskurs im Frankreich der späten 60er Jahre betonte nachdrücklich den scharfen Gegensatz zwischen der „Politik", der angeblich die Führungsrolle zukommen sollte, und gewerkschaftlichem Handeln.

[8] Im übrigen ist auch die „Mathematik" in diesem Abschnitt ziemlich sinnlos.

12. Ein Blick auf das Verhältnis von Naturwissenschaft und Philosophie in der Vergangenheit: Bergson und seine Nachfolger

Zu den schlechten Wirkungen einer gegen den Geist gerichteten Philosophie wie der Bergsons gehört die Tatsache, daß sie in Irrtümern und verworrenen Ansichten über den Intellekt einen besonders günstigen Nährboden findet. So kommt sie dazu, eher schlecht als gut zu denken, jede augenblickliche Schwierigkeit für unlösbar auszugeben und in jedem törichten Irrtum eine Bankrotterklärung des Geistes und einen Triumph der Intuition zu sehen. Bergsons Arbeiten enthalten zahlreiche Hinweise auf Mathematik und Naturwissenschaft, die seiner Philosophie in den Augen eines unbefangenen Lesers unter Umständen besonderes Gewicht geben. Bei den naturwissenschaftlichen und vor allem den biologischen und physiologischen Fragen halte ich mich nicht für befugt, seine Interpretation zu kritisieren. In seiner Auslegung der Mathematik aber hat er bewußt traditionellen Irrtümern den Vorzug gegeben vor den moderneren Auffassungen, die bei den Mathematikern in den letzten achtzig Jahren vorherrschend waren.
 – Bertrand Russell, *Philosophie des Abendlandes* (1950, S. 663 f.)

Bei der Analyse des Mißbrauchs der Naturwissenschaften durch sogenannte „postmoderne" Autoren und ihrer Irrungen auf diesem Gebiet haben wir uns auch die Frage nach den historischen Wurzeln dieses reichlich leichtfertigen Umgangs mit den Naturwissenschaften gestellt. Die Gründe hierfür sind vielschichtig, und wir werden im Epilog nochmals auf sie zu sprechen kommen. Wir haben allerdings auch den Eindruck, daß es einen historischen Zusammenhang mit einer philosophischen Tradition gibt, die die Intuition oder die subjektive Erkenntnis über den Verstand stellt. Einer der brillantesten Vertreter dieser Denkweise ist zweifelsohne Bergson, der diesen Ansatz so weit trieb, daß er sogar mit Einstein über die Relativitätstheorie diskutierte. Das Buch, in dem er seinen Standpunkt vertritt, *Durée et simultanéité* (1922) [*„Dauer und Gleichzeitigkeit"**], ist in zweierlei Hinsicht interessant: Einerseits verdeutlicht es gut eine gewisse

---

* Anm. d. Übers.: Eine deutsche Übersetzung des Werks existiert nicht.

philosophische Einstellung gegenüber den Naturwissenschaften, andererseits hat es nicht wenige Philosophen beeinflußt, über Jankélévitch und Merleau-Ponty bis hin zu Deleuze.

Bergson ist natürlich kein postmoderner Autor, selbst wenn das Primat, das er der Intuition zuspricht, ohne Zweifel zu dem heute wieder wachsenden Interesse an seinem Werk beiträgt.[1] Im übrigen unterscheiden sich seine Irrtümer hinsichtlich der Relativität sehr stark von den naturwissenschaftlichen Irrtümern der anderen Autoren, von denen in diesem Buch die Rede war. Bei Bergson ist gewiß eine Ernsthaftigkeit festzustellen, die sich von der Lässigkeit und der blasierten Art der Postmodernen abhebt. Außerdem geht es ihm ganz bestimmt nicht darum, dem Leser gelehrte Wörter an den Kopf zu werfen. Seine Einstellung ähnelt, selbst wenn er sich dagegen verwehrt, einer apriorischen philosophischen Vorgehensweise: Er versucht nicht wirklich, das Neue in der Relativitätstheorie zu erkennen und daraus möglicherweise philosophische Schlußfolgerungen abzuleiten; vielmehr werden diese bereits zu Beginn aufgestellt, und die gesamte Analyse zielt darauf ab zu zeigen, daß die physikalische Theorie sie bestätigt. Wie auch immer man sonst über diese Art urteilen mag, die Zusammenhänge zwischen Naturwissenschaft und Philosophie zu betrachten, in diesem speziellen Fall werden wir zeigen, daß Bergson sich irrte. Und dieser Irrtum betrifft nicht die Philosophie oder die Interpretation, wie man oft vermutet, sondern es geht um das Verständnis der physikalischen Theorie, und schließlich gerät er in einen Konflikt mit dem Experiment.

Das Überraschende dabei sind Bergsons Bestreben, die Debat-

---

[1] Vergleichen wir mit dem, was Jacques Monod vor über 25 Jahren über ihn schrieb: „Es ist bekannt, daß seine Philosophie dank eines verführerischen Stils und einer bildhaften Dialektik, die der Logik, nicht aber der Poesie entbehrte, einen ungeheuren Erfolg erlebt hat. Heute scheint sie fast vollständig in Mißkredit gefallen zu sei, während man zu meiner Jugendzeit nicht hoffen konnte, das Abitur zu bestehen, ohne die ‚Schöpferische Evolution' [*L'Evolution créatrice*] gelesen zu haben." (Monod 1970, S. 40) Und er fügte mit ebenso viel Ironie wie Vorausahnung hinzu: „Wenn Bergson eine weniger klare Sprache und einen ‚tieferen' Stil benützt hätte, würde man ihn heute wieder lesen." (S. 41) In einer Anmerkung macht Monod allerdings klar: „In Bergsons Denken fehlt es natürlich nicht an Unklarheiten und greifbaren Widersprüchen." (S. 41). Für eine Kritik von Bergsons Vitalismus sei auf Monods Buch verwiesen, ebenso auf die Studie von Balan (1996) über *L'Évolution créatrice*.

te in der Öffentlichkeit auszutragen, und die Beständigkeit seiner Irrtümer im Laufe der Zeit, vor allem wenn man den Aufwand betrachtet, mit dem herausragende Physiker wie Jean Becquerel[2], André Metz[3] und Albert Einstein[4] höchstpersönlich versucht haben, ihm die Relativitätstheorie zu erklären, sowohl brieflich als auch in persönlichen Kontakten. Bei Bergson läßt sich daher eine Unbeeinflußbarkeit durch empirische Argumente feststellen, die ihn ebenfalls in die Nähe der Postmodernen rückt.

Es sei angemerkt, daß Bergson *Durée et simultanéité* zwar nach 1931 nicht mehr herausgebracht hat,[5] das Buch aber 1968 wiederveröffentlicht und seitdem mehrmals nachgedruckt wurde (es ist immer noch erhältlich),[6] und zwar mit einer „Vorbemerkung" von Jean Wahl, Henri Gouhier, Jean Guitton und Vladimir Jankélévitch versehen, die die Neuherausgabe des Werkes „aufgrund des philosophischen und historischen Interesses des Textes" rechtfertigen, „das vollkommen unabhängig von den rein naturwissenschaftlich-technischen Diskussionen ist, die dadurch ausgelöst wurden". Wir teilen die Ansicht, daß *Durée et simultanéité* von historischem Interesse ist, insbesondere als Beispiel dafür, wie ein berühmter Philosoph aufgrund seiner philosophischen Vorurteile die Physik mißverstehen kann. Was die philosophische Seite angeht, wirft *Durée et simultanéité* eine interessante Frage auf: Inwieweit kann Bergsons Vorstellung von „Zeit" überhaupt mit der Relativitätstheorie in Einklang gebracht werden? Wir lassen diese Frage zunächst unbeantwortet und beschränken uns auf die Feststellung, daß Bergsons Versuch vollständig scheiterte. Das harte Urteil Hervé Barreaus in seinem bemerkenswerten Beitrag zu Bergson und Einstein wollen wir unseren Lesern jedoch nicht vorenthalten:

---

[2] Dieser setzte sich persönlich mit Bergson auseinander. Siehe Bergson (1968 [1922], S. 185), Metz (1926, S. 188) und Barreau (1973, S. 114)

[3] Siehe Metz (1923, 1926) sowie die Diskussion zwischen Bergson und Metz in der *Revue de philosophie*: Metz (1924 a), Bergson (1924 a), Metz (1924 b), Bergson (1924 b).

[4] Dieser begegnete Bergson bei einer Tagung der *Société française de philosophie* am 6. April 1922.

[5] Die gleichen Ideen wiederholte er jedoch in *Denken und Schöpferisches Werden* (1985, S. 52−57, Anmerkung 1). Siehe auch Barreau (1973, S. 124).

[6] Ebenso enthalten in *Mélanges*: siehe Bergson (1972, S. 57−244).

Es genügt nicht zu sagen, daß Bergson die Relativitätstheorie nicht verstanden hat; man muß vielmehr feststellen, daß Bergson sie nicht verstehen konnte oder sie verwerfen mußte, solange er an seiner eigenen Philosophie der Zeit festhielt." (Barreau 1973, S. 119 f.)

Gewiß, die Irrtümer Bergsons über die Relativitätstheorie sind wohlbekannt und wurden sogar schon zu seiner Zeit auf sehr pädagogische Weise korrigiert.[7] Aber vielleicht weniger bekannt ist die Art und Weise, wie diese Irrtümer von seinen Bewunderern bis in die jüngere Zeit wiederholt wurden. Dies weist unserer Ansicht nach auf eine tragische Kommunikationslücke zwischen der Naturwissenschaft und gewissen (nicht gerade unbedeutenden) Philosophen hin.

Durée et simultanéité – Dauer und Gleichzeitigkeit

Die Irrtümer Bergsons in bezug auf die Relativitätstheorie sind ziemlich grundlegender Natur, aber im Gegensatz zu den postmodernen Autoren verbreitet er keine falsche Gelehrsamkeit. Um zu verstehen, wo seine Mißverständnisse liegen, muß man etwas mit den Grundgedanken der Relativität vertraut sein. Es folgt daher hier zunächst eine kleine Einführung unter Verzicht auf sämtliche technischen Details und viele mehr oder weniger wichtige Feinheiten.[8] Zunächst geht es um das *Relativitätsprinzip*. Die beste Erklärung dafür lieferte bereits Galilei im Jahre 1632:

Schließt Euch in Gesellschaft eines Freundes in einen möglichst großen Raum unter dem Deck eines großen Schiffes ein. Verschafft Euch dort Mücken, Schmetterlinge und ähnliches fliegendes Getier; sorgt auch für ein Gefäß mit Wasser und kleinen Fischen darin; hängt ferner oben einen kleinen Eimer auf, welcher tropfenweise Wasser in ein zweites, enghalsiges daruntergestelltes Gefäß träufeln läßt. Beobachtet nun sorg-

---

[7] Siehe zum Beispiel Metz (1923, 1926).

[8] Wir beschränken uns auf die sogenannte *spezielle Relativitätstheorie* (1905), die sich mit Inertialsystemen beschäftigt (siehe unten). Die *allgemeine Relativitätstheorie* (1915), die sich mit der Schwerkraft befaßt und den Umgang mit Nicht-Inertialsystemen erlaubt, ist mathematisch sehr viel komplizierter.

fältig, solange das Schiff stille steht, wie die fliegenden Tierchen mit der nämlichen Geschwindigkeit nach allen Seiten des Zimmers fliegen. Man wird sehen, wie die Fische ohne irgendwelchen Unterschied nach allen Richtungen schwimmen; die fallenden Tropfen werden alle in das untergestellte Gefäß fließen. Wenn Ihr Euerem Gefährten einen Gegenstand zuwerft, braucht Ihr nicht kräftiger nach der einen als nach der anderen Richtung zu werfen, vorausgesetzt, daß es sich um gleiche Entfernungen handelt ... Nun laßt das Schiff mit jeder beliebigen Geschwindigkeit sich bewegen: Ihr werdet – wenn nur die Bewegung gleichförmig ist und nicht hier- und dorthin schwankend – bei allen genannten Erscheinungen nicht die geringste Veränderung eintreten sehen. Aus keiner derselben werdet Ihr entnehmen können, ob das Schiff fährt oder stille steht. (Galilei 1987 [1632], S. 264)

Der moderne Leser hat dergleichen bereits im Flugzeug festgestellt. Solange die Bewegung gleichförmig ist – weder Steig- oder Sinkflug noch Beschleunigung, Verlangsamung oder Turbulenz –, kann man durch keinerlei physikalisches (oder biologisches) Experiment feststellen, ob das Flugzeug fliegt oder am Boden steht.

Etwas formeller kann man diesen Gedanken folgendermaßen ausdrücken: Unter den Bezugssystemen[9] werden einige als „Inertialsysteme" bezeichnet. In erster Näherung gilt ein Bezugssystem, das mit der Erde verbunden ist, als Inertialsystem, ebenso jedes System, das sich in bezug auf die Erde gleichförmig fortbewegt.[10] Nun besagt das Relativitätsprinzip, daß *sämtliche physikalischen Gesetze in jedem beliebigen Inertialsystem identisch sind.* Offensichtlich ist hier das Wort „Inertial" entscheidend. Ohne diese Präzisierung ist das Prinzip schlicht und einfach falsch – um das zu verstehen, genügt es, an die „Kräfte" zu denken, die beim Beschleunigen oder Abbremsen eines Autos auf einen einwirken.

Diese Beobachtung der Äquivalenz von Inertialystemen und der Nichtäquivalenz von Nicht-Inertialsystemen kann man (ein wenig verkürzt) so zusammenfassen: *Die Geschwindigkeit ist relativ, doch die Beschleunigung ist absolut.* Es ist immer un-

---

[9] Siehe S. 146 für eine Erklärung des Konzeptes eines „Bezugssystems".
[10] Dies ist nur näherungsweise richtig, da sich die Erde um ihre Achse dreht.

möglich, den Ruhezustand von einer gleichförmigen Bewegung zu unterscheiden, beide Zustände jedoch können durchaus von einer beschleunigten Bewegung unterschieden werden.

Es ist zu betonen, daß dieses Prinzip unserer Erfahrung der realen Welt entstammt; es ist uns keinerlei Möglichkeit bekannt, es mittels philosophischer Schlußfolgerungen *a priori* zu gewinnen. Es wären Welten (und entsprechende physikalische Gesetze) vorstellbar, in denen die Geschwindigkeit absolut ist. Aristoteles dachte etwa, wir lebten in einer solchen Welt. Heute wissen wir – aufgrund empirischer, nicht aufgrund logischer Gründe –, daß Aristoteles irrte. Ebenso könnte man sich Welten vorstellen, in denen sogar die Beschleunigung relativ ist. Doch in einer solchen Welt leben wir eben auch nicht.

Bergson bestand aber auf der Vorstellung, daß „es unerheblich ist, ob eine Bewegung gleichförmig oder beschleunigt ist: Beide Systeme sind immer gleichberechtigt zueinander [*il y aura toujours réciprocité entre les deux systèmes*]" (Bergson 1968 [1922], S. 198). Dieser Behauptung lagen jedoch eben gerade apriorische Schlußfolgerungen zugrunde:

Kein Philosoph konnte sich mit einer Theorie völlig zufriedengeben, in der die einförmige Bewegung ein einfaches Reziprozitätsverhältnis [*relation de réciprocité*], die beschleunigte Bewegung dagegen eine dem Körper immanente Realität darstellt. (S. 32)

Wenn nun jede [auch die beschleunigte] Bewegung relativ ist und es keinen absoluten Bezugspunkt und kein privilegiertes System gibt, hat der Beobachter im Innern eines Systems natürlich keinerlei Möglichkeit herauszufinden, ob sein System sich in Ruhe oder in Bewegung befindet ... Es steht ihm frei zu definieren, was er möchte: Per Definition befindet sich sein System eben in Ruhe, wenn er es zu seinem „Bezugssystem" erklärt und darin seinen Beobachterstandpunkt wählt ... Ein jedes System befindet sich in Ruhe oder in Bewegung, wie man es eben gerade haben möchte. (S. 34)

Hier verwechselt Bergson jedoch zwei Dinge: Die Beschreibung einer Bewegung (Kinematik*) und die Gesetzmäßigkeiten, denen

---

* Anm. d. Übers.: Im Deutschen ist eher die Bezeichnung „Newtonsche Mechanik" gebräuchlich.

diese Bewegung unterliegt (Dynamik). Es ist wohl richtig, zumindest für die Newtonsche Kinematik, daß die Transformationsformeln zwischen zwei Bezugssystemen vollkommen reziprok sind, selbst wenn sich beide Systeme in einer beschleunigten Bewegung zueinander befinden. Dennoch impliziert dies in keiner Weise, daß die Gesetze der Dynamik in bezug auf die beiden Systeme die gleichen sind, und dies ist ja auch, wie wir gesehen haben, durchaus *nicht* der Fall. Der Gedankengang Bergsons (S. 197) beruht auf einer elementaren Verwechslung zwischen einem Bezugssystem (etwa einem Zug in beschleunigter Bewegung) und der Bewegung von Objekten (zum Beispiel Kugeln, die in dem fahrenden Zug auf dem Fußboden liegen) im Hinblick auf dieses Bezugssystem.

Die bis hierher dargestellten Gedankengänge fanden sich bereits in der Mechanik Galileis und Newtons. Welche Neuerungen brachte nun Einstein? Darauf wollen wir als Nächstes kurz zu sprechen kommen.

Die Entwicklung der Theorie des Magnetismus und der Elektrizität im 19. Jahrhundert fand 1865 mit den Maxwell-Gleichungen einen Höhepunkt. Nun scheinen diese Gleichungen *auf den ersten Blick* dem Prinzip der Relativitätstheorie *zu widersprechen* – sagen sie doch die Verbreitung elekromagnetischer Wellen (Licht, Radiowellen etc.) mit einer Geschwindigkeit c (etwa 300000 Kilometer pro Sekunde) *und nur mit dieser Geschwindigkeit* voraus. Wenn sich nun ein Lichtstrahl mit der Geschwindigkeit c im Verhältnis zur Erde bewegt und wenn wir diesen Lichtstrahl mit einem Raumschiff verfolgen, das sich (ohne zu beschleunigen) mit einer Geschwindigkeit von $\frac{9}{10}\ c$ bewegt, dann erwarten wir eigentlich, daß sich der Lichtstrahl mit einer Geschwindigkeit von $\frac{1}{10}\ c$ von uns fortzubewegen scheint. Wenn dies nun aber richtig *wäre*, hieße das, daß die Maxwell-Gleichungen im Hinblick auf das Bezugssystem Raumschiff nicht gültig wären und damit das Relativitätsprinzip für elektromagnetische Phänomene nicht zuträfe.

Die geniale Erkenntnis Einsteins bestand darin, daß die Maxwell-Gleichungen mit dem Relativitätsprinzip in Einklang zu bringen sind, wenn man die Gleichungen, die den Übergang eines Inertialsystems in ein anderes beschreiben, ändert. Wir werden uns nicht mit den Einzelheiten beschäftigen, jedoch festhalten, daß diese neuen Gleichungen (die sogenannten *Lorentz-*

Transformationen) zu Ergebnissen führen, die unserer Intuition im höchsten Maße widersprechen. Wenn sich nämlich zum Beispiel ein Lichtstrahl mit der Geschwindigkeit c im Verhältnis zur Erde bewegt, und wenn wir diesen Lichtstrahl mit der Geschwindigkeit $\frac{9}{10}\,c$ verfolgen, dann entfernt sich der Lichtstrahl eben *nicht* mit der Geschwindigkeit $\frac{1}{10}\,c$ von uns, sondern mit der Geschwindigkeit c! Tatsächlich beträgt die Ausbreitungsgeschwindigkeit des Lichts in jede beliebige Richtung *und im Hinblick auf jedes beliebige Bezugssystem* immer c.

Es muß ausdrücklich betont werden, daß diese Phänomene, auch wenn sie unserer Intuition widersprechen, *real* sind. Sowohl die Relativitätstheorie wie auch die Elektromagnetische Theorie Maxwells wurden in den letzten 90 Jahren in Tausenden unterschiedlichen Experimenten mit einer eindrucksvollen Präzision bestätigt. Natürlich verfügen wir nicht über Raumschiffe, die sich mit einer Geschwindigkeit von $\frac{9}{10}\,c$ bewegen können, aber man konnte doch mehr oder weniger gleichwertige Experimente durchführen, unter anderem mit Elementarteilchen. Und wenn diese Experimente auch unserer Intuition widersprechen, muß man sich immer wieder klarmachen, daß das, was wir als „Intuition" bezeichnen, nichts anderes ist als das Ergebnis unserer akkumulierten Erfahrung und unserer theoretischen Reflexionen darüber. Und nur die wenigsten von uns verfügen über große praktische Erfahrungen mit Bewegungen im Bereich der Lichtgeschwindigkeit.

Eine zweite Konsequenz der Einsteinschen Relativitätstheorie, die unserer Intuition widerspricht, betrifft den Begriff der *Gleichzeitigkeit*. Lassen Sie uns zunächst festhalten, daß alle Bezugssysteme zwei Ereignisse als gleichzeitig bezeichnen, wenn sie sich *am gleichen Ort* ereignen. Dies ist jedoch, wie Einstein zeigen konnte, keineswegs der Fall, wenn die beiden Ereignisse *an unterschiedlichen Orten* stattfinden. Um dies zu verstehen, stellen wir uns einmal einen Bahnsteig und einen Zug vor, die beide an beiden Enden mit Elektroden versehen sind, die jeweils einen Funken – und damit einen Lichtstrahl – erzeugen, wenn die Spitze des Zuges den Anfang und das Ende des Zuges das Ende des Bahnsteigs passiert. Nehmen wir weiter an, daß Pierre in der Mitte des Bahnsteiges steht und daß er so beim Vorbeifahren des Zuges die beiden Lichtstrahlen gleichzeitig wahrnimmt. Aus dieser Wahrnehmung wird er schließen, daß die beiden Lichtstrahlen auch gleichzeitig *ausgesandt* wurden, denn sie haben auf dem Weg zu ihm die gleiche Entfernung zurückgelegt, und ihre Geschwindigkeit ist ebenfalls gleich.

Betrachten wir nun Paul, der in der Mitte des Zuges sitzt, und analysieren die Situation in diesem Moment im Hinblick auf das Bezugssystem Bahnsteig. In dem Moment, wo die beiden Lichtstrahlen ausgesandt werden, befindet sich Paul direkt gegenüber von Pierre. Weil er sich jedoch mit dem Zug bewegt, wird er den Lichtstrahl von der Spitze des Zuges *vor* Pierre wahrnehmen, während er den Lichtstrahl vom Zugende erst *nach* Pierre sieht. Er wird also den Lichtstrahl von der Zugspitze *vor* dem des Zugendes wahrnehmen. Dies ist eine objektive Tatsache, die niemand bestreiten wird.[11] Wie aber interpretiert nun Paul diese Tatsache in bezug auf das Bezugssystem Zug, das ebenfalls ein Inertialsystem ist? Er denkt sich folgendes: Ich habe den vorderen Lichtstrahl vor dem hinteren wahrgenommen. Ich bin von beiden Enden des Zuges gleich weit entfernt. Und die Lichtgeschwindigkeit ist in beiden Fällen gleich.[12] Daraus folgt, daß der vordere Lichtstrahl auch vor dem hinteren *ausgesandt* wurde. Schlußfolgerung: Zwei Ereignisse, die an verschiedenen Orten in bezug auf ein erstes Bezugssystem gleichzeitig stattfinden, können in bezug auf ein zweites Bezugssystem durchaus ungleichzeitig sein.

Dies widerspricht offensichtlich unserem intuitiven Zeitbegriff: Wir betrachten die Gleichzeitigkeit selbst weit voneinander entfernter Ereignisse gewöhnlich als absolute und unproblematische Angelegenheit. Aber diesen Eindruck verdanken wir lediglich unserer begrenzten Erfahrung: Die Lichtgeschwindigkeit ist so groß und unsere Alltagsentfernungen sind im Vergleich dazu so winzig, daß wir die Auswirkungen der Relativitätstheorie ohne raffinierte Meßinstrumente überhaupt nicht feststellen können – es fällt uns noch nicht einmal auf, daß die Lichtgeschwindigkeit endlich ist.[13] Dabei gibt es keinerlei Widerspruch

---

[11] Bei „Paul" könnte es sich zum Beispiel um einen Photodetektor handeln, der an einen Computer angeschlossen ist. Nach dem Experiment könnte jedermann dem Speicher des Computers entnehmen, welches Photon, welcher Lichtstrahl zuerst angekommen ist.

[12] Tatsächlich kommt in diesem letzten Schritt diese – unserer Intuition widersprechende, doch experimentell bewiesene – Vorstellung Einsteins ins Spiel.

[13] Wer die Fernsehübertragung der Mondlandungen gesehen hat, erinnert

zwischen der Relativitätstheorie und dem, was wir täglich erleben. Der Widerspruch besteht vielmehr zwischen der Relativitätstheorie und einer *natürlichen,* aber (wie wir ja jetzt wissen) *irrigen Extrapolation* unserer Alltagserfahrung auf Bereiche, mit denen wir normalerweise nichts zu tun haben.

Diese didaktisch aufbereitete Argumentation stammt bereits aus Bergsons Zeit,[14] aber dieser hat sie einfach nicht verstanden. Im Hinblick auf zwei Bezugssysteme S und S' beharrte er darauf, daß

... die Lorentz-Gleichungen einfach die Meßergebnisse ausdrücken, die S' *zugewiesen* werden müssen, damit ein Physiker in S beobachten kann, wie ein *imaginärer Physiker* in S' den gleichen Wert für die Lichtgeschwindigkeit findet wie er selbst. (S. 193; Hervorhebungen im Original)

Und das ist ganz einfach falsch. Man kann S und S'* auffordern, die gleiche Folge von Ereignissen zu beobachten und deren Koordinaten (x, y, z, t bzw. x', y', z', t') zu notieren. Nach dem Experiment kann man die *gemessenen* Werte der beiden Bezugssysteme miteinander vergleichen.[15] Sie werden die Bedingungen der Lorentz-Transformation erfüllen. Im Gegensatz zu dem, was Bergson behauptet, wurden die Koordinaten x', y', z' und t' jedoch nicht nur einfach durch den Physiker in S „zugewiesen", damit ein „imaginärer Physiker" in S' bei einer Messung den üblichen Wert für die Lichtgeschwindigkeit findet. Tatsächlich hat der „reale" Physiker in S' den üblichen Wert für die Lichtgeschwindigkeit bei seiner Messung *gefunden*, und zwar deshalb, weil x', y', z' und t' die Werte sind, die er *gemessen* hat.[16]

---

sich vielleicht noch, daß zwischen Fragen der Kontrollstation auf der Erde und der Antwort immer etwa zwei Sekunden lagen. Das Radiosignal benötigte jeweils etwa eine Sekunde, um die Entfernung zwischen Erde und Mond (etwa 300 000 km) zurückzulegen.

[14] Beispielsweise Einstein (1920 [1917]) und Metz (1923). Unsere Diskussion der Gleichzeitigkeit folgt Metz (1923, Kapitel V); dort werden einige weitere Präzisierungen vorgenommen.

* Anm. d. Übers.: Gemeint sind „reale" Physiker in S und S'.

[15] Diese Bezugssysteme können, wie bereits erwähnt, vollständig aus Maschinen bestehen. Im Experiment ginge es dann darum, die Speicherwerte eines oder zweier Computer miteinander zu vergleichen.

[16] Es ist experimentell bewiesen, daß die Maxwell-Gleichungen für jedes

Eine dritte Konsequenz der Relativitätstheorie, die unserer Intuition widerspricht, betrifft das Verstreichen der Zeit. Sei A ein „Ereignis" mit bestimmten Raum-Zeit-Koordinaten, das heißt ganz einfach, es findet zu einem bestimmten Zeitpunkt an einem bestimmten Ort statt, zum Beispiel in Paris am 14. Juli 1789. B sei ein anderes Ereignis dieser Art, zum Beispiel in Paris am 14. Juli 1989. Und C sei ein „Weg in der Raum-Zeit", der von A nach B führt, zum Beispiel der Weg, der die ganze Zeit Paris nicht verläßt, oder aber ein Weg, der aus einer Reise mit $\frac{9}{10}$ der Lichtgeschwindigkeit zu einem 90 Lichtjahre[17] entfernten Stern und zurück führt. Für eine solche Situation liefert die Relativitätstheorie eine Formel, um die Zeitspanne zu berechnen, die eine auf dem Weg C mitgeführte „ideale Uhr"[18] messen würde (und die man als *Eigenzeit* des Wegs C bezeichnet). Die Details dieser Formel sind für diese Diskussion ohne Belang; uns interessiert nur eine einzige ihrer bemerkenswerten Auswirkungen: Die Eigenzeit hängt nicht nur vom Ausgangspunkt A und vom Endpunkt B ab, *sondern auch vom Weg C*. Der direkte Weg zwischen A und B führt zur größten Eigenzeit, während alle anderen Wege zu kürzeren Eigenzeiten führen. In unserem Fall betrüge die Eigenzeit für den Weg, der Paris nicht verläßt, 200 Jahre (was niemanden überrascht), während die Eigenzeit der Reise zu dem Stern und zurück 87 Jahre beträgt,[19] was vielleicht etwas mehr verwundert.[20]

---

beliebige inerte Bezugssystem (d. h. für die in diesen Systemen gemessenen Entfernungen und Zeiten) gültig sind. Und die Lorentz-Transformationen sind die *einzigen* Transformationen der Raum-Zeit-Koordinaten, die die Maxwell-Gleichungen bewahren und einige andere geforderte Eigenschaften aufweisen.

[17] Ein Lichtjahr ist die von einem Lichtstrahl (der sich mit der Lichtgeschwindigkeit c fortbewegt) in einem Jahr zurückgelegte Entfernung. Sie entspricht etwa zehn Millionen Milliarden Metern ($9,46 \times 10^{15}$ m).

[18] Eine solche Uhr würde (vereinfacht gesagt) von den Beschleunigungen auf dem Weg C nicht merklich beeinflußt. So könnte es bei dem zweiten Weg dazu kommen, daß das Wendemanöver zu abrupt ausgeführt wird und dabei die Uhr ganz einfach kaputtgeht (denken Sie an einen Autounfall) oder, in einem weniger extremen Fall, ihr Funktionieren beeinträchtigt würde. Eine solche Uhr wäre für den Weg C nicht „ideal". Man kann über eine längere Herleitung zeigen, daß es (im Prinzip) möglich ist, für jeden beliebigen Weg in der Raum-Zeit Uhren zu „konstruieren", die einer „idealen" Uhr beliebig nahekommen.

[19] Genauer gesagt, $200 \sqrt{1 - (\frac{9}{10})^2} \approx 87, 178$ Jahre.

[20] Die folgende Analogie läßt diese Tatsache vielleicht etwas weniger merk-

Diese Voraussage widerspricht selbstverständlich unseren gefühlsmäßigen Vorstellungen über die Zeit. Doch bevor wir nun hastig die Relativitätstheorie über Bord werfen, sollten wir uns daran erinnern, daß der beschriebene Effekt nur dann groß ist, wenn die Geschwindigkeit des Wegs C sich der Lichtgeschwindigkeit annähert. Bei geringeren Geschwindigkeiten ist dieser Effekt extrem schwach. Bei einer Geschwindigkeit von 300 m/s – das ist bereits schneller als die meisten modernen Flugzeuge – beträgt die Eigenzeit für unsere Reise 199,999999999999 Jahre. Natürlich haben die meisten von uns keine Erfahrung mit Geschwindigkeiten in der Nähe der Lichtgeschwindigkeit und auch nicht mit superpräzisen Uhren, die mit vertrauteren Geschwindigkeiten umhergeflogen werden. Es besteht daher auch keinerlei Widerspruch zwischen den Vorhersagen der Relativitätstheorie und unserer Alltagserfahrung: Auch hier besteht lediglich ein Widerspruch zwischen der Relativitätstheorie und einer *irrigen* Extrapolation unserer alltäglichen Erfahrungen.

Dieser Aspekt der Relativitätstheorie wird gerne mit folgender Geschichte verdeutlicht. Ein Zwillingspaar, Pierre und Paul, trennt sich: Pierre bleibt auf der Erde, während Paul ein Raumschiff (zu Bergsons Zeiten sprach man von einer „Kanonenkugel") besteigt, das mit annähernder Lichtgeschwindigkeit eine Weile unterwegs ist, umkehrt und zur Erde zurückkehrt. Bei der Rückkehr stellt man fest, daß Paul jünger geblieben ist als Pierre. Natürlich hat man dieses Experiment niemals mit einem Zwillingspaar durchgeführt, denn wir können Menschen nicht bis in die Nähe der Lichtgeschwindigkeit beschleunigen. Aber man hat doch analoge Experimente mit zahlreichen Elementarteilchen unternommen – deren radioaktiver Zerfall eine Art „Uhr" darstellt – und hat superpräzise Atomuhren in Flugzeugen transpor-

---

würdig erscheinen: Jeder weiß, daß die Länge eines Weges C zwischen zwei Punkten A und B *im Raum* nicht nur von den Punkten A und B abhängt, sondern auch vom Weg C. Tatsächlich ist der gerade Weg der kürzeste, alle anderen Wege sind länger. Wie sich herausstellt, ist diese Analogie zwischen der dreidimensionalen Geometrie des Raumes und der vierdimensionalen Geometrie der Raum-Zeit recht eng: Der einzige wichtige Unterschied besteht in einem Vorzeichenwechsel, der erklärt, warum der gerade Weg im Raum die *geringste* Länge hat, während der gerade Weg in der Raum-Zeit die *größte* Eigenzeit aufweist. Eine gute ausführliche Darlegung dieser Analogie findet sich bei Taylor und Wheeler (1994).

217

tiert. Und dabei wurden die quantitativen Voraussagen der Relativitätstheorie sehr genau bestätigt.[21] Der Physiker hat mit seinem Beispiel mit den Zwillingen natürlich ein didaktisches Anliegen, nämlich eine der Auswirkungen der Relativitätstheorie durch ein anschauliches Beispiel zu verdeutlichen.

Bergson dagegen weist die Voraussage des „Zwillingparadoxons" schlicht zurück. Um besser zu erkennen, worin das Mißverständnis liegt, ist es wichtig, zwei Probleme auseinanderzuhalten, nämlich einerseits die Auswirkungen der Relativitätstheorie und andererseits die zusätzlichen Komplikationen, die sich (für Bergson) ergeben, sobald es sich um biologische „Uhren", insbesondere solche mit Bewußtsein (etwa um Menschen), handelt. Beginnen wir deshalb mit dem, was Bergson zu dem – wie er es nennt – Experiment mit gewöhnlichen Uhren sagt (bereits hier unterlaufen ihm schwere Fehler), und kommen dann auf das Problem der biologischen Uhren zu sprechen. Bergson stellt fest:

> Insgesamt muß an der mathematischen Formulierung der Relativitätstheorie nichts geändert werden. Aber die Physik könnte der Philosophie einen Gefallen tun, wenn sie auf einige Ausdrucksweisen verzichtete, die die Philosophen in die Irre führen und durch die auch für die Physiker die Gefahr besteht, sich selbst über die metaphysische Tragweite ihrer Erkenntnisse zu täuschen. Man sagt uns zum Beispiel an der oben erwähnten Stelle:[22] „Wenn zwei identische und synchrone Uhren sich am gleichen Ort in einem Bezugssystem befinden, und wenn man die eine Uhr fortbewegt und nach einer bestimmten Zeit t (Zeit dieses Systems) wieder zurückbringt, dann geht diese um $t - \int_0^t \alpha\, dt$ gegenüber der anderen Uhr nach."[23] Tatsächlich müßte man sagen, daß die fortbewegte Uhr diese Verspätung exakt in dem Moment anzeigt, in dem sie, noch in Bewegung, in Kontakt mit dem ruhenden System tritt *und darin zurückkehrt*. Sobald sie jedoch in diesem Sy-

---

[21] Siehe zum Beispiel Hafele und Keating (1972). Dieses Experiment bestätigte eine Voraussage, die aus einer Verbindung der allgemeinen mit der speziellen Relativitätstheorie entstand.

[22] Bergson bezieht sich hier auf eine von ihm zitierte Passage eines Buches des Physikers Jean Becquerel (1922, S. 48–51).

[23] Diese Formel verwendet Becquerel; Anm. der Autoren.

stem angekommen ist, wird sie wieder die gleiche Zeit anzeigen wie die andere Uhr. (Es versteht sich von selbst, daß diese beiden Momente praktisch nicht zu unterscheiden sind.) (S. 207 f.; Hervorhebung im Original)

Unterziehen wir diese Behauptungen einer aufmerksamen Prüfung.

Mit den ersten beiden Sätzen stellt Bergson seine Sichtweise dar: Die Physik hat das Recht, nach Belieben sämtliche „mathematischen Formulierungen" zu verwenden, solange sie ihnen keine übermäßige „metaphysische Tragweite" zuweist. Dabei hat der von Bergson bestrittene Punkt überhaupt nichts „Metaphysisches": Es handelt sich in Wahrheit um eine einfache empirische Vorhersage, was im Verlauf des Textes klar erkennbar wird. Bergson beginnt mit einer Anspielung auf das „Zwillingsproblem" (allerdings verwendet er Uhren anstelle von Zwillingen), und er zitiert – korrekt – die Vorhersage der Relativitätstheorie für die auf beiden Uhren abgelaufene Zeit. Nach einer kurzen, eher etwas konfusen Argumentation[24] präsentiert er seine eigene, *von der Relativitätstheorie abweichende* Vorhersage: „Sobald sie jedoch in diesem System angekommen ist, wird sie wieder die gleiche Zeit anzeigen wie die andere Uhr." Diese Vorhersage ist inzwischen durch zahlreiche Experimente widerlegt. Natürlich kann man Bergson keinen Vorwurf machen, daß er diese experimentellen Ergebnisse, die im wesentlichen erst lange nach der Veröffentlichung von *Durée et simultanéité* gewonnen wurden, nicht vorweggenommen hat. Aber weder er noch seine Nachfolger sprechen deutlich aus, daß ihre Theorie und damit letztendlich ihre eigene Intuition den empirischen Vorhersagen der Relativitätstheorie *widersprechen*. Sie tun so, als ginge es alleine um eine korrekte Interpretation des von den Physikern verwendeten Formalismus.

---

[24] Bergson denkt anscheinend, daß die Uhr zu zwei unterschiedlichen, aber „praktisch nicht unterscheidbaren" Augenblicken zwei verschiedene Zeiten anzeigt. In unserem Beispiel ginge es um eine angezeigte Zeit von 87 Jahren im ersten und 200 Jahren im zweiten Augenblick. Diese Vorstellung hat, gelinde gesagt, etwas Bizarres an sich: Wie sollte die Uhr zwischen zwei „praktisch nicht unterscheidbaren" Augenblicken 113 Jahre „überspringen"? Ein solcher Zeitsprung widerspräche unserer Intuition mindestens ebenso stark wie die Relativitätstheorie.

Ein weitverbreiteter Irrtum zum Zwillingsproblem besteht in der Meinung, die Rollen von Pierre und Paul seien austauschbar und eine Überlegung, die zum Ergebnis kommt, Paul sei jünger als Pierre, müsse zwingend falsch sein. Denn wechselten beide ihre Rollen, führte das ja zu dem Schluß, Pierre sei jünger als Paul. Bergson formuliert diese Idee explizit:

> Alles über Pierre Gesagte muß nun auch für Paul gelten: Denn weil die Bewegung reziprok ist, sind die beiden Personen austauschbar. (S. 77)

Das ist nun aber völlig verkehrt: Ihre Rollen sind nicht austauschbar. Paul muß drei Beschleunigungs- (und Abbrems-)manöver über sich ergehen lassen – je eines beim Start, beim Wenden und bei der Landung –, während Pierre davon verschont bleibt. Das Relativitätsprinzip spricht von der Äquivalenz der physikalischen Gesetze bei *Inertial*systemen. Bei *Nicht-Inertial*systemen, wie etwa dem eines Reisenden in beschleunigter Bewegung, ist eine solche Äquivalenz nicht gegeben. Die Asymmetrie ist im übrigen offensichtlich: Wenn Paul zu stark beschleunigt oder zu heftig abbremst, dann bricht *er* sich den Hals, nicht Pierre![25, 26]

---

[25] Man könnte sich darüber wundern, daß diese drei Beschleunigungsvorgänge – die beliebig kurz sein können, zum Beispiel einige Sekunden – zu einem Zeitunterschied von 113 Jahren führen können. Doch handelt es sich hier lediglich um die Raum-Zeit-Analogie für eine aus der Geometrie wohlbekannte Tatsache: Die Summe zweier Seiten eines Dreiecks kann (zum Beispiel) 113 Meter länger sein als die dritte Seite, wobei der „Knick in der Spitze" beliebig scharf sein kann (zum Beispiel nur wenige Millimeter).

[26] Ein subtilerer Fehler, der sich sogar in manchen physikalischen Fachtexten findet, besteht darin, daß man die Einsteinschen Voraussagen des Zwillingsparadoxons akzeptiert, aber behauptet, daß zu dessen Ableitung die *allgemeine* Relativitätstheorie erforderlich sei. Dies ist falsch. Man kann das Zwillingsparadoxon tadellos analysieren, indem man (wie wir es getan haben) ein *Inertial*system annimmt (zum Beispiel die Erde oder ein beliebiges anderes System), um die Eigenzeiten zu berechnen. Es besteht keinerlei *Notwendigkeit*, das „Bezugssystem Pauls" zu verwenden. Dennoch *kann* man das Problem auch von diesem System aus angehen; in diesem Fall benötigt man natürlich, da es sich um ein Nicht-Inertialsystem handelt, die allgemeine Relativitätstheorie. Man gelangt dabei mit erheblich größerem Aufwand (wobei die gravitative Rotverschiebung berücksichtigt werden muß) zum gleichen Ergebnis.

Bergsons Unverständnis ist also ein doppeltes: Einerseits ist er zu „relativistisch" (im Sinne der Relativitätstheorie, nicht im philosophischen Sinn), weil er denkt, Pierre und Paul seien austauschbar, ohne daß er versteht, daß die Relativitätstheorie keineswegs eine Äquivalenz *beschleunigter* Bewegungen annimmt. Andererseits ist er jedoch zu wenig „relativistisch", weil er sich weigert, den beiden von Pierre und Paul gemessenen Zeiten die gleiche Objektivität zuzugestehen.

Schließlich wollen wir noch anmerken, daß Bergson sich in *Durée et simultanéité* mehrmals auf *„lebendige und bewußte"* Physiker (wie Pierre und Paul) bezieht. Dies könnte die Vermutung nahelegen, daß Bergson lediglich wegen der Anwendung der Physik auf Objekte mit Bewußtsein besorgt ist und daß er sich nur bezüglich des Problems des Verhältnisses zwischen Körper und Geist gegen die Physiker stellt. Doch das ist, wie wir gerade gesehen haben, keineswegs der Fall. Dennoch wollen wir unterstreichen, daß die Anwendung der aus dem Zwillingsphänomen abgeleiteten Schlußfolgerungen auf lebendige Wesen keine besonderen materialistischen Hypothesen verlangt. Im Gegenteil, es reicht festzustellen, daß die biologischen Rhythmen im wesentlichen wie Uhren ablaufen und daß, eben gerade dank des Relativitätsprinzips, das Verhältnis des biologischen Alters von Pierres und Pauls *Körpern*[27] exakt dem Verhältnis der auf ihren Uhren abgelaufenen Zeit entspricht. Und wie auch immer man über das Verhältnis zwischen Körper und Geist denken mag, ein siebzigjähriger Geist in einem zwanzigjährigen Körper ist doch wohl kaum vorstellbar!

Vladimir Jankélévitch

Im Jahre 1931 schrieb der Philosoph Vladimir Jankélévitch ein Buch über Bergson und diskutierte auch *Durée et simultanéité*. In seinem Werk spricht er von „der falschen Optik des Intellektualismus", die zu „Zenonischen Sophismen ebenso wie zu Einsteinschen Paradoxien" führt. Er schreibt:

---

[27] Erkennbar zum Beispiel an den grauen Haaren, den Falten der Haut usw.

Verwendet Bergson nicht ein ganzes Buch darauf zu zeigen, daß die von der Relativitätstheorie aufgeworfenen Aporien im wesentlichen aus jener trügerischen, und doch so notwendigen, Distanz entstehen, die den Beobachter und das beobachtete Objekt trennt? Die fiktiven Zeiten des Relativisten sind Zeiten „jenseits des Betrachters" [*des temps 'où l'on n'est pas'*]: Weil sie uns fremd sind, zerfallen sie auf trügerische Weise in multiple Zeitspannen, wo Gleichzeitigkeit sich zur Ungleichzeitigkeit dehnt. (Jankélévitch 1931, S. 37)

Und, etwas weiter unten:

Doch möge der Betrachter nun seinerseits die Bühne betreten, sich zwischen die Figuren des Dramas mischen und aufhören, sich hinter der Leidenschaftslosigkeit seines fiktiven Wissens zu verschanzen, möge er es zulassen, an seinem eigenen Leben teilzunehmen – und augenblicklich wird Achilles die Schildkröte einholen, die Speere erreichen ihr Ziel, und die allen gemeinsame Universalzeit scheucht die fruchtlosen Hirngespinste der Physiker hinweg wie einen bösen Traum. (S. 38)

Ungeachtet des sehr literarischen Stils scheint Jankélévitch einzuräumen, daß die Relativitätstheorie ("die fruchtlosen Hirngespinste der Physiker") und die Ideen Bergsons in einem deutlichen *Gegensatz* zueinander stehen. Natürlich stellt er nicht die Frage, zu wessen Gunsten sich die Waage neigen würde, überprüfte man die beiden Theorien experimentell.[28]

Im folgenden Abschnitt fährt er fort:

Das Buch *Durée et simultanéité* liefert uns hier eine ausgesprochen klare Antwort. Die Einsteinschen Paradoxien zwingen Bergson in diesem Werk, ein für allemal die Realität von der Fiktion zu scheiden ... Hier der Bereich der Philosophie und der Metaphysik, dort die Symbole der Physik. Real oder metaphysisch die Zeitdauer, die ich selbst innerhalb meines „Bezugssystems" *erfahre*. Symbolisch die Zeitspannen, von denen ich mir *vorstelle*, daß sie von imaginären, geisterhaften

---

[28] Schon damals lagen zahlreiche experimentelle Befunde zugunsten der Relativitätstheorie vor, auch wenn die Experimente zum Zwillingsparadoxon noch nicht durchgeführt waren. Siehe zum Beispiel Becquerel (1922) und Metz (1923).

Reisenden erlebt werden ... Die symbolische Denkweise steht damit im Grunde nicht mehr auf dem Boden der Realität ... (S. 39 ff.; Hervorhebungen im Original)

Hier wiederholt Jankélévitch eigentlich nur den Irrtum Bergsons, indem er sich weigert anzuerkennen, daß die Zeit t', die tatsächlich die im Bezugssystem S′ *gemessene* Zeit ist – und die auch von einem menschlichen Beobachter in S′ *erfahrene* und *erlebte* Zeit wäre –, ganz genauso „real" ist (was immer man unter diesem Begriff verstehen mag) wie die Zeit t, die im Bezugssystem S gemessen/erfahren/erlebt wird.

Maurice Merleau-Ponty

Einer der berühmtesten Philosophen unserer Zeit ist zweifelsohne Maurice Merleau-Ponty. In seiner Vorlesung am Collège de France „*Le concept de nature*" [„Das Konzept Natur"] (1956–57) widmet er einen großen Teil der „modernen Naturwissenschaft und dem Begriff Natur" und darin einen Abschnitt der „Zeit". Zur Relativität schreibt er folgendes:

Nach Einsteins Kritik der absoluten und der Universalzeit konnte man die Zeit nicht mehr ohne weiteres nach den klassischen Konzepten darstellen. Wenn es jedoch wahr ist, daß es keinen für das gesamte Universum gültigen Begriff der Gleichzeitigkeit und damit der Einheitlichkeit der Zeit gibt, kann man diese Idee auf zwei verschiedene Arten verstehen: entweder auf eine paradoxe Weise, indem man das Gegenteil des gesunden Menschenverstandes annimmt und von einer Pluralität der Zeit spricht. Oder man bleibt auf der Ebene des gesunden Menschenverstandes und interpretiert diese Idee als psychologische und damit gemeinverständliche Übersetzung der physikalischen Vorstellungen ... Man kann [die relativistische Physik] als einen Ersatz für den gesunden Menschenverstand annehmen; dabei erhält man oft eine naive Ontologie. Man kann sie dagegen auch präsentieren, ... indem man sich damit begnügt darzustellen, was die Wissenschaft zuverlässig aussagt, und diese Informationen bei jeder ontologischen Ausarbeitung zu berücksichtigen. (Merleau-Ponty 1995, S. 145)

223

Die erste Sichtweise, der Merleau-Ponty ihre „paradoxe Weise"
und eine „naive Ontologie" vorwirft, ist natürlich die der Physik, die tatsächlich zu einem Widerspruch zum „gesunden Menschenverstand" führt. Merleau-Ponty möchte jedoch eindeutig
die zweite Sichtweise weiter ausführen. Nach einer (etwas konfusen) Zusammenfassung der Aussagen der Relativitätstheorie,
die er mit dem Zwillingsparadoxon abschließt, fährt er fort:

> Bei solchen Paradoxien beschleicht einen ein ungutes Gefühl
> ... Man muß sich in Erinnerung rufen, was Bergson in *Durée
> et simultanéité* über die Lorentz-Gleichungen sagte. Die Physiker, die ein System etabliert haben, das es erlaubt, von einem
> Bezugssystem in ein anderes überzuwechseln, können dies nur
> tun, indem sie ein bestimmtes System in bezug zu allen anderen immobilisieren. Sie müssen einen Bezugspunkt annehmen
> und weiter annehmen, daß die Zeit an anderen Punkten für
> dorthin versetzte Beobachter nicht die gleiche ist. In diesem
> Fall jedoch gibt es nur eine einzige erlebte Zeit, die anderen
> Zeiten sind nur zugewiesen. (S. 147)

Zunächst einmal kann man Merleau-Pontys ungutes Gefühl verstehen. Die Aussagen der Relativitätstheorie sind auf den ersten
Blick wirklich schockierend. Man muß jedoch unterstreichen,
daß sie nur insofern „paradox" sind, als sie unseren *Vermutungen* widersprechen, keineswegs weil sie irgendeinen logischen
Widerspruch enthielten.[29] Und diese „paradoxen" Vorhersagen
wurden experimentell bewiesen (zumindest für Uhren). Unsere
Vermutungen sind ganz einfach *falsch* (auch wenn sie für Geschwindigkeiten weit unterhalb der des Lichts sehr gute Näherungen darstellen). Der gesamte Rest des Abschnitts ist lediglich
eine Wiederholung Bergsonscher Irrtümer über die „zugewiesenen" Zeiten.

---

[29] Merleau-Ponty scheint dies nicht verstanden zu haben, denn er schreibt
in einem anderen Artikel über die Relativität: „Außerdem versteigt sich dieses physikalische Räsonieren ... in Paradoxien und führt sich selbst ad absurdum, wenn mir beigebracht wird, daß meine Gegenwart zeitgleich mit der
Zukunft eines anderen Beobachters abläuft, der nur weit genug von mir
entfernt ist, womit sogar der Sinngehalt von Zukunft ruiniert wird." (Merleau-Ponty 1968, S. 320). Es sei hier nochmals betont, daß die Relativitätstheorie lediglich den *intuitiven* Sinngehalt von Zukunft „ruiniert", den Merleau-Ponty genau wie Bergson um jeden Preis erhalten zu wollen scheint.

Anschließend fährt Merleau-Ponty mit der Behauptung fort:

> Weil es sich hierbei um einen reversiblen Vorgang handelt, kommt es auf das gleiche heraus, ob man den Bezugspunkt in S oder in S' annimmt. (S. 147)

Er scheint wie Bergson daraus schließen zu wollen, daß die beiden Zwillinge am Ende der Reise gleich alt sind (und ihre Uhren die gleiche Zeit anzeigen). Im Gegensatz zu Bergsons Ausführungen wird allerdings in der „ontologischen Ausarbeitung" Merleau-Pontys auf jegliche klare Aussage zu dieser entscheidenden Frage verzichtet.

Gilles Deleuze

1968 veröffentlichte Deleuze ein Buch über den „Bergsonismus" (*„Le Bergsonisme"*), dessen viertes Kapitel sich mit der „Eindeutigkeit des Begriffs der Zeitdauer" („Une ou plusieurs durées?") beschäftigt. Dort findet man folgende Zusammenfassung von *Durée et simultanéité*:

> Geben wir grob und in den Hauptzügen wieder, wie Bergson Einsteins Theorie zusammenfaßt: Der Punkt, von dem alles abhängt, ist eine Konzeption der Bewegung, die von einer Kontraktion der Körper und einer Dehnung ihrer Zeit sprechen läßt. Auf diesem Weg gelangt man dahin, daß man die Gleichzeitigkeit auseinandernimmt und daß, was in einem festen System gleichzeitig war, in einem beweglichen System nicht mehr gleichzeitig ist; mehr noch, da Ruhe und Bewegung und selbst die beschleunigte Bewegung relativ sind, sind Raumkontraktionen und Zeitdehnungen, diese Brüche der Gleichzeitigkeit, absolut reziprok. (Deleuze 1989, S. 102 f.)

Das ganze Problem beruht eben gerade auf der Vorstellung (die mitnichten diejenige Einsteins ist) einer „Relativität sogar beschleunigter Bewegungen". Wie wir bereits festgestellt haben, müßte eine solche Relativität dazu führen, daß aus Gründen der Symmetrie die beiden Zwillinge tatsächlich bei ihrem Wiedersehen gleich alt wären. Doch eine Relativität *beschleunigter* Bewegungen existiert ganz einfach nicht.

Der Rest des Textes wiederholt lediglich Bergsons Irrtümer über die „zugewiesenen" Zeiten. Deleuze „präzisiert" so die

225

„Bergsonsche Demonstration des widersprüchlichen Charakters einer Pluralität der Zeit":

> Einstein sagt, die Zeit zweier Systeme, S und S′, sei nicht die gleiche. Was aber ist diese *andere* Zeit? Es ist weder Peters Zeit in S noch Pauls in S′; denn beide Zeiten unterscheiden sich der Hypothese zufolge nur quantitativ voneinander, und diese Differenz verschwindet, wenn schrittweise zuerst S und dann S′ als Bezugssysteme genommen werden ... Kurz, die andere Zeit ist nichts, was Peter oder Paul oder was Paul, wie Peter ihn sich vorstellt, leben könnte ... In der Hypothese der Relativitätstheorie wird mithin deutlich, daß es nur eine einzige gelebte und lebbare Zeit geben kann. (S. 108 f.; Hervorhebung im Original)
>
> Kurz, was Bergson Einstein von der ersten bis zur letzten Seite in *Durée et simultanéité* vorhält, ist das Argument, er habe Virtuelles und Aktuelles in einen Topf geworfen (daß er eine symbolische Komponente, d. h. eine Fiktion, einführt, ist Ausdruck dieser Verwirrung). (S. 109)

Schließlich nimmt Deleuze Bergson gegen die Kritik von Physikern in Schutz:

> Man hat oft behauptet, die Überlegungen Bergsons beinhalteten einen Einstein unterstellten Widersinn. Oft aber hat man sie auch sinnwidrig verstanden ... Was er der Relativitätstheorie vorwirft, ist etwas ganz anderes: Das Bild, das ich mir von einem anderen mache oder das sich Peter von Paul macht, ist nämlich ein Bild, das nicht widerspruchsfrei erlebt oder als lebbar gedacht werden kann (weder von Peter noch von Paul, noch *auch von Peter, wie er sich Paul vorstellt*). In Bergsons Sprache ist das kein Bild, sondern ein „Symbol". Vergißt man diesen Punkt, verlieren alle Überlegungen Bergsons ihren Sinn. (S. 155, Fußnote 14; Hervorhebung im Original)

So ist es! Dagegen ist die Zeit $t′$ keineswegs nur ein „Symbol" oder eine „Fiktion", und die Relativitätstheorie ist in sich widerspruchsfrei.

Ähnliche Ideen, wenn auch wesentlich konfuser ausgedrückt, finden sich weiterhin in „Tausend Plateaus" (1992, S. 669 ff.) und in „Was ist Philosophie?" (1996, S. 153 ff.).

Unsterbliche Fehler

Einer von uns beiden (J. B.) hörte zum ersten Mal (vor 30 Jahren) von der Relativitätstheorie im Zusammenhang mit Bergsons angeblicher Widerlegung. Mehrere Philosophengenerationen haben ebenfalls die Relativitätstheorie aus *Durée et simultanéité* „gelernt". Nun handelt es sich bei diesem Werk jedoch nicht nur um ein Philosophiebuch, sondern auch um ein Physikbuch, wenn auch eines, das voller Fehler steckt. Daß ein solches Buch nach 75 Jahren, im Gegensatz zu der hervorragenden Darstellung von Metz,[30] immer noch verkauft wird, sagt allerhand über das Prestige, das Bergson noch immer genießt. Diese Tradition wirft auch ein bezeichnendes Licht auf die Schwierigkeiten, mit denen man zu kämpfen hat, wenn man versucht, die Struktur der realen Welt im wesentlichen intuitiv zu ergründen.

Noch vor nicht allzu langer Zeit erklärten Prigogine und Stengers zum Abschluß einer sehr speziellen Fachdiskussion im Anhang eines populärwissenschaftlichen Buches:

> Auf diese Weise gelingt es, durch die Einführung instabiler dynamischer Prozesse die Grundidee Einsteins multipler Zeiten bei unterschiedlichen Beobachtern mit der von Bergson verteidigten Existenz einer universellen Zukunft [*devenir universel*] zu versöhnen. (Prigogine und Stengers 1988, S. 202)

Die Fehler, die sie zu dieser Ansicht geführt haben, sind offenkundig, wenn auch hier schwierig darzulegen.[31] Im ersten Band

---

[30] Dieser erklärt die Relativitätstheorie auf sehr anschauliche Art und weist nicht nur *Durée et simultanéité* zurück, sondern auch eine ganze Reihe anderer fehlerhafter Kritiken der Relativitätstheorie. Siehe Metz (1923, 1926).

[31] Eine Anmerkung für Spezialisten: Prigogine und Stengers ordnen jeder Lösung $\psi(x,t)$ der Wellengleichung eine Funktion $\langle T \rangle(x,t)$ zu, die sie „interne Zeit" („temps interne") nennen. Sie behaupten, „das Feld [ψ]" sei „Lorentzinvariant" (S. 200). Dies ist jedoch falsch: Eine Lorentz-Transformation bildet das Feld $\psi(x,t)$ auf eine *andere* Lösung der Wellengleichung ab. Ihre Behauptung, die Funktion $\langle T \rangle(x,t)$ sei Lorentz-invariant (S. 202), ist damit ebenfalls falsch. Vielleicht wollen sie nur sagen, die Abbildung $\psi \mapsto \langle T \rangle$ sei Lorentz-*co*variant, doch diese Eigenschaft der Kovarianz impliziert keineswegs die Schlußfolgerungen, die sie daraus ziehen wollen, insbesondere stützt sie in keiner Weise die Vorstellung Bergsons einer „Universalzeit".

ihrer Reihe *Cosmopolitiques* (1996) diskutiert Stengers über die Philosophie der Wissenschaften und erwähnt in einer Anmerkung „die Kritik Bergsons an Einsteins Relativitätstheorie" (S. 20), ohne darauf hinzuweisen, daß diese Kritik auf schweren Irrtümern beruht. Und erst kürzlich, in einer 1997 erschienenen Biographie Bergsons, ist mit Bezug auf *Durée et simultanéité* die Rede von einer „wissenschaftlichen Auseinandersetzung, die teilweise noch zu führen ist".[32] Manche Irrtümer sind anscheinend nie aus der Welt zu schaffen.

---

[32] Soulez (1997), S. 197. Und dies, obwohl der Autor auf die ausgezeichneten Kritiken von Metz (1923, 1926) und Barreau (1973) verweist.

13. Epilog

In diesem letzten Kapitel wenden wir uns einigen allgemeineren – historischen, soziologischen und politischen – Fragen zu, die sich aus der Lektüre der in diesem Buch zitierten Texte zwangsläufig ergeben. Wir beschränken uns darauf, unsere Position darzustellen, ohne sie im Detail zu begründen. Es versteht sich von selbst, daß wir nicht für uns in Anspruch nehmen, in Geschichte, Soziologie oder Politik eine besondere Kompetenz zu besitzen, und was wir zu sagen haben, ist ohnehin eher als Anmerkung zu verstehen denn als unumstößliche Weisheit. Wir äußern uns vor allem deshalb zu diesen Fragen, weil wir uns nicht (wie bereits geschehen) gegen unsere Absicht Dinge unterstellen lassen wollen und weil wir zeigen möchten, daß unser Standpunkt in vielen Fragen recht gemäßigt ist.

In den letzten 20 Jahren wurde viel über die Postmoderne geschrieben, eine geistige Strömung, die angeblich das rationalistische Denken der Moderne abgelöst hat.[1] Dennoch beinhaltet der Ausdruck „Postmoderne" einen nicht näher bestimmten Kosmos von Ideen – von Kunst und Architektur bis zu den Sozialwissenschaften und der Philosophie –, die wir großteils gar nicht erörtern wollen.[2] Unser Interesse beschränkt sich hier auf bestimmte intellektuelle Aspekte der Postmoderne, die in den Geistes- und Sozialwissenschaften einen Niederschlag fanden: die Faszination wirrer Ideen, ein epistemischer Relativismus, der mit einem allgemeinen Skeptizismus gegenüber der modernen Naturwissenschaft verknüpft ist, ein extremes Interesse an sub-

---

[1] Wir wollen uns nicht in terminologische Diskussionen über die Unterscheidung zwischen „Postmoderne", „Poststrukturalismus" etc. hineinziehen lassen. Manche Autoren verwenden den Begriff „Poststrukturalismus", um eine bestimmte Gruppe philosophischer und gesellschaftlicher Theorien zu bezeichnen, und „Postmoderne" (oder „Postmodernismus") zur Bezeichnung eines größeren Spektrums von Strömungen in der heutigen Gesellschaft. Der Einfachheit halber verwenden wir generell den Ausdruck „Postmoderne", aber es sei betont, daß wir uns auf die philosophischen und intellektuellen Aspekte konzentrieren und daß die Gültigkeit oder Ungültigkeit unserer Argumente in keiner Weise von der Verwendung eines Wortes abhängt.

[2] Tatsächlich besitzen wir keine dezidierten Ansichten über die Postmoderne in Kunst, Architektur oder Literatur.

jektiven Überzeugungen unabhängig von deren Wahrheitsgehalt sowie eine Betonung von Diskurs und der Sprache unter Hintansetzung der Tatsachen, auf die sich diese Diskurse beziehen (oder, schlimmer noch, bereits die Ablehnung des Gedankens, daß Tatsachen existieren oder daß man sich auf sie beziehen kann).

Zunächst möchten wir aber anerkennen, daß viele „postmoderne" Gedanken in ihrer gemäßigten Form ein notwendiges Korrektiv des naiven Modernismus (des Glaubens an grenzenlosen und kontinuierlichen Fortschritt, der Wissenschaftsgläubigkeit, des kulturellen Eurozentrismus etc.) darstellen. Was wir kritisieren, ist die radikale Form der Postmoderne wie auch eine Reihe von gedanklichen Verwirrungen, die in den gemäßigteren Versionen der Postmoderne zu finden und in gewissem Sinne ein Erbe der radikalen Form sind.[3]

Als erstes wollen wir uns mit den Spannungen befassen, die zwischen den „zwei Kulturen" der Geistes- und Sozialwissenschaften einerseits und der Naturwissenschaften andererseits seit jeher existierten, in den letzten Jahren, so scheint es, aber stärker geworden sind, zugleich jedoch auch auf die Bedingungen für einen fruchtbaren Dialog zwischen ihnen zu sprechen kommen. Im Anschluß daran werden wir einige der geistigen Quellen und politischen Ursachen der Postmoderne analysieren. Zuletzt widmen wir uns denjenigen Aspekten der Postmoderne, die sich negativ auf Kultur und Politik auswirken.

Für einen echten Dialog zwischen den „zwei Kulturen"

Das Gebot der Stunde heißt offenbar Interdisziplinarität. Auch wenn mitunter die Sorge geäußert wird, daß eine Aufgabe der Spezialisierung zu niedrigeren intellektuellen Standards führen könnte, dürfen die Einsichten, die ein Forschungsgebiet einem anderen vermitteln kann, nicht außer acht gelassen werden. Wir wollen keineswegs den Austausch zwischen den mathematisch-physikalischen Wissenschaften einerseits und den Humanwissen-

---

[3] Vgl. auch Epstein (1997) zu einer nützlichen Unterscheidung zwischen der „gemäßigten" und der „radikalen" Strömung innerhalb der Postmoderne.

schaften andererseits behindern; vielmehr besteht unser Ziel darin, einige Voraussetzungen zu betonen, die wir für einen echten Dialog als notwendig erachten.

In den letzten Jahren ist es Mode geworden, von einem sogenannten „Wissenschaftskrieg"[4] zu sprechen. Doch dieser Ausdruck ist sehr unglücklich gewählt. Wer führt Krieg und gegen wen?

Wissenschaft und Technik sind seit langem das Thema philosophischer und politischer Debatten: Atomwaffen und Kernenergie, das Humane Genomprojekt, die Soziobiologie und viele andere Themen. Diese Diskussionen stellen jedoch in keiner Weise einen „Wissenschaftskrieg" dar. In Wirklichkeit werden in diesen Debatten von Wissenschaftlern und Laien gleichermaßen viele vernünftige und ganz unterschiedliche Positionen vertreten und von wissenschaftlichen und ethischen Argumenten untermauert, die alle Beteiligten unabhängig von ihrem jeweiligen Beruf rational abwägen können.

Leider geben einige jüngere Entwicklungen aber zur Befürchtung Anlaß, daß etwas ganz anderes vor sich geht. So macht sich unter Forschern in den Sozialwissenschaften die berechtigte Angst breit, daß ihre Disziplinen durch die Neurophysiologie und die Soziobiologie abgelöst werden. In ähnlicher Weise können sich Naturwissenschaftler angegriffen fühlen, wenn Feyerabend die Wissenschaft als einen „besonderen Aberglauben"[5] bezeichnet oder wenn manche Strömungen innerhalb der Wissenschaftssoziologie den Eindruck erwecken, die Astronomie stünde mit der Astrologie auf einer Stufe.[6]

---

[4] Dieser Ausdruck wurde offenbar erstmals von Andrew Ross verwendet, einem der Herausgeber von *Social Text*, der (ziemlich tendenziös) behauptete,

der Wissenschaftskrieg [sei] eine zweite Front, die von den Erfolgen ihrer Legionen in den heiligen Kulturkriegen angespornte Konservative eröffnet hätten. Auf der Suche nach Erklärungen für ihren Prestigeverlust im öffentlichen Ansehen und für die spärlicheren Zuwendungen aus öffentlichen Mitteln haben sich konservative Naturwissenschaftler den Attacken gegen die (neuen) üblichen Verdächtigen angeschlossen – Sozis, Feministinnen und Multi-Kultis. (Ross 1995, S. 346)

Der Begriff „Wissenschaftskrieg" wurde später zum Titel der Sondernummer von *Social Text*, in der Sokals parodistischer Artikel erschien (Ross 1996).

[5] Vgl. Feyerabend (1983, S. 395).

[6] Vgl. etwa Barnes, Bloor und Henry (1996, S. 141), und für eine überzeugende Kritik vgl. Mermin (1998).

Um diese Ängste zu zerstreuen, gilt es zu unterscheiden zwischen den Ansprüchen von Forschungsprogrammen, die in der Regel hochtrabend sind, und den tatsächlichen Ergebnissen, die im allgemeinen eher bescheiden ausfallen. Die Grundprinzipien der Chemie basieren heute vollständig auf der Quantenmechanik und damit auf der Physik; trotzdem ist die Chemie als eigenständige Disziplin nicht verschwunden (wenngleich manches in der Chemie näher an die Physik herangerückt ist). Entsprechend gäbe es keinen Grund zu der Befürchtung, daß die Disziplinen, die wir heute als „Sozialwissenschaften" bezeichnen, einfach verschwinden oder zu bloßen Zweigen der Biologie degradiert würden, wenn eines Tages die biologischen Grundlagen unseres Verhaltens hinreichend bekannt sein sollten, um den Menschen auf dieser Basis zu erforschen.[7] In ähnlicher Weise brauchen sich Naturwissenschaftler nicht vor einer wahrheitsgetreuen historischen und soziologischen Analyse des naturwissenschaftlichen Unterfangens zu fürchten, sofern bestimmte epistemologische Irrtümer vermieden werden.[8]

Wir legen daher den „Wissenschaftskrieg" ad acta und sehen uns an, was sich in bezug auf das Verhältnis zwischen den Natur- und den Humanwissenschaften aus den in diesem Buch zitierten Texten folgern läßt.[9]

1. *Man sollte schon wissen, wovon man spricht.* Wer darauf besteht, sich zu den Naturwissenschaften zu äußern – und niemand wird dazu gezwungen –, muß gut informiert sein und willkürliche Aussagen über die Naturwissenschaften oder ihre Epistemologie vermeiden. So selbstverständlich dies klingen mag

---

[7] Das soll natürlich nicht heißen, daß die Sozialwissenschaften nicht, ähnlich wie die Chemie, tiefgreifend verändert würden.

[8] Vgl. Sokal (1998) für eine umfangreiche, aber keineswegs vollständige Auflistung der Punkte, die wir als legitime Aufgabe für die Wissenschaftsgeschichte und -soziologie betrachten.

[9] Wir möchten betonen, daß wir die folgenden Ausführungen nicht als vollständige Liste der Bedingungen für einen fruchtbaren Dialog zwischen den Natur- und den Humanwissenschaften verstanden wissen wollen, sondern nur als Gedanken darüber, welche Schlußfolgerungen aus den Texten zu ziehen sind, *die in diesem Buch zitiert wurden.* Natürlich lassen sich noch viele weitere Kritikpunkte an den Natur- und den Humanwissenschaften anbringen, aber dies würde den Rahmen des Buches sprengen.

– die in diesem Buch versammelten Texte zeigen, daß dies allzu oft ignoriert wird, sogar (oder gerade) von angesehenen Intellektuellen.

Selbstverständlich ist es legitim, über den Inhalt der Naturwissenschaften zu philosophieren. Viele von Naturwissenschaftlern benutzte Begriffe – wie „Gesetz", „Erklärung" und „Kausalität" – enthalten versteckte Mehrdeutigkeiten, und philosophische Reflexionen können zur Klärung beitragen. Um sich mit diesen Gebieten aber sinnvoll auseinandersetzen zu können, muß man die entsprechenden wissenschaftlichen Theorien auf einer recht tiefen und zwangsläufig fachspezifischen Ebene verstehen;[10] ein vages Verständnis auf dem Niveau populärwissenschaftlicher Darstellungen genügt nicht.

2. Nicht alles, was unverständlich ist, hat zwangsläufig auch Tiefgang. Es gibt einen gewaltigen Unterschied zwischen Abhandlungen, die aufgrund der inneren Natur ihres Themas schwierig sind, und jenen, deren Leere oder Banalität sorgsam hinter bewußt nebulöser Prosa verborgen wird. (Dieses Problem ist beileibe nicht auf die Geistes- oder Sozialwissenschaften beschränkt; viele Aufsätze in der Physik und Mathematik bedienen sich ebenfalls einer Sprache, die viel komplizierter ist als eigentlich notwendig.) Natürlich ist es nicht immer einfach zu entscheiden, ob nun das eine oder das andere der Fall ist, und jene, die eines unklaren Jargons bezichtigt werden, entgegnen häufig, daß sich die Naturwissenschaften ebenfalls einer Fachsprache bedienen, die erst nach einigen Studienjahren zu bewältigen sei. Dennoch scheint es uns einige Unterscheidungskriterien zu geben. Erstens: Wenn der Inhalt tatsächlich schwierig ist, läßt sich normalerweise auf einer niedrigen Stufe und in einfachen Worten erklären, welche Phänomene die Theorie untersucht, wie die wichtigsten Ergebnisse lauten und welches die stärksten Argumente für sie sind.[11] So besitzen wir beide zwar keinerlei Vorbil-

---

[10] Als positive Beispiele hierfür seien stellvertretend nur die Arbeiten von Albert (1992) und Maudlin (1994) über die Grundlagen der Quantenmechanik genannt.

[11] Um nur einige Beispiele anzuführen, wollen wir Feynman (1990) in der Physik, Dawkins (1987) in der Biologie und Pinker (1996) in der Linguistik nennen. Wir stimmen nicht unbedingt mit allem überein, was diese Autoren vorbringen, aber wir halten sie in der Klarheit ihrer Darstellung für vorbildlich.

dung in Biologie, doch auf einem relativ niedrigen Niveau können wir durch die Lektüre guter populärwissenschaftlicher Bücher Entwicklungen in diesem Bereich nachvollziehen. Zweitens:
In diesen Fällen gibt es einen – wenn auch mitunter langen –
nachvollziehbaren Weg, der zu einem tieferen Verständnis des
Themas führt. Im Gegensatz dazu vermitteln manche verworrenen Erörterungen den Eindruck, daß vom Leser ein qualitativer
Sprung oder fast ein Offenbarungserlebnis erwartet wird, damit
dieser die Texte verstehen kann.[12] Wiederum fühlt man sich an
des Kaisers neue Kleider erinnert.[13]

3. *Wissenschaft ist kein „Text".* Die Naturwissenschaften sind
mehr als ein Reservoir an Metaphern, die darauf warten, in den
Humanwissenschaften verwendet zu werden. Für Laien mag es
verlockend sein, sich aus einer naturwissenschaftlichen Theorie
einige allgemeine „Themen" wie „Unbestimmtheit", „Diskontinuität", „Chaos" oder „Nichtlinearität", die in wenigen Worten
zusammenzufassen sind, herauszugreifen, um sie anschließend
rein sprachlich zu analysieren. Doch naturwissenschaftliche
Theorien sind keine Romane; in einem naturwissenschaftlichen
Kontext haben diese Begriffe eine ganz bestimmte Bedeutung,
die sich mitunter leicht, aber doch entscheidend von ihrer Bedeutung im Alltagsgebrauch unterscheidet und die nur in einem
komplexen Gewebe von Theorie und Experiment zu verstehen
ist. Wenn man solche Begriffe nur als Metaphern benutzt,
kommt es leicht zu unsinnigen Schlußfolgerungen.[14]

---

[12] Zu ähnlichen Beobachtungen vgl. die Bemerkungen von Noam Chomsky, zitiert von Barsky (1997, S. 197 f.).
[13] Wir wollen hinsichtlich der zu erwartenden Reaktionen auf unser Buch
nicht übertrieben pessimistisch sein, aber doch festhalten, daß die Geschichte
von des Kaisers neuen Kleidern wie folgt endet: „Und die Kammerherren
trugen weiterhin die Schleppe, die nicht da war."
[14] So stellte uns ein befreundeter Soziologe die nicht unvernünftige Frage:
„Ist es nicht widersprüchlich, daß die Quantenmechanik sowohl ‚Diskontinuität' als auch ‚wechselseitige Verbundenheit' aufweist? Sind diese Eigenschaften nicht Gegensätze?" Auf den Punkt gebracht, lautet die Antwort,
daß diese Eigenschaften die Quantenmechanik jeweils *in einem sehr speziellen Sinne* kennzeichnen – zu dessen richtigem Verständnis mathematische
Kenntnisse der Theorie erforderlich sind – und daß sich die beiden Begriffe
in diesem Sinne nicht widersprechen.

4. *Man äffe die Naturwissenschaften nicht nach.* Die Sozialwissenschaften haben ihre eigenen Probleme und Methoden; sie sind nicht verpflichtet, jedem „Paradigmenwechsel" (sei er real oder imaginär) in der Physik oder Biologie zu folgen. Ein Beispiel: Obwohl die Gesetze der Physik auf der atomaren Ebene heute in der Sprache der Wahrscheinlichkeitstheorie ausgedrückt werden, können deterministische Theorien auf anderen Ebenen trotzdem gültig sein (mit einem sehr guten Näherungswert), etwa in der Hydromechanik oder möglicherweise sogar (wenngleich schon weniger exakt) bei bestimmten sozialen und ökonomischen Phänomenen. Umgekehrt würde unsere Unwissenheit uns selbst dann dazu zwingen, eine große Zahl wahrscheinlichkeitstheoretischer Modelle zur Untersuchung von Phänomenen auf anderen Ebenen, wie etwa von Gasen oder Gesellschaften, einzuführen, wenn die grundlegenden physikalischen Gesetze absolut deterministisch wären. Und selbst wenn man sich eine reduktionistische *philosophische* Einstellung zu eigen macht, ist man keineswegs verpflichtet, den Reduktionismus als *methodologische* Vorschrift zu befolgen.[15] In der Praxis bewegen sich Atome in ganz anderen Größenordnungen als Flüssigkeiten, Gehirne oder Gesellschaften, so daß in den verschiedenen Bereichen ganz selbstverständlich völlig unterschiedliche Modelle und Methoden verwendet werden, und es ist nicht unbedingt die vordringlichste Aufgabe, eine Verbindung zwischen diesen Analyseebenen zu schaffen. Mit anderen Worten: In allen Disziplinen sollte der jeweilige Forschungsansatz vom untersuchten Gegenstand abhängen. So müssen sich die Psychologen beispielsweise nicht auf die Quantenmechanik berufen, um behaupten zu können, daß auf ihrem Gebiet „der Beobachter den Gegenstand der Beobachtung beeinflußt"; dies ist eine Binsenweisheit und gilt unabhängig vom Verhalten der Elektronen und Atome.

Darüber hinaus existieren sogar in der Physik so viele Phänomene, die man, derzeit zumindest, noch nicht richtig verstanden hat, daß es keinen Grund dafür gibt, im Umgang mit komplexen menschlichen Problemen die Naturwissenschaften zu imitieren. Es ist absolut legitim, sich der Intuition oder der Literatur zu bedienen, um ein nichtwissenschaftliches Verständnis jener Aspekte der menschlichen Erfahrung zu erlangen, die,

---

[15] Vgl. etwa Weinberg (1993, Kapitel III) und Weinberg (1995).

derzeit zumindest, nicht systematischer angegangen werden können.

5. Man hüte sich vor Autoritätsgläubigkeit. Wenn die Humanwissenschaften aus den unbestreitbaren Erfolgen der Naturwissenschaften einen Nutzen ziehen wollen, müssen sie deshalb naturwissenschaftliche Konzepte nicht direkt übertragen. Statt dessen können sie sich von den besten *methodologischen* Prinzipien der Naturwissenschaften Anregungen holen, und zwar als allererste: Die Gültigkeit einer Aussage ist auf der Grundlage von Fakten und Argumenten zu bewerten, ohne Rücksicht auf die persönlichen Qualitäten oder den gesellschaftlichen Status ihrer Befürworter oder Gegner.

Dies ist natürlich nur ein *Prinzip*; selbst die Naturwissenschaften sind weit davon entfernt, es in der Praxis durchgängig zu respektieren. Naturwissenschaftler sind schließlich auch nur Menschen und nicht immun gegen Moden und die Beweihräucherung von Genies. Dennoch gehört zum Erbe der „Epistemologie der Aufklärung" ein absolut berechtigtes Mißtrauen gegen die Exegese heiliger Texte (und auch Texte, die nicht im traditionellen Sinne religiös sind, können diese Rolle sehr gut ausfüllen) wie auch gegen Autoritätsgläubigkeit.

In Paris trafen wir einen Studenten, der sich, nachdem er ein hervorragendes Vordiplom in Physik abgelegt hatte, mit Philosophie und insbesondere Deleuze beschäftigte. Er versuchte sich an *Differenz und Wiederholung*. Nach der Lektüre der in unserem Buch erörterten mathematischen Passagen (S. 183–188) gestand er, daß er nicht wisse, worauf Deleuze hinauswolle. Doch Deleuze galt als derart tiefschürfend, daß der Student kaum wagte, die naheliegende Schlußfolgerung zu ziehen: Wenn jemand wie er, der sich jahrelang mit höherer Analysis beschäftigt hatte, diese Texte nicht verstehen konnte, die sich angeblich genau mit diesem Thema befaßten, so lag dies wahrscheinlich daran, daß sie keinen großen Sinn ergaben. Uns scheint, dies hätte den Studenten ermutigen sollen, die übrigen Schriften von Deleuze kritischer zu analysieren.

6. Spezieller Skeptizismus und radikaler Skeptizismus sollten nicht miteinander verwechselt werden. Es ist wichtig, zwei Arten von Wissenschaftskritik sauber zu unterscheiden: erstens die Ablehnung einer bestimmten Theorie auf der Grundlage konkreter Argumente und zweitens die Wiederholung der althergebrachten Argumente des radikalen Skeptizismus. Erstere Art der Kritik kann interessant sein, ist gegebenenfalls aber auch widerlegbar, während die zweite (aufgrund ihrer Allgemeinheit) unwiderlegbar, aber uninteressant ist. Und es ist wirklich wichtig, die beiden Arten der Argumentation sauber voneinander zu trennen, denn wenn man zu den (Natur- oder Sozial-)Wissenschaften etwas beitragen will, muß man prinzipielle Zweifel an der Logik oder der Möglichkeit der Welterkenntnis durch Beobachtung und/ oder Experiment beiseite legen. Natürlich kann man immer Zweifel an einer bestimmten Theorie haben. Doch prinzipiell skeptische Argumente, die zur Begründung dieser Zweifel vorgebracht werden, sind gerade wegen ihrer Allgemeinheit irrelevant.

7. *Mehrdeutigkeit als Ausweg.* In diesem Buch haben wir zahlreiche mehrdeutige Texte unter die Lupe genommen, die auf zweierlei Weise interpretierbar sind: als Behauptung, die entweder wahr, aber relativ banal ist oder radikal, aber eindeutig falsch. Und wir können uns des Eindrucks nicht erwehren, daß diese Mehrdeutigkeiten beabsichtigt sind. In der Tat bieten sie in intellektuellen Auseinandersetzungen einen großen Vorteil: Die radikale Interpretation dient dazu, relativ unerfahrene Zuhörer oder Leser anzulocken, und wenn die Absurdität dieser Version zutage tritt, kann sich der Autor immer noch mit der Behauptung verteidigen, er sei mißverstanden worden, und auf die harmlose Interpretation zurückziehen.

Wie ist es dazu gekommen?

In den Diskussionen im Anschluß an die Veröffentlichung des parodistischen Artikels in *Social Text* wurden wir oft gefragt: Wie und aus welchen Gründen entwickelten sich die intellektuellen Trends, die Sie kritisieren? Dies ist eine sehr komplizierte Frage der Ideengeschichte und -soziologie, und wir beanspruchen gewiß nicht, sie abschließend beantworten zu können. Statt dessen möchten wir einige Antwortversuche geben und zugleich betonen, daß diese spekulativ und unvollständig sind. (Es gibt sicherlich noch weitere Elemente, die wir unterschätzt oder völlig außer acht gelassen haben.) Außerdem handelt es sich, wie immer bei derart komplexen gesellschaftlichen Phänomenen, um eine Kombination von ganz unterschiedlichen Gründen. In diesem Abschnitt wollen wir uns auf diejenigen Ursachen von Postmoderne und Relativismus beschränken, die im intellektuellen Bereich liegen; die politischen Aspekte kommen im nächsten Abschnitt zur Sprache.

1. *Vernachlässigung des Empirischen.* Lange Zeit war es Mode, den „Empirismus" zu verurteilen, und wenn dieses Wort sich auf eine angeblich starre Methode bezieht, mit der aus Fakten Theorien gewonnen werden, können wir nur zustimmen. In der Naturwissenschaft gab es immer ein komplexes Wechselspiel zwischen Beobachtung und Theorie, was Naturwissenschaftlern seit langem bewußt ist.[16] Die sogenannte „empirische" Naturwissenschaft stellt eine Karikatur dar, die schlechten Schulbüchern entnommen ist.

Nichtsdestotrotz müssen sich unsere Theorien über die naturgesetzliche oder gesellschaftliche Welt auf die eine oder andere Weise begründen lassen, und wenn man A-priori-Begründungen, Autoritätsbeweise und den Verweis auf „heilige" Texte scheut, bleibt neben der systematischen Überprüfung der Theorie durch Beobachtungen und Experimente nicht mehr viel übrig. Man braucht kein strenger Anhänger von Popper zu sein, um zu erkennen, daß jede Theorie zumindest indirekt durch empirische Beweise gestützt werden muß, um ernst genommen zu werden.

Einige der in diesem Buch zitierten Texte vernachlässigen den empirischen Aspekt der Wissenschaft völlig und konzentrieren sich ausschließlich auf Sprache und theoretischen Formalismus. Sie vermitteln den Eindruck, als werde eine Erörterung schon dadurch „wissenschaftlich", daß sie oberflächlich zusammenhängend wirkt, selbst wenn sie nie empirischen Tests unterzogen wird. Oder, noch schlimmer, als müsse man nur mit mathematischen Formeln um sich werfen, um Probleme einer Lösung zuzuführen.

---

[16] Eine gute Darstellung der Komplexität des Wechselspiels zwischen Beobachtung und Theorie bieten Weinberg (1993, Kapitel V) und Einstein (1955).

2. Wissenschaftsgläubigkeit in den Sozialwissenschaften. Dies klingt vielleicht bizarr: Ist Wissenschaftsgläubigkeit denn nicht eine Sünde von Physikern und Biologen, die alles auf Materie in Bewegung, natürliche Auslese und die DNS reduzieren wollen? Ja und nein. Definieren wir „Wissenschaftsgläubigkeit" in diesem Zusammenhang als die Illusion, daß man durch stark vereinfachende, aber vermeintlich „objektive" oder „wissenschaftliche" Methoden sehr komplexe Probleme lösen kann (andere Definitionen sind sicherlich möglich). Wenn man sich solchen Illusionen hingibt, taucht immer wieder das Problem auf, daß wichtige Teile der Realität einfach unter den Tisch fallen, weil sie nicht in den *a priori* gesetzten Rahmen passen. Leider gibt es in den Sozialwissenschaften Beispiele in Hülle und Fülle: Unter anderem lassen sich bestimmte Strömungen innerhalb der quantitativen Soziologie, der neoklassischen Ökonomie, des Behaviorismus, der Psychoanalyse und des Marxismus anführen.[17] Oft funktioniert es so, daß jemand Gedanken aufgreift, die in einem bestimmten Bereich Gültigkeit haben, dann aber nicht versucht, sie auf die Probe zu stellen und weiterzuentwickeln, sondern sie einfach auf unhaltbare Weise überträgt.

Leider wurde Wissenschaftsgläubigkeit – von ihren Anhängern wie von ihren Kritikern – oft mit Wissenschaftlichkeit verwechselt. Aus diesem Grund führte die durchaus berechtigte Ablehnung des Szientismus in den Sozialwissenschaften manchmal zu einer ebenso ungerechtfertigten Ablehnung der Wissenschaft als solcher – und das sowohl von seiten der ehemaligen Befürworter wie der ehemaligen Gegner der alten Szientismen. So war in Frankreich nach dem Mai 1968 die Reaktion gegen die Wissenschaftsgläubigkeit bestimmter stark dogmatischer Strömungen des Strukturalismus und Marxismus ein Faktor (neben vielen anderen), der zur Entstehung der Postmoderne führte (die „Skepsis gegenüber den Metaerzählungen", um Lyotards berühmtes Schlagwort zu zitieren).[18] Eine ähnliche Entwicklung vollzog sich in den 90er Jahren bei einigen Intellektuellen in den ehemals kommunistischen Staaten; so schrieb der tschechische Präsident Václav Havel:

---

[17] Neuere und noch extremere Beispiele für Szientismus lassen sich in den angeblichen „Anwendungen" der Chaostheorie, der Komplexitätstheorie und der Theorie der Selbstorganisation auf die Soziologie, die Geschichtswissenschaft und die Betriebswirtschaftslehre finden.

[18] Lyotard (1993, S. 14).

Der Fall des Kommunismus läßt sich als Zeichen dafür werten, daß das moderne Denken – das davon ausgeht, daß die Welt objektiv erfahrbar ist und daß das derart gewonnene Wissen absolut verallgemeinert werden kann – in eine Existenzkrise geraten ist. (Havel 1992)

(Man fragt sich, warum ein angesehener Denker wie Havel nicht in der Lage ist, die grundlegende Unterscheidung zwischen der Wissenschaft und dem unhaltbaren Anspruch der kommunistischen Regierungen, sie besäßen eine „wissenschaftliche" Theorie der Menschheitsgeschichte, zu treffen.)

Wenn man der Vernachlässigung des Empirischen eine gute Portion szientistischen Dogmatismus hinzufügt, kann man sich zu den verstiegensten Ausführungen hinreißen lassen, von denen wir allzu viele Beispiele gesehen haben. Alternativ dazu kann sich aber auch Resignation breitmachen: Da die und die (allzu vereinfachende) Methode, der man dogmatisch anhing, nicht funktioniert, funktioniert überhaupt nichts, ist alles Wissen unmöglich oder subjektiv etc. Auf diese Weise gelangt man unversehens vom Klima der 60er und 70er Jahre in die Postmoderne. Der Kern des Problems wird dabei jedoch verkannt.

Eine der neuesten Offenbarungen der Wissenschaftsgläubigkeit in den Sozialwissenschaften ist paradoxerweise das *strong programme* in der Wissenschaftssoziologie. Mit dem Versuch, den Inhalt wissenschaftlicher Theorien zu erklären, ohne auch nur teilweise die Rationalität wissenschaftlichen Handelns in Betracht zu ziehen, wird *a priori* ein Element der Wirklichkeit ausgeschaltet. Damit beraubt man sich, so scheint es uns, jeglicher Möglichkeit, das Problem tatsächlich zu verstehen. Gewiß muß jede wissenschaftliche Untersuchung Vereinfachungen und Annäherungen vornehmen, und der Ansatz des *strong programme* wäre legitim, wenn dessen Befürworter empirische oder logische Argumente vorbrächten, die zeigten, daß die vernachlässigten Aspekte für das Verständnis der entsprechenden Phänomene tatsächlich nur von marginaler Bedeutung sind. Solche Argumente werden aber nicht genannt; das Prinzip wird *a priori* postuliert. In Wirklichkeit versucht das *strong programme*, aus der (offensichtlichen) Not eine Tugend zu machen: Da es Soziologen schwerfällt, die innere Rationalität der Naturwissenschaften zu untersuchen, wird es für „wissenschaftlich" erklärt, sie zu ignorieren. Das gleicht dem Versuch, ein Puzzle zu vervollständigen, wenn man weiß, daß die Hälfte der Teile fehlt.

Wir glauben, daß die wissenschaftliche Grundhaltung – ganz allgemein verstanden als Respekt für die Klarheit und den logischen Zusammenhang von Theorien sowie für die Überprüfung von Theorien durch empirische Beweise – in den Sozialwissenschaften ebenso relevant ist wie in den Naturwissenschaften. Der Anspruch von Wissenschaftlichkeit ist in den Sozialwissenschaften jedoch mit großer Vorsicht zu genießen; dasselbe gilt auch (oder sogar besonders) für die gegenwärtig vorherrschenden Trends in den Wirtschaftswissenschaften, der Soziologie und der Psychologie. Die von den Sozialwissenschaften angegangenen Probleme sind extrem komplex, die empirischen Daten zur Stützung ihrer Theorien dagegen oft recht schwach.

3. *Das Ansehen der Naturwissenschaften.* Zweifelsohne genießen die Naturwissenschaften aufgrund ihrer theoretischen und praktischen Erfolge selbst unter ihren Kritikern ein enormes Ansehen. Naturwissenschaftler mißbrauchen dieses Ansehen manchmal und legen ein ungerechtfertigtes Überlegenheitsgefühl an den Tag. Darüber hinaus stellen bekannte Naturwissenschaftler in ihren populären Schriften häufig spekulative Ideen so dar, als wären sie gut abgesichert, oder übertragen ihre Ergebnisse auf Bereiche, in denen sie niemals überprüft wurden. Schließlich gibt es eine ungute Tendenz – ohne Zweifel noch verstärkt durch die Erfordernisse des Marktes –, in jeder Neuerung gleich eine „wissenschaftliche Revolution" zu sehen. All diese Faktoren zusammen vermitteln der interessierten Öffentlichkeit eine verzerrte Sichtweise naturwissenschaftlicher Praxis.

Man würde Philosophen, Psychologen und Soziologen aber nicht gerecht, wenn man behauptete, sie seien gegenüber solchen Naturwissenschaftlern wehrlos und die in diesem Buch aufgezeigten Mißbräuche seien irgendwie unvermeidlich. Ganz zweifelsohne hat niemand, und schon gar kein Naturwissenschaftler, Deleuze oder Lacan dazu gezwungen, derartige Werke zu verfassen. Man kann sehr wohl Psychologe oder Philosoph sein und sich entweder zu den Naturwissenschaften äußern und wissen, wovon man redet, oder aber dazu schweigen und sich auf andere Dinge konzentrieren.

4. *Der „natürliche" Relativismus der Sozialwissenschaften.* In bestimmten Zweigen der Sozialwissenschaften, namentlich in der Anthropologie, ist eine gewisse „relativistische" Haltung methodisch naheliegend, zumal wenn man Geschmäcker oder Sitten untersucht: Die Anthropologin versucht, die Funktion von bestimmten Sitten in einer gegebenen Gesellschaft zu verstehen, und es läßt sich kaum erkennen, was sie durch eine Einbeziehung ihrer eigenen ästhetischen Vorlieben in ihre Forschungsarbeit gewinnen würde. Auch wenn eine Anthropologin bestimmte kognitive Aspekte einer Kultur, etwa die gesellschaftliche Funktion der kosmologischen Vorstellungen, untersucht, geht es ihr im Grunde nicht darum, ob diese Vorstellungen wahr sind oder nicht.[19]

Dennoch hat dieser vernünftige methodologische Relativismus aufgrund gedanklicher und sprachlicher Verwirrungen in manchen Fällen einen radikalen kognitiven Relativismus hervorgebracht, nämlich die Behauptung, die Feststellung von Tatsachen – seien es traditionelle Mythen oder moderne naturwissenschaftliche Theorien – könne nur „im Verhältnis zu einer bestimmten Kultur" als wahr oder falsch angesehen werden. Dies führt jedoch zur Verwechslung der psychologischen und gesellschaftlichen Funktionen eines Lehrgebäudes mit dessen kognitivem Wert und zur Nichtbeachtung der Stärke von empirischen Beweisen, die zugunsten eines Lehrgebäudes gegen ein anderes vorgebracht werden können.

Hier ist ein konkretes Beispiel: Es gibt mindestens zwei konkurrierende Theorien über den Ursprung der indianischen Völker. Der wissenschaftliche Konsens, der auf umfangreichen archäologischen Beweisen beruht, lautet, Menschen seien vor 10 000 bis 20 000 Jahren erstmals von Asien über die Beringstraße auf den amerikanischen Doppelkontinent gekommen. Dagegen wird in vielen indianischen Schöpfungsberichten behauptet, Indianervölker hätten schon immer in Amerika gelebt, seit

---

[19] Der letztgenannte Fall liegt trotzdem ziemlich kompliziert. Alle Vorstellungen, sogar mythologische, werden zumindest teilweise durch die Phänomene bewirkt, auf die sie sich beziehen. Und wie wir in Kapitel 4 gezeigt haben, geht das *strong programme* in der Wissenschaftssoziologie gerade deshalb fehl, weil es diesen letzteren Aspekt vernachlässigt, der in den Naturwissenschaften eine entscheidende Rolle spielt.

ihre Vorfahren aus einer unterirdischen Geisterwelt an die Erd-
oberfläche gekommen seien. Und ein Bericht in der *New York
Times* (22. 10. 1996) stellte fest, viele Archäologen seien, „hin
und her gerissen zwischen ihrer wissenschaftlichen Überzeugung
und ihrer Wertschätzung der Kultur der Ureinwohner, ... einem
postmodernen Relativismus zugetrieben worden, bei dem die
Wissenschaft nur ein Glaubenssystem unter vielen ist". So wurde
etwa Roger Anyon, ein britischer Archäologe, der unter dem
Volk der Zuni gearbeitet hat, mit den Worten zitiert, die „Wissenschaft ist nur eine von vielen Arten der Welterkenntnis ...
[Die Weltsicht der Zuni ist] ebenso berechtigt wie die archäolo-
gische Perspektive auf die Vorgeschichte."[20]

Vielleicht wurde Anyon falsch zitiert,[21] aber derartige Behauptungen hört man dieser Tage recht häufig, und so wollen wir
näher auf sie eingehen. Zunächst sei bemerkt, daß der Begriff
„berechtigt" [*valid*] mehrdeutig ist: Wurde er in einem kognitiven oder in einem anderen Sinne verwendet? Im letzteren Falle
haben wir nichts dagegen, doch der Bezug auf „Welterkenntnis"
[*knowing the world*] legt ersteres nahe. Nun wird sowohl in der
Philosophie als auch in der Alltagssprache zwischen *Erkenntnis*
(grob verstanden als belegter und wahrer Glaube) und bloßem
Glauben unterschieden; aus diesem Grund hat „Erkenntnis" einen positiven Beiklang, während „Glaube" neutral ist. Was
meint Anyon also mit „Welterkenntnis"? Wenn er das Wort „Erkenntnis" bzw. „Wissen" in seiner traditionellen Bedeutung verwendet, ist seine Behauptung schlicht falsch: Die beiden Theorien schließen sich gegenseitig aus und können daher nicht beide
wahr (oder nur annähernd wahr) sein.[22] Wenn er dagegen ein-

---

[20] Johnson (1996, S. C13). Eine detailliertere Darstellung von Anyons
Sichtweise ist in Anyon *et al.* (1996) zu finden.
[21] Dies ist aber eher unwahrscheinlich, da im Grunde gleiche Überzeugungen in Anyon *et al.* (1996) zum Ausdruck kommen.
[22] In einer Diskussion an der *New York University*, in der dieses Beispiel
erwähnt wurde, schienen viele Zuhörer diese grundlegende Bemerkung nicht
zu verstehen oder nicht zu akzeptieren. Das Problem rührt wahrscheinlich
zumindest teilweise von einer neuen Definition von „Wahrheit" her: als
Glaube, der „an einem bestimmten Ort als solcher akzeptiert wird", oder
auch als „Interpretation", die eine bestimmte psychologische und gesellschaftliche Funktion erfüllt. Es ist schwer zu entscheiden, wer uns mehr
schockiert: jemand, der die Schöpfungsmythen (im traditionellen Sinne des
Wortes) für *wahr* hält, oder jemand, der systematisch die Neudefinition des

fach bemerkt, daß unterschiedliche Leute unterschiedliche Dinge glauben, ist seine Behauptung wahr (und banal), aber es ist zugleich irreführend, hier das Erfolgswort „Erkenntnis" zu benutzen.[23]

Am wahrscheinlichsten ist, daß der Archäologe einfach zuließ, daß seine politischen und kulturellen Sympathien ihm den klaren Kopf vernebelten. Eine solche geistige Verwirrung läßt sich aber nicht rechtfertigen: Man kann sehr wohl der Opfer eines schrecklichen Völkermords gedenken und die legitimen politischen Ziele ihrer Nachfahren unterstützen, ohne unkritisch (oder heuchlerisch) die traditionellen Schöpfungsmythen der indianischen Stämme zu übernehmen. (Kommt es denn *wirklich* darauf an, ob die Indianer „schon immer" oder erst seit 10 000 Jahren in Nordamerika lebten, wenn man deren Forderungen nach Rückgabe von Land unterstützen möchte?) Dazu kommt, daß die Haltung der Relativisten extrem herablassend ist: Sie behandelt eine komplexe Gesellschaft wie einen monolithischen Block, verwischt ihre inneren Konflikte und betrachtet ihre obskursten Gruppierungen als Sprecher für die Gesamtheit.

5. Die traditionelle philosophische und literarische Ausbildung. Wir wollen diese Ausbildung nicht an sich kritisieren; wahrscheinlich ist sie den angestrebten Zielen durchaus angemessen. Wenn es aber um das Verständnis naturwissenschaftlicher Texte geht, kann sie – aus zwei Gründen – dennoch ein Handicap sein.

Erstens besitzt der Autor oder die Wortwahl eines Textes in der Literaturwissenschaft oder sogar in der Philosophie eine Relevanz, die in den Naturwissenschaften nicht gegeben ist. Man

---

Wortes „wahr" vertritt. Für eine detailliertere Erörterung dieses Beispiels und insbesondere der möglichen Bedeutungen des Wortes „berechtigt" [*valid*] vgl. Boghossian (1996).

[23] Wenn relativistische Anthropologen angegriffen werden, *leugnen* sie manchmal, daß es einen Unterschied zwischen Erkenntnis (d. h. einer berechtigten wahren Annahme) und bloßem Glauben gibt, und streiten ab, daß eine Annahme – selbst eine kognitive Annahme über die äußere Welt – objektiv (kulturübergreifend) wahr oder falsch sein kann. Es fällt allerdings schwer, eine derartige Behauptung ernst zu nehmen. Sind im Gefolge der Einwanderung der Europäer nicht *tatsächlich* Millionen von Indianern gestorben? Ist dies nur ein Glaube, der in bestimmten Kulturen für wahr gehalten wird?

kann sich Physik aneignen, ohne jemals Galilei, Newton oder Einstein zu lesen, und Biologie studieren, ohne jemals eine Zeile von Darwin zu lesen.[24] Worauf es ankommt, ist die sachliche und theoretische Beweisführung dieser Autoren, nicht ihre Wortwahl. Auch sind ihre Theorien durch spätere Entwicklungen in ihren Disziplinen vielleicht massiv verändert oder sogar umgestoßen worden sind. Und: Die persönlichen Eigenschaften und die sonstigen Anschauungen der Naturwissenschaftler sind belanglos für die Bewertung ihrer Theorien. So sind Newtons Mystizismus und Alchimie für die Wissenschaftsgeschichte und, allgemeiner, für die Geistesgeschichte von Bedeutung, nicht aber für seine Physik.

Das zweite Problem entspringt dem Vorrang, der den Theorien gegenüber Experimenten eingeräumt wird (was mit dem Vorrang von Texten gegenüber Fakten zu tun hat). Der Zusammenhang zwischen einer naturwissenschaftlichen Theorie und ihrer experimentellen Erprobung ist oft extrem komplex und indirekt. Aus diesem Grund wird ein Philosoph immer dazu neigen, sich den Naturwissenschaften bevorzugt über ihre konzeptionellen Aspekte zu nähern (wie es auch wir tun). Das ganze Problem resultiert jedoch genau daraus, daß der naturwissenschaftliche Diskurs tatsächlich nur ein „Mythos" oder eine „Erzählung" neben anderen bleibt, wenn man nicht *auch* die empirischen Aspekte in die Betrachtung einbezieht.

---

[24] Das soll nicht heißen, daß der Student oder Forscher nicht von der Lektüre klassischer Texte *profitieren* kann. Es kommt immer auf die didaktischen Qualitäten des betreffenden Autors an. So können Physiker heute Galilei und Einstein sowohl aus reiner Freude an deren Schriften als auch aufgrund der darin enthaltenen tiefen Erkenntnisse lesen. Und Biologen geht es mit Darwin sicherlich genauso.

Die Rolle der Politik

Nicht wir beherrschen, scheint es, die Dinge, sondern die Dinge beherrschen uns. Das kommt aber nun daher, weil die einen Menschen vermittels der Dinge von den anderen Menschen beherrscht werden. Wir werden erst von den Naturgewalten befreit sein, wenn wir von menschlicher Gewalt befreit sind. Unserer Kenntnis der Natur müssen wir die Kenntnis der menschlichen Gesellschaft hinzufügen, des Verhaltens der Menschen untereinander, wenn wir unsere Kenntnis der Natur menschlich ausnützen wollen.
– Bertolt Brecht (1963 [1939–1940], S. 60)

Die Ursprünge der Postmoderne sind nicht ausschließlich intellektueller Natur. Sowohl der philosophische Relativismus als auch die Werke der hier analysierten Autoren übten eine besondere Anziehungskraft auf einige politische Strömungen aus, die als links oder progressiv bezeichnet werden können (oder sich selbst so bezeichnen). Darüber hinaus werden die „Wissenschaftskriege" oft als ein politischer Konflikt zwischen „Progressiven" und „Konservativen" gesehen.[25] Natürlich gibt es auch eine alte antirationalistische Tradition in einigen rechten Bewegungen, aber das Neue und Seltsame an der Postmoderne ist, daß es sich dabei um ein antirationalistisches Denken handelt, das Teile der Linken in ihren Bann gezogen hat.[26] Wir wollen hier untersuchen, wie diese soziologische Verbindung zustande kam, und erklären, warum sie unserer Meinung nach auf einer Reihe von Begriffsverwechslungen basiert. Wir werden uns vor allem auf die Situation in den Vereinigten Staaten konzentrieren, wo der Zusammenhang zwischen der Postmoderne und einigen Strömungen innerhalb der politischen Linken besonders deutlich ist.

Wenn man eine bestimmte geistige Strömung wie die Postmoderne von einem politischen Standpunkt aus erörtert, gilt es sorgfältig zu unterscheiden zwischen a) dem eigentlichen geistigen Wert der betreffenden Ideen, b) ihrer objektiven politischen Funktion und c) den subjektiven Gründen, aus denen sie von verschiedenen Seiten verteidigt oder angegriffen werden. Nun ist

---

[25] Extreme Versionen dieses Gedanken finden sich etwa in Ross (1995) und Harding (1996).
[26] Aber nicht nur der Linken: Vgl. das Zitat von Václav Havel auf S. 240.

es häufig so, daß eine bestimmte soziale Gruppe zwei Ideen (oder zwei Ensembles von Ideen) gemeinsam hat. Nehmen wir einmal an, A sei relativ stichhaltig, B dagegen viel weniger, und es gebe keine echte logische Verbindung zwischen diesen beiden. Wer zu der sozialen Gruppe gehört, wird oft versuchen, B zu rechtfertigen, indem er sich auf die Stichhaltigkeit von A und die Existenz eines soziologischen Zusammenhangs zwischen A und B beruft. Umgekehrt werden Gegner dieser Gruppe versuchen, A anzuschwärzen, indem sie auf die mangelnde Stichhaltigkeit von B und dieselbe soziologische Verbindung verweisen.[27]

Die Existenz einer derartigen Verbindung zwischen der Postmoderne und der Linken wirkt auf den ersten Blick höchst paradox. In den letzten beiden Jahrhunderten ist die Linke zumeist mit einer wissenschafts- und aufklärungsfreundlichen Haltung identifiziert worden, da sie rationales Denken und die furchtlose Analyse der objektiven Realität (sowohl der Natur als auch der Gesellschaft) als entscheidende Werkzeuge im Kampf gegen die Verschleierung durch die Mächtigen angesehen hat – ganz abgesehen davon, daß dies bereits an sich erstrebenswerte Ziele der Menschheit sind. Und dennoch haben sich in den letzten zwei Jahrzehnten „progressive" oder „linke" Geistes- und Sozialwissenschaftler (aber unabhängig von ihrer politischen Einstellung praktisch keine Naturwissenschaftler) in großer Zahl vom Erbe der Aufklärung abgewandt und – ermutigt von französischen Importen wie der Dekonstruktion oder Eigengewächsen wie der feministischen Erkenntnistheorie – die eine oder andere Version des epistemischen Relativismus übernommen. Unser Ziel ist es, die Gründe für diese historische Kehrtwendung nachzuvollziehen.

Es sind drei Arten von geistigen Quellen zu unterscheiden, die mit dem Aufkommen der Postmoderne innerhalb der politischen Linken verknüpft sind:[28]

1. Die neuen sozialen Bewegungen. In den 60er und 70er Jahren kamen neue soziale Bewegungen auf – unter anderem die

---

[27] Eine ähnliche Beobachtung ist zu machen, wenn eine berühmte Persönlichkeit Ideen vom Typ A und B vertritt.

[28] Für eine detaillierte Erörterung vgl. Eagleton (1997) und Epstein (1995, 1997).

schwarze Befreiungsbewegung, die feministische Bewegung und die Bewegung für die Rechte Homosexueller –, die gegen Formen der Unterdrückung kämpften, die von der traditionellen politischen Linken weitgehend unterschätzt wurden. In jüngerer Zeit gelangten manche Strömungen innerhalb dieser Bewegungen zu der Überzeugung, daß die Postmoderne in der einen oder anderen Form die Philosophie sei, die am besten zu ihren Bestrebungen passe.

Zwei – auseinanderzuhaltende – Fragen sind hier zu behandeln. Eine ist gedanklicher Art: Gibt es irgendeinen logischen Zusammenhang zwischen den neuen sozialen Bewegungen und der Postmoderne? Die andere ist soziologischer Natur: In welchem Grad befürworten die Anhänger dieser Bewegungen die Postmoderne, und aus welchen Gründen?

Ein Faktor, der die neuen sozialen Bewegungen der Postmoderne zutrieb, war zweifellos die Unzufriedenheit mit den alten linken Orthodoxien. Die traditionelle Linke, und zwar sowohl in ihren marxistischen als auch in ihren nichtmarxistischen Spielarten, sah sich im allgemeinen als rechtmäßige Erbin der Aufklärung und als Verkörperung von Wissenschaft und Rationalität. Darüber hinaus verknüpfte der Marxismus den philosophischen Materialismus explizit mit einer Geschichtstheorie, die dem wirtschaftlichen Ringen und dem Klassenkampf den Primat – in manchen Lesarten eine fast exklusive Stellung – einräumt. Die offenkundige Beschränktheit dieser Perspektive führte dazu, daß manche Strömungen innerhalb der neuen sozialen Bewegungen Wissenschaft und Rationalität als solche ablehnten oder ihnen zumindest mißtrauten.

Dabei handelt es sich aber um einen gedanklichen Fehler, der einen identischen Fehler der traditionellen marxistischen Linken widerspiegelt. Tatsächlich lassen sich konkrete soziopolitische Theorien nie logisch von abstrakten philosophischen Überlegungen ableiten, und umgekehrt ist nie nur eine philosophische Position mit einem bestimmten soziopolitischen Programm vereinbar. Vor allem gibt es, wie Bertrand Russell vor langer Zeit feststellte, keinen logischen Zusammenhang zwischen dem philosophischen Materialismus und Marx' historischem Materialismus. Der philosophische Materialismus ist mit der Idee vereinbar, daß die Geschichte vor allem durch Religion, Sexualität oder das Klima bestimmt wird (was dem historischen Materialismus widersprechen würde), und umgekehrt könnten ökonomische Faktoren auch dann die Hauptdeterminanten der Menschheitsgeschichte sein, wenn geistige Vorgänge so unabhängig von körperlichen Vorgängen verliefen, daß der philosophische Materialismus dadurch widerlegt wäre. Russell zieht daraus den Schluß:

> Es hat einiges Gewicht, solche Tatsachen zu begreifen, weil sonst politische Theorien aus ganz irrelevanten Gründen sowohl unterstützt als auch abgelehnt werden und Argumente der theoretischen Philososphie dazu benutzt werden, über Fragen zu entscheiden, die von konkreten Tatsachen der menschlichen Natur abhängen. Diese Vermischung schadet sowohl der Philosophie als auch der Politik und muß möglichst vermieden werden. (Russell 1987 [1920], S. 116 f.)

Der soziologische Zusammenhang zwischen der Postmoderne und den neuen sozialen Bewegungen ist außerordentlich kompliziert. Eine befriedigende Analyse müßte zumindest die unterschiedlichen Stränge entwirren, aus denen sich die „Postmoderne" zusammensetzt (da die logischen Verbindungen zwischen ihnen recht dürftig sind), jede der neuen sozialen Bewegungen für sich behandeln (da ihre Werdegänge ganz unterschiedlich sind), die einzelnen Strömungen innerhalb dieser Bewegungen voneinander trennen und die Rolle der jeweiligen Aktivisten und Theoretiker beleuchten. Dazu bedarf es einer (können wir es wagen, dies auszusprechen?) eingehenden empirischen Erforschung, die wir der Soziologie und der Geistesgeschichte überlassen. Dennoch sei die *Vermutung* geäußert, daß der Hang der neuen sozialen Bewegungen zur Postmoderne vor allem an den Universitäten beheimatet und viel schwächer ausgeprägt ist, als es die postmoderne Linke und die traditionelle Rechte im allgemeinen darstellen.[29]

2. *Politische Entmutigung.* Eine weitere Quelle für postmodernes Gedankengut ist die verzweifelte Lage und die allgemeine Desorientierung der Linken, eine in ihrer Geschichte wohl einmalige Situation. Die kommunistischen Staaten sind zusammengebrochen, die sozialdemokratischen Parteien betreiben dort, wo sie

---

[29] Zur weiteren Analyse vgl. Epstein (1995, 1997).

noch an der Regierung sind, eine verwässerte neoliberale Politik, und die meisten Befreiungsbewegungen der Dritten Welt, die ihre Länder in die Unabhängigkeit führen konnten, haben alle Bemühungen um eine autonome Entwicklung aufgegeben. Kurz gesagt, auf absehbare Zeit scheint ein streng marktwirtschaftlicher Kapitalismus zur unumstößlichen Realität geworden zu sein. Nie zuvor sind die Ideale der Gerechtigkeit und Gleichheit so utopisch erschienen. Man braucht nicht die Ursachen für diese Situation zu erforschen (und schon gar keine Lösungen vorzuschlagen), um zu begreifen, daß aus ihr eine Entmutigung erwächst, die ihren Ausdruck teilweise in der Postmoderne findet. Der Linguist und Aktivist Noam Chomsky hat diese Entwicklung sehr gut beschrieben:[30]

Wenn man wirklich das Gefühl hat, „Ach, es ist zu mühsam, sich mit echten Problemen zu befassen", gibt es allerlei Möglichkeiten, das zu umgehen. Eine davon ist, sich in belanglose Phantasieprojekte zu stürzen. Eine andere besteht darin, sich akademischen Kulten zuzuwenden, die mit der Wirklichkeit so gut wie nichts mehr zu tun haben und einen guten Schutz davor bieten, sich mit der Welt so auseinandersetzen zu müssen, wie sie wirklich ist. So läuft es überall, auch in der Linken. Auf meiner Reise nach Ägypten vor ein paar Wochen habe ich gerade wieder ein paar ganz deprimierende Beispiele dafür erlebt. Ich war dort, um über internationale Politik zu sprechen. Es gibt dort eine sehr lebendige, zivilisierte intellektuelle Szene, sehr mutige Leute, die unter Nasser jahrelang im Gefängnis gesessen haben, fast zu Tode gefoltert wurden und kämpferisch wieder herauskamen. Heute herrscht überall in der Dritten Welt große Verzweiflung und Hoffnungslosigkeit. Dort, in höchst gebildeten Zirkeln mit Verbindungen nach Europa, hat es sich so dargestellt, daß man in den neuesten Verrücktheiten der Pariser Kultur schwelgte und sich nur noch auf diese Dinge konzentrierte. Wenn ich beispielsweise Vorträge über die aktuelle Situation hielt, sogar in Forschungsinstituten, die sich mit strategischen Fragen beschäftigen, wollten die Teilnehmer das in postmodernes Geschwätz übersetzt haben. So sollte ich nicht über Details der US-Politik reden

---

[30] Vgl. auch Eagleton (1997).

oder darüber, was im Nahen Osten, wo sie leben, vor sich geht, das ist ja zu banal und langweilig, sondern sie wollten wissen, wie die moderne Linguistik ein neues Paradigma für den Diskurs über internationale Politik bietet, das den poststrukturalistischen Text ersetzt. Das hätte sie richtig fasziniert. Aber nicht, was israelische Kabinettsprotokolle über innenpolitische Planungen verraten. Das ist wirklich deprimierend. (Chomsky 1994, S. 163 f.)

Auf diese Weise haben die Überreste der Linken dazu beigetragen, den letzten Nagel in den Sarg der Ideale von Gerechtigkeit und Fortschritt zu treiben. Wir schlagen bescheiden vor, ein wenig Luft hineinzulassen, in der Hoffnung, daß die Leiche eines Tages zu neuem Leben erwacht.

3. Wissenschaft als dankbare Zielscheibe. In dieser Atmosphäre allgemeiner Entmutigung ist es verlockend, etwas anzugreifen, was hinreichend mit Macht verbunden ist, um nicht allzu sympathisch zu wirken, aber schwach genug erscheint, um (anders als die Konzentration von Macht und Geld) noch in Reichweite zu sein. Die Wissenschaft erfüllt diese Bedingungen, und dies erklärt die Angriffe gegen sie teilweise. Für die Analyse dieser Angriffe kommt es darauf an, mindestens vier unterschiedliche Bedeutungen des Wortes „Wissenschaft" zu unterscheiden: 1. eine geistige Anstrengung, die auf ein rationales Verständnis der Welt abzielt, 2. eine Anzahl anerkannter theoretischer und experimenteller Ideen, 3. eine soziale Gruppe mit besonderen Sitten, Institutionen und Verbindungen zur Gesamtgesellschaft und 4. die angewandte Wissenschaft und Technik (mit der die Wissenschaft oft verwechselt wird). Allzu häufig wird eine berechtigte Kritik an der „Wissenschaft" in einer dieser Bedeutungen als Angriff auf die Wissenschaft in einem anderen Sinne verstanden.[31] So ist es unbestreitbar, daß die Wissenschaft als soziale Institution mit politischer, wirtschaftlicher und militärischer Macht verknüpft ist und Wissenschaftler innerhalb der Gesellschaft oft eine negative Rolle spielen. Wahr ist ebenfalls, daß die

---

[31] Als Beispiel für solche Verwechslungen vgl. den Aufsatz von Raskin und Bernstein (1987, S. 69–103); für eine gute Analyse dieser Verwechslungen vgl. die Antworten von Chomsky im selben Band (S. 104–156).

Errungenschaften der Technik zweischneidig – manchmal verheerend – sind und selten jene Wunder vollbringen, die ihre eifrigsten Verfechter in schöner Regelmäßigkeit versprechen.[32] Schließlich ist die Wissenschaft, verstanden als Sammlung von Erkenntnissen, immer fehlbar, und die Fehler von Wissenschaftlern lassen sich manchmal auf alle möglichen gesellschaftlichen, politischen, philosophischen oder religiösen Vorurteile zurückführen. Wir befürworten jede vernünftige Kritik an der Wissenschaft in allen oben angeführten Bedeutungen des Worts. Vor allem die Kritik an der Wissenschaft als Sammlung von Erkenntnissen (jedenfalls die überzeugendsten) folgt im allgemeinen einem üblichen Muster: Zunächst zeigt man mit einer konventionellen wissenschaftlichen Argumentation, warum die betreffende Forschung nach den normalen Kriterien für gute Wissenschaft fehlerhaft ist. Dann, und nur dann, versucht man zu erklären, wie die gesellschaftlichen Vorurteile der Forscher (die durchaus unbewußt gewesen sein können) zur Verletzung dieser Vorschriften führten. Man mag versucht sein, den ersten Schritt auszulassen, doch damit büßt die Kritik viel von ihrer Überzeugungskraft ein.

Leider schießen einige Angriffe auf die schlimmsten Aspekte der Wissenschaft (Militarismus, Sexismus etc.) über das Ziel hinaus und kritisieren ihre größten Vorzüge: den Versuch, die Welt rational zu verstehen, und die wissenschaftliche Methode, allgemein verstanden als Respekt für empirische Beweise und Logik.[33] Es ist naiv, zu glauben, die rationale Grundhaltung als solche werde durch die Postmoderne nicht in Frage gestellt. Überdies ist sie eine dankbare Zielscheibe, da jeder Angriff auf die Rationalität auf eine Reihe von Verbündeten zählen kann, nämlich all jene, die einem Aberglauben anhängen, ob er nun traditionell geprägt (zum Beispiel religiöser Fundamentalismus) oder das New Age ist.[34] Wenn man all das noch um die leichtfertige Ver-

---

[32] Trotzdem ist zu betonen, daß die Technik oft für Folgen verantwortlich gemacht wird, die eher durch die Gesellschaftsstruktur als durch die Technik selbst bedingt sind.

[33] Nebenbei bemerkt, bietet gerade die Betonung von Objektivität und Beweisbarkeit den besten Schutz gegen ideologische Vorurteile, die sich als Wissenschaft ausgeben.

[34] Laut neuester Umfragen glauben 47 % der Amerikaner an den Schöpfungsbericht der Genesis, 49 % an Besessenheit durch den Teufel, 36 % an Telepathie und 25 % an Astrologie. Glücklicherweise glauben nur 11 % an

wechslung von Wissenschaft und Technik ergänzt, kommt eine Stoßrichtung heraus, die zwar relativ beliebt, aber nicht besonders fortschrittlich ist.

Wer politische oder wirtschaftliche Macht ausübt, wird es natürlich lieber sehen, wenn Wissenschaft und Technik als solche angegriffen werden, denn durch diese Angriffe werden auch die Machtverhältnisse verschleiert, auf denen ihr eigener Einfluß beruht. Durch einen Angriff auf die Rationalität beraubt sich die postmoderne Linke selbst eines wirkungsvollen Instruments zur Kritik an der bestehenden gesellschaftlichen Ordnung. Chomskys Erinnerung an die nicht allzu ferne Vergangenheit soll dies illustrieren:

> Die Linksintellektuellen beteiligten sich aktiv am Aufbau der Arbeiterkultur. Manche versuchten, den Klassencharakter der Kulturinstitutionen durch Arbeiterbildungsprogramme oder durch populär geschriebene Bücher über Mathematik, Naturwissenschaften und andere Themen auszugleichen. Ein bezeichnender Gegensatz zur heutigen Zeit, wo die Linksintellektuellen den Arbeitern diese Mittel zur Emanzipation aus der Hand nehmen wollen und uns darüber informieren, daß das „Projekt der Aufklärung" tot sei und wir die „Illusion der Wissenschaft" und der Vernunft verlassen müßten – eine Nachricht, die die Herzen der Mächtigen höher schlagen läßt, weil sie dergestalt die Mittel und Instrumente zu ihrem eigenen Nutzen einsetzen können. (Chomsky 1993, S. 404)

Zuletzt wollen wir kurz die subjektiven Motive jener erörtern, die gegen die Postmoderne sind. Diese sind nicht einfach zu analysieren, und die Reaktionen auf die Veröffentlichung von Sokals parodistischen Artikel sind sorgfältig zu untersuchen. Viele Kritiker sind einfach von der Arroganz und der hohlen Sprache des postmodernen Diskurses sowie vom Schauspiel einer intellektuellen Öffentlichkeit irritiert, in der unablässig Sätze wiederholt werden, die kein Mensch begreift. Es versteht sich von selbst, daß wir, grundsätzlich jedenfalls, diese Haltung teilen.

Andere Reaktionen sind dagegen weniger erfreulich, stellen aber eine gute Illustration der Verwechslung von soziologischen

---

Spiritismus und 7 % an die heilende Kraft von Pyramiden. Zu detaillierten Daten und Verweisen auf die Originalquellen vgl. Sokal (1996 c, Anm. 17), hier abgedruckt in Anhang C.

und logischen Verbindungen dar. So präsentierte die *New York Times* die „Affäre Sokal" als Streit zwischen Konservativen, die an Objektivität zumindest als Zielvorstellung glauben, und Linken, die dies ablehnen. Ganz offensichtlich ist die Situation komplexer. Nicht die gesamte politische Linke lehnt das Ziel der Objektivität ab (so mangelhaft es auch realisiert sein mag),[35] jedenfalls gibt es keinen einfachen logischen Bezug zwischen politischen und epistemologischen Ansichten.[36] In anderen Kommentaren wird diese Geschichte mit Angriffen auf die „multikulturelle Gesellschaft" und die „politische Korrektheit" in Zusammenhang gebracht. Es würde viel zu weit führen, diese Fragen im Detail zu behandeln, aber wir möchten betonen, daß wir in keiner Weise die Aufgeschlossenheit gegenüber anderen Kulturen oder den Respekt gegenüber Minderheiten ablehnen, die in derartigen Attacken oft lächerlich gemacht werden.

Warum ist das alles wichtig?

Zu den Mitteln der Philosophie, der Menschheit das Element der Demut einzuprägen, gehörte der Begriff der Wahrheit, und zwar jener Wahrheit, die auf weitgehend außerhalb des menschlichen Herrschaftsbereichs liegenden Fakten beruht. Wenn dem Stolz nicht mehr auf diese Weise Einhalt geboten wird, dann ist ein weiterer Schritt getan auf dem Wege zu einer bestimmten Form von Wahnsinn – zum Machtrausch, der mit Fichte in die moderne Philosophie eindrang und zu dem moderne Menschen neigen, Philosophen wie Nicht-Philosophen. Nach meiner Überzeugung liegt in diesem Rausch die größte Gefahr unserer Zeit, und jede Philosophie, die – wenn auch unabsichtlich – dazu beiträgt, verstärkt die drohende Gefahr einer ungeheuren sozialen Katastrophe.
  – Bertrand Russell, *Philosophie des Abendlandes* (1950, S. 684)

Warum wenden wir soviel Zeit auf, um diese Mißbräuche bloßzustellen? Stellt die Postmoderne eine echte Gefahr dar? Sicher

---

[35] Vgl. neben vielen anderen etwa Chomsky (1992–93), Ehrenreich (1992–93), Albert (1992–93, 1996) und Epstein (1997).

[36] Viel weiter unten in dem Artikel in der *New York Times* (Scott, 1996) erwähnt der Autor Sokals linke politische Einstellung und die Tatsache, daß er zur Regierungszeit der Sandinisten in Nicaragua Mathematik lehrte. Der Widerspruch wird aber nicht einmal bemerkt, geschweige denn aufgelöst.

nicht für die Naturwissenschaften, jedenfalls nicht zur Zeit. Die Probleme, vor denen die Naturwissenschaften heute stehen, haben in erster Linie mit der Finanzierung der Forschung zu tun, und zwar insbesondere mit der Bedrohung wissenschaftlicher Objektivität, wenn die staatliche Finanzierung zunehmend durch privates Sponsoring ersetzt wird. Die Postmoderne hat damit aber nichts zu tun.[37] Vielmehr leiden die *Sozial*wissenschaften darunter, wenn modischer Unsinn und Wortspiele die kritische und strenge Analyse der gesellschaftlichen Realität verdrängen.

Die Postmoderne hat vor allem drei negative Auswirkungen: die Zeitverschwendung in den Humanwissenschaften, eine kulturelle Verwirrung, die Obskurantismus begünstigt, und eine Schwächung der politischen Linken.

Erstens stellt der postmoderne Diskurs, wie er in den zitierten Texten zum Ausdruck kommt, eine Sackgasse dar, aus der manche Bereiche der Geistes- und Sozialwissenschaften nicht mehr herausfinden. Keine Forschung, ob zur Natur oder zur Gesellschaft, kann auf einer Basis weiterkommen, die sowohl konzeptionslos als auch völlig von empirischen Beweisen abgelöst ist.

Es ließe sich einwenden, die Autoren der hier zitierten Texte hätten keinen wirklichen Einfluß auf die Forschung, da ihr Mangel an Professionalität in akademischen Kreisen wohlbekannt sei. Dies ist nur halb richtig: Es kommt auf die Autoren, die Länder, die Forschungsgebiete und die Zeiten an. So hatten die Werke von Barnes und Bloor sowie von Latour einen unbestreitbaren Einfluß auf die Wissenschaftssoziologie, dominierten diese aber nie unangefochten. Dasselbe gilt für Lacan sowie Deleuze und Guattari auf bestimmten Gebieten der Literaturtheorie und Kulturwissenschaften sowie für Irigaray in der Frauenforschung.

Schlimmer sind in unseren Augen die negativen Folgen für Lehre und Kultur, wenn klarem Denken und Schreiben eine Absage erteilt wird. Studenten lernen, Abhandlungen zu wiederholen und auszuschmücken, die sie kaum begreifen. Wenn sie sich auf den Umgang mit gelehrtem Jargon spezialisieren, können sie im günstigsten Fall sogar eine akademische Karriere einschlagen.[38]

---

[37] Den Postmodernisten und Relativisten steht es übrigens nicht an, diese Bedrohung der wissenschaftlichen Objektivität zu *kritisieren*, denn sie lehnen die Objektivität sogar als Ziel ab.

[38] Dieses Phänomen ist beileibe keine Folge der Postmoderne – Andreski

Schließlich ist es einem von uns gelungen, nach einem nur dreimonatigen Studium das postmoderne Kauderwelsch so gut zu beherrschen, daß er einen Aufsatz in einer angesehenen Zeitschrift unterbringen konnte. Katha Pollitt bemerkte dazu scharfsinnig: „Das Komische an der Sokal-Geschichte ist, daß sie nahelegt, daß die Postmodernen nicht einmal untereinander ihre Schriften richtig verstehen und sich von einem bekannten Namen oder Gedanken zum nächsten durch den Text arbeiten, wie ein Frosch, der von Seerosenblatt zu Seerosenblatt über einen trüben Teich hüpft."[39] Die bewußt unverständlichen Abhandlungen der Postmoderne und die intellektuelle Unredlichkeit, die sie hervorbringen, vergiften einen Teil des geistigen Lebens und stärken den leichtfertigen Anti-Intellektualismus, der in der Öffentlichkeit schon allzu weit verbreitet ist.

Die laxe Haltung in puncto wissenschaftlicher Klarheit, der man bei Lacan, Kristeva, Baudrillard und Deleuze begegnet, hatte in den 70er Jahren in Frankreich unbestreitbaren Erfolg und ist dort immer noch erstaunlich einflußreich.[40] Diese Art des Denkens verbreitete sich in den 80er und 90er Jahren über Frankreich hinaus vor allem in der englischsprachigen Welt. Umgekehrt entwickelte sich der kognitive Relativismus in den 70er Jahren vor allem in der englischsprachigen Welt (etwa mit Einsetzen des *strong programme)* und breitete sich später nach Frankreich aus.

Diese beiden Gedankenschritte unterscheiden sich natürlich konzeptionell; eine kann zusammen mit der anderen oder alleine eingenommen werden. Es besteht jedoch ein indirekter Zusammenhang: Warum sollte jemand die Wissenschaft als objektive Darstellung der Welt ernst nehmen, wenn alles, oder beinahe alles, in naturwissenschaftliche Abhandlungen hineingelesen

---

(1974) weist seine Existenz in den traditionellen Sozialwissenschaften überzeugend nach. Außerdem existiert es auch, in geringerem Umfang, in den Naturwissenschaften. Jedoch verschlimmern die Undurchschaubarkeit des postmodernen Jargons und das fast vollständige Fehlen eines Bezugs zur konkreten Wirklichkeit die Situation.

[39] Pollitt (1996).

[40] In der französischen Ausgabe schrieben wir: „ist dort aber zweifellos etwas passé", doch Kontakte, die wir seitdem hatten, ließen uns umdenken. Beispielsweise ist die Lehre Lacans in der französischen Psychiatrie außerordentlich einflußreich.

werden kann? Wenn man sich umgekehrt einer relativistischen Philosophie verschreibt, werden beliebige Kommentare zu wissenschaftlichen Theorien legitim. Relativismus und Schlampigkeit verstärken sich also gegenseitig.

Die gravierendsten Folgen des Relativismus für die Kultur ergeben sich jedoch aus seiner Anwendung auf die Sozialwissenschaften. Der britische Historiker Eric Hobsbawm beklagte wortgewandt

> das Aufkommen „postmoderner" intellektueller Moden an westlichen Universitäten, vor allem an den Fakultäten für Literatur und Anthropologie, die unterstellen, daß alle „Fakten", die eine objektive Existenz für sich beanspruchen, nichts anderes als Konstruktionen des Gehirns seien – kurz, daß es eine klare Unterscheidung zwischen Faktum und Fiktion nicht geben könne. Dennoch gibt es diesen Unterschied, und für Historiker und selbst für die radikalsten Positivismusgegner unter uns ist die Fähigkeit, zwischen beiden zu unterscheiden, von grundlegender Bedeutung. (Hobsbawm 1998, S. 19)

Hobsbawm zeigt im weiteren, wie methodologisch strenges historisches Arbeiten die von reaktionären Nationalisten in Indien, in Israel, auf dem Balkan und anderswo vorgebrachten Fiktionen widerlegen kann und auf welche Weise uns die postmoderne Einstellung im Angesicht dieser Bedrohungen entwaffnet.

Zu einer Zeit, da sich Aberglaube, Obskurantismus sowie nationalistischer und religiöser Fanatismus in vielen Teilen der Welt – auch im „entwickelten" Westen – ausbreiten, ist es – vorsichtig formuliert – unverantwortlich, eine rationale Sicht der Welt, die sich in der Vergangenheit als das wichtigste Bollwerk gegen diese Verrücktheiten erwiesen hat, mit solcher Gleichgültigkeit zu behandeln. Es liegt zweifellos nicht in der Absicht postmoderner Autoren, Obskurantismus zu begünstigen, aber dies ist eine unvermeidliche Folge ihres Ansatzes.

Schließlich ist anzumerken, daß die Postmoderne für all jene unter uns negative Folgen hat, die sich mit der politischen Linken identifizieren. Die extreme Konzentration auf Sprache sowie das mit der Verwendung von aufgeblasenem Jargon einhergehende Elitedenken tragen dazu bei, Intellektuelle in fruchtlose Diskussionen einzubinden und sie von sozialen Bewegungen außerhalb ihres Elfenbeinturms abzukapseln. Wenn progressive Studenten an amerikanische Universitäten kommen und dort erfahren, die (sogar politisch) radikalste Idee bestehe darin, eine zutiefst skeptische Haltung einzunehmen und vollständig in der Analyse von Texten aufzugehen, wird ihre Energie vergeudet, die sonst für Forschung und Engagement fruchtbar einzusetzen wäre. Zweitens sind das wirre Denken und das schwammige Formulieren von Teilen der Linken dazu geeignet, die gesamte Linke zu diskreditieren, und die Rechte läßt sich die Gelegenheit nicht entgehen, diese Verbindung demagogisch auszunutzen.[41]

Das größte Problem besteht allerdings darin, daß jede Chance einer Sozialkritik, die jene erreichen könnte, die nicht ohnehin überzeugt sind – angesichts der verschwindend kleinen Zahl der Linken in den USA eine Notwendigkeit –, aufgrund der subjektivistischen Voraussetzungen logisch unmöglich wird.[42] Wenn alle Abhandlungen nur „Geschichten" oder „Erzählungen" sind und keine mehr Objektivität oder Wahrheit besitzt als eine andere, muß man einräumen, daß die schlimmsten sexistischen oder rassistischen Vorurteile und die reaktionärsten sozio-ökonomischen Theorien „die gleiche Berechtigung haben", zumindest als Beschreibungen oder Analysen der realen Welt (unter der Voraussetzung, daß man die Existenz einer realen Welt akzeptiert). Ohne Zweifel ist der Relativismus eine extrem schwache Grundlage für Kritik an der existierenden gesellschaftlichen Ordnung.

Wenn Intellektuelle, insbesondere jene auf der Linken, einen positiven Beitrag zur Entwicklung der Gesellschaft leisten wollen, können sie dies vor allem dadurch tun, daß sie die herrschende öffentliche Meinung analysieren und die dominierenden Theorien entmystifizieren, anstatt eigene Mystifizierungen hinzuzufügen. Eine Denkweise wird nicht dadurch „kritisch", daß man ihr dieses Etikett aufklebt, sondern ausschließlich durch ihren Inhalt.

Gewiß neigen Intellektuelle dazu, ihren Einfluß auf die Gesamtkultur zu übertreiben, und wir möchten vermeiden, unse-

---

[41] Vgl. etwa Kimball (1990) und D'Souza (1991).

[42] Das Wort „logisch" ist hier wichtig. In der Praxis verwenden manche Autoren eine postmoderne Sprache, während sie rassistische oder sexistische Schriften mit absolut rationalen Argumenten kritisieren. Wir sind denken ganz einfach, daß bei ihnen eine Diskrepanz besteht zwischen der Praxis und der Philosophie, zu der sie sich bekennen (was gar nicht so schlimm sein muß).

rerseits in diese Falle zu tappen. Dennoch glauben wir, daß die an Universitäten gelehrten und diskutierten Ideen – und seien sie noch so abstrus – mit der Zeit auch Auswirkungen auf das kulturelle Leben draußen haben. Bertrand Russell übertrieb mit Sicherheit, als er die perversen gesellschaftlichen Folgen von Verwirrung und Subjektivismus anprangerte, aber seine Ängste waren nicht gänzlich unbegründet.

Wie geht es weiter?

„Ein Gespenst geht um im kulturellen Leben der Vereinigten Staaten: das Gespenst des Linkskonservatismus." Dies verkündete die Einladung zu einer jüngst an der University of California in Santa Cruz veranstalteten Konferenz, auf der wir und andere[43] wegen unserer ablehnenden Haltung zum „postmodernen theoretischen Werk" und – welch Horrorvision – wegen unserer „Bemühungen um Konsens … auf der Grundlage des Realitätsbegriffs" kritisiert wurden. Wir wurden dargestellt, als seien wir sozialkonservative Marxisten, die versuchten, die politischen Aktivitäten von Feministinnen, Homosexuellen und Verfechtern ethnischer Gleichberechtigung zu marginalisieren, und als teilten wir die Vorstellungen Rush Limbaughs, eines Sprachrohrs der amerikanischen Rechten.[44] Sind diese finsteren Anschuldigungen möglicherweise ein – wenn auch extremes – Symbol für das, was an der Postmoderne falsch gelaufen ist?

In diesem Buch haben wir stets die Ansicht verteidigt, daß es so etwas wie Beweise gibt und daß es auf Fakten ankommt. Viele Fragen von elementarem Interesse – vor allem jene, bei denen es um die Zukunft geht – lassen sich jedoch auf der Grundlage von Vernunft und Beweisen nicht abschließend beantworten, und dies führt zu (mehr oder weniger gesicherten) Spekulationen. Wir möchten an das Ende unseres Buches eine eigene Spekulation stellen, und zwar über die Zukunft der Postmoderne. Wie wir mehrfach betont haben, ist die Postmoderne ein derart kom-

---

[43] Insbesondere die feministischen Autorinnen Barbara Ehrenreich und Katha Pollitt sowie der linke Filmemacher Michael Moore.
[44] Berichte über die Konferenz zum Linkskonservatismus finden sich in Sand (1998), Willis *et al.* (1998), Dumm *et al.* (1998) und Zarlengo (1998).

pliziertes Netz von Ideen – die logisch kaum miteinander verbunden sind –, so daß es schwierig ist, sie präziser zu charakterisieren denn als vagen Zeitgeist. Trotzdem sind die Wurzeln dieses Zeitgeists nicht schwer auszumachen und reichen bis Anfang der 60er Jahre zurück: die Herausforderung empirischer Wissenschaftstheorien durch Kuhn, die Kritik humanistischer Geschichtsphilosophien durch Foucault, die Desillusionierung über große Entwürfe politischer Veränderung. Wie alle neuen intellektuellen Strömungen stieß auch die Postmoderne in ihrer Anfangsphase auf den Widerstand der Traditionshüter. Doch neue Ideen genießen das Privileg, daß die Jugend sie unterstützt, und der Widerstand erwies sich als vergeblich.

Beinahe 40 Jahre später sind die Revolutionäre alt geworden, und das vordem Marginale wurde institutionalisiert. Ideen, die, richtig verstanden, eine gewisse Wahrheit enthalten hatten, sind zu Vulgärversionen verkommen, in der bizarre Verwechslungen eine Verbindung mit aufgeblasenen Banalitäten eingegangen sind. Es scheint uns, daß sich die Postmoderne, so nützlich sie ursprünglich als Korrektiv für verkrustete Orthodoxien war, überlebt hat und jetzt ihren natürlichen Gang geht. Auch wenn der Name nicht gerade dazu angetan ist, eine Ablösung zu begünstigen (was kann nach „Post-" noch kommen?), können wir uns des Eindrucks nicht erwehren, daß sich die Zeiten ändern. Ein Indiz dafür ist, daß die Herausforderungen heute nicht nur von der Nachhut kommen, sondern auch von Leuten, die weder hartgesottene Positivisten noch altmodische Marxisten sind, aber begreifen, vor welchen Problemen die Wissenschaft, die Rationalität und die traditionelle linke Politik heute stehen – die jedoch der Meinung sind, daß die Kritik aus der Vergangenheit die Zukunft erhellen sollte, anstatt zu bewirken, daß man über die Asche sinniert.[45]

Was kommt nach der Postmoderne? Da die wichtigste Lektion aus der Vergangenheit darin besteht, daß eine Vorhersage der Zukunft gefährlich ist, können wir nur unsere Befürchtungen und Hoffnungen aufzählen. Eine Möglichkeit ist ein Rückfall in eine Form von Dogmatismus, Mystizismus (beispielsweise New

---

[45] Ein anderes ermutigendes Zeichen ist, daß einige der klügsten Kommentare sowohl in Frankreich (Coutty 1998) als auch in den Vereinigten Staaten (Sand 1998) von Studenten stammen.

Age) oder religiösem Fundamentalismus. Dies mag unwahrscheinlich erscheinen, zumindest in akademischen Kreisen, aber die Abkehr von der Vernunft war radikal genug, um einem recht extremen Irrationalismus den Weg zu bereiten. In diesem Fall würde das Geistesleben noch weiter an Niveau verlieren. Eine zweite Möglichkeit ist, daß sich Intellektuelle (zumindest ein oder zwei Jahrzehnte lang) von jeder grundlegenderen Kritik an der bestehenden gesellschaftlichen Ordnung abschrecken lassen und entweder deren unterwürfige Befürworter werden – wie einige vormals linke französische Intellektuelle nach 1968 – oder ihr politisches Engagement ganz aufgeben. Unsere Hoffnungen gehen jedoch in eine andere Richtung: Möglicherweise entsteht eine intellektuelle Kultur, die rationalistisch, aber nicht dogmatisch, wissenschaftlich, aber nicht wissenschaftsgläubig, offen, aber nicht belanglos und politisch progressiv, aber nicht sektiererisch ist. Doch dies ist natürlich nur eine Hoffnung und vielleicht nur ein Traum.

A. Die Grenzen überschreiten: Auf dem Weg zu einer transformativen Hermeneutik der Quantengravitation*

Das Überschreiten von Disziplinsgrenzen ... [ist] ein subversives Unterfangen, da dabei oft die Heiligtümer etablierter Betrachtungsweisen verletzt werden. Zu den am stärksten befestigten Grenzen zählen jene zwischen den Naturwissenschaften und den Humanwissenschaften.
– Valerie Greenberg, *Transgressive Readings* (1990, S. 1)

Das Ringen um die Transformation von Ideologie in kritische Wissenschaft ... vollzieht sich auf der Grundlage, daß die Kritik an allen Voraussetzungen von Wissenschaft und Ideologie das absolute Prinzip der Wissenschaft sein muß.
– Stanley Aronowitz, *Science as Power* (1988 b, S. 339)

Es gibt viele Naturwissenschaftler und vor allem Physiker, die hartnäckig bestreiten, daß die mit Sozial- und Kulturkritik befaßten Disziplinen mehr als vielleicht peripher zu ihrer Forschung beizutragen haben. Noch weniger sind sie für den Gedanken empfänglich, daß nichts Geringeres als die Grundlagen ihrer Weltsicht selbst im Lichte solcher Kritik korrigiert oder erneuert werden müssen. Vielmehr klammern sie sich an das Dogma, das dem westlichen Denken durch die lange währende nachaufklärerische Hegemonie aufgezwungen wurde und sich wie folgt zusammenfassen läßt: Es gibt eine äußere Welt, deren Eigenschaften unabhängig sind vom einzelnen Individuum und sogar von der gesamten Menschheit; diese Eigenschaften sind in „ewigen" physikalischen Gesetzen verschlüsselt, über die sich ein verläßliches, wenngleich unvollständiges und vorläufiges Wissen gewinnen läßt, sofern man sich an die „objektiven" Verfahren und epistemologischen Beschränkungen hält, die die (sogenannte) wissenschaftliche Methode gebietet.

Tiefe konzeptionelle Veränderungen innerhalb der Wissenschaft des 20. Jahrhunderts haben diese kartesianisch-newtonsche Metaphysik jedoch untergraben;[1] revisionistische Untersu-

---

* Der Artikel wurde ursprünglich in *Social Text* Nr. 46/47 (Frühjahr/Sommer 1996), S. 217–252, veröffentlicht. © Duke University Press.
[1] Heisenberg (1955), Bohr (1963).

chungen über die Geschichte und Theorie der Wissenschaft haben an deren Glaubwürdigkeit weitere Zweifel aufkommen lassen,[2] und zuletzt hat die feministische und poststrukturalistische Kritik den realen Inhalt der traditionellen wissenschaftlichen Praxis des Westens entmystifiziert und die hinter der Fassade der „Objektivität" versteckte Herrschaftsideologie sichtbar gemacht.[3] Dadurch wurde immer deutlicher, daß die physische „Realität", nicht weniger als die gesellschaftliche, im Grunde ein soziales und sprachliches Konstrukt ist, daß wissenschaftliche „Erkenntnis" alles andere als objektiv ist, sondern die herrschenden Ideologien und Machtverhältnisse der Kultur, die sie hervorgebracht hat, widerspiegelt und verschlüsselt, daß die Wahrheitsbehauptungen der Wissenschaft ihrem Wesen nach theoriebeladen und selbstreferentiell sind und daß folglich der Diskurs der wissenschaftlichen Gemeinschaft trotz seines unleugbaren Werts keinen privilegierten epistemologischen Status gegenüber den gegen-hegemonialen Erzählungen davon abweichender oder marginalisierter Gemeinschaften beanspruchen kann. Dies wird, trotz einiger Unterschiede in der Ausrichtung, thematisiert in Aronowitz' Analyse des kulturellen Gefüges, das die Quantenmechanik hervorbrachte,[4] in Ross' Erörterung von im Widerspruch zur herrschenden Meinung stehenden Diskursen in der Wissenschaft des Postquantenzeitalters,[5] in Irigarays und Hayles' Interpretationen der Geschlechterkodierung in der Hydromechanik[6] sowie in Hardings umfassender Kritik der Geschlechterideologie, die den Naturwissenschaften im allgemeinen und der Physik im besonderen zugrunde liegt.[7] Mein Ziel hier besteht darin, diese profunden Analysen ein Stück weiterzuführen, indem neuere Entwicklungen in der Quantengravitation einbezogen werden, jenem jungen Zweig der Physik, in dem die Heisenbergsche Quantenmechanik und Einsteins allgemeine Relativitätstheorie

---

[2] Kuhn (1976), Feyerabend (1976), Latour (1987), Aronowitz (1988 b), Bloor (1991).

[3] Merchant (1987), Keller (1986), Harding (1990, 1994 a), Haraway (1989, 1995), Best (1991).

[4] Aronowitz (1988 b, besonders Kapitel 9 und 12).

[5] Ross (1991, Einführung und Kapitel 1).

[6] Irigaray (1979), Hayles (1992).

[7] Harding (1990, besonders Kapitel 2 und 10); Harding (1994 a, besonders Kapitel 4).

sowohl zusammengeführt als zugleich auch aufgehoben werden. Wie zu sehen sein wird, hört in der Quantengravitation die Raum-Zeit-Mannigfaltigkeit als objektive physikalische Realität zu existieren auf, die Geometrie wird in ihren Bezügen und Zusammenhängen gesehen, und die grundlegenden konzeptionellen Kategorien der älteren Wissenschaft – unter anderem die Existenz als solche – werden problematisiert und relativiert. Diese konzeptionelle Revolution, so lautet meine Argumentation, hat weitreichende Implikationen für den Inhalt einer künftigen postmodernen und emanzipatorischen Wissenschaft.

Ich werde wie folgt vorgehen: Zunächst werde ich einige der philosophischen und ideologischen Fragen ansprechen, die durch die Quantenmechanik und die klassische allgemeine Relativitätstheorie aufgeworfen werden. Anschließend werden die Grundzüge der neuen Theorie der Quantengravitation skizziert und einige der sich dadurch ergebenden konzeptionellen Fragen erörtert. Schließlich werde ich die kulturellen und politischen Implikationen dieser wissenschaftlichen Entwicklungen kommentieren. Es sei betont, daß sich dieser Aufsatz zwangsläufig erst an die Themen herantastet; ich behaupte nicht, auf alle von mir aufgeworfenen Fragen eine Antwort zu wissen. Mein Ziel besteht vielmehr darin, Leser auf diese wichtigen Entwicklungen in der Physik aufmerksam zu machen und so gut wie möglich deren philosophische und politische Implikationen zu skizzieren. Ich habe mich bemüht, die Mathematik auf ein Minimum zu beschränken, habe aber darauf Wert gelegt, interessierte Leser mittels Verweise darüber in Kenntnis zu setzen, wo sie im Hinblick auf alle erforderlichen Einzelheiten fündig werden.

Quantenmechanik: Unbestimmtheit, Komplementarität, Diskontinuität und Verbundenheit

Ich habe an dieser Stelle nicht die Absicht, mich an der breiten Diskussion über die konzeptionellen Grundlagen der Quantenmechanik zu beteiligen.[8] Es soll die Aussage genügen, daß jeder,

---

[8] Für eine Zusammenfassung verschiedener Meinungen vgl. Jammer (1974), Bell (1987), Albert (1992), Dürr, Goldstein und Zanghí (1992), Weinberg (1993, Kapitel IV), Coleman (1993), Maudlin (1994), Bricmont (1994).

der sich mit den Gleichungen der Quantenmechanik gründlich befaßt hat, Heisenbergs gemessener (verzeihen Sie das Wortspiel) Zusammenfassung seines berühmten *Unbestimmtheitsprinzips* zustimmen wird:

Man kann gar nicht mehr vom Verhalten des Teilchens losgelöst vom Beobachtungsvorgang sprechen. Dies hat schließlich zur Folge, daß die Naturgesetze, die wir in der Quantentheorie mathematisch formulieren, nicht mehr von den Elementarteilchen an sich handeln, sondern von unserer Kenntnis der Elementarteilchen. Die Frage, ob diese Teilchen „an sich" in Raum und Zeit existieren, kann in dieser Form also nicht mehr gestellt werden ...

Wenn von einem Naturbild der exakten Naturwissenschaft in unserer Zeit gesprochen werden kann, so handelt es sich also eigentlich nicht mehr um ein Bild der Natur, sondern um *ein Bild unserer Beziehungen zur Natur* ... Die Naturwissenschaft steht nicht mehr als Beschauer vor der Natur, sondern erkennt sich selbst als Teil dieses Wechselspiels zwischen Mensch und Natur. Die wissenschaftliche Methode des Aussonderns, Erklärens und Ordnens wird sich der Grenzen bewußt, die ihr dadurch gesetzt sind, daß der Zugriff der Methode ihren Gegenstand verändert und umgestaltet, daß sich die Methode also nicht mehr vom Gegenstand distanzieren kann.[9, 10]

---

[9] Heisenberg (1955, S. 12, 21; Hervorhebung im Original). Vgl. auch Overstreet (1980) Craige (1982), Hayles (1984), Greenberg (1990), Booker (1990) und Porter (1990) zu Beispielen für gegenseitige gedankliche Befruchtung zwischen relativistischer Quantentheorie und Literaturkritik.

[10] Leider wurde Heisenbergs Unbestimmtheitsprinzip von Amateurphilosophen häufig falsch interpretiert. Gilles Deleuze und Félix Guattari (1996, S. 151) erklären einleuchtend:

Selbst in der Quantenphysik drückt der Heisenbergsche Dämon nicht die Unmöglichkeit einer gleichzeitigen Messung von Geschwindigkeit und Position eines Teilchens aus, und zwar unter dem Vorwand einer subjektiven Interferenz zwischen Messung und Gemessenem, er mißt vielmehr exakt einen objektiven Sachverhalt, der die jeweilige Position zweier seiner Teilchen zueinander aus seinem Aktualisierungsfeld ausschließt, wobei die Zahl von unabhängigen Variablen reduziert ist und die Werte der Koordinaten sogar Wahrscheinlichkeit besitzen ... Der wissenschaftliche Perspektivismus oder Subjektivismus ist niemals relativ zu einem Subjekt: Er bildet keine Relativität des Wahren, sondern im Gegenteil eine Wahrheit

In ähnlicher Weise schrieb Niels Bohr:

Eine unabhängige Realität im herkömmlichen physikalischen Sinne kann ... weder den Phänomenen noch den Organen der Beobachtung zugeschrieben werden.[11]

Stanley Aronowitz hat diese Weltsicht überzeugend auf die Krise zurückgeführt, in die der hegemoniale Liberalismus in Mitteleuropa in den Jahren vor und nach dem Ersten Weltkrieg geriet.[12, 13]

Ein zweiter wichtiger Aspekt der Quantenmechanik ist ihr Prinzip der *Komplementarität* oder *Dialektik*. Ist Licht ein Teilchen oder eine Welle? Komplementarität „ist die Erkenntnis, daß Teilchen- und Wellenverhalten sich gegenseitig ausschließen, zu einer vollständigen Beschreibung aller Phänomene aber beide notwendig sind".[14] Allgemeiner drückt es Heisenberg aus, wenn er notiert,

---

des Relativen, das heißt der Variablen, deren Fälle er nach den Werten ordnet, die er in seinem Koordinatensystem aus ihnen herausholt ...

[11] Bohr (1928), zitiert in Pais (1991, S. 314).

[12] Aronowitz (1988 b, S. 251–256).

[13] Vgl. auch Porush (1989) für eine faszinierende Darstellung, wie es eine zweite Gruppe von Wissenschaftlern und Ingenieuren – Kybernetikern – mit beträchtlichem Erfolg bewerkstelligte, die revolutionärsten Implikationen der Quantenphysik zu unterminieren. Der größte Mangel von Porushs Kritik liegt darin, daß sie sich auf die philosophische und kulturelle Ebene beschränkt; durch eine Analyse ökonomischer und politischer Faktoren würden Porushs Schlußfolgerungen sehr bekräftigt. (So vergißt er zu erwähnen, daß der Ingenieur/Kybernetiker Claude Shannon für den damaligen Telefonmonopolisten AT&T tätig war.) Eine gründliche Analyse würde meines Erachtens zeigen, daß der Sieg der Kybernetik über die Quantenphysik in den 40er und 50er Jahren größtenteils durch die zentrale Bedeutung der Kybernetik für das anhaltende Streben des Kapitalismus nach Automatisierung von industriellen Produktionsabläufen im Gegensatz zur marginalen Relevanz der Quantenmechanik für die Industrie erklärt werden kann.

[14] Pais (1991, S. 23). Aronowitz (1981, S. 28) hat bemerkt, daß die Welle-Teilchen-Dualität den „Willen zur Totalität in der modernen Wissenschaft" sehr problematisch macht:

Die Unterschiede innerhalb der Physik zwischen Wellen- und Teilchentheorien von Materie, das von Heisenberg entdeckte Unbestimmtheitsprinzip und Einsteins Relativitätstheorie tragen alle der Unmöglichkeit Rechnung, zu einer einheitlichen Feldtheorie zu gelangen, in der die „Anomalie" der Differenz für eine Theorie, die Identität postuliert, gelöst werden kann, ohne die Grundlagen der Wissenschaft als solcher in Frage zu stellen.

Zur Weiterentwicklung dieser Ideen vgl. Aronowitz (1988 a, S. 524 f., 533).

daß verschiedene anschauliche Bilder, mit denen wir atomare Systeme beschreiben, zwar für bestimmte Experimente durchaus angemessen sind, aber sich doch gegenseitig ausschließen. So kann man z. B. das Bohrsche Atom als ein Planetensystem im kleinen beschreiben: in der Mitte ein Atomkern und außen Elektronen, die diesen Kern umkreisen. Für andere Experimente aber mag es zweckmäßig sein, sich vorzustellen, daß der Atomkern von einem System stehender Wellen umgeben ist, wobei die Frequenz der Wellen maßgebend ist für die vom Atom ausgesandte Strahlung. Schließlich kann man das Atom auch ansehen als einen Gegenstand der Chemie ... Diese verschiedenen Bilder sind also richtig, wenn man sie an der richtigen Stelle verwendet, aber sie widersprechen einander, und man bezeichnet sie daher als komplementär zueinander.[15]

Und noch einmal Bohr:

Eine vollständige Erhellung ein und desselben Objekts mag verschiedene Sichtweisen erfordern, die sich einer einzigen Beschreibung entziehen. Tatsächlich steht die bewußte Analyse jedes Konzepts strenggenommen in einer Ausschlußbeziehung zu seiner unmittelbaren Anwendung.[16]

Diese Vorwegnahme postmoderner Erkenntnistheorie ist alles andere als ein Zufall. Die engen Verbindungen zwischen Kom-

---

[15] Heisenberg (1955, S. 29).

[16] Bohr (1934), zitiert in Jammer (1974, S. 102). Bohrs Analyse des Komplementaritätsprinzips ließ ihn auch einen gesellschaftlichen Standpunkt einnehmen, der für die damalige Zeit bemerkenswert fortschrittlich war. Dies illustriert der folgende Auszug aus einem 1938 gehaltenen Vortrag (Bohr 1958, S. 30):

Vielleicht darf ich Sie hier daran erinnern, wie weitgehend in bestimmten Gesellschaften die Rollen von Männern und Frauen vertauscht sind, nicht nur im Hinblick auf häusliche und gesellschaftliche Pflichten, sondern auch im Hinblick auf Verhalten und Mentalität. Selbst wenn viele von uns in einer solchen Situation zunächst vielleicht davor zurückschrecken, die Möglichkeit einzuräumen, daß es ausschließlich eine Laune des Schicksals ist, daß die betreffenden Menschen ihre Kultur und nicht die unsere haben und wir nicht ihre anstatt der unseren, so ist doch klar, daß bereits der geringste Verdacht in diese Richtung einen Verrat an der nationalen Selbstzufriedenheit impliziert, die jeder in sich ruhenden menschlichen Kultur zu eigen ist.

267

plementarität und Dekonstruktion wurden jüngst von Froula[17] und Honner[18] sowie sehr eingehend von Plotnitsky[19, 20, 21] erörtert.

Ein dritter Aspekt der Quantenphysik ist *Diskontinuität* oder *Ruptur.* So erklärte Bohr:

[Der] Kern [der Quantentheorie] läßt sich im sogenannten Quantenpostulat ausdrücken, das jedem atomaren Vorgang eine essentielle Diskontinuität oder vielmehr Individualität zuschreibt, die den klassischen Theorien völlig fremd ist

---

[17] Froula (1985).

[18] Honner (1994).

[19] Plotnitsky (1994). Diese eindrucksvolle Arbeit erklärt auch den engen Zusammenhang zum Gödelschen Beweis der Unvollständigkeit formaler Systeme und zu Skolems Konstruktion von Nonstandard-Modellen der Arithmetik sowie zu Batailles allgemeiner Ökonomie. Zu einer weiteren Erörterung von Batailles Physik vgl. Hochroth (1995).

[20] Zahlreiche weitere Beispiele ließen sich anführen. So bezieht sich beispielsweise Barbara Johnson (1989, S. 12) nicht explizit auf die Quantenphysik, aber ihre Beschreibung der Dekonstruktion faßt das Komplementärprinzip so genau zusammen, daß es fast unheimlich ist:

Anstelle einer einfachen „Entweder/oder"-Struktur will die Dekonstruktion einen Diskurs entwickeln, der *weder* „entweder/oder" *noch* „sowohl/als auch", noch „weder/noch" sagt, ohne gleichzeitig diese Logik völlig aufzugeben.

Vgl. auch McCarthy (1992) zu einer anregenden Analyse, die beunruhigende Fragen über die „Komplizenschaft" zwischen (nichtrelativistischer) Quantenphysik und Dekonstruktion aufwirft.

[21] Erlauben Sie mir in diesem Zusammenhang eine persönliche Erinnerung: Vor 15 Jahren, in meiner Studienzeit, brachten mich meine Forschungen in der relativistischen Quantenfeldtheorie auf einen Ansatz, den ich als „de[kon]struktive Quantenfeldtheorie" bezeichnete (Sokal 1982). Natürlich hatte ich damals keine Ahnung von Jacques Derridas Arbeiten zur Dekonstruktion in Philosophie und Literaturtheorie. Rückblickend gibt es jedoch eine frappierende Affinität: Meine Arbeit kann als Untersuchung darüber gelesen werden, wie sich erkennen läßt, daß der orthodoxe Diskurs (z. B. Itzykson und Zuber 1980) über die skalare Quantenfeldtheorie in der vierdimensionalen Raumzeit (im Fachjargon: „renormalisierte Störungstheorie" für die $\varphi^4/4$ Theorie) seine eigene Unzuverlässigkeit konstatiert und dadurch die eigenen Behauptungen untergräbt. Seit damals hat sich meine Arbeit auf andere Fragen verlagert, die zumeist mit Phasenübergängen zu tun haben, aber es lassen sich gewisse Übereinstimmungen zwischen den beiden Gebieten erkennen, vor allem das Thema der Diskontinuität (vgl. Anm. 22 und 81). Zu weiteren Beispielen für Dekonstruktion in der Quantenfeldtheorie vgl. Merz und Knorr Cetina (1994).

und durch das Plancksche Wirkungsquantum symbolisiert wird.[22]

Ein halbes Jahrhundert später ist der Begriff „Quantensprung" so in unsere Alltagssprache eingegangen, daß wir ihn zumeist verwenden, ohne uns seiner Ursprünge in der theoretischen Physik bewußt zu sein.

Schließlich zeigen der Bellsche Satz[23] und dessen jüngste Verallgemeinerungen,[24] daß ein Akt der Beobachtung hier und jetzt nicht nur das beobachtete Objekt beeinflussen kann – wie Heisenberg uns mitteilte –, sondern auch ein *beliebig weit entferntes* Objekt (etwa den Andromedanebel). Dieses Phänomen – das Einstein als „gespenstisch" bezeichnete – verlangt eine radikale Neubewertung der traditionellen mechanistischen Konzepte von Raum, Objekt und Kausalität[25] und spricht für eine alternative

---

[22] Bohr (1928), zitiert in Jammer (1974, S. 90).

[23] Bell (1987, besonders Kapitel 10 und 16). Vgl. auch Maudlin (1994, Kapitel 1) für eine klare Darstellung, die kein Spezialwissen voraussetzt, das über die Schulalgebra hinausgeht.

[24] Greenberger *et al.* (1989, 1990), Mermin (1990, 1993).

[25] Aronowitz (1988 b, S. 331) hat eine provozierende Beobachtung zur nichtlinearen Kausalität in der Quantenmechanik und ihrem Verhältnis zur gesellschaftlichen Konstruktion der Zeit angestellt:

Die lineare Kausalität geht davon aus, daß das Verhältnis zwischen Ursache und Wirkung als eine Funktion der zeitlichen Abfolge ausgedrückt werden kann. Dank neuerer Entwicklungen in der Quantenmechanik läßt sich postulieren, daß es möglich ist, die Wirkungen fehlender Ursachen zu kennen, das heißt, metaphorisch gesprochen, Wirkungen können Ursachen vorwegnehmen, so daß unsere Wahrnehmung davon dem physischen Auftreten einer „Ursache" zuvorkommt. Die Hypothese, die unsere konventionelle Vorstellung von linearer Zeit und Kausalität auf die Probe stellt und die Möglichkeit der Zeitumkehrung behauptet, wirft auch die Frage nach dem Grad auf, in dem das Konzept des „Zeitpfeils" allen wissenschaftlichen Theorien inhärent ist. Wenn diese Experimente erfolgreich sind, werden die Schlußfolgerungen darüber, wie sich Zeit historisch als „Uhrzeit" konstituiert hat, anfechtbar. Es wird experimentell „bewiesen" werden, was Philosophen, Literatur- und Sozialkritiker seit langem vermuten: daß die Zeit teilweise ein Konstrukt der Konvention ist und ihre Unterteilung in Stunden und Minuten das Produkt der Notwendigkeit von Disziplin in der Industrie, von einer rationalen Organisation der gesellschaftlichen Arbeit in der frühbürgerlichen Epoche ist.

Die theoretischen Analysen von Greenberger *et al.* (1989, 1990) und Mermin (1990, 1993) bieten ein eindrucksvolles Beispiel für dieses Phänomen; vgl.

Weltsicht, in der das Universum durch Zusammenhang und Ganzheitlichkeit charakterisiert wird – was der Physiker David Bohm als „verbundene Ordnung"[26] bezeichnete. New-Age-Interpretationen dieser Erkenntnisse aus der Quantenphysik sind oft in haltlose Spekulationen ausgeufert, aber die prinzipielle Schlüssigkeit des Arguments ist unbestreitbar.[27] In Bohrs Worten „enthüllte Plancks Entdeckung des *elementaren Wirkungsquantums* ... ein der Atomphysik innewohnendes Merkmal der *Ganzheitlichkeit*, das weit über die antike Vorstellung der begrenzten Teilbarkeit von Materie hinausgeht".[28]

Hermeneutik der klassischen allgemeinen Relativität

In der mechanistischen Weltanschauung Newtons sind Raum und Zeit verschieden und absolut.[29] In Einsteins spezieller Relativitätstheorie (1905) löst sich die Unterscheidung zwischen Raum und Zeit auf: Es gibt nur eine neue Einheit, die vierdi-

---

Maudlin (1994) zu einer detaillierten Analyse der Implikationen für die Begriffe der Kausalität und Zeitlichkeit. In den nächsten Jahren dürfte es einen experimentellen Test geben, der die Arbeit von Aspect *et al.* (1982) weiterführt.

[26] Bohm (1985). Die engen Beziehungen zwischen der Quantenmechanik und dem Geist-Körper-Problem werden erörtert in Goldstein (1983, Kapitel 7 und 8).

[27] Aus der umfangreichen Literatur kann das Buch Capras (1983) wegen seiner wissenschaftlichen Exaktheit und seiner allgemeinverständlichen Darstellungsweise empfohlen werden, außerdem das Buch von Sheldrake (1997), das zwar gelegentlich spekulativ ist, im allgemeinen aber gut fundiert. Zu einer wohlwollenden, aber kritischen Analyse der New-Age-Theorien vgl. Ross (1991, Kapitel 1). Zu einer Kritik von Capras Werk aus einer Dritte-Welt-Perspektive vgl. Alvares (1992, Kapitel 6).

[28] Bohr (1963, S. 2; Hervorhebungen im Original).

[29] Der Newtonsche Atomismus betrachtet Teilchen als hypergetrennt in Raum und Zeit und rückt ihre Verbindung in den Hintergrund (Plumwood 1993a, S. 125); tatsächlich „ist die einzige ‚Kraft', die im mechanistischen System zugelassen ist, die der kinetischen Energie – der Bewegungsenergie durch Berührung; alle anderen angeblichen Kräfte, auch das Wirken über einen Abstand hinweg, gelten als okkult". (Mathews 1991, S. 17). Zu kritischen Analysen der mechanistischen Weltanschauung Newtons vgl. Weil (1968, besonders Kapitel 1), Merchant (1987), Berman (1983), Keller (1986, Kapitel 2 und 3), Mathews (1991, Kapitel 1) und Plumwood (1993a, Kapitel 5).

mensionale Raum-Zeit, und die Wahrnehmung von „Raum"
und „Zeit" hängt vom Bewegungszustand der Beobachter ab.[30]
In Hermann Minkowskis berühmten Worten (1908):

> Von Stund an sollen Raum für sich und Zeit für sich völlig
> zu Schatten herabsinken und nur noch eine Art Union der
> beiden soll Selbständigkeit bewahren.[31]

Trotzdem bleibt die zugrundeliegende Geometrie der Min-
kowskischen Raum-Zeit absolut.[32]

---

[30] Nach dem traditionellen Lehrbuchverständnis geht es bei der speziellen
Transformation um die Koordinatentransformationen, die *zwei* Bezugssysteme in gleichförmiger relativer Bewegung miteinander verbinden. Doch diese
übermäßige Vereinfachung ist irreführend, wie Latour (1988) aufgezeigt hat:

> Wie läßt sich entscheiden, ob eine Beobachtung, die in einem Zug über
> das Verhalten eines fallenden Steins angestellt wird, mit der Beobachtung in
> Übereinstimmung zu bringen ist, die vom Bahndamm aus über denselben
> fallenden Stein gemacht wird? Wenn es nur ein oder auch *zwei* Bezugs-
> systeme gibt, läßt sich keine Lösung finden, da der Mann im Zug behaup-
> tet, er beobachte eine gerade Linie, der Mann am Bahndamm dagegen
> eine Parabel ... Einsteins Lösung besteht darin, *drei actors* zu betrachten:
> einen im Zug, einen auf dem Bahndamm und einen dritten, den Autor
> [*enunciator*] oder einen seiner Stellvertreter, der versucht, die verschlüsselten
> Beobachtungen, die von den beiden anderen zurückgeschickt wurden,
> übereinanderzulegen ... Ich würde behaupten, daß Einsteins eigene theo-
> retische Beweisführung ohne die Position des *enunciator* (die in Einsteins
> Darstellung versteckt ist) und ohne die Vorstellung der Kalkulationszen-
> tren unverständlich ist ... (S. 10 f. und 35; Hervorhebungen im Original)

Wie Latour mit einem Stück Humor, aber korrekt bemerkt, reduziert sich
die spezielle Relativitätstheorie am Ende auf die Aussage, es

> lassen sich mehr Bezugssysteme mit weniger Privileg erreichen, reduzieren,
> akkumulieren und kombinieren, Beobachter lassen sich an einige weitere
> Orte im unendlich Großen (Kosmos) und unendlich Kleinen (Elektronen)
> delegieren, und was sie von dort aus anzeigen, wird verständlich sein. Sein
> [Einsteins] Buch könnte betitelt werden: „Neue Anweisungen zum Zu-
> rückholen wissenschaftlicher Fernreisender". (S. 22 f.)

Latours kritische Analyse von Einsteins Logik bietet Laien eine ausgesprochen verständliche Einführung in die spezielle Relativitätstheorie.
[31] Minkowski (1908), zitiert in Lorentz *et al.* (1958, S. 54).
[32] Es versteht sich von selbst, daß die spezielle Relativität nicht nur für
Raum und Zeit, sondern auch für die Mechanik neue Konzepte anregt. In
der speziellen Relativitätstheorie gilt, wie Virilio (1984, S. 176) bemerkt hat,
„daß der dromosphärische Raum, die Raum-Geschwindigkeit, physikalisch
durch die sogenannte ‚logistische Gleichung' beschrieben wird, das Ergebnis
des Produkts der verdrängten Masse mal der Geschwindigkeit ihrer Verdrän-

Der radikale gedankliche Bruch wird in Einsteins allgemeiner Relativitätstheorie (1915) vollzogen: Die Raum-Zeit-Geometrie wird kontingent und dynamisch; sie verschlüsselt das Gravitationsfeld in sich selbst. In der Mathematik bricht Einstein mit der auf Euklid zurückgehenden Tradition (mit der Schüler der Oberstufe heute noch behelligt werden!) und verwendet statt dessen die von Riemann entwickelte nichteuklidische Geometrie. Einsteins Gleichungen sind hochgradig nichtlinear, weshalb sie für traditionell ausgebildete Mathematiker so schwierig zu lösen sind.[33] Newtons Gravitationstheorie entspricht der kruden (und gedanklich irreführenden) Abstumpfung von Einsteins Gleichungen, in denen die Nichtlinearität einfach ignoriert wird. Einsteins allgemeine Relativitätstheorie faßt daher alle mutmaßlichen Erfolge von Newtons Theorie zusammen, während sie gleichzeitig über Newton hinausgeht und völlig neue Phänomene vorhersagt, die direkt der Nichtlinearität entspringen: die Krümmung von Sternenlicht durch die Sonne, die Präzession des Merkurperihels und der Gravitationskollaps von Sternen zu Schwarzen Löchern.

Die allgemeine Relativitätstheorie ist eine so verrückte Sache, daß einige ihrer Konsequenzen – abgeleitet durch einwandfreie Mathematik und zunehmend durch astrophysikalische Beobachtungen bestätigt – wie Science-fiction klingen. Schwarze Löcher sind mittlerweile recht bekannt, und Wurmlöcher gewinnen rasch an Popularität. Vielleicht weniger bekannt ist Gödels Konstruktion einer Einsteinschen Raum-Zeit, die geschlossene, zeitartige Kurven erlaubt, das heißt ein Universum, in dem es möglich ist, *in seine eigene Vergangenheit* zu reisen![34] Die allgemeine

---

gung, M × V". Diese radikale Veränderung der Newtonschen Formel hat tiefgreifende Konsequenzen, vor allem in der Quantentheorie; vgl. Lorentz *et al.* (1958) und Weinberg (1993) zur weiteren Diskussion.

[33] Steven Best (1991, S. 225) hat den springenden Punkt dieses Problems benannt, nämlich daß „nichtlineare Gleichungen, anders als die linearen Gleichungen der Newtonschen und sogar der Quantenmechanik, [nicht] die einfache additive Eigenschaft haben, durch die Ketten von Lösungen aus einfachen, unabhängigen Teilen konstruiert werden können". Aus diesem Grund funktionieren die Strategien der Atomisierung, des Reduktionismus und des Aus-dem-Zusammenhang-Reißens, die der Newtonschen wissenschaftlichen Methodologie zugrunde liegen, in der allgemeinen Relativitätstheorie einfach nicht.

[34] Gödel (1949). Zu einem Überblick über neuere Arbeiten auf diesem Gebiet vgl. 't Hooft (1993).

Relativitätstheorie zwingt uns eine radikal neue und unserer Intuition widersprechende Vorstellung von Raum, Zeit und Kausalität auf;[35, 36, 37, 38] es ist daher nicht verwunderlich, daß von

---

[35] Diese neuen Vorstellungen von Raum, Zeit und Kausalität werden *teilweise* bereits durch die spezielle Relativitätstheorie angedeutet. So bemerkte Alexander Argyros (1991, S. 137):

Hinsichtlich eines von Photonen, Gravitonen und Neutrinos dominierten Kosmos, also hinsichtlich des ganz frühen Universums, behauptet die Theorie der speziellen Relativitätstheorie, daß jede Unterscheidung zwischen davor und danach unmöglich ist. Für ein Teilchen, das mit Lichtgeschwindigkeit unterwegs ist, oder für eines, das eine Entfernung in der Größenordnung der Planck-Länge zurücklegt, finden alle Ereignisse gleichzeitig statt.

Argyros' Schlußfolgerung, die Derridasche Dekonstruktion sei deshalb nicht auf die Hermeneutik der Kosmologie des frühen Universums anwendbar, kann ich mich jedoch nicht anschließen: Argyros' Argument für diese These basiert auf einem unzulässig verallgemeinernden Gebrauch der speziellen Relativitätstheorie (im Fachjargon: „Lichtkegel-Koordinaten") in einem Kontext, in dem die allgemeine Relativitätstheorie unvermeidbar ist. (Zu einem ähnlichen, aber weniger harmlosen Fehler vgl. Anm. 40.)

[36] Jean-François Lyotard (1989, S. 5 f.) hat darauf hingewiesen, daß nicht nur die allgemeine Relativitätstheorie, sondern auch die moderne Elementarteilchenphysik eine neue Zeitvorstellung herbeizwingt:

In der heutigen Physik und Astrophysik ... besitzt ein Teilchen eine Art elementares Gedächtnis und daher einen Zeitfilter. Aus diesem Grund neigen heutige Physiker auch zu der Annahme, die Zeit gehe direkt von der Materie aus, und sie sei keine Einheit außerhalb oder innerhalb des Universums, deren Funktion darin besteht, alle verschiedenen Zeiten in der Gesamtgeschichte zu vereinen. Nur in bestimmten Bereichen ließen sich solche (Teil-)Synthesen entdecken. Nach dieser Sichtweise gibt es Bereiche des Determinismus, in denen die Komplexität zunimmt.

Darüber hinaus hat Michel Serres (1992, S. 89 ff.) bemerkt, daß die Chaostheorie (Gleick 1988) und die Perkolationstheorie (Stauffer 1995) den traditionellen linearen Zeitbegriff in Frage stellen:

Zeit fließt nicht immer entlang einer Linie ... oder einer Ebene, sondern entlang einer außergewöhnlich komplexen Mannigfaltigkeit, als zeige sie Haltepunkte, Brüche, Brunnen [*puits*], Trichter überwältigender Beschleunigung [*cheminées d'accélération foudroyante*], Risse und Lücken, die allesamt willkürlich verstreut sind ... Die Zeit fließt turbulent und chaotisch; sie versickert. [Man beachte, daß in der Theorie dynamischer Systeme *„puits"* ein Fachbegriff ist, der „Brunnen" bedeutet, das heißt das Gegenteil von „Quelle".]

Diese aus verschiedenen Gebieten der Physik stammenden vielfältigen Einsichten in das Wesen der Zeit sind eine weitere Illustration des Komplementaritätsprinzips.

ihr nicht nur auf die Naturwissenschaften, sondern auch auf die Philosophie, die Literaturkritik und die Humanwissenschaften eine starke Wirkung ausging. So stellte Jean Hippolyte vor drei Jahrzehnten auf einem berühmten Symposium über *Les Langages Critiques et les Sciences de l'Homme* [*Die kritischen Sprachen und die Humanwissenschaften*] eine treffende Frage zu Jacques Derridas Theorie der Strukturen und Zeichen im wissenschaftlichen Diskurs:

> Wenn ich beispielsweise die Struktur bestimmter algebraischer Konstruktionen [ensembles] nehme, wo ist der Mittelpunkt? Ist der Mittelpunkt die Kenntnis allgemeiner Regeln, die uns schlecht und recht erlauben, das Wechselspiel der Elemente zu verstehen? Oder besteht der Mittelpunkt aus gewissen Elementen, die ein bestimmtes Privileg innerhalb der Menge genießen? ... Bei Einstein beispielsweise erkennen wir das Ende eines gewissen Privilegs empirischer Beweise. Und in diesem Zusammenhang sehen wir eine Konstante auftauchen, eine Konstante, die eine Kombination der Raumzeit ist, die keinem der Experimentatoren angehört, die die Erfahrung leben, aber die, in gewisser Weise, das gesamte Konstrukt beherrscht; und diese Vorstellung der Konstante – ist sie der Mittelpunkt?[39]

Derridas kluge Erwiderung traf ins Herz der klassischen allgemeinen Relativitätstheorie:

> Die Einsteinsche Konstante ist keine Konstante, sie ist kein Mittelpunkt. Sie ist gerade das Konzept der Variabilität – sie

---

[37] Die allgemeine Relativitätstheorie läßt sich durchaus so lesen, daß sie Nietzsches Dekonstruktion der Kausalität erhärtet (vgl. etwa Culler 1988, S. 96–98), obgleich manche Relativisten diese Deutung für problematisch halten. In der Quantenmechanik ist dieses Phänomen dagegen sehr fest etabliert (vgl. Anm. 25).

[38] Die allgemeine Relativitätstheorie ist natürlich auch der Ausgangspunkt für die moderne Astrophysik und die physikalische Kosmologie. Vgl. Mathews (1991, S. 59–90, 109–116, 132–163) für eine detaillierte Analyse der Verbindungen zwischen der allgemeinen Relativitätstheorie (und ihren Verallgemeinerungen, die als Geometrodynamik bekannt sind) und einer ökologischen Weltsicht. Zu den Spekulationen eines Astrophysikers in eine ähnliche Richtung vgl. Primack und Abrams (1995).

[39] Diskussion zu Derrida (1970, S. 265 f.).

274

ist, letztendlich, das Konzept des Spiels. Mit anderen Worten: Sie ist nicht das Konzept von *etwas* – eines beginnenden Mittelpunkts, von dem aus ein Beobachter das Feld beherrschen könnte –, sondern gerade das Konzept des Spiels ...[40]

Mathematisch ausgedrückt, bezieht sich Derridas Beobachtung auf die Invarianz der Einsteinschen Feldgleichung $G_{\mu\nu} = 8\pi G T_{\mu\nu}$ unter nichtlinearen Raum-Zeit-Diffeomorphismen (Selbstabbildungen der Raum-Zeit-Vielfachen, die unendlich differenzierbar, aber nicht unbedingt analytisch sind). Der springende Punkt ist, daß diese Invarianzgruppe „transitiv agiert"; dies bedeutet, daß jeder Raum-Zeit-Punkt, sofern er überhaupt existiert, in jeden anderen umgewandelt werden kann. Auf diese Weise höhlt die unendlich dimensionale Invarianzgruppe die Unterscheidung zwischen Beobachter und Beobachtetem auf; das π Euklids und das G Newtons, die früher als konstant und universal galten, werden heute in ihrer unabwendbaren Historizität gesehen; der vermeintliche Beobachter wird endgültig dezentriert, abgeschnitten von jeder epistemischen Verbindung zu einem Raum-Zeit-Punkt, der nicht mehr alleine durch Geometrie zu definieren ist.

Quantengravitation: String, Gewebe oder Morphogenetisches Feld?

Diese Deutung ist zwar innerhalb der klassischen allgemeinen Relativitätstheorie angemessen, im Rahmen der neuen postmodernen Sicht der Quantengravitation wird sie jedoch unvollständig. Wenn sogar das Gravitationsfeld – die Verkörperung der Geometrie – zu einem nichtkommutativen (und daher nichtlinearen) Operator wird, wie kann die klassische Interpretation von $G_{\mu\nu}$ als geometrischer Einheit aufrechterhalten werden? Nun

---

[40] Derrida (1970, S. 267). Mit Gross und Levitt haben sich zwei Kritiker aus dem konservativen Lager über diese Aussage lustig gemacht und sie bewußt als Behauptung über die *spezielle* Relativität fehlinterpretiert, in der die Einsteinsche Konstante c (die Lichtgeschwindigkeit im Vakuum) natürlich konstant ist. Kein mit der modernen Physik vertrauter Leser – es sei denn, er ist ideologisch voreingenommen – könnte Derridas eindeutigen Hinweis auf die *allgemeine* Relativitätstheorie mißverstehen.

wird nicht nur der Beobachter, sondern das gesamte Konzept der Geometrie abhängig von Verhältnis und Zusammenhang. Die Synthese zwischen Quantentheorie und allgemeiner Relativitätstheorie ist daher das zentrale ungelöste Problem der theoretischen Physik;[41] niemand kann heute mit Sicherheit vorhersagen, wie die Sprache und Ontologie dieser Synthese aussehen wird, wenn und falls sie eintritt – vom Inhalt ganz zu schweigen. Dennoch ist es von Nutzen, einen Blick auf die Geschichte der Metaphern und Bilder zu werfen, die theoretische Physiker bei ihren Bemühungen um ein Verständnis der Quantentheorie benutzt haben.

Die frühesten – Anfang der 60er Jahre angestellten – Versuche zur Visualisierung der Geometrie auf der Planck-Skala (10^{-33} Zentimeter) stellten diese als „Raum-Zeit-Schaum" dar: als Blasen der Raum-Zeit-Krümmung, denen eine komplexe und ständig wechselnde Topologie wechselseitiger Verbindungen gemein war.[42] Die Physiker waren damals jedoch nicht in der Lage, diesen Ansatz weiterzuverfolgen, vielleicht aufgrund der unzureichenden Entwicklung der Topologie und der Theorie der Mannigfaltigkeiten (siehe unten).

In den 70er Jahren probierten die Physiker einen noch konventionelleren Ansatz aus: Sie vereinfachten die Einsteinschen Gleichungen unter der Annahme, diese seien *nahezu linear*, und wandten anschließend die Standardmethoden der Quantenfeldtheorie auf die derart vereinfachten Gleichungen an. Doch auch diese Methode scheiterte: Es stellte sich heraus, daß Einsteins

---

[41] Luce Irigaray (1987, S. 77 f.) hat darauf hingewiesen, daß die Widersprüche zwischen der Quantentheorie und der Feldtheorie in Wirklichkeit der Höhepunkt eines historischen Prozesses darstellen, der mit der Newtonschen Mechanik begann:

Der Newtonsche Bruch hat das wissenschaftliche Unterfangen in eine Welt geführt, in der die Sinneswahrnehmung wenig gilt, eine Welt, die gerade zur Vernichtung dessen führen kann, was Gegenstand der Physik ist: die Materie (unabhängig von den Prädikaten) des Universums und der Körper, aus denen es besteht. Gerade in dieser Wissenschaft existieren darüber hinaus Spaltungen: etwa Quantentheorie/Feldtheorie, Festkörpermechanik/Hydrodynamik. Aber die fehlende Wahrnehmbarkeit der untersuchten Materie bringt oft das paradoxe Privileg der Festigkeit bei Entdeckungen und eine Verzögerung mit sich, selbst eine Aufgabe der Analyse der Unendlichkeit [*l'in-fini*] der Kraftfelder.

[42] Wheeler (1964).

allgemeine Relativitätstheorie, fachsprachlich ausgedrückt, „perturbativ nichtreformierbar" ist.[43] Dies bedeutet, daß die starken Nichtlinearitäten von Einsteins allgemeiner Relativitätstheorie in der Theorie selbst stecken; jeder Versuch, so zu tun, als seien die Nichtlinearitäten schwach, ist einfach ein Widerspruch in sich. (Dies überrascht nicht: Der beinahe lineare Ansatz vernichtet die charakteristischsten Kennzeichen der allgemeinen Relativität, wie etwa die Schwarzen Löcher.)

In den 80er Jahren wurde ein ganz anderer Ansatz beliebt, die sogenannte String-Theorie: In ihr sind die Grundbestandteile der Materie nicht punktartige Teilchen, sondern ziemlich kleine (Planck-Skala) geschlossene und offene Saiten [strings].[44] Nach diesem Modell existiert die Raum-Zeit-Mannigfaltigkeit nicht als objektive physikalische Realität; vielmehr ist die Raumzeit eine abgeleitete Vorstellung, eine Annäherung, die nur bei großen Längenskalen gültig ist („groß" bedeutet dabei „viel größer als 10^{-33} Zentimeter"!). Eine Weile dachten viele Anhänger der String-Theorie, sie würden sich einer Theorie von Allem nähern – Bescheidenheit gehört zu ihren Tugenden nicht –, und manche sind noch immer dieser Ansicht. Doch die mathematischen Schwierigkeiten der String-Theorie sind erheblich, und es ist völlig ungewiß, ob sie in näherer Zukunft gelöst werden.

Später kehrte eine kleine Gruppe von Physikern zur ganzen Nichtlinearität der Einsteinschen Gleichungen zurück und versuchte – unter Verwendung einer neuen, von Abhay Ashtekar entwickelten mathematischen Formelsprache –, die Struktur der Quantentheorie zu visualisieren.[45] Das Bild, das sie auf diese Weise erhalten haben, ist faszinierend: Wie bei der String-Theorie ist die Raum-Zeit-Mannigfaltigkeit nur eine Annäherung, die auf große Entfernungen gültig ist, und keine objektive Realität. Bei kleinen Entfernungen (auf der Planck-Skala) ist die Geometrie der Raum-Zeit ein Gewebe: eine komplexe Verknüpfung von Fäden.

Schließlich hat in den letzten Jahren durch die interdisziplinäre Zusammenarbeit von Mathematikern, Astrophysikern und Biologen ein aufregender Ansatz Gestalt angenommen: die Theo-

---

[43] Isham (1991, Abschnitt 3.1.4.).
[44] Green, Schwarz und Witten (1987).
[45] Ashtekar, Rovelli und Smolin (1992), Smolin (1992).

rie des morphogenetischen Feldes.[46] Seit Mitte der 80er Jahre verdichten sich die Hinweise darauf, daß dieses zunächst von Entwicklungsbiologen[47] konzipierte Gebiet tatsächlich eng mit dem Quanten*gravitations*feld verknüpft ist:[48] (a) Es erfüllt den ganzen Raum; (b) es interagiert mit der gesamten Materie und Energie, unabhängig davon, ob diese Materie/Energie magnetisch geladen ist oder nicht, und vor allem (c) ist es das, was in der Mathematik als „symmetrischer Tensor zweiter Stufe" bekannt ist. All diese Eigenschaften sind für die Schwerkraft charakteristisch, und vor einigen Jahren wurde bewiesen, daß die einzige in sich selbst konsistente *nichtlineare* Theorie eines symmetrischen Tensorfeldes zweiter Stufe, zumindest bei niedrigen Energiemengen, genau Einsteins allgemeine Relativitätstheorie ist.[49] Wenn sich die Indizien für (a), (b) und (c) bewahrheiten, läßt sich daraus also schließen, daß das morphogenetische Feld auf der Quantenebene das Pendant zu Einsteins Gravitationsfeld darstellt. Bis vor kurzem wurde diese Theorie von der etablierten Hochenergiephysik, die das Wildern von Biologen (von den Geisteswissenschaftlern ganz zu schweigen) in ihrem „Revier" von jeher ablehnt, ignoriert oder sogar verächtlich abgetan.[50] Einige theoretische Physiker haben in letzter Zeit jedoch damit begonnen, sich diese Theorie doch genauer anzusehen, und die Chancen auf Fortschritte in naher Zukunft stehen gut.[51]

---

[46] Sheldrake (1991, 1997), Briggs und Peat (1984, Kapitel 4), Granero-Porati und Porati (1984), Kazarinoff (1985), Schiffmann (1989), Psarev (1900), Brooks und Castor (1990), Heinonen, Kilpeläinen und Martio (1992), Rensing (1993). Für eine eingehende Erörterung des mathematischen Hintergrunds dieser Theorie vgl. Thom (1975, 1990), und für eine kurze, aber aufschlußreiche Analyse des theoretischen Unterbaus dieses und verwandter Ansätze vgl. Ross (1991, S. 40 ff., Anm. 253).

[47] Waddington (1965), Corner (1966), Gierer *et al.* (1978).

[48] Zunächst glaubten einige Forscher, das morphogenetische Feld könne mit dem elektromagnetischen Feld zu tun haben, aber heute geht man davon aus, daß es sich hierbei nur um eine der Verdeutlichung dienende Analogie handelt: Vgl. Sheldrake (1997, S. 74) für eine klare Darstellung. Vgl. auch Punkt (b) weiter unten.

[49] Boulware und Deser (1975).

[50] Zu einem weiteren Beispiel für „Revierverteidigung" vgl. Chomsky (1981, S. 10 f.).

[51] Um der etablierten Hochenergiephysik nicht unrecht zu tun, sei erwähnt, daß es auch einen aufrichtigen intellektuellen Grund für die Ablehnung dieser Theorie gibt: Insofern sie eine Wechselwirkung unterhalb der

Es ist noch zu früh zu entscheiden, ob im Labor die String-Theorie, das Raum-Zeit-Gewebe oder das morphogenetische Feld bestätigt wird: Die Experimente sind nicht einfach durchzuführen. Faszinierend ist allerdings, daß alle drei Theorien ähnliche Grundmerkmale haben: eine ausgeprägte Nichtlinearität, eine subjektive Raum-Zeit, einen unerbittlichen Fluß und eine Betonung der Topologie der wechselseitigen Verbundenheit.

Differentialtopologie und Homologie

Den meisten Laien ist nicht bekannt, daß die theoretische Physik in den 70er und 80er Jahren eine wichtige Wandlung durchmachte – wenngleich noch keinen wahrhaft Kuhnschen Paradigmenwechsel: Die traditionellen Werkzeuge der mathematischen Physik (reelle und komplexe Analysis), die sich mit der Raum-Zeit-Mannigfaltigkeit nur lokal befassen, wurden ergänzt durch topologische Ansätze (genauer gesagt: durch Methoden der Differentialtopologie[52]), die die globale (ganzheitliche) Struktur des

---

Quantenebene postuliert, die Muster im gesamten Kosmos miteinander verbindet, ist sie, in der Fachsprache der Physiker, eine „globale Feldtheorie". Nun läßt sich die Geschichte der klassischen theoretischen Physik seit Anfang des 19. Jahrhunderts, von Maxwells Elektrodynamik bis zu Einsteins allgemeiner Relativitätstheorie, in einem sehr tiefen Sinne als Tendenz weg von Aktivität-in-der-Ferne-Theorien und hin zu *lokalen Feldtheorien* lesen. Fachsprachlich ausgedrückt, sind dies Theorien, die durch partielle Differentialgleichungen auszudrücken sind (Einstein und Infeld 1950, Hayles 1984). Eine globale Feldtheorie geht damit eindeutig gegen den Strich. Jedoch ist, wie Bell (1987) und andere überzeugend dargelegt haben, die entscheidende Eigenschaft der Quantenmechanik gerade ihre Globalität, wie es im Bellschen Satz und dessen Verallgemeinerungen (vgl. Anm. 23 und 24) zum Ausdruck kommt. Deshalb ist eine globale Feldtheorie, wenngleich sie der traditionellen Intuition von Physikern widerspricht, im Kontext der Quantenphysik nicht nur natürlich, sondern sogar *vorzuziehen* (und vielleicht sogar *geboten?*). Aus diesem Grund ist die klassische allgemeine Relativität eine lokale Feldtheorie, während die Quantengravitation (ob nun String, Gewebe oder morphogenetisches Feld) an sich global ist.

[52] Die Differentialtopologie ist der Zweig der Mathematik, der sich mit jenen Eigenschaften von Flächen (und höherdimensionalen Mannigfaltigkeiten) befaßt, die von glatten Deformationen nicht berührt werden. Die von ihr untersuchten Eigenschaften sind daher eher qualitativ als quantitativ und ihre Methoden eher ganzheitlich als kartesianisch.

Universums erklären. Diese Tendenz zeigte sich in der Analyse von Anomalien in Meßtheorien,[53] in der Theorie von wirbelbedingten Phasenübergängen[54] und in String- und Superstring-Theorien.[55] In diesen Jahren wurden zahlreiche Bücher und Rezensionen zum Thema „Topologie für Physiker" veröffentlicht.[56] Etwa zur selben Zeit wies Jacques Lacan in den Sozialwissenschaften und in der Psychologie auf die Schlüsselrolle der Differentialtopologie hin:

Dieses Diagramm [das Möbius-Band] läßt sich als die Basis einer Art grundlegender Inschrift am Ursprung betrachten, im Knoten, der das Subjekt darstellt. Dies geht viel weiter, als man zunächst vielleicht annehmen mag, da man nach einer Oberfläche suchen kann, die solche Inschriften aufzunehmen vermag. Sie können vielleicht erkennen, daß die Kugel, dieses alte Symbol für Totalität, ungeeignet ist. Ein Torus, eine Kleinsche Flasche, die Oberfläche einer Kreuzhaube sind zu einem derartigen Schnitt in der Lage. Und diese Verschiedenartigkeit ist sehr wichtig, da sie vieles hinsichtlich der Struktur der Geisteskrankheit erklärt. Wenn man das Subjekt durch diesen fundamentalen Schnitt darstellen kann, läßt sich in gleicher Weise zeigen, daß ein Schnitt auf einem Torus dem neurotischen Subjekt und auf der Oberfläche einer Kreuzhaube einer anderen Art der Geisteskrankheit entspricht.[57, 58]

---

[53] Alvarez-Gaumé (1985). Der aufmerksame Leser wird bemerken, daß „Anomalien" in der „normalen Wissenschaft" die traditionellen Vorboten eines *künftigen* Paradigmenwechsels sind (Kuhn 1976).

[54] Kosterlitz und Thouless (1973). Das Aufblühen der Theorie von Phasenübergängen in den 70er Jahren spiegelt wahrscheinlich eine zunehmende Betonung von Diskontinuität und Brüchen in der Gesamtkultur wider: Vgl. Anm. 81.

[55] Green, Schwartz und Witten (1987).

[56] Ein typisches Buch dieser Art ist das von Nash und Sen (1983).

[57] Lacan (1970, S. 192 f.; Vortrag aus dem Jahre 1966). Für eine profunde Analyse von Lacans Verwendung von Ideen aus der mathematischen Topologie vgl. Juranville (1990, Kapitel VII), Granon-Lafont (1985, 1990), Vappereau (1985) und Nasio (1987, 1992); eine kurze Zusammenfassung gibt Leupin (1991). Vgl. Hayles (1990, S. 80) zu einer faszinierenden Verbindung von Lacanscher Topologie und Chaostheorie; leider hat sie diesen Ansatz nicht weiterverfolgt. Vgl. auch Zizek (1991, S. 38 f., 45 ff.) zu einigen weiteren Homologien zwischen der Lacanschen Theorie und der aktuellen Physik. Lacan verwendete auch in großem Umfang Begriffe aus der Zahlentheorie der Mengenlehre: Vgl. etwa Miller (1977/78) und Ragland-Sullivan (1990).

Althusser kommentiert treffend: „Lacan gibt Freuds Denken endlich die nötigen wissenschaftlichen Begriffe."[59] Später wurde Lacans *topologie du sujet* fruchtbar auf die Kinokritik[60] und auf die Psychoanalyse von Aids[61] angewendet. Mathematisch ausgedrückt, weist Lacan hier darauf hin, daß die erste Homologiegruppe[62] der Sphäre trivial ist, während jene der anderen Flächen tiefgründig sind; und diese Homologie ist verknüpft mit der vorhandenen oder fehlenden Relation der Fläche nach einem oder mehreren Schnitten.[63] Weiterhin gibt es, wie Lacan vermutete, einen engen Zusammenhang zwischen der äußeren Struktur der physischen Welt und ihrer inneren psychologischen Darstellung *qua* Knotentheorie: Diese Hypothese wurde jüngst durch Wittens Ableitung von Knoteninvarianten (insbesondere des Jones-

---

[58] In der bürgerlichen Sozialpsychologie verwendete Kurt Lewin bereits in den 30er Jahren Gedanken aus der Topologie, doch diese Arbeit scheiterte aus zwei Gründen: erstens aufgrund ihrer individualistischen ideologischen Vorurteile und zweitens, weil sie sich auf die überholte Punktmengentheorie bezog anstatt auf die moderne Differentialtopologie und Katastrophentheorie. Zum zweiten Punkt vgl. Back (1992).

[59] Althusser (1993, S. 50): „Il suffit, à cette fin, de reconnaître que Lacan confère enfin la pensée de Freud, les concepts scientifiques qu'elle exige". Dieser berühmte Aufsatz über „Freud und Lacan" wurde erstmals 1964 veröffentlicht, also bevor Lacans Werk seinen höchsten Grad an mathematischer Strenge erreicht hatte. In englischer Übersetzung wurde der Aufsatz im *New Left Review* abgedruckt (Althusser 1969). [Anm. d. Übers.: Eine deutsche Übersetzung erschien 1970 im Berliner Merve-Verlag.]

[60] Miller (1977/78, besonders S. 24 f.). Dieser Aufsatz wurde in der Filmtheorie recht einflußreich: Vgl. etwa Jameson (1982, S. 27 f.) und die dort angeführten Verweise. Wie Strathausen (1994, S. 69) anmerkt, ist Millers Aufsatz ein harter Brocken für einen mit der Mengenlehre kaum vertrauten Leser. Die Mühe lohnt sich aber. Eine leichter lesbare Einführung in die Mengenlehre bietet Bourbaki (1970).

[61] Dean (1993, besonders S. 107 f.).

[62] Die Homologietheorie ist eines der zwei Hauptgebiete des mathematischen Zweigs der *algebraischen Topologie*. Eine exzellente Einführung in die Homologietheorie stellt Munkres (1984) dar; für eine eher populärwissenschaftliche Darstellung vgl. Eilenberg und Steenrod (1952). Eine vollständig relativistische Homologietheorie wird beispielsweise in Eilenberg und Moore (1965) erörtert. Zu einem dialektischen Ansatz zur Homologietheorie und ihrer dualen Kohomologietheorie vgl. Massey (1978). Zu einem kybernetischen Ansatz zur Homologie vgl. Saludes i Closa (1984).

[63] Zum Verhältnis der Homologie zu Schnitten vgl. Hirsch (1976, S. 205–208), und zu einer Anwendung auf kollektive Bewegungen in der Quantenfeldtheorie vgl. Caracciolo *et al.* (1993, besonders Anhang A. 1.).

Polynoms[64]) aus der dreidimensionalen Quantenfeldtheorie von Chern-Simons[65] bestätigt.

Analoge topologische Strukturen tauchen in der Quantengravitation auf, aber insofern die beteiligten Mannigfaltigkeiten eher multidimensional als zweidimensional sind, spielen auch höhere Homologiegruppen eine Rolle. Diese multidimensionalen Mannigfaltigkeiten sind für eine Visualisierung im konventionellen dreidimensionalen kartesianischen Raum nicht mehr geeignet: Beispielsweise bedürfte der projektive Raum RP^3, der aus der gewöhnlichen 3-Sphäre durch eine Identifikation der Antipoden entsteht, eines euklidischen Einbettungsraums der Dimension mindestens fünf.[66] Dennoch lassen sich die höheren Homologiegruppen, zumindest näherungsweise, mittels einer geeigneten multidimensionalen (nichtlinearen) Logik wahrnehmen.[67, 68]

Theorie der Mannigfaltigkeiten: Einheiten, Löcher, Grenzen

Luce Irigaray legte in ihrem berühmten Aufsatz „Le sujet de la science est-il sexué?" folgendes dar:

---

[64] Jones (1985).

[65] Witten (1989).

[66] James (1971, S. 271f.). Es ist jedoch bemerkenswert, daß der Raum RP^3 zur Gruppe $SO(3)$ von Drehsymmetrien des konventionellen dreidimensionalen Raums Euklids homöomorph ist. So werden einige Aspekte der dreidimensionalen Euklidizität (wenn auch in modifizierter Form) in der modernen Physik beibehalten, genau wie einige Aspekte der Newtonschen Mechanik in modifizierter Form in der Einsteinschen Physik erhalten blieben.

[67] Kosko (1993). Vgl. auch Johnson (1977, S. 481f.) zu einer Analyse von Derridas und Lacans Bemühungen um die Transzendierung der euklidischen Raumlogik.

[68] Ähnlich argumentiert Eve Seguin (1994, S. 61), wenn sie feststellt, daß „Logik nichts über die Welt aussagt und der Welt Eigenschaften zuschreibt, die nur Konstrukte theoretischen Denkens sind. Dies erklärt, warum sich die Physik seit Einstein auf alternative logische Systeme wie etwa die dreiwertige Logik beruft, die das Prinzip der ausgeschlossenen Mitte verwirft." Eine (zu Unrecht vergessene) Pionierarbeit auf diesem Gebiet, die gleichermaßen von der Quantenmechanik inspiriert wurde, ist Lupasco (1951). Vgl. auch Plumwood (1993b, S. 453–459) für eine speziell feministische Perspektive der nichtklassischen Logik. Für eine kritische Analyse einer bestimmten nichtklassischen Logik (der „Grenzlogik") und ihres Verhältnisses zur Ideologie des Cyberspace vgl. Markley (1994).

– die *mathematischen Wissenschaften* befassen sich, in der Mengenlehre, mit geschlossenen und offenen Räumen ... Sie befassen sich sehr wenig mit der Frage des teilweise Offenen, mit Einheiten, die nicht klar abgegrenzt sind [*ensembles flous*], mit jeglicher Analyse des Problems von Grenzen ...[69]

Als Irigarays Aufsatz 1982 erschien, bedeutete er eine scharfe Kritik: Die Differentialtopologie hatte traditionell die Erforschung dessen bevorzugt, was in der Fachsprache als „unberandete Mannigfaltigkeiten" bezeichnet wird. Durch den Anstoß der feministischen Kritik haben einige Mathematiker der Theorie der „berandeten Mannigfaltigkeiten" [*variétés à bord*] jedoch neue Aufmerksamkeit geschenkt.[70] Vielleicht ist es kein Zufall, daß genau diese Mannigfaltigkeiten in der neuen Physik der konformen Feldtheorie, der Superstring-Theorie und der Quantengravitation auftauchen.

In der String-Theorie wird die quantenmechanische Amplitude für die Wechselwirkung von n geschlossenen oder offenen Saiten durch ein funktionales Integral (im Grunde eine Summe) über Feldern auf einer zweidimensionalen berandeten Mannigfaltigkeit dargestellt.[71] In der Quantengravitation läßt sich erwarten, daß eine ähnliche Darstellung gilt, nur daß die zweidimensionale berandete Mannigfaltigkeit durch eine mehrdimensionale ersetzt wird. Leider geht die Mehrdimensionalität dem konventionellen linearen mathematischen Denken gegen den Strich, und trotz einer zunehmenden Aufgeschlossenheit (vor allem im Zusammenhang mit der Erforschung mehrdimensionaler nichtlinearer Phänomene in der Chaostheorie) ist die Theorie mehrdimensionaler beranderer Mannigfaltigkeiten noch etwas unterentwickelt. Dennoch kommt die Arbeit von Physikern über den funktional-integralen Ansatz der Quantengravitation rasch voran,[72] und diese

---

[69] Irigaray (1987, S. 76 f.). 1982 erschien der Aufsatz zum ersten Mal auf französisch. Irigarays Ausdruck *„ensembles flous"* könnte sich auf das neue mathematische Gebiet der „unscharfen Mengen" (auch als Fuzzy-Mengen bezeichnet) beziehen. (Kaufmann 1973, Kosko 1993)

[70] Vgl. etwa Hamza (1990), McAvity und Osborn (1991), Alexander, Berg und Bishop (1993) und die dort angeführten Verweise.

[71] Green, Schwarz und Witten (1987).

[72] Hamber (1992), Nabutosky und Ben-Av (1993), Kontsevich (1994).

Arbeit dürfte auch die Aufmerksamkeit von Mathematikern wekken.[73] Wie Irigaray vorwegnahm, lautet eine wichtige Frage in all diesen Theorien: Kann der Grenzwert überschritten werden, und wenn ja, was passiert dann? Unter Fachleuten ist dies als Problem der „Grenzbedingungen" bekannt. Auf einer rein mathematischen Ebene ist der hervorstechendste Punkt der Grenzbedingungen die große Vielfalt an Möglichkeiten: beispielsweise „freie Grenzbedingungen" (nichts, was am Überschreiten hindert), „reflektierende Grenzbedingungen" (spiegelnde Reflektion wie in einem Spiegel), „periodische Grenzbedingungen" (Wiedereintritt in einem anderen Teil der Mannigfaltigkeit) und „antiperiodische Grenzbedingungen" (Wiedereintritt mit 180°-Drehung). Die von Physikern gestellte Frage lautet: Welche von all diesen denkbaren Grenzbedingungen treten in der Darstellung der Quantengravitation tatsächlich auf? Oder treten sie vielleicht alle gleichzeitig und gleichberechtigt auf, wie es das Komplementaritätsprinzip nahelegt?[74]

An diesem Punkt muß meine Zusammenfassung von Entwicklungen in der Physik schließen, aus dem einfachen Grund, daß die Antworten auf diese Fragen – wenn sie denn überhaupt eindeutig zu beantworten sind – noch nicht bekannt sind. Im letzten Teil dieses Artikels möchte ich von jenen sieben Eigenschaften der Theorie der Quantengravitation ausgehen, die doch relativ gut gesichert sind (zumindest nach den Maßstäben der konventionellen Wissenschaft), und versuchen, ihre philosophischen und politischen Implikationen zu erörtern.

---

[73] In der Geschichte der Mathematik existiert schon seit langem eine dialektische Beziehung zwischen der Entwicklung ihrer „reinen" und ihrer „angewandten" Zweige (Struik 1961). Natürlich wurden in diesem Zusammenhang traditionell jene „Anwendungen" bevorzugt, die gewinnbringend für das Kapital oder nützlich für dessen militärische Kräfte waren: So wurde die Zahlentheorie vor allem aufgrund ihrer Anwendungsmöglichkeiten in der Kryptographie entwickelt (Loxton 1990). Vgl. auch Hardy (1967, S. 120 f., 131 f.).

[74] Die gleiche Darstellung aller Grenzbedingungen wird auch durch Chews Bootstrap-Hypothese der „subatomaren Demokratie" nahegelegt: Vgl. Chew (1977) für eine Einführung, und vgl. Morris (1988) und Markley (1992) für eine philosophische Analyse.

Die Grenzen überschreiten:
Auf dem Weg zu einer emanzipatorischen Wissenschaft

In den letzten beiden Jahrzehnten fand unter kritischen Intellektuellen eine breite Diskussion über die Kennzeichen der modernen im Unterschied zur postmodernen Kultur statt, und in den letzten Jahren widmete dieser Dialog den spezifischen Problemen, die sich durch die Naturwissenschaften ergeben, große Aufmerksamkeit.[75] Insbesondere Madsen und Madsen haben kürzlich die Merkmale der modernen im Unterschied zur postmodernen Wissenschaft sehr klar zusammengefaßt. Für eine postmoderne Wissenschaft geben sie zwei Kriterien an:

Ein einfaches Kriterium dafür, daß eine Wissenschaft als postmodern gelten darf, lautet, daß sie in keiner Weise an die Vorstellung objektiver Wahrheit gebunden ist. Nach diesem Kriterium wird beispielsweise die Komplementaritätsdeutung der Quantenphysik durch Niels Bohr und die Kopenhagener Schule als postmodern angesehen.[76]

Die Quantengravitation ist in dieser Hinsicht eindeutig eine archetypische postmoderne Wissenschaft. Und das zweite Kriterium:

---

[75] Unter der Fülle von Werken aus einer Vielzahl von politisch fortschrittlichen Perspektiven waren die Bücher von Merchant (1987), Keller (1986), Harding (1990), Aronowitz (1988 b), Haraway (1995) und Ross (1991) besonders einflußreich. Vgl. auch die unten aufgeführten Verweise.

[76] Madsen und Madsen (1990, S. 471). Die größte Beschränkung ihrer Analyse liegt darin, daß sie ihrem Wesen nach apolitisch ist. Es braucht kaum betont zu werden, daß Kontroversen darüber, was *wahr* ist, eine tiefgreifende Wirkung auf Kontroversen über *politische Projekte* haben können – und im Gegenzug von diesen tiefgreifend beeinflußt werden. So trifft Markley (1992, S. 270) eine ähnliche Aussage wie Madsen und Madsen, stellt sie aber zu Recht in ihren politischen Kontext:

Radikale Wissenschaftskritiken, die den Beschränkungen der deterministischen Dialektik entgehen wollen, müssen auch engstirnige Debatten über Realismus und Wahrheit aufgeben, um herauszufinden, welche Realitäten – politische Realitäten – durch ein ideologisches Bootstrapping geschaffen werden könnten. In einer dialogisch aufgeheizten Umgebung werden Debatten über die Realität in der Praxis irrelevant. „Realität" ist letztes Endes ein historisches Konstrukt.

Vgl. Markley (1992, S. 266–272) und Hobsbawm (1998, S. 19 ff.) für eine weitere Erörterung der politischen Implikationen.

Der andere Begriff, der als grundlegend für die postmoderne Wissenschaft gelten kann, ist der des *Wesentlichen*. Postmoderne wissenschaftliche Theorien werden aus jenen theoretischen Elementen konstruiert, die für die Widerspruchsfreiheit und Nützlichkeit der Theorie wesentlich sind.[77]

Somit sollten Größen oder Objekte, die im Prinzip nicht beobachtbar sind – wie zum Beispiel Raum-Zeit-Punkte, die genaue Position von Teilchen oder Quarks und Gluonen –, nicht in die Theorie eingeführt werden.[78] Während ein Großteil der moder-

---

[77] Madsen und Madsen (1990, S. 471f.).

[78] Aronowitz (1988 b, S. 292 f.) übt eine etwas andere, aber nicht minder überzeugende Kritik an der Quantenchromodynamik (der gegenwärtig vorherrschenden Theorie, die Nukleonen als dauerhaft gebundene Zustände von Quarks und Gluonen darstellt). In Anlehnung auf das Werk von Pickering (1984) stellt er fest:

> In seiner [Pickerings] Darstellung sind Quarks der Name, der (abwesenden) Phänomenen zugeschrieben wird, die eher mit Teilchen- als mit Feldtheorien zusammenhängen, welche in jedem Fall unterschiedliche, wenn auch gleichermaßen plausible Erklärungen für dieselbe (abgeleitete) Beobachtung anbieten. Daß die Mehrheit der Wissenschaftler die eine gegenüber der anderen vorzieht, läßt sich eher darauf zurückführen, daß sie die Tradition bevorzugen, als auf die Stichhaltigkeit der Erklärung.
> Pickering verfolgt die Geschichte der Physik jedoch nicht weit genug zurück, um die Grundlage der Forschungstradition zu finden, der die Erklärung der Quarks entspringt. Vielleicht ist sie nicht in der Tradition, sondern in der Wissenschaftsideologie zu finden, in den Unterschieden, die hinter den Feld- versus den Teilchentheorien stecken, in der Bevorzugung einfacher gegenüber komplexen Erklärungen, der Vorliebe für Gewißheit im Gegensatz zur Unbestimmtheit.

Ganz ähnlich argumentiert Markley (1992, S. 269) mit seiner Beobachtung, daß Physiker eher aus ideologischen Gründen denn aufgrund der Datenlage der Quantenchromodynamik den Vorzug gegenüber Chews Bootstrap-Hypothese der „subatomaren Demokratie" (Chew 1977) geben:

> Es ist in diesem Zusammenhang nicht überraschend, daß die Bootstrap-Hypothese bei den Physikern, die eine GUT *(Grand Unified Theory, Große Vereinheitlichte Theorie)* oder TOE *(Theory of Everything, Theorie von Allem)* zur Erklärung der Struktur des Universums suchen, in relative Ungnade gefallen ist. Umfassende Theorien, die „alles" erklären, entstehen durch die Privilegierung von Kohärenz und Ordnung in der westlichen Wissenschaft. Die Wahl zwischen der Bootstrap-Hypothese und Theorien von Allem, vor denen die Physiker stehen, hat *nicht* in erster Linie mit dem Wahrheitswert zu tun, den die verfügbaren Daten liefern, sondern mit den – unbestimmten oder deterministischen – Erzähl-

nen Physik diesem Kriterium nicht genügt, hat die Quantengravitation erneut Bestand: Beim Übergang von der klassischen allgemeinen Relativitätstheorie zur quantisierten Theorie sind die Raum-Zeit-Punkte (und sogar die Raum-Zeit-Mannigfaltigkeit selbst) aus der Theorie verschwunden.

So bewundernswert diese Kriterien sein mögen, reichen sie für eine *emanzipatorische* postmoderne Wissenschaft jedoch nicht aus: Sie befreien den Menschen von der Tyrannei der „absoluten Wahrheit" und der „objektiven Realität", aber nicht unbedingt von der Tyrannei anderer Menschen. In Andrew Ross' Worten brauchen wir eine Wissenschaft, „die der Öffentlichkeit verantwortlich und fortschrittlichen Interessen dienlich" ist.[79] Von einem feministischen Standpunkt aus argumentiert Kelly Oliver ähnlich:

… um revolutionär zu sein, kann die feministische Theorie nicht den Anspruch erheben, das, was existiert, oder „natürliche Tatsachen" zu beschreiben. Feministische Theorien sollten vielmehr politische Instrumente sein, Strategien zur Überwindung von Unterdrückung in bestimmten konkreten Situationen. Das Ziel der feministischen Theorie sollte somit darin bestehen, *strategische* Theorien zu entwickeln – nicht wahre Theorien, nicht falsche Theorien, sondern strategische Theorien.[80]

Wie ist dies, somit, zu schaffen?

Im folgenden möchte ich die Grundzüge einer emanzipatorischen postmodernen Wissenschaft auf zwei Ebenen erörtern: er-

---

strukturen, in die diese Daten eingefügt und durch die sie interpretiert werden.

Leider ist sich die große Mehrheit der Physiker dieser scharfen Kritik an einem ihrer bestgehüteten Dogmen noch nicht bewußt.

Zu einer weiteren Kritik der verborgenen Ideologie hinter der aktuellen Teilchenphysik vgl. Kroker *et al.* (1989, S. 158–162, 204–207). Der Stil dieser Kritik ist für meinen gediegenen Geschmack deutlich zu baudrillardesk, aber der Inhalt geht (mit Ausnahme von ein paar kleineren Ungenauigkeiten) in die richtige Richtung.

[79] Ross (1991, S. 29). Zu einem belustigenden Beispiel dafür, wie diese bescheidene Forderung rechts stehende Wissenschaftler zu Ohnmachtsanfällen getrieben hat („erschreckend stalinistisch" lautet das gewählte Attribut), vgl. Gross und Levitt (1994, S. 91).

[80] Oliver (1989, S. 146).

stens im Hinblick auf allgemeine Themen und Einstellungen, und zweitens im Hinblick auf politische Ziele und Strategien.

Ein Kennzeichen der entstehenden postmodernen Wissenschaft ist ihre Betonung von Nichtlinearität und Diskontinuität: Dies zeigt sich beispielsweise in der Chaostheorie und der Theorie der Phasenübergänge wie auch in der Quantengravitation.[81] Zugleich haben feministische Denkerinnen die Notwendigkeit einer adäquaten Analyse von Flüssigkeit und insbesondere von turbulenter Flüssigkeit herausgestellt.[82] Diese beiden Themen sind nicht so widersprüchlich, wie es zunächst vielleicht den Anschein hat: Turbulenz steht in Zusammenhang mit starker Nichtlinearität, und Glattheit/Flüssigkeit wird manchmal mit Diskontinuität assoziiert (beispielsweise in der Katastrophentheorie[83]); eine Synthese liegt somit durchaus im Bereich des Möglichen.

Zweitens dekonstruieren und transzendieren die postmodernen Wissenschaften die kartesianischen metaphysischen Unterscheidungen zwischen Menschheit und Natur, Beobachter und Gegenstand der Beobachtung, Subjekt und Objekt. Bereits zu einem früheren Zeitpunkt in diesem Jahrhundert erschütterte die Quantenmechanik den naiven Newtonschen Glauben an eine objektive, vorsprachliche Welt materieller Objekte außerhalb von uns; wir können nicht mehr fragen, wie Heisenberg es ausgedrückt hat, ob „Teilchen objektiv in Raum und Zeit bestehen". Doch Heisenbergs Formulierung setzt noch immer die ob-

---

[81] Während die Chaostheorie von Kulturanalytikern – vgl. etwa Hayles (1990, 1991), Argyros (1991), Young (1991, 1992), Assad (1993) neben vielen anderen – eingehend erforscht wurde, blieb die Theorie des Phasenübergangs weitgehend unbeachtet. (Eine Ausnahme ist die Diskussion der Renormierungsgruppe in Hayles [1990, S. 154–158].) Dies ist sehr bedauerlich, da die Diskontinuität und das Auftauchen von Mehrfachskalen zentrale Merkmale dieser Theorie sind. Es wäre interessant zu wissen, wie die Entwicklung dieser Themen in den 70er Jahren und danach mit den Tendenzen in der Gesamtkultur zusammenhängt. Ich schlage diese Theorie daher als fruchtbares Feld künftiger kulturanalytischer Forschungen vor. Einige Sätze zur Diskontinuität, die für diese Analyse relevant sein könnten, finden sich in Van Enter, Fernandéz und Sokal (1993).

[82] Irigaray (1979), Hayles (1992). Vgl. aber Schor (1989) für eine Kritik an Irigarays unangebrachter Wertschätzung der konventionellen (männlichen) Wissenschaft, vor allem der Physik.

[83] Thom (1975, 1990), Arnol'd (1992).

jektive Existenz von Raum und Zeit als die neutrale, unproblematische Arena voraus, in der sich quantisierte Teilchen-Wellen (wenn auch unbestimmt) gegenseitig beeinflussen, und es ist genau diese vermeintliche Arena, die die Quantengravitation problematisiert. Genau wie uns die Quantenmechanik lehrt, daß die Lage und der Impuls eines Teilchens nur durch den Akt der Beobachtung ins Leben gerufen werden, so lehrt uns die Quantengravitation, daß Raum und Zeit selbst aus dem Zusammenhang ersichtlich werden; ihre Bedeutung wird nur in Relation zur Art der Beobachtung definiert.[84]

Drittens zerstören die postmodernen Wissenschaften die statischen ontologischen Kategorien und Hierarchien, die für die moderne Wissenschaft charakteristisch sind. Anstelle von Atomismus und Reduktionismus betonen die neuen Wissenschaften das dynamische Netz von Beziehungen zwischen dem Ganzen und dem Teil; anstelle von festen individuellen Essenzen (zum Beispiel Newtonschen Teilchen) fassen sie Wechselwirkungen und Strömungen (zum Beispiel Quantenfelder) in Begriffe. Faszinierenderweise tauchen diese homologen Merkmale in zahlreichen scheinbar disparaten Gebieten der Wissenschaft auf, von der Quantengravitation über die Chaostheorie bis zur Biophysik selbstregulierender Systeme. Auf diese Weise scheinen sich die postmodernen Wissenschaften einem neuen epistemologischen Paradigma anzunähern, das man als *ökologische* Perspektive bezeichnen könnte, worunter allgemein „die Anerkennung der

---

[84] Hinsichtlich der kartesianischen/baconschen Metaphysik hat Robert Markley (1991, S. 6) beobachtet:

Erzählungen des wissenschaftlichen Fortschritts sind darauf angewiesen, theoretischem und experimentellem Wissen binäre Gegensätze – wahr/falsch, richtig/falsch – überzustülpen, die Bedeutung gegenüber dem Lärm zu privilegieren, die Metonymie gegenüber der Metapher, die monologische Autorität gegenüber dem dialogischen Streit ... Diese Versuche, die Natur zu fixieren, sind so ideologisch zwingend wie von begrenztem deskriptiven Wert. Sie lenken die Aufmerksamkeit nur auf den kleinen Ausschnitt von Phänomenen – etwa auf deren lineare Dynamik –, die einfache, oft idealisierte Modelle und Deutungen der Beziehung des Menschen zum Universum zu liefern scheinen.

Wenngleich diese Beobachtung in erster Linie von der Chaostheorie geprägt ist – und in zweiter Linie durch die nichtrelativistische Quantenmechanik –, faßt sie die radikale Herausforderung der modernen Metaphysik durch die Quantenmechanik wunderbar zusammen.

grundlegenden wechselseitigen Abhängigkeit aller Phänomene und des Eingebettetseins von Individuen und Gesellschaften in die zyklischen Abläufe der Natur" zu verstehen ist.[85]

Ein vierter Aspekt der postmodernen Wissenschaft ist ihre selbstbewußte Betonung von Symbolik und Darstellung. Wie Robert Markley darlegt, überschreiten die postmodernen Naturwissenschaften zunehmend die Grenzen der Disziplinen und nehmen Eigenschaften an, die zuvor den Geisteswissenschaften vorbehalten waren:

> Die Quantenphysik, die Bootstrap-Hypothese, die Theorie der komplexen Zahlen und die Chaostheorie teilen die Grundannahme, daß die Realität nicht in linearen Begriffen zu beschreiben ist, daß nichtlineare – und unlösbare – Gleichungen die einzige Möglichkeit sind, um eine komplexe, chaotische und nichtdeterministische Realität zu beschreiben. Diese postmodernen Theorien sind – bezeichnenderweise – alle in dem Sinne metakritisch, daß sie sich eher als Metaphern denn als „exakte" Beschreibungen der Wirklichkeit präsentieren. In Worten ausgedrückt, die Literaturtheoretikern geläufiger sind als theoretischen Physikern, könnte man sagen, daß diese Bemühungen von Wissenschaftlern, neue Strategien der Beschreibung zu entwickeln, Notizen auf dem Wege zu einer Theorie der Theorien darstellen, eine Theorie darüber, wie die mathematische, experimentelle und verbale Darstellung an sich komplex und problematisierend ist – keine Lösung, sondern Teil der Semiotik der Erforschung des Universums.[86, 87]

---

[85] Capra (1988, S. 145). Ein Einspruch: Ich habe starke Vorbehalte gegen Capras Verwendung des Wortes „zyklisch", das in einer zu wörtlichen Interpretation einem politisch rückschrittlichen Quietismus förderlich sein könnte. Zu weiteren Analysen dieses Themas vgl. Bohm (1985), Merchant (1987, 1992), Berman (1983), Prigogine und Stengers (1984), Bowen (1985), Griffin (1988), Callicott (1989, Kapitel 6 und 9), Shiva (1990), Best (1991), Haraway (1994, 1995), Mathews (1991), Morin (1992), Santos (1992) und Wright (1992).

[86] Markley (1992, S. 264). Eine kritische Bemerkung am Rande: Es leuchtet mir nicht ein, daß der komplexen Zahlentheorie, die einen neuen und immer noch recht spekulativen Zweig der mathematischen Physik darstellt, derselbe erkenntnistheoretische Status eingeräumt wird wie den drei von Markley zitierten fest etablierten Theorien.

[87] Vgl. Wallerstein (1993, S. 17–20) für eine prägnante und streng ana-

Von einem anderen Ausgangspunkt aus legt auch Aronowitz nahe, daß eine emanzipatorische Wissenschaft gemeinsamen interdisziplinären Erkenntnistheorien entspringen könne:

... Gegenstände aus der Natur sind ebenfalls gesellschaftlich konstruiert. Dies hängt nicht davon ab, ob diese natürlichen Gegenstände oder, um genauer zu sein, die Gegenstände naturwissenschaftlichen Wissens, unabhängig vom Akt des Wissens existieren. Diese Frage wird durch die Annahme der „Echtzeit" beantwortet, im Gegensatz zu der von Neo-Kantianern üblicherweise akzeptierten Voraussetzung, Zeit habe immer einen Bezugspunkt, die Zeitlichkeit sei daher eine relative und keine absolute Kategorie. Sicherlich entwickelte sich die Erde lange, bevor es Leben auf der Erde gab. Die Frage ist, ob sich Gegenstände naturwissenschaftlichen Wissens außerhalb der gesellschaftlichen Sphäre konstituieren. Wenn dies möglich ist, können wir annehmen, daß die Wissenschaft oder die Kunst Verfahren zu entwickeln imstande sind, die wirkungsvoll jene Effekte neutralisieren, die von den Mitteln ausgehen, durch die wir Wissen/Kunst hervorbringen. Die Performance-Kunst könnte ein solcher Versuch sein.[88]

Schließlich widerspricht die postmoderne Wissenschaft nachdrücklich dem der traditionellen Wissenschaft innewohnenden Autoritäts- und Elitedenken und stellt eine empirische Basis für ein demokratisches Herangehen an wissenschaftliches Arbeiten bereit. Denn wie Bohr schon bemerkte: „Eine vollständige Erhellung ein und desselben Objekts kann unterschiedliche Perspektiven erfordern, die sich einer einzigen Beschreibung entziehen." Dies ist ganz einfach eine Tatsache über die Welt, sosehr die selbsternannten Empiriker der modernen Wissenschaft dies gerne leugnen möchten. Wie kann eine sich selbst erhaltende säkulare Priesterschaft ausgewiesener „Wissenschaftler" in einer solchen Situation behaupten, ein Monopol auf die Hervorbringung wissenschaftlicher Erkenntnis zu besitzen? (Ich möchte betonen, daß ich keineswegs gegen eine spezialisierte wissenschaft-

---

loge Darstellung, wie die postmoderne Physik allmählich Ideen von den historischen Sozialwissenschaften übernimmt; vgl. – für eine detailliertere Darstellung – auch Santos (1989, 1992).
[88] Aronowitz (1988 b, S. 344).

liche Ausbildung bin; ich wehre mich nur dagegen, daß eine elitäre Kaste versucht, anderen ihren Kanon der „hohen Wissenschaft" vorzuschreiben mit dem Ziel, *a priori* alternative Formen der wissenschaftlichen Erkenntnisgewinnung durch Nichtmitglieder auszuschließen.[89])

Der Inhalt und die Methodik der postmodernen Wissenschaft bieten damit eine starke geistige Unterstützung für das – im allgemeinsten Sinne verstandene – fortschrittliche politische Projekt: für das Überschreiten von Grenzen, das Niederreißen von Barrieren, die radikale Demokratisierung aller Aspekte des gesellschaftlichen, ökonomischen, politischen und kulturellen Lebens.[90] Umgekehrt muß ein Teil dieses Projekts die Schaffung einer neuen und wahrhaft fortschrittlichen Wissenschaft einbe-

---

[89] An diesem Punkt entgegnen traditionelle Wissenschaftler, daß Arbeiten, die nicht den Beweisstandards der konventionellen Wissenschaft entsprechen, von Grund auf *irrational* sind, das heißt mit logischen Fehlern behaftet und deshalb nicht glaubwürdig. Dieses Gegenargument ist aber insofern unzureichend, als – wie Porush (1993) klug beobachtet hat – die moderne Mathematik und Physik *selbst* ein machtvolles „Eindringen des Irrationalen" in der Quantenmechanik und im Gödelschen Satz eingeräumt haben, wenngleich sich moderne Wissenschaftler verständlicherweise – wie die Pythagoräer 24 Jahrhunderte früher – nach Kräften bemüht haben, dieses unerwünschte irrationale Element auszutreiben. Porush plädiert eindringlich für eine „post-rationale Epistemologie", die das Beste der konventionellen westlichen Wissenschaft beibehält und gleichzeitig alternativen Wegen der Erkenntnis zu ihrem Recht verhilft.

Beachtenswert ist, daß Jacques Lacan vor langer Zeit von einem ganz anderen Ausgangspunkt aus zu einer ähnlichen Wertschätzung der unvermeidlichen Rolle der Irrationalität in der modernen Mathematik gelangte:

> Wenn Sie mir erlauben, eine jener Formeln zu benutzen, die mir bei der Niederschrift meiner Notizen kommen, könnte man das menschliche Leben als ein Kalkül definieren, in dem die Null irrational ist. Diese Formel ist nur ein Bild, eine mathematische Metapher. Wenn ich „irrational" sage, beziehe ich mich nicht auf einen unergründlichen emotionalen Zustand, sondern genau auf das, was man als imaginäre Zahl bezeichnet. Die Quadratwurzel von minus eins entspricht nichts, was von unserer Intuition abhängig wäre, nichts Realem – im mathematischen Wortsinn –, und doch muß sie erhalten werden, zusammen mit ihrer vollen Funktion. (Lacan [1977, S. 28 f.]; das Seminar fand 1959 statt)

Zu weiteren Überlegungen zur Irrationalität in der modernen Mathematik vgl. Solomon (1988, S. 76) und Bloor (1991, S. 122–125).

[90] Vgl. zum Beispiel Aronowitz (1994) und die daran anschließende Diskussion.

ziehen, die den Bedürfnissen einer derart demokratisierten künftigen Gesellschaft dienen kann. Wie Markley bemerkt, scheinen sich dem fortschrittlichen Teil der Gesellschaft zwei Möglichkeiten zu bieten, die sich gegenseitig mehr oder weniger ausschließen:

Einerseits können politisch fortschrittliche Wissenschaftler versuchen, um ihrer eigenen moralischen Werte willen bestehende Praktiken auszugleichen und zu argumentieren, ihre Feinde auf der rechten Seite entstellten die Natur, während sie, die Gegenbewegung, Zugang zur Wahrheit hätten. [Doch] der Zustand der Biosphäre – Luftverschmutzung, Wasserverschmutzung, die Abholzung der Regenwälder, Tausende vom Aussterben bedrohte Arten, große Landgebiete, die übermäßig ausgebeutet werden, Atomkraftwerke, Atomwaffen, Lichtungen, wo früher Wälder standen, Hunger, Unterernährung, das Verschwinden der Feuchtgebiete, fehlende Weidegebiete und eine Flut umweltbedingter Krankheiten – legt nahe, daß der realistische Traum von wissenschaftlichem Fortschritt und von der Wiedererlangung bestehender Methodologien und Technologien anstelle ihrer Revolutionierung für einen politischen Kampf, der mehr anstrebt als eine Wiedereinsetzung des Staatssozialismus, schlimmstenfalls irrelevant ist.[91]

Die Alternative dazu ist eine tiefgreifende Neukonzeption von Wissenschaft und Politik:

Die dialogische Bewegung hin zur Neudefinition von Systemen, dahin, die Welt nicht nur als ein ökologisches Ganzes zu sehen, sondern als eine Gruppe konkurrierender Systeme – eine Welt, die durch die Spannungen zwischen verschiedenen natürlichen und menschlichen Interessen zusammengehalten wird –, bietet erstens die Möglichkeit einer Neudefinition dessen, was Wissenschaft ist und tut, und zweitens einer Neustrukturierung deterministischer Programme der wissenschaftlichen Ausbildung zugunsten eines ständigen Dialogs darüber, wie wir in unsere Umwelt eingreifen.[92]

---

[91] Markley (1992, S. 271).
[92] Markley (1992, S. 271). Ähnlich argumentiert Donna Haraway (1995, S. 84 f.), wenn sie eloquent für eine demokratische Wissenschaft mit einer

Es versteht sich von selbst, daß die postmoderne Wissenschaft den zweiten, tiefergehenden Ansatz favorisiert.

Neben einer Neudefinition des Inhalts von Wissenschaft kommt es darauf an, die institutionellen Orte, in denen wissenschaftliche Arbeit stattfindet – Universitäten, staatliche Labors und Firmen –, neu zu strukturieren und zu definieren. Neu zu gestalten ist auch das bisherige System von Anreizen, das Wissenschaftler, oft wider ihr besseres Gefühl, dazu drängt, zu Agenten von Kapital und Militär zu werden. Hierzu bemerkte Aronowitz: „Ein Drittel der 11 000 Physikstudenten in den Vereinigten Staaten sind in der Teildisziplin der Festkörperphysik tätig, und sie alle werden eine Stelle in dieser Teildisziplin bekommen."[93] Im Gegensatz dazu gibt es nur wenige Stellen in der Quantengravitation oder der Umweltphysik.

All dies ist jedoch nur ein erster Schritt: Das grundlegende Ziel jeder emanzipatorischen Bewegung muß darin bestehen, das Hervorbringen wissenschaftlicher Erkenntnis zu entmystifizieren und zu demokratisieren, die künstlichen Barrieren niederzureißen, die „Wissenschaftler" von der „Öffentlichkeit" trennen. Realistisch betrachtet, muß diese Aufgabe zuerst bei der jüngeren Generation in Angriff genommen werden, und zwar durch eine tiefgreifende Reform des Ausbildungssystems.[94] Die Lehre von Wissenschaft und Mathematik ist von ihrem autoritären und elitären Charakter zu befreien,[95] und der Inhalt dieser Fächer muß durch das Einbeziehen der Erkenntnisse der feministischen,[96]

„Vielfalt partialen, verortbaren, kritischen Wissens" plädiert, „das die Möglichkeit von Netzwerken aufrechterhält, die in der Politik Solidarität und in der Epistemologie Diskussionszusammenhänge genannt werden"; gründen soll diese Wissenschaft auf einer „Theorie und Praxis der Objektivität ..., die Anfechtung, Dekonstruktion, leidenschaftlicher Konstruktion, verwobenen Verbindungen und der Hoffnung auf Veränderung von Wissenssystemen und Sichtweisen den Vorrang gibt". Diese Gedanken werden weiter ausgeführt in Haraway (1994) und Doyle (1994).

[93] Aronowitz (1988 b, S. 351). Obwohl das Buch bereits 1988 erschien, gilt diese Bemerkung heute um so mehr.

[94] Freire (1971), Aronowitz und Giroux (1991, 1993).

[95] Für ein Beispiel im Kontext der sandinistischen Revolution vgl. Sokal (1997).

[96] Merchant (1987), Easlea (1981), Keller (1986, 1992), Harding (1990, 1994 a), Haraway (1989, 1995), Plumwood (1993 a). Vgl. Wylie et al. (1990) für eine ausführliche Bibliographie. Die feministische Wissenschaftskritik war, nicht überraschend, Ziel eines heftigen Gegenangriffs der Rechten. Für

schwulen,[97] multikulturellen[98] und ökologischen[99] Kritik berei-
chert werden.

Schließlich sei darauf hingewiesen, daß der Inhalt jeder Wissenschaft in starkem Maße durch die Sprache beschränkt ist,
innerhalb derer ihre Diskussionen geführt werden – und seit
Galilei wurde die traditionelle westliche Physik in der Sprache
der Mathematik formuliert.[100], [101] Um *wessen* Mathematik han-

---

eine Zusammenfassung vgl. Levin (1988), Haack (1992, 1993), Sommers
(1994), Gross und Levitt (1994, Kapitel 5) sowie Patai und Koertge (1994).
[97] Trebilcot (1988), Hamill (1994).
[98] Ezeabasili (1977), Van Sertima (1983), Frye (1987), Sardar (1988),
Adams (1990), Nandy (1990), Alvares (1992), Harding (1994b). Wie die
feministische Kritik wurde auch die multikulturelle Perspektive von rechten
Kritikern lächerlich gemacht, und zwar mit einer Herablassung, die in manchen Fällen an Rassismus grenzt. Vgl. etwa Ortiz de Montellano (1991),
Martel (1991/92), Hughes (1994, Kapitel 2) sowie Gross und Levitt (1994,
S. 203–214).
[99] Merchant (1987, 1992), Berman (1983), Callicott (1989, Kapitel 6 und
9), Mathews (1991), Wright (1992), Plumwood (1993a), Ross (1994).
[100] Vgl. Wojciehowski (1991) zu einer Dekonstruktion von Galileis Rhetorik, insbesondere dessen Behauptung, die mathematisch-wissenschaftliche
Methode könne zu einem direkten und verläßlichen Wissen über die „Wirklichkeit" führen.
[101] Ein neuer und wichtiger Beitrag zur Theorie der Mathematik findet
sich bei Deleuze und Guattari (1996, Kapitel 5). In diesem Werk führen sie
den philosophisch fruchtbaren Begriff eines „Funktivs" *(fonctif)* ein, das
weder eine Funktion *(fonction)* noch ein Funktional *(fonctionelle)* ist, sondern vielmehr eine grundlegendere konzeptionelle Einheit:

Die Wissenschaft hat nicht Begriffe zum Gegenstand, sondern Funktionen,
die sich als Propositionen in diskursiven Systemen darstellen. Die Elemente der Funktionen heißen *Funktive*. (S. 135)

Diese scheinbar einfache Idee hat erstaunlich komplexe und weitreichende
Konsequenzen; ihre Erhellung erfordert einen Umweg über die Chaostheorie
(vgl. auch Rosenberg (1993) und Canning [1994]):

… besteht der erste Unterschied in der jeweiligen Haltung von Wissenschaft und Philosophie gegenüber dem Chaos. Man definiert das Chaos
weniger durch seine Unordnung als durch die unendliche Geschwindigkeit, mit der sich jede in ihm abzeichnende Form auflöst. Es ist ein Vakuum, das kein Nichts, sondern ein *Virtuelles* ist, alle möglichen Partikel
enthält und alle möglichen Formen zeichnet, die auftauchen, um sogleich
zu verschwinden, ohne Konsistenz oder Referenz, ohne Folge. Dies ist
eine unendliche Geschwindigkeit in Geburt und Vergehen. (S. 135 f.)

Anders als die Philosophie kann die Wissenschaft jedoch keine unendlichen
Geschwindigkeiten handhaben:

delt es sich aber? Diese Frage ist eine zentrale, denn wie Aronowitz bemerkt hat, „entgeht weder die Logik noch die Mathematik der ‚Kontamination' durch das Gesellschaftliche".[102] Und wie

---

> ... es ist diese Verlangsamung, mit der sich die Materie aktualisiert, aber auch das wissenschaftliche Denken, das sie mittels Propositionen zu durchdringen [sic] vermag. Eine Funktion ist eine Zeitlupe. Sicher befördert die Wissenschaft fortwährend Beschleunigungen, nicht nur in den Katalysen, sondern auch in den Teilchenbeschleunigern, in den Expansionen, die die Galaxien auseinandertreiben. Dennoch finden diese Phänomene in der ursprünglichen Verzögerung keinen Null-Moment, mit dem sie brechen, sondern eher eine Bedingung, die ihre Entwicklung insgesamt begleitet. Verzögern heißt, eine Grenze im Chaos zu ziehen, die von allen Geschwindigkeiten unterschritten wird, so daß sie eine als Abszisse bestimmte Variable bilden, während die Grenze zugleich eine universale Konstante bildet, die man nicht überschreiten kann (etwa ein Maximum an Kontraktion). *Die ersten Funktive sind also die Grenze und die Variable*, und die Referenz ist ein Verhältnis zwischen Werten der Variablen oder eigentlich das Verhältnis der Variablen als Abszisse der Geschwindigkeiten mit der Grenze. (S. 196 f.; Hervorhebungen durch A. S.)

Eine recht komplizierte weitere Analyse (die zu lang ist, als daß sie hier zitiert werden könnte) führt zu einer Schlußfolgerung von weitreichender methodologischer Bedeutung für jene Wissenschaften, die auf mathematischen Modellen basieren:

> Die jeweilige Unabhängigkeit der Variablen erscheint in der Mathematik, wenn die eine eine höhere Potenz als die erste besitzt. Hegel zeigt deshalb, daß sich die Variabilität in der Funktion nicht mit Werten begnügt, die man verändern kann (2/3 und 4/6) oder unbestimmt läßt ($a = 2b$), sondern verlangt, daß eine der Variablen eine höhere Potenz annimmt ($y^2/x = P$). (S. 140)

1991 war *Qu'est-ce que la philosophie?* in Frankreich ein Bestseller, was bei einem philosophischen Fachbuch doch sehr überrascht. 1994 erschien das Werk auch in englischer Übersetzung, dürfte in den amerikanischen Bestsellerlisten aber, leider, kaum erfolgreich mit Rush Limbaugh und Howard Stern konkurrieren können. [Anm. d. Übers.: Rush Limbaugh und Howard Stern sind zwei amerikanische Talkmaster, die durch ihre neokonservativen Ansichten (Limbaugh) und Geschmacklosigkeiten gegenüber Minderheiten (Stern) ein Millionenpublikum erreichen. Die obenstehenden Zitate sind der deutschen Ausgabe von 1996 entnommen.]

[102] Aronowitz (1988 b, S. 346). Zu einer heftigen Attacke von Rechts gegen diese Behauptung vgl. Gross und Levitt (1994, S. 52 ff.). Vgl. Ginzberg (1989), Cope-Kasten (1989), Nye (1990) und Plumwood (1993 b) für klare feministische Kritiken der konventionellen (männlich geprägten) mathematischen Logik, insbesondere des *modus ponens* und des Syllogismus. Zum *modus ponens* vgl. auch Woolgar (1988, S. 45 f.) und Bloor (1991, S. 182), und zum Syllogismus vgl. auch Woolgar (1988, S. 47f.) und Bloor (1991,

feministische Denkerinnen immer wieder dargelegt haben, ist diese Kontamination in der gegenwärtigen Kultur ganz überwiegend kapitalistisch, patriarchalisch und militaristisch: „Mathematik wird als Frau dargestellt, deren Natur begehrt, erobert zu werden."[103, 104] Eine emanzipatorische Wissenschaft bedarf somit

---

S. 131–135). Für eine Analyse der gesellschaftlichen Bilder, die mathematischen Konzeptionen der Unendlichkeit zugrunde liegen, vgl. Harding (1990, S. 50 ff.). Die gesellschaftliche Kontextualität mathematischer Aussagen demonstrieren Woolgar (1988, S. 43) und Bloor (1991, S. 107–130).

[103] Campbell und Campbell-Wright (1995, S. 135). Vgl. Merchant (1987) für eine detaillierte Analyse von Kontrolle und Herrschaft in der westlichen Mathematik und Wissenschaft.

[104] Nur nebenbei seien noch zwei weitere Beispiele für Sexismus und Militarismus in der Mathematik erwähnt, die meines Wissens bisher unbemerkt geblieben sind:

Das erste betrifft die Theorie von Verzweigungsprozessen, die im viktorianischen England aufgrund des „Problems des Aussterbens von Familien" entstand und die nun unter anderem bei der Analyse nuklearer Kettenreaktionen eine Schlüsselrolle spielt (Harris 1963). In ihrem zukunftsweisenden Aufsatz zum Thema schrieben Francis Galton und Pfarrer H. W. Watson (1874):

Der Untergang der Familien von Männern, die in vergangenen Zeiten herausragende Posten bekleidet hatten, war Gegenstand vieler Forschungen und gab zu verschiedenen Spekulationen Anlaß ... Die Fälle sind sehr zahlreich, in denen Nachnamen, die einst häufig waren, selten wurden oder völlig ausstarben. Diese Tendenz, die eine allgemeine ist, wurde vorschnell durch die Schlußfolgerung erklärt, daß ein Ansteigen des körperlichen Komforts und der geistigen Fähigkeit zwangsläufig mit einer Verminderung der „Fruchtbarkeit" einhergeht ... $p_0, p_1, p_2, \ldots$ sei die jeweilige Wahrscheinlichkeit, daß ein Mann 0, 1, 2, ... Söhne hat, und jeder Sohn soll mit derselben Wahrscheinlichkeit selbst wieder Söhne haben und so weiter. Wie hoch ist die Wahrscheinlichkeit, daß die männliche Linie nach r Generationen ausgestorben ist, und, allgemeiner ausgedrückt, wie hoch ist in jeder Generation die Wahrscheinlichkeit einer bestimmten Zahl von Nachkommen in männlicher Linie?

Man kann sich dem Charme der merkwürdigen Vorstellung, männliche Wesen würden sich ungeschlechtlich fortpflanzen, nicht entziehen; dennoch sprechen aus dem zitierten Abschnitt offensichtlich Klassendenken, Sozialdarwinismus und Sexismus.

Das zweite Beispiel ist Laurent Schwartzs 1973 erschienenes Buch über Radon-Maße. Dieses Werk ist zwar fachlich interessant, aber, wie der Titel deutlich macht, ganz und gar geprägt durch die Befürwortung der Atomkraft, die seit Anfang der 60er Jahre für die französische Wissenschaft charakteristisch ist. Leider war die französische Linke – vor allem, aber beileibe nicht nur die PCF [die kommunistische Partei Frankreichs; Anm. d. Übers.] – traditionell ebenso begeistert von der Atomenergie wie die Rechte (vgl. Touraine *et al.* 1980).

einer grundlegenden Revision des mathematischen Kanons.[105]
Bis heute gibt es keine solche emanzipatorische Mathematik,
und über ihren künftigen Inhalt läßt sich heute nur spekulieren.
Erste Indizien lassen sich in der mehrdimensionalen und nichtlinearen Logik der Theorie unscharfer Systeme erkennen *(fuzzy
logic)*,[106] aber dieser Ansatz ist noch stark durch seine Ursprünge
geprägt, die in der Krise der spätkapitalistischen Produktions-
verhältnisse liegen.[107] Die Katastrophentheorie,[108] mit ihrer dialektischen Betonung von Stetigkeit/Diskontinuität und Meta-
morphose/Entfaltung, wird unzweifelhaft eine wichtige Rolle in
der Mathematik der Zukunft spielen, aber es ist noch viel theoretische Arbeit zu leisten, bevor dieser Ansatz ein konkretes
Werkzeug fortschrittlicher politischer Praxis werden kann.[109]
Schließlich wird die Chaostheorie – die uns die tiefsten Einblicke
in das allgegenwärtige und dennoch geheimnisvolle Phänomen
der Nichtlinearität gewährt – von zentraler Bedeutung für die
gesamte künftige Mathematik sein. Diese Bilder der künftigen
Mathematik geben uns allerdings nur eine schwache Vorstellung,
denn neben diesen drei jungen Zweigen am Baum der Wissenschaft werden neue Stämme und Zweige entstehen – ganz neue
theoretische Systeme –, die wir uns mit unseren heutigen ideologischen Scheuklappen noch nicht einmal vorstellen können.

Ich möchte Giacomo Caracciolo, Lucía Fernández-Santoro, Lia
Gutiérrez und Elizabeth Meiklejohn für angenehme Diskussio-

---

[105] Genau wie sich liberale Feministinnen im Hinblick auf die rechtliche
und soziale Gleichstellung sowie das Recht auf Selbstbestimmung („Mein
Bauch gehört mir") oft mit Minimalzielen zufriedengeben, sind liberale (und
selbst einige sozialistische) Mathematiker oft damit zufrieden, innerhalb des
von Zermelo und Fraenkel vorgegebenen und heute vorherrschenden Systems
(das, als Spiegel seiner liberalen Ursprünge im 19. Jahrhundert, bereits das
Axiom der Gleichheit enthält) zu arbeiten, wobei lediglich das Auswahlaxiom neu hinzugekommen ist. Dieses System ist für eine emanzipatorische
Mathematik jedoch absolut ungenügend, wie Cohen schon vor langem nach-
gewiesen hat (1966).

[106] Kosko (1993).

[107] Die Entwicklung der Theorie unscharfer Systeme wurde von transna-
tionalen Unternehmen – erst in Japan und später anderswo – forciert, um
praktische Effizienzprobleme bei der Automatisierung von Arbeitsabläufen
zu lösen.

[108] Thom (1975, 1990), Arnol'd (1992).

[109] Einen interessanten Anfang hat Schubert (1989) gemacht.

nen danken, die diesem Aufsatz sehr zugute gekommen sind. Es versteht sich von selbst, daß die genannten Personen weder völlig mit den hier zum Ausdruck gebrachten wissenschaftlichen und politischen Meinungen übereinstimmen dürften noch für Fehler oder Unklarheiten verantwortlich sind, die sich versehentlich eingeschlichen haben.

Zitierte Werke

Adams, Hunter Havelin III. 1990. „African and African-American contributions to science and technology", in: *African-American Baseline Essays*. Portland (Oregon).

Albert, David Z. 1992. *Quantum Mechanics and Experience*. Cambridge (Mass.).

Alexander, Stephanie B., I. David Berg und Richard L. Bishop. 1993. „Geometric curvature bounds in Riemannian manifolds with boundary". *Transactions of the American Mathematical Society* 339: S. 703–716.

Althusser, Louis. 1969. „Freud and Lacan". *New Left Review* 55: S. 48–65.

Althusser, Louis. 1993. *Écrits sur la psychanalyse: Freud et Lacan*. Paris.

Alvares, Claude. 1992. *Science, Development and Violence: The Revolt against Modernity*. Delhi.

Alvarez-Gaumé, Luís. 1985. „Topology and anomalies", in: L. Streit (Hrsg.), *Mathematics and Physics: Lectures on Recent Results*, Bd. 2. Singapur, S. 50–83.

Argyros, Alexander J. 1991. *A Blessed Rage for Order: Deconstruction, Evolution, and Chaos*. Ann Arbor.

Arnol'd, Vladimir I. 1992. *Catastrophe Theory*. 3. Aufl., Berlin.

Aronowitz, Stanley. 1981. *The Crisis in Historical Materialism: Class, Politics and Culture in Marxist Theory*. New York.

Aronowitz, Stanley. 1988 a. „The production of scientific knowledge: Science, ideology, and Marxism", in: Cary Nelson und Lawrence Grossberg (Hrsg.), *Marxism and the Interpretation of Culture*. Urbana und Chicago, S. 519–541.

Aronowitz, Stanley. 1988 b. *Science as Power: Discourse and Ideology in Modern Society*. Minneapolis.

Aronowitz, Stanley. 1994. „The situation on the left in the United States". *Socialist Review* 23: S. 5–79.

Aronowitz, Stanley und Henry A. Giroux. 1991. *Postmodern Education: Politics, Culture, and Social Criticism*. Minneapolis.

Aronowitz, Stanley und Henry A. Giroux. 1993. *Education Still Under Siege*. Westport (Conn.).

Ashketar, Abhay, Carlo Rovelli und Lee Smolin. 1992. „Weaving a classical metric with quantum threads". *Physical Review Letters* 69: S. 237–240.

Aspect, Alain, Jean Dalibard und Gérard Roger. 1982. „Experimental test of Bell's inequalities using time-varying analyzers". *Physical Review Letters* 49: S. 1804–1807.

Assad, Maria L. 1993. „Portrait of a nonlinear dynamical system: The discourse of Michel Serres". *SubStance* 71/72: S. 141–152.

Back, Kurt W. 1992. This business of topology. *Journal of Social Issues* 48 (2): S. 51–66.

Bell, John S. 1987. *Speakable and Unspeakable in Quantum Mechanics: Collected Papers on Quantum Philosophy.* New York.

Berman, Morris. 1983. *Wiederverzauberung der Welt. Am Ende des Newtonschen Zeitalters.* München.

Best, Steven. 1991. „Chaos and Entropy: Metaphors in postmodern science and social theory". *Science as Culture* 2 (2) (no. 11): S. 188–226.

Bloor, David. 1991. *Knowledge and Social Imagery.* 2. Aufl., Chicago.

Bohm, David. 1985. *Die implizite Ordnung.* München.

Bohr, Niels. 1958. „Natural philosophy and human cultures", in: *Essays 1932–1957 on Atomic Physics and Human Knowledge* (The Philosophical Writings of Niels Bohr, Bd. II). New York, S. 23–31.

Bohr, Niels. 1963. „Quantum physics and philosophy – causality and complementarity". In: *Essays 1958–1962 on Atomic Physics and Human Knowledge* (The Philosophical Writings of Niels Bohr, Bd. III). New York, S. 1–7.

Booker, M. Keith. 1990. „Joyce, Planck, Einstein, and Heisenberg: A relativistic quantum mechanical discussion of Ulysses". *James Joyce Quarterly* 27: S. 577–586.

Boulware, David G. und S. Deser. 1975. „Classical general relativity derived from quantum gravity". *Annals of Physics* 89: S. 193–240.

Bourbaki, Nicolas. 1970. *Théorie des ensembles.* Paris.

Bowen, Margerita. 1985. „The ecology of knowledge: Linking the natural and social sciences". *Geoforum* 16: S. 213–225.

Bricmont, Jean. 1994. „Contre la philosophie de la mécanique quantique". Vortrag, gehalten auf dem Kolloquium *Faut-il promouvoir les échanges entre les sciences et la philosophie?*, Louvain-la-Neuve (Belgien), 24.–25. März 1994. [Erschienen in: R. Franck (Hrsg.), *Les Sciences et la philosophie. Quatorze essais de rapprochement.* Paris 1995, S. 131–179]

Briggs, John und F. David Peat. 1984. *Looking Glass Universe: The Emerging Science of Wholeness.* New York.

Brooks, Roger und David Castor. 1990. „Morphisms between supersymmetric and topological quantum field theories". *Physics Letters* B 246: S. 99–104.

Callicott, J. Baird. 1989. *In Defense of the Land Ethic: Essays in Environmental Philosophy.* Albany (N.Y.).

Campbell, Mary Anne und Randall K. Campbell-Wright. 1995. „Toward a feminist algebra", in: Sue V. Rosser (Hrsg.), *Teaching the Majority: Science, Mathematics, and Engineering That Attracts Women.* New York.

Canning, Peter. 1994. „The crack of time and the ideal game", in: Constantin V. Boundas und Dorothea Olkowski (Hrsg.), *Gilles Deleuze and the Theater of Philosophy*, New York, S. 73–98.

Capra, Fritjof. 1983. *Das Tao der Physik. Die Konvergenz von westlicher Wissenschaft und östlicher Philosophie.* Bern.

Capra, Fritjof. 1988. „The role of physics in the current change of paradigms", in: Richard F. Kitchener (Hrsg.), *The World View of Contempo-*

rary Physics: Does It Need a New Metaphysics? Albany (N.Y.), S. 144–155.

Caracciolo, Sergio, Robert G. Edwards, Andrea Pelissetto und Alan D. Sokal. 1993. „Wolff-type embedding algorithms for general nonlinear-models". *Nuclear Physics* B 403: S. 475–541.

Chew, Geoffrey. 1977. „Impasse for the elementary-particle concept", in: Robert M. Hutchins und Mortimer Adler (Hrsg.), *The Sciences Today*. New York, S. 366–399.

Chomsky, Noam. 1981. *Sprache und Verantwortung. Gespräche mit Mitsou Ronat*. Frankfurt/M.

Cohen, Paul J. 1966. *Set Theory and the Continuum Hypothesis*. New York.

Coleman, Sidney. 1993. „Quantum mechanics in your face". Vortrag, gehalten am 12. November 1993 an der New York University.

Cope-Kasten, Vance. 1989. „A portrait of dominating rationality". *Newsletters on Computer Use, Feminism, Law, Medicine, Teaching* (American Philosophical Association) 88 (2) (März): S. 29–34.

Corner, M. A. 1966. „Morphogenetic field properties of the forebrain area of the neural plate in an anuran". *Experientia* 22: S. 188 f.

Craige, Betty Jean. 1982. *Literary Relativity: An Essay on Twentieth-Century Narrative*. Lewisburg.

Culler, Jonathan. 1988. *Dekonstruktion. Derrida und die poststrukturalistische Literaturtheorie*. Reinbek.

Dean, Tim. 1993. „The psychoanalysis of AIDS". *October* 63: S. 83–116.

Deleuze, Gilles und Félix Guattari. 1996. *Was ist Philosophie?* Frankfurt/M. [frz. Original: *Qu'est-ce que la philosophie?* Paris 1991.]

Derrida, Jacques. 1970. „Structure, Sign and play in the discourse of the human sciences", in: Richard Macksey und Eugenio Donato (Hrsg.), *The Languages of Criticism and the Sciences of Man: The Structuralist Controversy*. Baltimore, S. 247–272.

Doyle, Richard. 1994. „Dislocating knowledge, thinking out of joint: Rhizomatics, Caenorhabditis elegans and the importance of being multiple". *Configurations: A Journal of Literature, Science, and Technology* 2: S. 47–58.

Dürr, Detlef, Sheldon Goldstein und Nino Zanghí. 1992. „Quantum equilibrium and the origin of absolute uncertainty". *Journal of Statistical Physics* 67: S. 843–907.

Easlea, Brian. 1981. *Science and Sexual Oppression: Patriarchy's Confrontation with Women and Nature*. London.

Eilenberg, Samuel und John C. Moore. 1965. *Foundations of Relative Homological Algebra*. Providence (Rhode Island).

Eilenberg, Samuel und Norman E. Steenrod. 1952. *Foundations of Algebraic Topology*. Princeton (New Jersey).

Einstein, Albert und Leopold Infeld. 1950. *Die Evolution der Physik*. Wien.

Ezeabasili, Nwankwo. 1977. *African Science: Myth or Reality?* New York.

Feyerabend, Paul K. 1976. *Wider den Methodenzwang. Skizze einer anarchistischen Erkenntnistheorie*. Frankfurt/M.

Freire, Paulo. 1971. *Pädagogik der Unterdrückten*. Stuttgart.

Froula, Christine. 1985. „Quantum physics/postmodern metaphysics: The nature of Jacques Derrida". *Western Humanities Review* 39: S. 287–313.

301

Frye, Charles A. 1987. „Einstein and African religion and philosophy: The hermetic parallel", in: Dennis P. Ryan (Hrsg.), *Einstein and the Humanities*. New York, S. 59–70.

Galton, Francis und H. W. Watson. 1874. „On the probability of the extinction of families". *Journal of the Anthropological Institute of Great Britain and Ireland* 4: S. 138–144.

Gierer, A., R. C. Leif, T. Maden und J. D. Watson. 1978. „Physical aspects of generation of morphogenetic fields and tissue forms", in: F. Ahmad, J. Schultz, T. R. Russell und R. Werner (Hrsg.), *Differentiation and Development*. New York.

Ginzberg, Ruth. 1989. „Feminism, rationality, and logic". *Newsletters on Computer Use, Feminism, Law, Medicine, Teaching* (American Philosophical Association) 88 (2) (März): S. 34–39.

Gleick, James. 1988. *Chaos – die Ordnung des Universums. Vorstoß in Grenzbereiche der modernen Physik*. München.

Gödel, Kurt. 1949. „An example of a new type of cosmological solutions of Einstein's field equations of gravitation". *Reviews of Modern Physics* 21: S. 447–450.

Goldstein, Rebecca. 1983. *The Mind-Body Problem*. New York.

Granero-Porati, M. I. und A. Porati. 1984. „Temporal organization in a morphogenetic field". *Journal of Mathematical Biology* 20: S. 153–157.

Granon-Lafont, Jeanne. 1985. *La Topologie ordinaire de Jacques Lacan*. Paris.

Granon-Lafont, Jeanne. 1990. *Topologie lacanienne et clinique analytique*. Paris.

Green, Michael B., John H. Schwarz und Edward Witten. 1987. *Superstring Theory*. 2 Bde. New York.

Greenberg, Valerie D. 1990. *Transgressive Readings: The Texts of Franz Kafka and Max Planck*. Ann Arbor (Mich.).

Greenberger, D. M., M. A. Horne und Z. Zeilinger. 1989. „Going beyond Bell's theorem", in: M. Kafatos (Hrsg.), *Bell's Theorem, Quantum Theory and Conceptions of the Universe*. Dordrecht.

Greenberger, D. M., M. A. Horne, A. Shimony und Z. Zeilinger. 1990. „Bell's theorem without inequalities". *American Journal of Physics* 58: S. 1131–1143.

Griffin, David Ray (Hrsg.). 1988. *The Reenactment of Science: Postmodern Proposals*. Albany (N.Y.).

Gross, Paul R. und Norman Levitt. 1994. *Higher Superstition: The Academic Left and its Quarrels with Science*. Baltimore.

Haack, Susan. 1992. „Science ‚from a feminist perspective'". *Philosophy* 67: S. 5–18.

Haack, Susan. 1993. „Epistemological reflections of an old feminist". *Reason Papers* 18 (Herbst): S. 31–43.

Hamber, Herbert W. 1992. „Phases of four-dimensional simplicial quantum gravity". *Physical Review* D 45: S. 507–512.

Hamill, Graham. 1994. „The epistemology of expurgation: Bacon and The Masculine Birth of Time", in: Jonathan Goldberg (Hrsg.), *Queering the Renaissance*. Durham (N.C.).

Hamza, Hichem. 1990. „Sur les transformations conformes des variétés riemanniennes à bord". *Journal of Functional Analysis* 92: S. 403–447.

Haraway, Donna J. 1989. *Primate Visions: Gender, Race, and Nature in the World of Modern Science*. New York.

Haraway, Donna J. 1994. „A game of cat's cradle: Science studies, feminist theory, cultural studies". *Configurations: A Journal of Literature, Science, and Technology* 2: S. 59–71.

Haraway, Donna J. 1995. *Die Neuerfindung der Natur: Primaten, Cyborgs und Frauen*. Frankfurt/M.

Harding, Sandra. 1990. *Feministische Wissenschaftstheorie. Zum Verhältnis von Wissenschaft und sozialem Geschlecht*. Hamburg.

Harding, Sandra. 1994 a. *Das Geschlecht des Wissens. Frauen denken die Wissenschaft neu*. Frankfurt/M.

Harding, Sandra. 1994 b. „Is science multicultural? Challenges, resources, opportunities, uncertainties". *Configurations: A Journal of Literature, Science, and Technology* 2: S. 301–330.

Hardy, G. H. 1967. *A Mathematician's Apology*. Cambridge (GB).

Harris, Theodore E. 1963. *The Theory of Branching Processes*. Berlin.

Hayles, N. Katherine. 1984. *The Cosmic Web: Scientific Field Models and Literary Strategies in the Twentieth Century*. Ithaca (N.Y.).

Hayles, N. Katherine. 1990. *Chaos Bound: Orderly Disorder in Contemporary Literature and Science*. Ithaca (N.Y.).

Hayles, N. Katherine (Hrsg.). 1991. *Chaos and Order: Complex Dynamics in Literature and Science*. Chicago.

Hayles, N. Katherine. 1992. „Gender encoding in fluid mechanics: Masculine channels and feminine flows". *Differences: A Journal of Feminist Cultural Studies* 4 (2): S. 16–44.

Heinonen, J., T. Kilpeläinen und O. Martio. 1992. „Harmonic morphisms in nonlinear potential theory". *Nagoya Mathematical Journal* 125: S. 115–140.

Heisenberg, Werner. 1955. *Das Naturbild der heutigen Physik*. Hamburg.

Hirsch, Morris W. 1976. *Differential Topology*. New York.

Hobsbawm, Eric. 1998. „Innerhalb und außerhalb der Geschichte" (= Kap. 1, S. 13–23), in: *Wieviel Geschichte braucht die Zukunft?* München. [engl. Original: 1993. „The new threat to history". *New York Review of Books* (16. Dezember): S. 62 ff.

Hochroth, Lysa. 1995. „The scientific imperative: Improductive expenditure and energeticism". *Configurations: A Journal of Literature, Science and Technology* 3: S. 47–77.

Honner, John. 1994. „Description and deconstruction: Niels Bohr and modern philosophy", in: Jan Faye und Henry J. Folse (Hrsg.), *Niels Bohr and Contemporary Philosophy* (Boston Studies in the Philosophy of Science Nr. 153). Dordrecht, S. 141–153.

Hughes, Robert. 1994. *Nachrichten aus dem Jammertal. Wie sich die Amerikaner in political correctness verstrickt haben*. München.

Irigaray, Luce. 1979. „Die ‚Mechanik' des Flüssigen", in: *Das Geschlecht, das nicht eins ist*. Berlin.

Irigaray, Luce. 1987. „Le sujet de la science est-il sexué? / Is the subject of science sexed?" *Hypatia* 2 (3): S. 65–87.

Isham, C. J. 1991. „Conceptual and geometrical problems in quantum gravity", in: H. Mitter und H. Gausterer (Hrsg.), *Recent Aspects of Quantum Fields* (Lecture Notes in Physics Nr. 396). Berlin.

Itzykson, Claude und Jean-Bernard Zuber. 1980. *Quantum Field Theory*. New York.

James, I. M. 1971. „Euclidean models of projective spaces". *Bulletin of the London Mathematical Society* 3: S. 257–276.

Jameson, Fredric. 1982. „Reading Hitchcock". *October* 23: S. 15–42.

Jammer, Max. 1974. *The Philosophy of Quantum Mechanics*. New York.

Johnson, Barbara. 1977. „The frame of reference: Poe, Lacan, Derrida". *Yale French Studies* 55/56: S. 457–505.

Johnson, Barbara. 1989. *A World of Difference*. Baltimore.

Jones, V. F. R. 1985. „A polynomial invariant for links via Von Neumann algebras". *Bulletin of the American Mathematical Society* 12: S. 103–112.

Juranville, Alain. 1990. *Lacan und die Philosophie*. München.

Kaufmann, Arnold. 1973. *Introduction à la théorie des sous-ensembles flous à l'usage des ingénieurs*. Paris.

Kazarinoff, N. D. 1985. „Pattern formation and morphogenetic fields", in: Peter L. Antonelli (Hrsg.), *Mathematical Essays on Growth and the Emergence of Form*. Edmonton, S. 207–220.

Keller, Evelyn Fox. 1986. *Liebe, Macht und Erkenntnis. Männliche oder weibliche Wissenschaft?* Wien.

Keller, Evelyn Fox. 1992. *Secrets of Life, Secrets of Death: Essays on Language, Gender, and Science*. New York.

Kitchener, Richard F. (Hrsg.). 1988. *The World View of Contemporary Physics: Does It Need a New Metaphysics?* Albany (N. Y.).

Kontsevich, M. 1994. „Résultats rigoureux pour modèles sigma topologiques", in: Daniel Iagolnitzer und Jacques Toubon (Hrsg.), *Conférence au XIᵉᵐᵉ Congrès International de Physique Mathématique, Paris, 18.–23. Juli 1994*. In Druck.

Kosko, Bart. 1993. *Fuzzy-logisch. Eine neue Art des Denkens*. Hamburg.

Kosterlitz, J. M. und D. J. Thouless. 1973. „Ordering, metastability and phase transitions in two-dimensional systems". *Journal of Physics* C 6: S. 1181–1203.

Kroker, Arthur, Marilouise Kroker und David Cook. 1989. *Panic Encyclopedia: The Definitive Guide to the Postmodern Scene*. New York.

Kuhn, Thomas S. 1976. *Die Struktur wissenschaftlicher Revolutionen*. 2. Aufl., Frankfurt/M.

Lacan, Jacques. 1970. „Of structure as an inmixing of an otherness prerequisite to any subject whatever", in: Richard Macksey und Eugenio Donato (Hrsg.), *The Languages of Criticism and the Sciences of Man*. Baltimore, S. 186–200.

Lacan, Jacques. 1977. „Desire and the interpretation of desire in Hamlet". *Yale French Studies* 55/56: S. 11–52.

Latour, Bruno. 1987. *Science in Action: How to Follow Scientists and Engineers Through Society*. Cambridge (Mass.).

Latour, Bruno. 1988. „A relativistic account of Einstein's relativity". *Social Studies of Science* 18: S. 3–44.

Leupin, Alexandre. 1991. „Introduction: Voids and knots in knowledge and truth", in: Alexandre Leupin (Hrsg.), *Lacan and the Human Sciences*. Lincoln (Nebr.), S. 1–23.

Levin, Margarita. 1988. „Caring new world: Feminism and science". *American Scholar* 57: S. 100–106.

Lorentz, H. A., A. Einstein, H. Minkowski und H. Weyl. 1958. *Das Relativitätsprinzip*. Darmstadt.

Loxton, J. H. (Hrsg.). 1990. *Number Theory and Cryptography*. Cambridge und New York.

Lupasco, Stéphane. 1951. *Le Principe d'antagonisme et la logique de l'énergie*. Actualités Scientifiques et Industrielles Nr. 1133. Paris.

Lyotard, Jean-François. 1989. „Time today". *Oxford Literary Review* 11: S. 3–20.

Madsen, Mark und Deborah Madsen. 1990. „Structuring postmodern science". *Science and Culture* 56: S. 467–472.

Markley, Robert. 1991. „What now? An introduction to interphysics". *New Orleans Review* 18 (1): S. 5–8.

Markley, Robert. 1992. „The irrelevance of reality: Science, ideology and the postmodern universe". *Genre* 25: S. 249–276.

Markley, Robert. 1994. „Boundaries: Mathematics, alienation, and the metaphysics of cyberspace". *Configurations: A Journal of Literature, Science, and Technology* 2: S. 485–507.

Martel, Erich. 1991/92. How valid are the Portland baseline essays? *Educational Leadership* 49 (4): S. 20–24.

Massey, William S. 1978. *Homology and Cohomology Theory*. New York.

Mathews, Freya. 1991. *The Ecological Self*. London.

Maudlin, Tim. 1994. *Quantum Non-Locality and Relativity: Metaphysical Intimations of Modern Physics*. Aristotelian Society Series, Bd. 13. Oxford.

McAvity, D. M. und H. Osborn. 1991. „A DeWitt expansion of the heat kernel for manifolds with a boundary". *Classical and Quantum Gravity* 8: S. 603–638.

McCarthy, Paul. 1992. „Postmodern pleasure and perversity: Scientism and sadism". *Postmodern Culture* 2, Nr. 3. Abrufbar als mccarthy.592 unter listserv@listserv.ncsu.edu oder http://jefferson.village.virginia.edu/pmc (Internet). [Ebenfalls abgedruckt in: Eyal Amiran und John Unsworth (Hrsg.), *Essays in Postmodern Culture*. New York 1993, S. 99–132.]

Merchant, Carolyn. 1987. *Der Tod der Natur. Ökologie, Frauen und neuzeitliche Naturwissenschaft*. München.

Merchant, Carolyn. 1992. *Radical Ecology: The Search for a Livable World*. New York.

Mermin, N. David. 1990. „Quantum mysteries revisited". *American Journal of Physics* 58: S. 731–734.

Mermin, N. David. 1993. „Hidden variables and the two theorems of John Bell". *Reviews of Modern Physics* 65: S. 803–815.

Merz, Martina und Karin Knorr Cetina. 1994. „Deconstruction in a ‚thinking' science: Theoretical physicists at work". Geneva: European Laboratory for Particle Physics (CERN), Vorabdruck CERN-TH. 7152/94. [Veröffentlicht in *Social Studies of Science* 27 (1997): S. 73–111.]

Miller, Jacques-Alain. 1977/78. „Suture (elements of the logic of the signifier)". *Screen* 18 (4): S. 24–34.

Morin, Edgar. 1992. *The Nature of Nature* (Method: Towards a Study of Humankind, Bd. 1). New York.

Morris, David B. 1988. „Bootstrap Theory: Pope, physics and interpretation". *The Eighteenth Century: Theory and Interpretation* 29: S. 101–121.

Munkres, James R. 1984. *Elements of Algebraic Topology*. Menlo Park (Kalif.).

Nabutosky, A. und R. Ben-Av. 1993. „Noncomputability arising in dynamical triangulation model of four-dimensional quantum gravity". *Communications in Mathematical Physics* 157: S. 93–98.

Nandy, Ashis (Hrsg.). 1990. *Science, Hegemony and Violence: A Requiem for Modernity*. Delhi.

Nash, Charles und Siddartha Sen. 1983. *Topology and Geometry for Physicists*. London.

Nasio, Juan-David. 1987. *Les Yeux de Laure: Le concept d'objet „a" dans la théorie de J. Lacan. Suivi d'une introduction à la topologie psychanalytique*. Paris.

Nasio, Juan-David. 1992. „Le concept de sujet de l'inconscient", in: *Cinq leçons sur la théorie de Jacques Lacan*. Paris.

Nye, Andrea. 1990. *Words of Power: A Feminist Reading of the History of Logic*. New York.

Oliver, Kelly. 1989. „Keller's gender/science system: Is the philosophy of science to science as science is to nature?" *Hypatia* 3 (3): S. 137–148.

Ortiz de Montellano, Bernard. 1991. „Multicultural pseudoscience: Spreading scientific illiteracy among minorities: Part I". *Skeptical Inquirer* 16 (2): S. 46–50.

Overstreet, David. 1980. „Oxymoronic language and logic in quantum mechanics and James Joyce". *SubStance* 28: S. 37–59.

Pais, Abraham. 1991. *Niels Bohr's Times: In Physics, Philosophy, and Polity*. New York.

Patai, Daphne und Noretta Koertge. 1994. *Professing Feminism: Cautionary Tales from the Strange World of Women's Studies*. New York.

Pickering, Andrew. 1984. *Constructing Quarks: A Sociological History of Particle Physics*. Chicago.

Plotnitsky, Arkady. 1994. *Complementarity: Anti-Epistemology after Bohr and Derrida*. Durham (N.C.).

Plumwood, Val. 1993 a. *Feminism and the Mastery of Nature*. London.

Plumwood, Val. 1993 b. „The politics of reason: Towards a feminist logic". *Australasian Journal of Philosophy* 71: S. 436–462.

Porter, Jeffrey. 1990. „'Three quarks for Muster Mark': Quantum wordplay and nuclear discourse in Hoban's Riddley Walker". *Contemporary Literature* 21: S. 448–469.

Porush, David. 1989. „Cybernetic fiction and postmodern science". *New Literary History* 20: S. 373–396.

Porush, David. 1993. „Voyage to Eudoxia: The emergence of a post-rational epistemology in literature and science". *SubStance* 71/72: S. 38–49.

Prigogine, Ilya und Isabelle Stengers. 1984. *Order out of Chaos: Man's New Dialogue with Nature*. New York.

Primack, Joel R. und Nancy Ellen Abrams. 1995. „„In a beginning …': Quantum cosmology and Kabbalah". *Tikkun* 10 (1) (Januar/Februar): S. 66–73.

Psarev, V. I. 1990. „Morphogenesis of distribution of microparticles by dimension in the coarsening of dispersed systems". *Soviet Physics Journal* 33: S. 1028–1033.

Ragland-Sullivan, Ellie. 1990. „Counting from 0 to 6: Lacan, ‚suture‘, and the imaginary order", in: Patrick Colm Hogan und Lalita Pandit (Hrsg.), *Criticism and Lacan: Essays and Dialogue on Language, Structure, and the Unconscious*. Athens (Georgia), S. 31–63.

Rensing, Ludger (Hrsg.). 1993. „Oscillatory signals in morphogenetic fields". Teil II von *Oscillations and Morphogenesis*. New York.

Rosenberg, Martin E. 1993. „Dynamic and thermodynamic tropes of the subject in Freud and in Deleuze and Guattari". *Postmodern Culture* 4, Nr. 1. Abrufbar als rosenber. 993 unter listserv@listserv.ncsu.edu oder http://jefferson.village.virginia.edu/pmc (Internet).

Ross, Andrew. 1991. *Strange Weather: Culture, Science, and Technology in the Age of Limits*. London.

Ross, Andrew. 1994. *The Chicago Gangster Theory of Life: Nature's Debt to Society*. London.

Saludes i Closa, Jordi. 1984. „Un programa per a calcular l'homologia simplicial". *Butlletí de la Societat Catalana de Ciències* (segona època) 3: S. 127–146.

Santos, Boaventura de Sousa. 1989. *Introduçâo a uma Ciência Pós-Moderna*. Porto.

Santos, Boaventura de Sousa. 1992. „A discourse on the sciences". *Review (Fernand Braudel Center)* 15 (1): S. 9–47.

Sardar, Ziauddin (Hrsg.). 1988. *The Revenge of Athena: Science, Exploitation and the Third World*. London.

Schiffmann, Yoram. 1989. „The second messenger system as the morphogenetic field". *Biochemical and Biophysical Research Communications* 165: S. 1267–1271.

Schor, Naomi. 1989. „This essentialism which is not one: Coming to grips with Irigaray". *Differences: A Journal of Feminist Cultural Studies* 1 (2): S. 38–58.

Schubert, G. 1989. „Catastrophe Theory, evolutionary extinction, and revolutionary politics". *Journal of Social and Biological Structures* 12: S. 259–279.

Schwartz, Laurent. 1973. *Radon Measures on Arbitrary Topological Spaces and Cylindrical Measures*. London.

Seguin, Eve. 1994. „A modest reason". *Theory, Culture & Society* 11 (3): S. 55–75.

Serres, Michel. 1992. *Éclairissements: Cinq entretiens avec Bruno Latour*. Paris.

Sheldrake, Rupert. 1991. *Die Wiedergeburt der Natur. Wissenschaftliche Grundlagen eines neuen Verständnisses der Lebendigkeit und Heiligkeit der Natur*. Bern.

Sheldrake, Rupert. 1997. *Das schöpferische Universum. Die Theorie des morphogenetischen Feldes*. Berlin.

Shiva, Vandana. 1990. „Reductionist science as epistemological violence", in: Ashis Nandy (Hrsg.), *Science, Hegemony and Violence: A Requiem for Modernity*. Delhi, S. 232–256.

Smolin, Lee. 1992. „Recent developments in nonperturbative quantum gravity", in: J. Pérez-Mercader, J. Sola und E. Verdaguer (Hrsg.), *Quantum Gravity and Cosmology* (Proceedings 1991, Sant Feliu de Guixols, Estat Lliure de Catalunya). Singapur, S. 3–84.

Sokal, Alan D. 1982. „An alternate constructive approach to the 3/4 quantum field theory, and a possible destructive approach to 3/4." *Annales de l'Institut Henri Poincaré* A 37: S. 317–398.

Sokal, Alan D. 1987. „Informe sobre el plan de estudios de las carreras de Matemática, Estadística y Computación." Bericht für die Universidad Nacional Autónoma de Nicaragua, Managua (unveröffentlicht).

Solomon, J. Fisher. 1988. *Discourse and Reference in the Nuclear Age*. Oklahoma Project for Discourse and Theory, Bd. 2. Norman (Okl.).

Sommers, Christina Hoff. 1994. *Who Stole Feminism? How Women Have Betrayed Women*. New York.

Stauffer, Dietrich. 1995. *Perkolationstheorie. Eine Einführung*. Weinheim.

Strathausen, Carsten. 1994. „Althusser's mirror". *Studies in 20th Century Literature* 18: S. 61–73.

Struik, Dirk Jan. 1961. *Abriß der Geschichte der Mathematik*. Berlin.

Thom, René. 1975. *Structural Stability and Morphogenesis*. Reading (Mass.).

Thom, René. 1990. *Semio Physics: A Sketch*. Redwood City (Kalif.).

't Hooft, G. 1993. „Cosmology in 2+1 dimensions". *Nuclear Physics B (Proceedings Supplement)* 30: S. 200–203.

Touraine, Alan, Zsuzsa Hegedus, François Dubet und Michel Wievorka. 1980. *La Prophétie anti-nucléaire*. Paris.

Trebilcot, Joyce. 1988. „Dyke methods, or Principles for the discovery/creation of the withstanding". *Hypatia* 3 (2): S. 1–13.

Van Enter, Aernout C. D., Roberto Fernández und Alan D. Sokal. 1993. „Regularity properties and pathologies of position-space renormalization-group transformations: Scope and limitations of Gibbsian theory". *Journal of Statistical Physics* 72: S. 879–1167.

Van Sertima, Ivan (Hrsg.). 1983. *Blacks in Science: Ancient and Modern*. New Brunswick (N. J.).

Vappereau, Jean Michel. 1985. *Essaim: Le Groupe fondamental du noeud*. Paris.

Virilio, Paul. 1984. *L'espace critique*. Paris.

Virilio, Paul. 1991. *The Lost Dimension*. [Übersetzung von *L'espace critique*.] New York.

Waddington, C. H. 1965. „Autogenous cellular periodicities as (a) temporal templates and (b) basis of ‚morphogenetic fields'". *Journal of Theoretical Biology* 8: S. 367–369.

Wallerstein, Immanuel. 1993. „The TimeSpace of world-systems analysis: A philosophical essay". *Historical geography* 23 (1/2): S. 5–22.

Weil, Simone. 1968. *On Science, Necessity, and the Love of God*. London.

Weinberg, Steven. 1993. *Der Traum von der Einheit des Universums*. München.

Wheeler, John A. 1964. „Geometrodynamics and the issue of the final state", in: Cécile M. DeWitt und Bryce S. DeWitt (Hrsg.), *Relativity, Groups and Topology*. New York.

Witten, Edward. 1989. „Quantum field theory and the Jones polynomial". *Communications in Mathematical Physics* 121: S. 351–399.

308

Wojciehowski, Dolora Ann. 1991. „Galileo's two chief word systems". *Stanford Italian Review* 10: S. 61–80.

Woolgar, Steve. 1988. *Science: The Very Idea.* Chichester (GB).

Wright, Will. 1992. *Wild Knowledge: Science, Language, and Social Life in a Fragile Environment.* Minneapolis.

Wylie, Alison, Kathleen Okruhlik, Sandra Morton und Leslie Thielen-Wilson. 1990. „Philosophical feminism: A bibliographic guide to critiques of science". *Resources for Feminist Research/Documentation sur la Recherche Féministe* 19 (2) (Juni): S. 2–36.

Young, T. R. 1991. „Chaos theory and symbolic interaction theory: Poetics for the postmodern sociologist". *Symbolic interaction* 14: S. 321–334.

Young, T. R. 1992. „Chaos theory and human agency: Humanist sociology in a postmodern era". *Humanity & Society* 16: S. 441–460.

Zizek, Slavoj. 1991. *Looking Awry: An Introduction to Jacques Lacan through Popular Culture.* Cambridge (Mass.).

B. Einige Anmerkungen zur Parodie

Wir wollen zunächst festhalten, daß alle in der Parodie angeführten Verweise echt und alle Zitate wörtlich übernommen sind; nichts wurde erfunden (leider). Der Text illustriert in einem fort, was David Lodge als eine der „Regeln des akademischen Lebens" bezeichnet: „Man kann seinen Kollegen nie genug schmeicheln."[1] Die nachstehenden Bemerkungen verfolgen die Absicht, einige der Tricks zu erklären, die bei der Zusammenstellung der Parodie zur Verwendung kamen; sie sollen zeigen, was in bestimmten Absätzen eigentlich auf die Schippe genommen wird, und unsere Haltung zu den betreffenden Ideen deutlich machen. Dieser letzte Punkt ist insofern besonders wichtig, als es in der Natur der Parodie liegt, die wahren Ansichten des Autors zu verbergen. (Sokal parodierte ja in vielen Fällen extreme oder mehrdeutig formulierte Versionen von Gedanken, die er nuancierter und in präziserer Form selbst vertritt.) Es fehlt hier jedoch der Platz, um auf alles einzugehen; abgesehen davon wollen wir dem Leser nicht das Vergnügen nehmen, noch viele weitere im Text versteckte Scherze zu entdecken.

Zur Einleitung

Die ersten beiden Absätze des Aufsatzes entwerfen eine außergewöhnlich radikale Version des Sozialkonstruktivismus, die in der Behauptung gipfelt, die physische Realität (und nicht nur unsere Vorstellung davon) sei „im Grunde ein soziales und sprachliches Konstrukt". Diese Absätze sollten nicht die Ansichten der Herausgeber von *Social Text* – und schon gar nicht die der in den Anmerkungen 1–3 zitierten Autoren – zusammenfassend wiedergeben, sondern testen, ob die bloße Behauptung (ohne die Beibringung eines Arguments oder Beweises) einer solch extremen These die Herausgeber stutzig machen würde. Wenn ja, war es ihnen nie die Mühe wert, Sokal ihre Zweifel mitzuteilen, obwohl dieser wiederholt um Kommentare, Kritik

---

[1] Lodge (1985, S. 158 f.).

und Vorschläge bat. Welche Positionen wir tatsächlich vertreten, haben wir in Kapitel 4 dargelegt.

Die in diesem Abschnitt mit Lob bedachten Werke sind zumindest fragwürdig. Die Quantenmechanik ist nicht in erster Linie das Produkt eines „kulturellen Gewebes", aber der Hinweis auf die Schrift eines Mitherausgebers von *Social Text* (Aronowitz) konnte nicht schaden. Dasselbe gilt für den Hinweis auf Ross: „... oppositioneller Diskurse in der Wissenschaft des Postquantenzeitalters" ist ein Euphemismus für Channelling, Kristalltherapie, morphogenetische Felder und viele weitere Lieblingsthemen des New Age. Irigarays und Hayles' Untersuchungen der „Geschlechterkodierung in der Hydromechanik" werden in Kapitel 5 analysiert.

Die Behauptung, in der Quantengravitation höre die Raum-Zeit auf, eine objektive Realität zu sein, ist aus zwei Gründen voreilig. Erstens existiert eine vollständige Theorie der Quantengravitation noch nicht, und deshalb wissen wir nicht, welche Schlußfolgerungen sich aus ihr ziehen lassen. Zweitens dürfte die Quantengravitation zwar *tatsächlich* radikale Veränderungen in unserer Vorstellung von Raum und Zeit nach sich ziehen – beispielsweise könnten Raum und Zeit aufhören, zentrale Elemente der Theorie zu sein, und statt dessen zu Näherungswerten werden, die in der Größenordnung von mehr als 10^{-33} Zentimeter gültig sind.[2] Dies bedeutet jedoch noch nicht, daß die Raumzeit aufhören würde, objektiv zu sein, außer in dem banalen Sinne, daß Tische und Stühle nicht objektiv sind, da sie aus Atomen bestehen. Außerdem ist es äußerst unwahrscheinlich, daß eine Theorie über die Raum-Zeit im subatomaren Maßstab triftige *politische* Implikationen haben könnte!

Nebenbei sei auf die Verwendung postmodernen Jargons hingewiesen: „problematisiert", „relativiert" und so weiter (vor allem in bezug auf die Existenz selbst).

Zur Quantenmechanik

Dieser Abschnitt stellt beispielhaft zwei Aspekte der postmodernen Überlegungen zur Quantenmechanik dar: erstens eine Ten-

---

[2] Das ist zehn Quadrillionen (10^{25}) mal kleiner als ein Atom.

denz, die fachspezifische Bedeutung von Wörtern wie „Unbestimmtheit" und „Diskontinuität" mit ihrer Alltagsbedeutung zu verwechseln, und zweitens eine Vorliebe für die subjektivistischsten Schriften Heisenbergs und Bohrs, deren radikale Interpretation bei weitem über die Ansichten der beiden Verfasser hinausgeht (die wiederum von vielen Physikern und Wissenschaftstheoretikern heftig angegriffen werden). Die postmoderne Philosophie hat jedoch ein Faible für die Multiplizität der Standpunkte, für die Bedeutung des Beobachters, für Ganzheitlichkeit und Unbestimmtheit. Für eine *ernsthafte* Erörterung der philosophischen Probleme, die sich durch die Quantenmechanik ergeben, vgl. die Literaturangaben in Anmerkung 8 der Parodie (insbesondere Alberts Buch ist eine exzellente Einführung für Laien).

Anmerkung 13 macht sich über den Vulgärökonomismus lustig. Tatsächlich basiert die gesamte heutige Technologie auf der Halbleiterphysik, die wiederum ganz wesentlich von der Quantenmechanik abhängt.

McCarthys „anregende Analyse" (Anmerkung 20 der Parodie) beginnt wie folgt:

Diese Untersuchung erforscht das Wesen und die Folgen der Zirkulation von Sehnsucht in einer postmodernen Ordnung der Dinge (einer Ordnung, die implizit nach dem Vorbild eines unterdrückten Archetyps der Teilchenströmung der neuen Physik gestaltet ist), und sie enthüllt eine Komplizenschaft zwischen dem Szientismus, der das postmoderne Wissen unterstützt, und dem Sadismus ständiger Dekonstruktion, der die Intensität des vergnügungssüchtigen Moments der Postmoderne verstärkt.

Der übrige Artikel ist im selben Stil gehalten.

Der Text von Aronowitz ist ein Geflecht von Verwechslungen, und es würde zuviel Platz in Anspruch nehmen, das Ganze zu entwirren. Hier soll die Feststellung genügen, daß die von der Quantenmechanik (und insbesondere vom Bellschen Satz) aufgeworfenen Probleme wenig mit der „Zeitumkehrung" und gar nichts mit der „Unterteilung in Stunden und Minuten" oder mit der „rationalen Organisation der gesellschaftlichen Arbeit in der frühbürgerlichen Epoche" zu tun haben.

Goldsteins Buch über das Geist-Körper-Problem ist ein vergnüglicher *Roman*.

Capras Spekulationen über den Zusammenhang zwischen der Quantenmechanik und der östlichen Philosophie sind, nach unserer Überzeugung, zumindest zweifelhaft. Sheldrakes Theorie der „morphogenetischen Felder" ist zwar in New-Age-Kreisen beliebt, kann aber kaum als „im allgemeinen ... gut fundiert" gelten.

Zur Hermeneutik der klassischen allgemeinen Relativitätstheorie

Die Verweise auf die Physik in diesem und dem nächsten Abschnitt sind im großen und ganzen zwar korrekt, aber unglaublich schwammig; sie sind in einem bewußt aufgeblasenen Stil gehalten, der einige neuere populärwissenschaftliche Bücher parodiert. Dennoch steckt der Text voller Absurditäten. So sind Einsteins nichtlineare Gleichungen tatsächlich schwierig zu lösen, vor allem für jene, die *keine* „traditionelle" mathematische Ausbildung besitzen. Dieser Verweis auf „Nichtlinearität" steht am Anfang eines mehrfach wiederkehrenden Scherzes, der auf der Nachahmung von Mißverständnissen beruht, die in postmodernen Schriften weitverbreitet sind (vgl. S. 164 ff.). Wurmlöcher und die Gödelsche Raum-Zeit sind recht spekulative theoretische Ideen; einer der Mängel aktueller populärwissenschaftlicher Bücher besteht genau darin, daß die gesichertsten Aspekte der Physik mit den spekulativsten auf eine Stufe gestellt werden.

Die Anmerkungen enthalten einige Schmuckstücke. Die Zitate von Latour (Anm. 30) und Virilio (Anm. 32) werden in den Kapiteln 6 beziehungsweise 10 analysiert. Lyotards Text (Anm. 36) vermischt auf völlig willkürliche Weise die Terminologie von mindestens drei unterschiedlichen Zweigen der Physik – Elementarteilchenphysik, Kosmologie, Chaos- und Komplexitätstheorie. Serres verwechselt in seiner Rhapsodie über die Chaostheorie (Anm. 36) den Zustand des Systems, der sich auf eine komplexe und nicht vorhersagbare Weise verändern kann (vgl. Kapitel 7), mit dem Wesen der Zeit selbst, die auf konventionelle Weise fließt („entlang einer Linie"). Weiterhin sei angemerkt, daß sich die Perkolationstheorie mit dem Fluß von Flüssigkeiten in porösen Medien[3] beschäftigt und nichts über das Wesen von Raum und Zeit besagt.

---

[3] Vgl. etwa de Gennes (1976).

Der Hauptzweck dieses Abschnitts besteht jedoch darin, Schritt für Schritt zum ersten großen geschwätzigen Zitat überzuleiten, nämlich zu Derridas Kommentar zur Relativitätstheorie („Die Einsteinsche Konstante ist keine Konstante …"). Wir haben nicht die leiseste Ahnung, was das bedeutet – offensichtlich genausowenig wie Derrida selbst –, aber da es sich um einen einmaligen Mißbrauch handelt, der mündlich auf einer Konferenz vorgetragen wurde, wollen wir nicht weiter darauf herumhacken.[4] Der Absatz im Anschluß an das Derrida-Zitat, der sich immer weiter in die Absurdität hineinsteigert, gehört zu unseren Lieblingspassagen. Es versteht sich von selbst, daß eine mathematische Konstante wie π sich auch dann nicht mit der Zeit verändert, wenn unsere Vorstellungen über sie dem Wandel unterworfen sind.

Zur Quantengravitation

Der erste grobe Schnitzer in diesem Abschnitt betrifft die Rede von einem „nichtkommutativen (und daher nichtlinearen)" Operator. In Wirklichkeit bedient sich die Quantenmechanik nichtkommutativer Operatoren, die absolut *linear* sind. Dieser Scherz geht auf einen Text von Markley zurück, der in dem Aufsatz später zitiert wird (S. 290).

Die nächsten fünf Absätze geben einen oberflächlichen, aber im Grunde zutreffenden Überblick über die Versuche von Physikern, eine Theorie der Quantengravitation zu konstruieren. Man beachte aber die übertriebene Betonung von „Metaphern und Bildern", „Nichtlinearität", „Fluß" und „Verbundenheit".

Der enthusiastische Hinweis auf das morphogenetische Feld ist dagegen absolut willkürlich. In der gegenwärtigen Wissenschaft läßt sich nichts anführen, um diese New-Age-Phantasie zu stützen, die mit der Quantengravitation ohnehin nichts zu tun

---

[4] Für einen belustigenden Versuch eines mit ein paar physikalischen Kenntnissen ausgestatteten postmodernen Autors, sich etwas auszudenken, was Derrida womöglich gemeint haben könnte und einen Sinn ergibt, vgl. Plotnitsky (1997). Das Problem ist, daß Plotnitsky mindestens *zwei* alternative physikalische Interpretationen von Derridas Ausdruck „die Einsteinsche Konstante" anbietet, ohne plausible Hinweise dafür zu geben, daß Derrida eine davon gemeint (oder gar verstanden) hat.

hat. Sokal wurde durch die wohlwollende Anspielung von Ross (Anm. 46), einem der Herausgeber von *Social Text*, auf diese „Theorie" gebracht.

Der Verweis auf Chomsky zum Thema „Revierverteidigung" (Anm. 50) war riskant, da die Herausgeber diesen Text leicht hätten gelesen haben können oder ihn zumindest hätten nachschlagen können. Es ist derselbe Text, den wir in der Einleitung dieses Buches zitieren (Anm. 11 auf S. 29), und er besagt im Grunde genau das Gegenteil dessen, was in der Parodie behauptet wird.

Die Erörterung der Nichtlokalität in der Quantenmechanik ist bewußt verwirrend, aber da dieses Problem recht speziell ist, können wir den Leser an dieser Stelle nur (beispielsweise) auf Maudlins Buch verweisen.

Schließlich sei noch auf die Unlogik hingewiesen, die im Ausdruck „subjektive Raum-Zeit" steckt. Die Tatsache, daß die Raum-Zeit in einer künftigen Theorie der Quantengravitation eines Tages vielleicht keine zentrale Größe mehr sein könnte, macht sie in keiner Weise „subjektiv".

Zur Differentialtopologie

Dieser Abschnitt enthält den zweiten großen autoritativen Unsinn der Parodie, nämlich Lacans Text zur psychoanalytischen Topologie (den wir in Kapitel 2 analysieren). Die Aufsätze, die die Lacansche Topologie auf die Filmkritik und die Psychoanalyse von Aids anwenden, existieren leider wirklich. Die Knotentheorie besitzt in der Tat – wie Witten und andere gezeigt haben – wunderbare Anwendungen in der aktuellen Physik, aber dies hat nichts mit Lacan zu tun.

Im letzten Absatz wird mit der postmodernen Vorliebe für „Mehrdimensionalität" und „Nichtlinearität" gespielt und ein nichtexistentes Gebiet erfunden: die „multidimensionale und nichtlineare Logik".

Zur Theorie der Mannigfaltigkeiten

Das Eingangszitat von Irigaray ist in Kapitel 5 behandelt. Die Parodie legt wiederum nahe, daß die „konventionelle" Wissenschaft eine Abneigung gegen alles „Mehrdimensionale" hat, aber die Wahrheit ist, daß *alle* interessanten Mannigfaltigkeiten mehrdimensional sind.[5] Berandete Mannigfaltigkeiten sind ein klassischer Gegenstand der Differentialgeometrie.

Anmerkung 73 ist mit Absicht überzeichnet, wenngleich wir die Vorstellung teilen, daß ökonomische und politische Machtkämpfe einen starken Einfluß darauf haben, wie und zu wessen Nutzen Wissenschaft in Technologie übersetzt wird. Die Kryptographie besitzt tatsächlich militärische (wie auch kommerzielle) Anwendungen und wurde in den letzten Jahren zunehmend auf die Zahlentheorie gegründet. Die Zahlentheorie fasziniert die Mathematiker jedoch seit der Antike, und bis vor kurzem hatte sie überhaupt nur sehr wenige „praktische" Anwendungen: Sie war *der* Zweig der reinen Mathematik *par excellence*. Der Verweis auf Hardys Autobiographie war riskant: In diesem problemlos zugänglichen Werk brüstet er sich, auf mathematischen Gebieten zu arbeiten, die keine Anwendung besitzen. (In diesem Bezug ist eine weitere Ironie verborgen. Im Jahre 1941 nannte Hardy zwei Wissenschaftszweige, die seiner Ansicht nach nie eine militärische Anwendung bekommen würden: die Zahlentheorie und Einsteins Relativitätstheorie. Futurologie ist wirklich ein heikles Geschäft!)

Zu: Auf dem Weg zu einer emanzipatorischen Wissenschaft

In diesem Abschnitt sind grobe Mißverständnisse hinsichtlich der Wissenschaft mit äußerst schlecht durchdachter Philosophie und Politik verknüpft. Trotzdem enthält er auch einige Gedanken – zur Verbindung zwischen Wissenschaftlern und dem Militär, zur ideologischen Parteilichkeit der Wissenschaft, zur Vermittlung von Wissenschaft –, denen wir teilweise zustimmen,

---

[5] „Mannigfaltigkeit" ist ein geometrischer Begriff, der den Begriff der Fläche auf Räume der Dimension größer zwei verallgemeinert.

zumindest wenn sie sorgfältiger formuliert sind. Wir möchten nicht, daß diese Gedanken aufgrund der Parodie undifferenziert ins Lächerliche gezogen werden; der Leser, der unsere tatsächliche Meinung zu einigen der genannten Punkte erfahren will, sei auf den Epilog verwiesen.

Dieser Abschnitt der Parodie beginnt mit der Behauptung, die „postmoderne" Wissenschaft habe sich von der objektiven Wahrheit befreit. Doch unabhängig davon, welche Meinung Wissenschaftler zum Chaos und zur Quantenmechanik haben mögen, betrachten sie sich eindeutig nicht als vom Ziel der Objektivität „befreit"; wäre dies der Fall, hätten sie schlicht aufgehört, Wissenschaft zu treiben. Allerdings wäre ein ganzes Buch vonnöten, um die Mißverständnisse über das Chaos, die Quantenphysik und die Selbstorganisation auszuräumen, die derartigen Gedanken zugrunde liegen; Kapitel 7 liefert eine kurze Analyse.

Nachdem Sokals Artikel die Wissenschaft vom Ziel der Objektivität befreit hat, plädiert er dafür, die Wissenschaft im schlimmsten Sinne zu politisieren, nämlich dafür, wissenschaftliche Theorien nicht nach ihrem Verhältnis zur Realität zu beurteilen, sondern nach ihrer Vereinbarkeit mit den eigenen ideologischen Vorurteilen. Das Zitat von Kelly Oliver (S. 287), das diese Politisierung auf den Punkt bringt, wirft das ewige Problem der Selbstwiderlegung auf: Wie soll man wissen, ob eine Theorie „strategisch" ist, wenn man nicht fragt, ob sie den eigenen erklärten politischen Zielen *wahrhaft, objektiv* zuträglich ist? Die Probleme von Wahrheit und Objektivität lassen sich nicht so einfach umgehen. In ähnlicher Weise ist Markleys Behauptung („‚Realität' ist letzten Endes ein historisches Konstrukt", Anm. 76) sowohl philosophisch falsch als auch politisch schädlich: Wie Hobsbawm (S. 257) beredt aufzeigt, öffnet sie den schlimmsten nationalistischen und religiös-fundamentalistischen Exzessen Tür und Tor.

Abschließend einige eklatante Absurditäten aus diesem Abschnitt:
- Markley (S. 290) packt die komplexe Zahlentheorie – die in Wirklichkeit mindestens auf das frühe 19. Jahrhundert zurückgeht und nicht zur Physik, sondern zur Mathematik gehört – in dieselbe Schublade wie die Quantenmechanik, die Chaostheorie und die mittlerweile kaum noch vertretene

Bootstrap-Hypothese. Vielleicht hat er sie mit den neueren und höchst spekulativen Theorien zur *Komplexität* verwechselt. Anmerkung 86 ist ein ironischer Scherz auf Markleys Kosten.

– Viele der 11 000 Studenten der Festkörperphysik wären erfreut zu hören, daß sie alle Stellen in ihrem Bereich finden werden (S. 291).

– Das Wort „Radon" im Titel von Schwartz' Buch (Anm. 104) ist der Name eines Mathematikers. Das Buch handelt von reiner Mathematik und hat nichts mit Kernenergie zu tun.

– Das Gleichheitsaxiom (Anm. 105) besagt, daß zwei Mengen gleich sind, wenn und nur wenn sie dieselben Elemente besitzen. Dieses Axiom mit dem Liberalismus des 19. Jahrhunderts zu verknüpfen bedeutet, Kulturgeschichte auf der Grundlage zufälliger Wortübereinstimmungen zu schreiben. Dasselbe gilt für das Verhältnis zwischen dem Auswahlaxiom[6] [*axiom of choice*] und der Bewegung für die Legalisierung von Abtreibung [*pro-choice-movement*]. Cohen hat in der Tat gezeigt, daß weder das Auswahlaxiom noch seine Negation von den anderen Axiomen der Mengenlehre abzuleiten sind; dieses mathematische Axiom enthält jedoch keinerlei politische Implikationen.

Zuletzt sei darauf hingewiesen, daß alle Einträge in der Bibliographie korrekt sind, mit Ausnahme der Anspielungen auf den früheren französischen Kulturminister Jacques Toubon, der die Verwendung des Französischen auf staatlich geförderten wissenschaftlichen Konferenzen durchzusetzen versuchte (vgl. Kontsevitch 1994), und auf den katalanischen Nationalismus (vgl. Smolin 1992).

---

[6] Vgl. S. 62 für eine kurze Erklärung des Auswahlaxioms.

C. Die Grenzen überschreiten: Ein Nachwort*

Die großen Leute sind sehr sonderbar, sagte sich der kleine Prinz.
  – Antoine de Saint Exupéry, *Der kleine Prinz*

Nun ist die Wahrheit heraus: Mein Artikel „Die Grenzen überschreiten: Auf dem Weg zu einer transformativen Hermeneutik der Quantengravitation", der Frühjahr/Sommer 1996 in der kulturwissenschaftlichen Zeitschrift *Social Text* erschien, ist eine Parodie. Gewiß schulde ich den Herausgebern und Lesern von *Social Text* wie auch der interessierten Öffentlichkeit eine nichtparodistische Erklärung meiner Motive und wahren Überzeugungen.[1] Eines meiner Ziele besteht hier darin, einen kleinen Beitrag zu einem Dialog zwischen linksstehenden Geistes- und Naturwissenschaftlern zu leisten – zwischen „zwei Kulturen", die sich entgegen einigen optimistischen Äußerungen (vor allem von seiten der ersten Gruppe) in ihrer Mentalität vermutlich stärker unterscheiden als zu jedem anderen Zeitpunkt in den letzten 50 Jahren.

Wie das Genre, das er parodieren soll – in der Bibliographie finden sich Unmengen von Beispielen dafür –, ist mein Aufsatz eine Mischung aus Wahrheiten, Halbwahrheiten, Viertelwahrheiten, Fehlern, Trugschlüssen und syntaktisch richtigen Sätzen, die keinerlei Bedeutung haben. (Leider gibt es nur eine Handvoll solcher Sätze: Ich habe mich sehr um deren Formulierung bemüht, dabei aber festgestellt, daß ich, mit Ausnahme seltener Geistesblitze, dafür einfach kein Talent habe.) Ich habe mich

---

* Dieser Aufsatz wurde den Herausgebern von *Social Text* nach der Veröffentlichung der Parodie angeboten, aber mit der Begründung abgelehnt, er entspreche nicht den intellektuellen Standards. Veröffentlicht wurde er schließlich in *Dissent* 43 (4), S. 93–99 (Herbst 1996), sowie, in leicht veränderter Form, in *Philosophy and Literature* 20 (2), S. 338–346 (Oktober 1996). Vgl. auch den kritischen Kommentar von Stanley Aronowitz (1997), einem Mitbegründer von *Social Text* (1997), und die Antwort von Sokal (1997b).

[1] Die Leser werden davor gewarnt, Schlußfolgerungen über meine Ansichten zu bestimmten Themen zu ziehen, sofern ich sie nicht in diesem Nachwort darlege. Insbesondere schließt die Parodie einer extremen oder doppeldeutigen Formulierung eines Gedankens nicht aus, daß ich einer differenzierteren oder präziseren Formulierung dieses Gedankens zustimme.

auch anderer Strategien bedient, deren Verwendung in diesem Genre (wenngleich manchmal unbeabsichtigt) gang und gäbe ist: Verweise auf Autorität anstelle von Logik; die Präsentation spekulativer Theorien als anerkannte Wissenschaft, strapazierte und sogar absurde Analogien, wohlklingende, aber zweideutige Rhetorik und die „Verwechslung" zwischen der Alltags- und der wissenschaftlichen Bedeutung von Wörtern.[2] (Übrigens: Alle in meinem Aufsatz zitierten Arbeiten existieren tatsächlich, und alle Zitate sind exakt wiedergegeben; kein einziges wurde erfunden.)

Aber was hat mich dazu bewogen? Ich gestehe, daß ich ein unbeeindruckter Altlinker bin, der nie richtig verstanden hat, wie die Dekonstruktion der Arbeiterklasse helfen soll. Und ich bin ein spießiger alter Wissenschaftler, der naiv glaubt, daß eine äußere Welt existiert, daß es objektive Wahrheiten über sie gibt und daß meine Aufgabe darin besteht, ein paar davon zu entdecken. (Wäre die Wissenschaft nur ein Aushandeln gesellschaftlicher Konventionen darüber, was allgemein als „wahr" gilt, warum sollte ich ihr dann einen Großteil meines allzu kurzen Lebens widmen wollen? Ich strebe nicht an, die Emily Post der Quantenfeldtheorie zu sein.[3])

Mein Hauptanliegen ist aber nicht, die Wissenschaft vor den barbarischen Horden der Literaturkritik zu schützen (wir überstehen diese Attacken schon, vielen Dank). Mein Anliegen ist vielmehr explizit *politisch*: Es geht mir darum, einen gegenwärtig im Trend liegenden postmodernen/poststrukturalistischen/sozial-

---

[2] Zum Beispiel: „linear", „nichtlinear", „lokal", „global", „mehrdimensional", „relativ", „Bezugssystem", „Feld", „Anomalie", „Chaos", „Logik", „irrational", „imaginär", „komplex", „reell" [im Englischen „real", was sich sowohl als „echt" wie auch als „reell" (bezogen auf die reellen Zahlen) verstehen läßt; Anm. d. Übers.], „Gleichheit", „Wahl".

[3] Übrigens ist jeder, der die Gesetze der Physik für bloße gesellschaftliche Konventionen hält, eingeladen, diese Konventionen von meinen Fenstern aus zu überwinden. Ich wohne im 21. Stock. (P. S.: Ich bin mir bewußt, daß diese Witzelei unfair gegenüber den differenzierteren relativistischen Wissenschaftstheoretikern ist, die zugestehen werden, daß *empirische Aussagen* objektiv wahr sein können – zum Beispiel wird der Fall von meinem Fenster auf das Pflaster etwa 2,5 Sekunden dauern –, aber behaupten, daß die *theoretischen Erklärungen* für diese empirischen Aussagen mehr oder weniger willkürliche gesellschaftliche Konstruktionen sind. Ich glaube, daß auch diese Vorstellung weitgehend falsch ist, aber das ist eine ganz andere Geschichte.) [Anm. d. Übers.: Emily Post ist die Autorin eines bekannten amerikanischen Handbuchs der gesellschaftlichen Etikette.]

konstruktivistischen Diskurs – und allgemeiner: eine subjektivistische Tendenz – zu bekämpfen, der – beziehungsweise die – nach meiner Überzeugung für die Werte und die Zukunft der Linken schädlich ist.[4] Alan Ryan hat dies treffend formuliert:

> Es ist, zum Beispiel, für umstrittene Minderheiten ziemlich selbstmörderisch, Michel Foucault zu übernehmen, von Jacques Derrida gar nicht zu sprechen. Es war stets die Überzeugung der Minderheit, daß Macht durch Wahrheit untergraben werden kann ... Wenn man bei Foucault dann liest, Wahrheit sei einfach eine Folge der Macht, ist es vorbei ... In den literaturwissenschaftlichen, historischen und soziologischen Fakultäten Amerikas sitzt jedoch eine große Zahl selbsternannter Linker, die radikale Zweifel an der Objektivität mit politischem Radikalismus verwechseln, und die haben die Dinge in Unordnung gebracht.[5]

Genauso beklagte Eric Hobsbawm

das Aufkommen „postmoderner" intellektueller Moden an westlichen Universitäten, vor allem an den Fakultäten für Li-

---

[4] Die Naturwissenschaften haben, zumindest auf kurze Sicht, von der postmodernen Dummheit wenig zu befürchten; es sind vor allem die Geschichtswissenschaft und die Sozialwissenschaften – sowie die linke Politik –, die leiden, wenn Wortspielereien die strenge Analyse gesellschaftlicher Realitäten verdrängen. Aufgrund meiner eingeschränkten Kenntnisse beschränkt sich meine Analyse hier auf die Naturwissenschaften (und vor allem auf die Physik). Während die erkenntnistheoretischen Grundlagen des Forschens für die Natur- und die Sozialwissenschaften im wesentlichen gleich sein sollten, ist mir natürlich sehr wohl bewußt, daß in den Sozialwissenschaften viele spezielle (und sehr schwierige) methodische Probleme aufgrund der Tatsache entstehen, daß die Forschungsgegenstände Menschen (einschließlich ihrer subjektiven Geisteshaltung) sind, daß diese Forschungsgegenstände einen eigenen Willen haben (was in manchen Fällen zum Verbergen von aufschlußreichem Material führt oder zum Einstreuen von bewußt vorteilhaftem Zeugnissen), daß die Zeugnisse (normalerweise) durch menschliche Sprache ausgedrückt werden, deren Bedeutung doppeldeutig sein kann, daß sich die Bedeutung begrifflicher Kategorien (wie Kindheit, Männlichkeit, Weiblichkeit, Familie, Ökonomie etc.) mit der Zeit verändert, daß das Ziel historischer Forschung nicht nur in Fakten, sondern in Interpretationen besteht etc. So behaupte ich wirklich nicht, daß meine Kommentare zur Physik direkt auf die Geschichte und die Sozialwissenschaften anwendbar wären – das wäre absurd. Die physikalische Realität als „ein soziales und sprachliches Konstrukt" zu bezeichnen ist praktisch eine Tautologie.

[5] Ryan (1992).

teratur und Anthropologie, die unterstellen, daß alle „Fakten", die eine objektive Existenz für sich beanspruchen, nichts anderes als Konstruktionen des Gehirns seien – kurz, daß es eine klare Unterscheidung zwischen Faktum und Fiktion nicht geben könne. Dennoch gibt es diesen Unterschied, und für Historiker und selbst für die radikalsten Positivismusgegner unter uns ist die Fähigkeit, zwischen beiden zu unterscheiden, von grundlegender Bedeutung.[6]

(Hobsbawm zeigt im folgenden, wie exakte historische Arbeiten die von reaktionären Nationalisten in Indien, in Israel, auf dem Balkan und anderswo vorgetragenen Fiktionen widerlegen können.) Und schließlich soll noch Stanislav Andreski zu Wort kommen:

Solange Autorität Furcht einflößt, verstärken Konfusion und Absurdität konservative Tendenzen in einer Gesellschaft. Erstens führt klares und logisches Denken zu einer Anhäufung von Wissen (wofür der Fortschritt in den Naturwissenschaften das beste Beispiel bietet), und die Vervollkommnung des Wissens unterminiert früher oder später die traditionelle Ordnung. Verworrenes Denken führt andererseits nirgendwohin und kann unbegrenzt so weiter getrieben werden, ohne daß es irgendeinen Einfluß auf die Welt hätte.[7]

Als Beispiel für „verworrenes Denken" möchte ich aus Harding (1994) das Kapitel „Warum ,Physik' ein schlechtes Modell für die Physik ist" anführen. Gewählt habe ich dieses Beispiel wegen Hardings Ansehen in bestimmten (sicherlich nicht in allen) feministischen Kreisen und weil ihr Aufsatz (im Unterschied zu vielen anderen Schriften dieses Genres) sehr klar geschrieben ist. Harding möchte die Frage „Sind die feministischen Kritiken am westlichen Denken für die Naturwissenschaften relevant?" beantworten. Sie tut dies, indem sie sechs „falsche Überzeugungen" über das Wesen der Wissenschaft erst anführt und dann widerlegt. Einige der Widerlegungen werden perfekt vorgetragen, aber sie beweisen nichts von dem, was Harding behauptet. Dies liegt daran, daß sie fünf ganz unterschiedliche Dinge vermischt:

---

[6] Hobsbawm (1998, S. 19).
[7] Andreski (1974, S. 92).

1. *Ontologie.* Welche Gegenstände *existieren* in der Welt? Welche Aussagen über diese Gegenstände sind *wahr?*
2. *Epistemologie.* Wie können Menschen Wahrheiten über die Welt erfahren? Wie können sie die *Zuverlässigkeit* dieses Wissens bewerten?
3. *Wissenssoziologie.* In welchem Maße sind die von Menschen in einer bestimmten Gesellschaft *erkannten* (oder *erkennbaren)* Wahrheiten durch soziale, ökonomische, politische, kulturelle und ideologische Faktoren beeinflußt (oder bestimmt)? Dieselbe Frage ist für die falschen Aussagen zu stellen, die irrtümlich für wahr gehalten werden.
4. *Individuelle Ethik.* Welche Forschungsvorhaben *sollte* ein Wissenschaftler (oder Ingenieur) betreiben (bzw. welchen *sollte* er sich verweigern)?
5. *Gesellschaftliche Ethik.* Welche Forschungsvorhaben *sollte* die Gesellschaft fördern, unterstützen oder finanzieren (bzw. hemmen, besteuern oder verbieten)?

Diese Fragen hängen offensichtlich zusammen – wenn es keine objektiven Wahrheiten über die Welt gibt, hat es auch nicht viel Sinn zu fragen, wie man diese nichtexistenten Wahrheiten finden kann –, aber sie unterscheiden sich konzeptionell.

Harding weist beispielsweise (unter Berufung auf Forman [1987]) darauf hin, daß die amerikanische Forschung zur Quantenmechanik in den 40er und 50er Jahren dieses Jahrhunderts zum großen Teil durch potentielle militärische Anwendungen motiviert war. Allerdings. Nun machte die Quantenmechanik die Festkörperphysik erst möglich, die wiederum die Quantenelektronik ermöglichte (zum Beispiel den Transistor), die beinahe der gesamten modernen Technik zugrunde liegt (zum Beispiel dem Computer).[8] Und der Computer hat Anwendungsmöglichkeiten, die gut für die Gesellschaft sind (indem er der postmodernen Kulturkritikerin beispielsweise mehr Effizienz bei der Abfassung ihrer Artikel ermöglicht), wie auch Anwendungen, die schädlich sind (indem er dem US-Militär beispielsweise erlaubt, Menschen

---

[8] Computer existierten bereits vor der Festkörpertechnologie, aber sie waren unhandlich und langsam. Der 486er PC, der heute auf dem Schreibtisch des Literaturtheoretikers steht, ist ungefähr 1000mal leistungsfähiger als der raumgroße Röhrenrechner IBM 704 aus dem Jahre 1954 (vgl. etwa Williams 1985).

mit mehr Effizienz zu töten). Dies wirft eine Fülle von sozial- und individualethischen Fragen auf: Sollte die Gesellschaft bestimmte Anwendungen des Computers verbieten (oder hemmen)? Computerforschung *per se* verbieten (oder hemmen)? Forschung zur Quantenelektronik verbieten (oder hemmen)? Zur Festkörperphysik? Zur Quantenmechanik? Entsprechendes gilt für einzelne Wissenschaftler und Ingenieure. Eine zustimmende Antwort auf diese Fragen wird offenkundig immer schwieriger zu rechtfertigen, je weiter man auf der Liste nach unten gelangt, aber ich will keine dieser Fragen *a priori* für nicht legitim erklären. Genauso tun sich soziologische Fragen auf, zum Beispiel: In welchem Maße ist unser (wahres) Wissen über Informatik, Quantenelektronik, Festkörperphysik und Quantenmechanik – und unser mangelndes Wissen über andere Gegenstände der Wissenschaft, etwa über das Weltklima – ein Ergebnis der politischen Entscheidung zugunsten des Militarismus? In welchem Maße sind die falschen Theorien (wenn es denn welche gibt) in der Informatik, Quantenelektronik, Festkörperphysik und Quantenmechanik das Ergebnis (insgesamt oder zum Teil) sozialer, ökonomischer, politischer, kultureller und ideologischer Faktoren, insbesondere der militaristischen Kultur?[9] Dies sind alles schwerwiegende Fragen, die einer sorgfältigen Untersuchung mit höchstmöglichen wissenschaftlichen und historischen Beweisstandards bedürfen. *Sie haben aber keinerlei Einfluß auf die zugrundeliegenden wissenschaftlichen Fragen*: ob sich Atome (und Siliziumkristalle, Transistoren und Computer) tatsächlich nach den Gesetzen der Quantenmechanik (und Festkörperphysik, Quantenelektronik und Informatik) verhalten. Die militaristische Ausrichtung der amerikanischen Wissenschaft hat ganz einfach nichts mit der Frage der Ontologie zu tun, und nur in einem höchst unwahrscheinlichen Szenario könnte sie etwas mit der Frage der Epistemologie zu tun haben (wenn beispielsweise die

---

[9] Ich schließe gewiß nicht die Möglichkeit aus, daß es *heute* auf all diesen Gebieten irrige Theorien gibt. Aber Kritiker, die dies beweisen wollen, müßten nicht nur *historische* Belege für den angeblichen kulturellen Einfluß liefern, sondern auch *wissenschaftliche* Belege dafür, daß die fragliche Theorie tatsächlich falsch ist. (Dieselben Beweisstandards gelten natürlich für *ältere* falsche Theorien, aber in diesem Fall haben die Wissenschaftler die zweite Aufgabe vielleicht schon erledigt und den Kulturkritiker von der Notwendigkeit entbunden, ganz von vorne zu beginnen.)

weltweite Gemeinschaft der Festkörperphysiker ihrem Verständnis der üblichen Standards wissenschaftlicher Beweise entsprechend vorschnell eine falsche Theorie über das Verhalten von Halbleitern akzeptierte, und dies aus Begeisterung über den Durchbruch in der Militärtechnologie, den diese Theorie ermöglichen würde).

Andrew Ross hat eine Analogie zwischen den hierarchischen Geschmackskulturen (Hochkultur, „Otto Normalverbraucher", Populärkultur) der Kulturkritiker und der Grenze zwischen Wissenschaft und Pseudowissenschaft hergestellt.[10] Auf einer soziologischen Ebene ist diese Beobachtung treffend, aber auf einer ontologischen und epistemologischen Ebene ist sie ganz einfach Unfug. Ross scheint dies offenbar zu wissen, denn er setzt sofort nach:

Ich will nicht auf einer wörtlichen Interpretation dieser Analogie bestehen ... Eine erschöpfendere Behandlung würde die lokalen, relativierenden Unterschiede zwischen der Sphäre des kulturellen Geschmacks und jener der Wissenschaft [!] einbeziehen, aber letztlich würde sie auf die Kluft stoßen zwischen der Behauptung des Empiristen, daß es kontextunabhängige Überzeugungen gibt und diese wahr sein können, und der Behauptung des Kulturalisten, daß Überzeugungen nur gesellschaftlich als wahr anerkannt werden.[11]

Ein solcher epistemologischer Agnostizismus reicht aber einfach nicht aus, zumindest nicht für Menschen, die an gesellschaftlicher Veränderung interessiert sind. Wer leugnet, daß kontextunabhängige Behauptungen wahr sein können, der entledigt sich

---

[10] Ross (1991, S. 25 f.); auch in Ross (1992, S. 535 f.).

[11] Ross (1991, S. 26); auch in Ross (1992, S. 535). In der Diskussion im Anschluß an diesen Vortrag äußerte Ross (1992, S. 549) weitere (und durchaus berechtigte) Zweifel:

Ich bin recht skeptisch gegenüber dem Geist des „Anything goes", der im relativistischen Klima der Postmoderne häufig vorherrscht ... Ein großer Teil der postmodernen Diskussion galt dem Problem, sich mit den philosophischen und kulturellen Grenzen der großen Erzählungen der Aufklärung herumzuschlagen. Wenn man sich aber in diesem Licht mit ökologischen Fragen befaßt, spricht man über „reale" physische oder materielle Grenzen unserer Ressourcen zur Förderung gesellschaftlichen Wachstums. Und wie wir wissen, hat sich die Postmoderne nur sehr widerwillig dem „Realen" zugewandt, außer um dessen Verbannung zu proklamieren.

nicht nur der Quantenmechanik und der Molekularbiologie, sondern auch der Gaskammern der Nazis, der Versklavung von Afrikanern in Amerika und der Tatsache, daß es in New York heute regnet. Hobsbawm hat recht: Fakten sind wichtig, und manche Fakten (wie die beiden erstgenannten) sind sogar sehr wichtig.

Dennoch ist Ross darin beizupflichten, daß die Aufrechterhaltung der Grenze zwischen Wissenschaft und Pseudowissenschaft auf soziologischer Ebene – *unter anderem* – dazu dient, die gesellschaftliche Macht jener aufrechtzuerhalten, die auf der Seite der Wissenschaft stehen – ob sie nun einen formalen wissenschaftlichen Abschluß haben oder nicht. (Sie hat *auch* dazu gedient, die mittlere Lebenserwartung in den Vereinigten Staaten in weniger als einem Jahrhundert von 47 auf 76 Jahre zu erhöhen.[12]) Ross bemerkt dazu:

> Kulturkritiker stehen schon seit geraumer Zeit vor der Aufgabe, in den Diskussionen über Klasse, Geschlecht, Rasse und sexuelle Orientierung ähnliche institutionalisierte Interessen aufzuzeigen, wie sie auch für die Grenzen zwischen Geschmackskulturen gelten, und ich sehe letztlich keinen Grund,

---

[12] U.S. Bureau of the Census (1975, S. 47, 55; 1994, S. 87). 1900 betrug die mittlere Lebenserwartung bei der Geburt 47,3 Jahre (47,6 Jahre für Weiße und schockierende 33,0 Jahre für „Neger und andere"). 1995 lag sie bei 76,3 Jahren (77,0 Jahre für Weiße und 70,3 Jahre für Schwarze). Ich bin mir bewußt, daß diese Aussage leicht falsch interpretiert werden kann, und so will ich gleich einige Dinge klarstellen: Ich behaupte *nicht*, daß der Anstieg der Lebenserwartung ausschließlich auf Fortschritte in der medizinischen Forschung zurückzuführen ist. Ein beträchtlicher Teil (vielleicht der größere) des Anstiegs – vor allem in den ersten drei Jahrzehnten dieses Jahrhunderts – geht auf die allgemeine Verbesserung der Wohnsituation, der Ernährung und der Gesundheitsfürsorge zurück, wobei auf die letzten beiden Faktoren auch das gewachsene wissenschaftliche Verständnis der Ursachen von Infektions- und Mangelkrankheiten Einfluß nahm. (Zu einer Bewertung des Datenmaterials vgl. etwa Holland *et al.* [1991].) Aber ohne die Rolle gesellschaftlicher Anstrengungen bei diesen Verbesserungen, insbesondere im Hinblick auf die kleiner gewordene Kluft zwischen den ethnischen Gruppen, geringzuschätzen, ist der Hauptgrund für diese Verbesserungen doch der deutliche Anstieg des materiellen Lebensstandards im Laufe dieses Jahrhunderts auf mehr als das fünffache. (U.S. Bureau of the Census 1975, S. 224 f.; 1994, S. 451). Und dieser Anstieg ist ganz offensichtlich das direkte Ergebnis einer Forschung, die in der Technologie konkrete Gestalt findet.

weshalb wir unsere mühsam erworbene Skepsis aufgeben sollten, wenn es um die Wissenschaft geht.[13]

Mit Recht: Wissenschaftler sind sogar die *ersten*, die im Hinblick auf angebliche (fremde oder eigene) Wahrheiten zu Skepsis raten. Aber ein pseudogelehrter Skeptizismus, ein langweiliger (oder blinder) Agnostizismus bringt einen nicht weiter. Kulturkritiker, wie auch Historiker oder Naturwissenschaftler, brauchen eine *kluge* Skepsis, die die Beweiskraft des Materials und die Logik zu beurteilen vermag und *auf der Grundlage von Evidenz und Logik* zu vernünftigen (wenn auch vorsichtigen) Urteilen gelangt.

An diesem Punkt mag Ross einwerfen, daß ich das Machtspiel zu meinen eigenen Gunsten nutze: Wie soll er, ein Professor für Amerikanische Studien, mit mir, einem Physiker, bei einer Diskussion über Quantenmechanik mithalten?[14] (Oder selbst über Atomkraft – ein Gebiet, auf dem ich keinerlei Fachkenntnis besitze.) Ebenso wahr ist aber, daß ich mit einem Historiker als Gegner kaum als Sieger aus einer Diskussion über die Ursachen des Ersten Weltkriegs herausgehen dürfte. Trotzdem bin ich als intelligenter Laie mit einem bescheidenen geschichtlichen Wissen in der Lage, die von konkurrierenden Historikern vorgebrachten Belege und Schlußfolgerungen zu bewerten und zu einem vernünftigen (wenn auch vorsichtigen) Urteil zu gelangen. (Wie sollte ein nachdenklicher Mensch sonst rechtfertigen können, sich politisch zu engagieren?)

Das Problem ist, daß wenige Nicht-Naturwissenschaftler in unserer Gesellschaft dieses Selbstvertrauen im Umgang mit naturwissenschaftlichen Fragen haben. Wie C. P. Snow in seinem berühmten Vortrag „Die zwei Kulturen" vor 35 Jahren bemerkte:

---

[13] Ross (1991, S. 26); auch in Ross (1992, S. 536).

[14] Im übrigen müssen intelligente naturwissenschaftliche Laien, die sich ernsthaft für die von der Quantenmechanik aufgeworfenen konzeptionellen Probleme interessieren, nicht mehr auf die von Heisenberg, Bohr sowie unzähligen Physikern und New-Age-Autoren veröffentlichten Popularisierungen (in beiden Wortbedeutungen) zurückgreifen. Das Büchlein von Albert (1992) bietet eine beeindruckend seriöse und *intellektuell redliche* Darstellung der Quantenmechanik und der durch sie aufgeworfenen philosophischen Fragen – dennoch verlangt es nicht mehr mathematisches Hintergrundwissen als ein wenig Oberstufenalgebra und setzt keinerlei physikalisches Vorwissen voraus. Die wichtigste Voraussetzung ist die Bereitschaft, *langsam* und *klar* zu denken.

Wie oft bin ich in größerem Kreise mit Leuten zusammengewesen, die, an den Maßstäben der überkommenen Kultur gemessen, als hochgebildet gelten und die mit beträchtlichem Genuß ihrem ungläubigen Staunen über die Unbildung der Naturwissenschaftler Ausdruck gaben. Ein- oder zweimal habe ich mich provozieren lassen und die Anwesenden gefragt, wie viele von ihnen mir das zweite Gesetz der Thermodynamik angeben könnten. Man reagierte kühl – man reagierte aber auch negativ. Und doch bedeutete meine Frage auf naturwissenschaftlichem Gebiet etwa dasselbe wie: „Haben Sie etwas von Shakespeare gelesen?" Ich glaube heute, daß auch bei einer einfacheren Frage – etwa: „Was verstehen Sie unter Masse", oder „was verstehen Sie unter Beschleunigung?", die für den Naturwissenschaftler dasselbe bedeutet wie „Können Sie lesen?" – höchstens einer unter zehn hochgebildeten Menschen das Gefühl gehabt hätte, daß ich dieselbe Sprache spreche wie er. So wird also das großartige Gebäude der modernen Physik errichtet, und die Mehrzahl der gescheitesten Leute in der westlichen Welt verstehen ungefähr genausoviel davon wie ihre Vorfahren in der Jungsteinzeit davon verstanden hätten.[15]

Eine Großteil der Schuld an diesem Zustand liegt, meines Erachtens, bei den Naturwissenschaftlern. Mathematik und die Naturwissenschaften *werden* oft autoritär gelehrt;[16] und dies wider-

---

[15] Snow (1967), S. 21f. Eine wichtige Veränderung hat sich seit C. P. Snows Zeit ergeben: Während die Unwissenheit der geisteswissenschaftlichen Intellektuellen über (zum Beispiel) Masse und Beschleunigung im Grunde gleichgeblieben ist, hält sich heute eine signifikante Minderheit von ihnen für berechtigt, trotz ihrer Unwissenheit über diese Themen zu dozieren (wahrscheinlich in dem Glauben, daß ihre Leser ebenso unwissend sind). Nehmen Sie etwa den folgenden Auszug aus dem 1993 erschienenen Band *Rethinking Technologies*, der vom Miami Theory Collective herausgegeben und von der University of Minnesota Press veröffentlicht wurde: „Es erscheint nun angemessen, die Vorstellung von Beschleunigung und Verzögerung (was Physiker als positive und negative Geschwindigkeit bezeichnen) zu überdenken" (Virilio 1993, S. 5). Der Leser, der dies nicht als schreiend komisch (und ebenso deprimierend) empfindet, ist eingeladen, die ersten zwei Wochen des Kurses Physik I zu besuchen.

[16] Dies war nicht scherzhaft gemeint. Jedem, der sich für meine Meinung dazu interessiert, würde ich gerne eine Kopie von Sokal (1987) zukommen lassen. Zu einer weiteren scharfen Kritik an der mathematischen und natur-

spricht nicht nur den Prinzipien radikaler/demokratischer Pädagogik, sondern den Prinzipien der Wissenschaft selbst. Kein Wunder, daß die meisten Amerikaner nicht zwischen Wissenschaft und Pseudowissenschaft unterscheiden können: Ihre Lehrer in den naturwissenschaftlichen Fächern haben ihnen nie eine rationale Grundlage dafür mitgegeben. (Fragen Sie einen durchschnittlichen Studenten: Besteht Materie aus Atomen? Ja. Warum glauben Sie das? Der Leser kann die Reaktion in Gedanken selbst ergänzen.) Ist es also verwunderlich, daß 36 % der Amerikaner an Telepathie und 47 % an den Schöpfungsbericht aus dem Buch Genesis glauben?[17]

---

wissenschaftlichen Lehre vgl. (welche Ironie) Gross und Levitt (1994, S. 23–28).

[17] Telepathie: Hastings und Hastings (1992, S. 518), Umfrage des *American Institute of Public Opinion* vom Juni 1990. An „Telepathie oder Kommunikation zwischen zwei Menschen ohne Einsatz der traditionellen fünf Sinne" glauben 36 %, 25 % sind „nicht sicher", und 39 % glauben nicht daran. Für „Menschen auf dieser Welt sind manchmal vom Teufel besessen" lautet die Verteilung 49–16–35 (!). Bei „Astrologie oder daß die Position der Sterne und Planeten einen Einfluß auf das Leben der Menschen haben kann" war sie 25–22–53. Glücklicherweise glauben nur 11 % an Channeling (22 % sind sich nicht sicher) und 7 % an die heilende Kraft von Pyramiden (26 % sind sich nicht sicher).

Schöpfungsglaube: Gallup (1993, S. 157 ff.), Gallup-Umfrage vom Juni 1993. Die genaue Frage war: „Welche der folgenden Aussagen kommt Ihrer Einstellung zum Ursprung und zur Entwicklung des Menschen am nächsten? 1) Der Mensch hat sich über Millionen von Jahren aus weniger entwickelten Lebensformen entwickelt, aber Gott lenkte diesen Prozeß; 2) Der Mensch hat sich über Millionen von Jahren aus weniger entwickelten Lebensformen entwickelt, aber Gott spielte bei diesem Prozeß keine Rolle; 3) Gott erschuf den Menschen irgendwann in den letzten 10000 Jahren weitgehend in seiner jetzigen Form." Die Ergebnisse waren: 35 % „entwickelte sich mit Gott", 11 % „entwickelte sich ohne Gott", 47 % „Gott schuf den Menschen in seiner jetzigen Form", 7 % keine Meinung. Eine Umfrage vom Juli 1982 (Gallup 1982, S. 208–214) kam zu fast identischen Zahlen, unterschied aber nach Geschlecht, ethnischer Zugehörigkeit, Region, Einkommen, Religion und Größe des Wohnorts. Die Unterschiede nach Geschlecht, ethnischer Zugehörigkeit, Region, Einkommen und (überraschenderweise) Religion waren relativ gering. Bei weitem der größte Unterschied zeigte sich beim Bildungsgrad: Nur 24 % der College-Absolventen befürworteten den Schöpfungsglauben, im Gegensatz zu 49 % der High-School-Absolventen und 52 % der Schulabgänger ohne Abschluß. Der schlechteste naturwissenschaftliche Unterricht wird also wohl an den Grundschulen und an den weiterführenden Schulen erteilt.

Wie Ross bemerkt hat,[18] hängen viele der zentralen politischen Themen der kommenden Jahrzehnte – von der Gesundheitsfürsorge über die globale Erwärmung bis zur Entwicklung der Dritten Welt – teilweise von schwierigen (und heftig umstrittenen) wissenschaftlichen Fragen ab. Aber nicht nur davon, sondern auch von ethischen Werten und – in dieser Zeitschrift muß es kaum hinzugefügt werden – von nackten ökonomischen Interessen. Keine Linke kann Erfolg haben, wenn sie nicht Fragen wissenschaftlicher Fakten *und* ethischer Werte *und* ökonomischer Interessen ernst nimmt. Die auf dem Spiel stehenden Fragen sind zu wichtig, um sie den Kapitalisten oder den Naturwissenschaftlern – oder den Postmodernisten – zu überlassen.

Vor einem Vierteljahrhundert, auf dem Höhepunkt des amerikanischen Einmarsches in Vietnam, sagte Noam Chomsky folgendes:

> George Orwell hat einmal bemerkt, daß politisches Denken, besonders auf seiten der Linken, eine Art Selbstbefriedigungsphantasie ist, in der die Welt der Fakten kaum Bedeutung hat. Das stimmt, leider, und dies ist *ein* Grund dafür, daß unserer Gesellschaft eine echte, verantwortliche und ernstzunehmende linke Bewegung fehlt.[19]

Vielleicht ist dies allzu hart, aber leider steckt darin ein großes Körnchen Wahrheit. Heute werden erotische Texte eher in (gebrochenem) Französisch geschrieben als in Chinesisch, aber die Folgen für das wirkliche Leben bleiben gleich. 1992 beendete Alan Ryan seine trockene Analyse geistiger Moden in Amerika mit der Klage:

> Die Zahl der Menschen, bei denen sich intellektuelle Schärfe mit auch nur einem bescheidenen politischen Radikalismus verbindet, ist bedauerlich gering. Was in einem Land, in dem George Bush Präsident ist und Danforth Quayle für 1996 bereitsteht, nicht besonders lustig ist.[20]

Vier Jahre später, da Bill Clinton als unser angeblich „fortschrittlicher" Präsident im Amt ist und Newt Gingrich sich bereits für das nächste Jahrtausend rüstet, ist es noch immer nicht lustig.

---

[18] Vgl. Anm. 11.
[19] Chomsky (1984, S. 200), der Vortrag wurde 1969 gehalten.
[20] Ryan (1992).

Zitierte Werke

Albert, David Z. 1992. *Quantum Mechanics and Experience.* Cambridge.

Andreski, Stanislav. 1974. *Die Hexenmeister der Sozialwissenschaften: Mißbrauch, Mode und Manipulation einer Wissenschaft.* München.

Chomsky, Noam. 1984. „The politicization of the university", in: Carlos P. Otero (Hrsg.), *Radical Priorities,* 2. Aufl., S. 189–206. Montreal.

Forman, Paul. 1987. „Behind quantum electronics: National security as basis for physical research in the United States, 1940–1960". *Historical Studies in the Physical and Biological Sciences* 18: S. 149–229.

Gallup, George H. 1982. *The Gallup Poll: Public Opinion 1982.* Wilmington (Delaware).

Gallup, George Jr. 1993. *The Gallup Poll: Public Opinion 1993.* Wilmington (Delaware).

Gross, Paul R. und Norman Levitt. 1994. „The natural sciences: Troubles ahead? Yes." *Academic Questions* 7 (2): S. 13–29.

Harding, Sandra. 1994. *Das Geschlecht des Wissens: Frauen denken die Wissenschaft neu.* Frankfurt/M.

Hastings, Elisabeth Hann und Philip K. Hastings (Hrsg.). 1992. *Index to International Public Opinion,* 1990–1991. New York.

Hobsbawm, Eric. 1993. „The new threat to history." *New York Review of Books* (16. Dezember): S. 62–64.

Holland, Walter *et al.* (Hrsg.). 1991. *Oxford Textbook of Public Health,* 3 Bde. Oxford.

Ross, Andrew. 1991. *Strange Weather: Culture, Science, and Technology in the Age of Limits.* London.

Ross, Andrew. 1992. „New Age technocultures", in: Lawrence Grossberg, Cary Nelson und Paula A. Treichler (Hrsg.), *Cultural Studies,* S. 531–555. New York.

Ryan, Alan. 1992. „Princeton diary." *London Review of Books* (26. März): S. 21.

Snow, C. P. 1967. *Die zwei Kulturen: literarische und naturwissenschaftliche Intelligenz.* Stuttgart.

Sokal, Alan D. 1987. Informe sobre el plan de estudios de las carreras de Matemática, Estadística y Computación. Bericht für die Universidad Nacional Autónoma de Nicaragua, Managua (unveröffentlicht).

U.S. Bureau of the Census. 1975. *Historical Statistics of the United States: Colonial Times to 1970.* Washington.

U.S. Bureau of the Census. 1994. *Statistical Abstract of the United States: 1994.* Washington.

Virilio, Paul. 1993. „The third interval: A critical transition", in: Verena Andermatt Conley im Auftrag des Miami Theory Collective (Hrsg.), *Rethinking Technologies,* S. 3–12. Minneapolis.

Williams, Michael R. 1985. *A History of Computing Technology.* Englewood Cliffs (New Jersey).

Bibliographie

Albert, David Z. 1992. *Quantum Mechanics and Experience*. Cambridge (Mass.).

Albert, Michael. 1992–93. „Not all stories are equal: Michael Albert answers the pomo advocates". *Z Papers Special Issue on Postmodernism and Rationality*. Online abrufbar unter http://.zmag.org/zmag/articles/albertpomoreply.html

Albert, Michael. 1996. „Science, post modernism and the left." *Z Magazine* 9 (7/8) (Juli/August): S. 64–69.

Alliez, Eric. 1993. *La Signature du monde, ou Qu'est-ce que la philosophie de Deleuze et Guattari?* Paris.

Althusser, Louis. 1993. *Écrits sur la psychanalyse: Freud et Lacan*. Paris.

Althusser, Louis. 1970. *Freud und Lacan*. Berlin.

Amsterdamska, Olga. 1990. „Surely you are joking, Monsieur Latour!" *Science, Technology, & Human Values* 15: S. 495–504.

Andreski, Stanislav. 1974. *Die Hexenmeister der Sozialwissenschaften. Mißbrauch, Mode und Manipulation einer Wissenschaft*. München.

Anyon, Roger, T. F. Ferguson, Loretta Jackson und Lillie Lane. 1996. „Native American oral traditions and archaeology". *SAA Bulletin* [Bulletin of the Society for American Archaeology] 14 (2) (März/April): S. 14–16. Online abrufbar unter http://.sscf.uscb.edu/SAABulletin/14.2/SAA14.html

Arnol'd Vladimir I. 1992. *Catastrophe Theory*. 3. Aufl., Berlin.

Aronowitz, Stanley. 1997. „Alan Sokal's ‚Transgression'". *Dissent* 44 (1) (Winter): S. 107–110.

Badiou, Alain. 1982. *Théorie du sujet*. Paris.

Bahcall, John N. 1990. „The solar-neutrino problem". *Scientific American* 262 (5) (Mai): S. 54–61.

Bahcall, John N., Frank Calaprice, Arthur B. McDonald und Yoji Totsuka. 1996. „Solar neutrino experiments: The next generation". *Physics Today* 49 (7) (Juli): S. 30–36.

Balan, Bernard. 1996. „L'il de la coquille Saint-Jacques – Bergson et les faits scientifiques". *Raison présente* 119: S. 87–106.

Barnes, Barry und David Bloor. 1981. „Relativism, rationalism and the sociology of knowledge", in: Martin Hollis und Steven Lukes (Hrsg.), *Rationality and Relativism*. Oxford, S. 21–47.

Barnes, Barry, David Bloor und John Henry. 1996. *Scientific Knowledge: A Sociological Analysis*. Chicago.

Barreau, Hervé. 1973. „Bergson et Einstein: propos de *Durée et simultanéité*." *Les Études bergsoniennes* 10: S. 73–134.

Barsky, Robert F. 1997. *Noam Chomsky: A Life of Dissent*. Cambridge (Mass.).

Barthes, Roland. 1970. „L'étrangère". *La Quinzaine Littéraire* 94 (1.–15. Mai 1970): S. 19–20.

Baudrillard, Jean. 1991. *Die fatalen Strategien*. München. [frz. Original: *Les Stratégies fatales*. Paris, 1983]

Baudrillard, Jean. 1992. *Transparenz des Bösen. Ein Essay über extreme Phänomene.* Berlin. [frz. Original: *La Transparence du mal.* Paris 1992]

Baudrillard Jean. 1994. *Die Illusion des Endes oder Der Streik der Ereignisse.* Berlin. [frz. Original: *L'illusion de la fin.* Paris 1992]

Baudrillard, Jean. 1995. *The Gulf War Did Not Take Place.* Bloomington. [frz. Original: *La Guerre du Golfe n'a pas eu lieu.* Paris 1991]

Baudrillard, Jean. 1996. *Das perfekte Verbrechen.* München. [frz. Original: *Le crime parfait.* Paris 1995]

Baudrillard, Jean. 1997. *Fragments: Cool Memories III, 1990–1995.* London. [frz. Original: *Fragments: Cool Memories III 1990–1995.* Paris 1995]

Becquerel, Jean. 1922. *Le principe de relativité et la théorie de la gravitation.* Paris.

Bergson, Henri. 1924 a. „Les temps fictifs et le temps réel." *Revue de philosophie* 31: S. 241–260.

Bergson, Henri. 1924 b. [Antwort auf Metz 1924 b]. *Revue de philosophie* 31: S. 440.

Bergson, Henri. 1960 [1934]. *La pensée et le mouvant: Essais et conférences.* Paris.

Bergson, Henri. 1968 [1922]. *Durée et simultanéité. Propos de la théorie d'Einstein.* 2. Aufl., Paris.

Bergson, Henri. 1972. *Mélanges.* Veröffentlicht und mit Anmerkungen versehen von André Robinet. Paris. [dt. Fassung von Bergson 1960]

Bergson, Henri. 1985. *Denken und Schöpferisches Werden.* Frankfurt/M.

Best, Steven. 1991. „Chaos and Entropy: Metaphors in postmodern science and social theory". *Science as Culture* 2 (2) (no. 11): S. 188–226.

Bloor, David. 1991. *Knowledge and Social Imagery.* 2. Aufl., Chicago.

Boghossian, Paul. 1996. „What the Sokal hoax ought to teach us". *Times Literary Supplement* (13. Dezember): S. 14 f.

Bouveresse, Jacques. 1984. *Rationalité et cynisme.* Paris.

Boyer, Carl B. 1959 [1949]. *The History of the Calculus and its Conceptual Development.* New York.

Brecht, Bertolt. 1963. Der Messingkauf, Die zweite Nacht, Rede des Philosophen über die Zeit, in: *Schriften zum Theater 5, 1937–1951.* Frankfurt, S. 60.

Bricmont, Jean. 1995 a. „Science of chaos or chaos in science?" *Physicalia Magazine* 17, no. 3–4. Online abrufbar als Publikation UCL-IPT-96-03 unter http://.fyma.ucl.ac.be/reche/1996/1996.html [Eine etwas frühere Version dieses Aufsatzes erschien in: Paul R.Gross, Norman Levitt und Martin W.Lewis (Hrsg.), *The Flight from Science and Reason, Annals of the New York Academy of Sciences* 775 (1996), S.131–175]

Bricmont, Jean. 1995 b. „Contre la philosophie de la mécanique quantique", in: R. Franck (Hrsg.), *Les Sciences et la philosophie. Quatorze essais de rapprochement.* Paris, S. 131–179.

Broch, Henri. 1992. *Au Coeur de l'extraordinaire.* Bordeaux.

Brunet, Pierre. 1931. *L'introduction des théories de Newton en France au XVIIIe siècle.* Paris. Nachdruck Genf, 1970.

Brush, Stephen. 1989. „Prediction and theory evaluation: The case of light bending". *Science* 246: S. 1124–1129.

Canning, Peter. 1994. „The crack of time and the ideal game", in: Constantin V. Boundas und Dorothea Olkowski (Hrsg.), *Gilles Deleuze and the Theater of Philosophy*, S. 73–98. New York.

Chomsky, Noam. 1981. *Sprache und Verantwortung. Gespräche mit Mitsou Ronat*. Frankfurt.

Chomsky, Noam. 1992–93. „Rationality/Science". *Z Papers Special Issue on Postmodernism and Rationality*. Online abrufbar unter http://.zmag. org/zmag/articles/chompomoart.html

Chomsky, Noam. 1993. *Wirtschaft und Gewalt. Vom Kolonialismus zur Neuen Weltordnung*. Lüneburg.

Chomsky, Noam. 1994. *Keeping the Rabble in Line: Interviews with David Barsamian*. Monroe (Maine).

Clavelin, Maurice. 1994. „L'histoire des sciences devant la sociologie de la science", in: Raymond Boudon und Maurice Clavelin (Hrsg.), *Le Relativisme est-il résistible? Regards sur la sociologie des sciences*. Paris, S. 229–247.

Coutty, Marc. 1988. „Des normaliens jugent l'affaire Sokal". Interview mit Mikaël Cozic, Grégoire Kantardijan und Léon Loiseau. *Le Monde de l'Éducation* 255 (Januar): S. 8–10.

Crane, H. R. 1968. „The g factor of the electron". *Scientific American* 218 (1) (Januar): S. 72–85.

Dahan-Dalmedico, Amy. 1997. „Rire ou frémir?" *La Recherche* 304 (Dezember): S. 10. [Eine erweiterte Fassung dieses Aufsatzes erschien in *Revue de l'Association Henri Poincaré* 9 (7), Dezember 1997, S. 15–18.]

Damarin, Suzanne K. 1995. „Gender and mathematics from a feminist standpoint", in: Walter G. Secada, Elizabeth Fennema und Lisa Byrd Adajian (Hrsg.), *New Directions for Equity in Mathematics Education*, S. 242–257. Veröffentlicht in Zusammenarbeit mit dem *National Council of Teachers of Mathematics*. New York.

Darmon, Marc. 1990. *Essais sur la topologie lacanienne*. Paris.

Davenas, E. *et al.* 1988. „Human basophil degranulation triggered by very dilute antiserum against IgE". *Nature* 333: S. 816–818.

Davis, Donald M. 1993. *The Nature and Power of Mathematics*. Princeton.

Dawkins, Richard. 1987. *Der blinde Uhrmacher. Ein neues Plädoyer für den Darwinismus*. München.

Debray, Régis. 1980. *Le Scribe: Genèse du politique*. Paris.

Debray, Régis. 1981. *Critique de la raison politique*. Paris.

Debray, Régis. 1983. *Critique of Political Reason*. London. [engl. Fassung von Debray 1981]

Debray, Régis. 1996 a. *Media Manifestos: On the Technological Transmission of Cultural Forms*. London. [frz. Original: *Manifestes médiologiques*. Paris 1994]

Debray, Régis. 1996 b. „L'incomplétude, logique du religieux?" *Bulletin de la société française de philosophie* 90 (Sitzung vom 27. Januar): S. 1–35.

de Gennes, Pierre-Gilles. 1976. „La percolation: un concept unificateur". *La Recherche* 72: S. 919–927.

Deleuze, Gilles. 1989. Bergson zur Einführung. Hamburg. [frz. Original: *Le Bergsonisme*. Paris 1968]

Deleuze, Gilles. 1992. *Differenz und Wiederholung*. München. [frz. Original: *Différence et répétition*. Paris 1968]

Deleuze, Gilles. 1993. *Logik des Sinns*. Frankfurt/M. [frz. Original: *Logique du sens*. Paris 1969]

Deleuze, Gilles und Félix Guattari. 1992. *Tausend Plateaus*. Berlin. [frz. Original: *Mille plateaux*. Paris 1980]

Deleuze, Gilles und Félix Guattari. 1996. *Was ist Philosophie?* Frankfurt/M. [frz. Original: *Qu'est-ce que la philosophie?* Paris 1991]

Derrida, Jacques. 1970. „Structure, sign and play in the discourse of the human sciences", in: Richard Macksey und Eugenio Donato (Hrsg.), *The Languages of Criticism and the Sciences of Man: The Structuralist Controversy*. Baltimore, S. 247–272.

Desanti, Jean Toussaint. 1975. *La Philosophie silencieuse, ou critique des philosophies de la science*. Paris.

Devitt, Michael. 1997. *Realism and Truth*, 2. Aufl., Princeton.

Dhombres, Jean. 1994. „L'histoire des sciences mise en question par les approches sociologiques: le cas de la communauté scientifique française (1789–1815)", in: Raymond Boudon und Maurice Clavelin (Hrsg.), *Le Relativisme est-il résistible? Regards sur la sociologie des sciences*, S. 159–205. Paris.

Dieudonné, Jean Alexandre. 1989. *A History of Algebraic and Differential Topology, 1900–1960*. Boston.

Dobbs, Betty, Jo Teeter und Margaret C. Jakob. 1995. *Newton and the Culture of Newtonianism*. Atlantic Highlands (New Jersey).

Donovan, Arthur, Larry Laudan und Rachel Laudan. 1988. *Scrutinizing Science: Empirical Studies of Scientific Change*. Dordrecht/Boston.

Droit, Roger-Pol. 1997. „Au risque du ‚scientifiquement correct'". *Le Monde* (30. September 1977): S. 27.

D'Souza, Dinesh. 1991. *Illiberal Education: The Politics of Race and Sex on Campus*. New York.

Duhem, Pierre. 1978 [1908]. *Ziel und Struktur der physikalischen Theorien*. Hamburg. [frz. Original: *La Théorie physique: son objet, sa structure*, 2. durchgesehene und erweiterte Aufl., Paris 1914]

Dumm, Thomas, Anne Norton *et al.* 1998. „On left conservatism". Proceedings of a workshop at the University of California-Santa Cruz, 31. Januar 1998. *Theory & Event*, Hefte 2.2 und 2.3. Online abrufbar unter http://muse.jhu.edu/journals/theory_&_event/

Eagleton, Terry. 1997. *Die Illusionen der Postmoderne. Ein Essay*. Stuttgart.

Economist (ohne Namen). 1997. „You can't follow the science wars without a battle map". *The Economist* (13. Dezember): S. 77–79.

Ehrenreich, Barbara. 1992–93. „For the rationality debate". *Z Papers Special Issue on Postmodernism and Rationality*. Online abrufbar unter http://.zmag.org/zmag/articles/ehrenrationpiece.html

Einstein, Albert. 1920 [1917]. Über die spezielle und die allgemeine Relativitätstheorie, gemeinverständlich. 12. Aufl., Braunschweig. [1997, 23. Aufl. (Nachdruck)]

Einstein, Albert. 1955. „Bemerkungen zu den in diesem Bande vereinigten Arbeiten", in: Paul Arthur Schilpp (Hrsg.), *Albert Einstein als Philosoph und Naturforscher*, S. 493–511. Stuttgart.

335

Einstein, Albert. 1972 [1916]. *Über die spezielle und die allgemeine Relativitätstheorie*. Braunschweig.

Einstein, Albert. 1976 [1920]. *La relativité*. Paris.

Epstein, Barbara. 1995. „Why poststructuralism is a dead end for progressive thought". *Socialist Review* 25 (2): S. 83–120.

Epstein, Barbara. 1997. „Postmodernism and the left". *New Politics* 6 (2) (Winter): S. 130–144.

Eribon, Didier. 1997. *Michel Foucault und seine Zeitgenossen*. München. [frz. Original: *Michel Foucault et ses contemporains*. Paris 1994]

Euler, Leonhard. 1986 [1769]. „Sieben und neunzigster Brief" (Bestreitung der Idealisten), in: *Briefe an eine deutsche Prinzessin über verschiedene Gegenstände aus der Physik und Philosophie*. Braunschweig.

Ferguson, Euan. 1996. „Illogical dons swallow hoaxer's quantum leap into gibberish". *The Observer* [London] (19. Mai): S. 1.

Feyerabend, Paul. 1976. *Wider den Methodenzwang. Skizze einer anarchistischen Erkenntnistheorie*. Frankfurt/M.

Feyerabend, Paul. 1983. *Wider den Methodenzwang*. Neuausgabe. Frankfurt/M. [engl. Original: *Against Method*. 1975 (1. Aufl.), 1988 (2. Aufl.), 1993 (3. Aufl.), alle London.]

Feyerabend, Paul. 1989. *Irrwege der Vernunft*. Frankfurt/M. [engl. Original: *Farewell to Reason*. London 1987]

Feyerabend, Paul. 1992. „Atoms and Consciousness". *Common Knowledge* 1 (1): S. 28–32.

Feyerabend, Paul. 1995. *Zeitverschwendung*. Frankfurt/M. [engl. Original: *Killing Time: The Autobiography of Paul Feyerabend*. Chicago]

Feynman, Richard. 1990. *Vom Wesen physikalischer Gesetze*. München.

Foucault, Michel. 1970. „Theatrum philosophicum". *Critique* 282: S. 885–908.

Fourez, Gérard. 1992. *La Construction des sciences*. 2. durchg. Aufl., Brüssel.

Fourez, Gérard, Véronique Englebert-Lecomte und Philippe Mathy. 1997. *Nos savoirs sur nos savoirs: Un lexique d'épistémologie pour l'enseignement*. Brüssel.

Frank, Tom. 1996. „Textual reckoning". *In These Times* 20 (14) (27. Mai): S. 22–24.

Franklin, Allan. 1990. *Experiment, Right or Wrong*. Cambridge (GB).

Franklin, Allan. 1994. „How to avoid the experimenters' regress". *Studies in the History and Philosophy of Science* 25: S. 97–121.

Fuller, Steve. 1993. *Philosophy, Rhetoric, and the End of Knowledge: The Coming of Science and Technology Studies*. Madison.

Fuller, Steve. 1998. „What does the Sokal hoax say about the prospects for positivism?" Erscheint in den Berichten des internationalen Kolloquiums über „Positivismen" (Freie Universität Brüssel und Universität Utrecht, 10.–12. Dezember 1997) unter der Schirmherrschaft der Académie Internationale d'Histoire des Sciences.

Gabon, Alain. 1994. Besprechung von *Rethinking Technologies*. *SubStance* Nr. 75: S. 119–124.

Galilei, Galileo. 1987 [1632]. „Dialog über die beiden hauptsächlichsten Weltsysteme, das ptolemäische und das kopernikanische", in: Anna

336

Mudry (Hrsg.): *Galilei, Galileo. Schriften. Briefe. Dokumente.* Bd. 1. München, S. 179–328.

Ghins, Michel. 1992. „Scientific realism and invariance", in: Enrique Villanueva (Hrsg.), *Rationality in Epistemology.* Atascadero (Kalif.), S. 249–262.

Gingras, Yves. 1995. „Un air de radicalisme: Sur quelques tendances récentes en sociologie de la science et de la technologie". *Actes de la recherche en sciences sociales* 108: S. 3–37.

Gingras, Yves und Silvan S. Schweber. 1986. „Constraints on construction". *Social Studies of Science* 16: S. 372–383.

Gottfried, Kurt und Kenneth G. Wilson. 1997. „Science as a cultural construct". *Nature* 386: S. 545–547.

Granon-Lafont, Jeanne. 1985. *La Topologie ordinaire de Jacques Lacan.* Paris.

Granon-Lafont, Jeanne. 1990. *Topologie lacanienne et clinique analytique.* Paris.

Greenberg, Marvin Jay. 1980. *Euclidean and Non-Euclidean Geometries: Development and History.* 2. Aufl., San Francisco.

Gross, Paul R. und Norman Levitt. 1994. *Higher Superstition: The Academic Left and its Quarrels with Science.* Baltimore.

Gross, Paul R., Norman Levitt und Martin W. Lewis (Hrsg.), *The Flight from Science and Reason. Annals of the New York Academy of Sciences* 775.

Grosser, Morton. 1962. *The Discovery of Neptune.* Cambridge (Mass.).

Guattari, Félix. 1988. „Les énergétiques sémiotiques", in: *Temps et devenir: A partir de l'oeuvre d'Ilya Prigogine,* S. 83–100. Berichte des internationalen Kolloquiums unter der Schirmherrschaft von Jean-Pierre Brans, Isabelle Stengers und Philippe Vincke (1983). Genf.

Guattari, Félix. 1995. *Chaosmosis: An Ethico-Aesthetic Paradigm.* Bloomington. [frz. Original: *Chaosmose.* Paris 1992]

Hafele, J. C. und Richard E. Keating. 1972. „Around-the-world atomic clocks: Predicted relativistic gains." *Science* 177: S. 166–168. „Around-the-world atomic clocks: Observed relativistic gains." *Science* 177: S. 168–170.

Harding, Sandra. 1996. „Science is ,good to think with'". *Social Text* 46/47 (Frühjahr/Sommer): S. 15–26.

Havel, Václav. 1992. „The end of the modern era". *New York Times* (1. März): S. E–15.

Hawkins, Harriett. 1995. *Strange Attractors: Literature, Culture and Chaos Theory.* New York.

Hayles, N. Katherine. 1992. „Gender encoding in fluid mechanics: Masculine channels and feminine flows". *Differences: A Journal of Feminist Cultural Studies* 4 (2): S. 16–44.

Hegel, Georg Wilhelm Friedrich. 1964 [1812]. *Wissenschaft der Logik,* in: *Sämtliche Werke,* Bd. 4, 4. Aufl., Stuttgart.

Henley, Jon. 1997. „Euclidean, Spinozist or existentialist? Er, no. It's simply a load of old tosh". *The Guardian* (1. Oktober): S. 3.

Hobsbawm, Eric. 1998. „Innerhalb und außerhalb der Geschichte" (= Kap. 1, S. 13–23), in: *Wieviel Geschichte braucht die Zukunft?* München. [engl. Original: 1993. „The new threat to history". *New York Review of Books* (16. Dezember): S. 62–64. Nachdruck in Eric Hobsbawm, *On History*. London 1997, Kap. 1]

Holton, Gerald. 1993. *Science and Anti-Science*. Cambridge (Mass.).

Hume, David. 1984 [1748]. *Eine Untersuchung über den menschlichen Verstand*. Hamburg.

Huth, John. 1998. „Latour's Relativity". Erscheint in: Noretta Koertge (Hrsg.), *A House Built on Sand: Exposing Postmodernist Myths About Science*, S. 181–192. New York/Oxford.

Irigaray, Luce. 1979. „Die ‚Mechanik' des Flüssigen", in: *Das Geschlecht, das nicht eins ist*. Berlin. [frz. Original: *L'Arc*, no. 58 (1974). Nachdruck in *Ce sexe qui n'est pas un*. Paris 1977]

Irigaray, Luce. 1985. *Parler n'est jamais neutre*. Paris.

Irigaray, Luce. 1987a. „Is the subject of science sexed?" *Hypatia* 2 (3): S. 65–87. [frz. Original: „Le sujet de la science est-il sexué?" *Les Temps modernes* 9, no. 436 (November 1982): S. 960–974. Nachdruck in Irigaray 1985]

Irigaray, Luce. 1987b. „Sujet de la science, sujet sexué?", in: *Sens et place des connaissances dans la société*. Paris, S. 95–121.

Irigaray, Luce. 1989. „Eine Chance zu leben: Grenzen des Begriffs des Neutrums und des Allgemeinen in den Wissenschaften und den Wissenschaftserkenntnissen", in: *Genealogie der Geschlechter*. Freiburg, S. 287–322. [frz. Original: „Une chance de vivre: Limites au concept de neutre et d'universel dans les sciences et les savoirs", in: *Sexes et parentés*. Paris 1987]

Jankélévitch, Wladimir. 1931. *Henri Bergson*. Paris.

Johnson, George. 1996. „Indian tribes' creationists thwart archeologists". *New York Times* (22. Oktober): S. A1, C13.

Kadanoff, Leo P. 1986. „Fractals: Where's the physics?" *Physics Today* 39 (Februar): S. 6 f.

Kellert, Stephen H. 1993. *In the Wake of Chaos*. Chicago.

Kimball, Roger. 1990. *Tenured Radicals: How Politics Has Corrupted Higher Education*. New York.

Kinoshita, Toichiro. 1995. „New value of the α^3 electron anomalous magnetic moment". *Physical Review Letters* 75: S. 4728–4731.

Koertge, Noretta (Hrsg.). 1998. *A House Built on Sand: Exposing Postmodernist Myths About Science*. New York/Oxford.

Kristeva, Julia. 1969. Σημειωτικη [*Séméiotiké*]: *Recherches pour une sémanalyse*. Paris.

Kristeva, Julia. 1977. *Polylogue*. Paris.

Kristeva, Julia. 1978. *Die Revolution der poetischen Sprache*. Frankfurt. [frz. Original: *La Révolution du langage poétique*. Paris 1974]

Kristeva, Julia. 1980. *Desire in Language: A Semiotic Approach to Literature and Art*. Leon S. Roudiez (Hrsg.). New York.

Kuhn, Thomas S. 1976. *Die Struktur wissenschaftlicher Revolutionen*. 2. rev. u. erg. Aufl., Frankfurt/M. [engl. Original: *The Structure of Scientific Revolutions*. 2. Aufl., Chicago 1970]

Lacan, Jacques. 1970. „Of structure as an inmixing of an otherness prerequisite to any subject whatever", in: Richard Macksey und Eugenio Donato (Hrsg.), *The Languages of Criticism and the Sciences of Man*. Baltimore, S. 186–200.

Lacan, Jacques. 1973. „L'Etourdit". *Scilicet*, no. 4: S. 5–52.

Lacan, Jacques. 1975 a. „Die Stellung des Unbewußten" und „Subversion des Subjekts und Dialektik des Begehrens im Freudschen Unbewußten", in: *SchriftenO II*. Norbert Haas (Hrsg.). Olten. [frz. Originale: *„Position de l'inconscient"* und *„Subversion du sujet and dialectique du désir dans l'inconscient freudien"* in: *Écrits* 2, Paris 1966]

Lacan, Jacques. 1975 b. Le séminaire de Jacques Lacan (XXII). R. S. I. [Réel, Symbolique, Imaginaire] 1974–75. Seminare v. 10. u. 17. Dezember 1974. *Ornicar? Bulletin périodique du champ freudien* no. 2: S. 87–105.

Lacan, Jacques. 1975 c. Le séminaire de Jacques Lacan (XXII). R. S. I. [Réel, Symbolique, Imaginaire] 1974–75. Seminare v. 14. u. 21. Januar 1975. *Ornicar? Bulletin périodique du champ freudien* no. 3 (Mai): S. 95–110.

Lacan, Jacques. 1975 d. Le séminaire de Jacques Lacan (XXII). Text erstellt von J. A. Miller. R. S. I. [Réel, Symbolique, Imaginaire] 1974–75. Seminare v. 11. u. 18. Februar 1975. *Ornicar? Bulletin périodique du champ freudien* no. 4 (Herbst): S. 91–106.

Lacan, Jacques. 1975 e. Le séminaire de Jacques Lacan (XXII). R. S. I. [Réel, Symbolique, Imaginaire] 1974–75. Seminare v. 11. u. 18. März 1975. *Ornicar? Bulletin périodique du champ freudien* no. 5 (Winter 1975/76): S. 17–66.

Lacan, Jacques. 1977. „Desire and the interpretation of desire in Hamlet". *Yale French Studies* 55/56: 11–52.

Lacan, Jacques. 1986. *Das Seminar. Buch 20: Encore, 1972–1973*. Weinheim/Berlin. [frz. Original: *Le Séminaire de Jacques Lacan. Livre XX: Encore, 1972–1973*. Paris 1975]

Lacan, Jacques. 1988. *The Seminar of Jacques Lacan. Book II: The Ego in Freud's Theory and in the Technique of Psychoanalysis, 1954–1955*. Jacques-Alain Miller (Hrsg.). New York. [frz. Original: *Le séminaire de Jacques Lacan. Livre II: Le Moi dans la théorie de Freud et dans la technique de la psychanalyse, 1954–1955*. Paris 1978]

Lamont, Michèle. 1987. „How to become a dominant French philosopher: The case of Jacques Derrida". *American Journal of Sociology* 93: S. 584–622.

Landsberg, Mitchell [Associated Press]. 1996. „Physicist's spoof on science puts one over on science critics". *International Herald Tribune* (18. Mai): S. 1.

Laplace, Pierre Simon. 1986 [5. Aufl. 1825]. *Essai philosophique sur les probabilités*. Paris.

Lather, Patti. 1991. *Getting Smart: Feminist Research and Pedagogy With/in the Postmodern*. New York/London.

Latour, Bruno. 1987. *Science in Action: How to Follow Scientists and Engineers through Society*. Cambridge (Mass.).

Latour, Bruno. 1988. „A relativistic account of Einstein's relativity". *Social Studies of Science* 18: S. 3–44.

Latour, Bruno. 1995. „Who speaks for Science?" *The Sciences* 35 (2) (März–April): S. 6–7.

Latour, Bruno. 1998. „Ramsès II est-il mort de la tuberculose?". *La Recher-*

che 307 (März): S. 84–85. Vgl. auch errata 308 (April): S. 85 und 309 (Mai): S. 7.

Laudan, Larry. 1981. „The pseudo-science of science?" *Philosophy of the Social Sciences* 11: S. 173–198.

Laudan, Larry. 1990 a. *Science and Relativism*. Chicago.

Laudan, Larry. 1990 b. „Demystifying underdetermination". *Minnesota Studies in the Philosophy of Science* 14: S. 267–297.

Lechte, John. 1990. *Julia Kristeva*. London/New York.

Lechte, John. 1994. *Fifty Key Contemporary Thinkers: From Structuralism to Postmodernity*. London/New York.

Le Monde. 1984 a. *Entretiens avec Le Monde. 1. Philosophies*. Paris.

Le Monde. 1984 b. *Entretiens avec Le Monde. 3. Idées contemporains*. Paris.

Leplin, Jarrett. 1984. *Scientific Realism*. Berkeley.

Leupin, Alexandre. 1991. „Introduction: Voids and knots in knowledge and truth", in: Alexandre Leupin (Hrsg.), *Lacan and the Human Sciences*. Lincoln (Nebr.), S. 1–23.

Lévy-Leblond, Jean-Marc. 1997. „La paille des philosophes et la poutre des physiciens". *La Recherche* 299 (Juni): S. 9–10.

Lodge, David. 1985. *Schnitzeljagd*. München.

Lyotard, Jean-François. 1993. *Das postmoderne Wissen. Ein Bericht*. Wien. [frz. Original: *La Condition postmoderne: Rapport sur le savoir*. Paris 1979]

Maddox, John, James Randi und Walter W. Stewart. 1988. „'High-dilution' experiments a delusion". *Nature* 334: S. 287–290.

Maggiori, Robert. 1997. „Fumée sans feu". *Libération* (30. September): S. 29.

Markley, Robert. 1992. „The irrelevance of reality: Science, ideology and the postmodern universe." *Genre* 25: S. 249–276.

Matheson, Carl und Evan Kirchhoff. 1997. „Chaos and literature". *Philosophy and Literature* 21: S. 28–45.

Maudlin, Tim. 1994. *Quantum Non-Locality and Relativity: Metaphysical Intimations of Modern Physics*. Aristotelian Society Series, Bd. 13. Oxford.

Maudlin, Tim. 1996. „Kuhn édenté: incommensurabilité et choix entre théories." [Originaltitel: „Kuhn defanged: incommensurability and theory-choice."] *Revue philosophique de Louvain* 94: S. 428–446.

Maxwell, James Clerk. 1879. *Substanz und Bewegung*. Braunschweig.

Merleau-Ponty, Maurice. 1968. „Einstein et la crise de la raison", in: *Éloge de la philosophie et autres essais*. Paris, S. 309–320.

Merleau-Ponty, Maurice. 1995. *La Nature. Notes Cours du Collège de France (1956–1960)*. Mit Anmerkungen versehen von Dominique Séglard. Paris.

Mermin, N. David. 1989. *Space and Time in Special Relativity*. Prospect Heights (Illinois).

Mermin, N. David. 1996 a. „What's wrong with this sustaining myth?" *Physics Today* 49 (3) (März): S. 11–13.

Mermin, N. David. 1996 b. „The Golemization of relativity". *Physics Today* 49 (4) (April): S. 11–13.

Mermin, N. David. 1996 c. „Sociologists, scientist continue debate about scientific process". *Physics Today* 49 (7) (Juli): S. 11–15, 88.

Mermin, N. David. 1997a. „Sociologists, scientist pick at threads of argument about science". *Physics Today* 50 (1) (January): S. 92–95.

Mermin, N. David. 1997b. „What's wrong with this reading?". *Physics Today* 50 (10) (Oktober): S. 11–13.

Mermin, N. David. 1998. „The science of science: A physicist reads Barnes, Bloor and Henry". Erscheint in *Social Studies of Science*.

Metz, André. 1923. *La relativité*. Paris.

Metz, André. 1924a. „Le temps d'Einstein et la philosophie." *Revue de philosophie* 31: S. 56–88.

Metz, André. 1924b. [Antwort auf Bergson 1924a]. *Revue de philosophie* 31: S. 437–439.

Metz, André. 1926: *Les nouvelles théories scientifiques et leurs adversaires. La relativité.* [15., erweiterte Ausg. von Metz 1923]. Paris.

Miller, Jacques-Alain. 1977/78. „Suture (elements of the logic of the signifier)". *Screen* 18 (4): S. 24–34.

Milner, Jean-Claude. 1995. *L'œuvre claire: Lacan, la science, la philosophie.* Paris.

Moi, Toril. 1986. Einführung zu *The Kristeva Reader*. New York.

Moore, Patrick. 1996. *The Planet Neptune*, 2. Aufl., Chichester.

Monod, Jacques. 1996. *Zufall und Notwendigkeit. Philosophische Fragen der modernen Biologie.* München. [frz. Original: Le Hasard et la Nécessité. Paris 1970]

Mortley, Raoul. 1991. *French Philosophers in Conversation: Levinas, Schneider, Serres, Irigaray, Le Doeuff, Derrida.* London.

Nagel, Ernest und James R. Newman. 1964. *Der Gödelsche Beweis.* München.

Nancy, Jean-Luc und Philippe Lacoue-Labarthe. 1992. *The Title of the Letter: A Reading of Lacan.* Albany (N. Y.).

Nanda, Meera. 1997. „The science wars in India." *Dissent* 44 (1) (Winter): S. 78–83.

Nasio, Juan-David. 1987. *Les Yeux de Laure: Le concept d'objet „a" dans la théorie de J. Lacan. Suivi d'une Introduction à la topologie psychanalytique.* Paris.

Nasio, Juan-David. 1992. „Le concept de sujet de l'inconscient", in: *Cinq leçons sur la théorie de Jacques Lacan.* Paris.

Newton-Smith, W. H. 1981. *The Rationality of Science.* London/New York.

Norris, Christopher. 1992. *Uncritical Theory: Postmodernism, Intellectuals and the Gulf War.* London.

Perrin, Jean. 1990 [1913]. *Atoms.* Woodbridge (Conn.).

Pinker, Steven. 1996. *Der Sprachinstinkt.* München.

Plotnitsky, Arkady. 1997. „,But it is above all not true': Derrida, relativity, and the ,science wars'". *Postmodern Culture* 7, no. 2. Online abrufbar unter http://muse.jhu.edu/journals/postmodern_culture(v007/7.2plotnitsky.html

Poincaré, Henri. 1952 [1909]. *Science and Method.* New York.

Pollitt, Katha. 1996. „Pomolotov cocktail". *The Nation* (10. Juni): S. 9.

Popper, Karl R. 1966. *Logik der Forschung.* 2. Aufl., Tübingen.

Popper, Karl R. 1974. „Replies to my critics", in: Paul A. Schilpp (Hrsg.), *The Philosophy of Karl Popper*, Bd. 2. LaSalle (Ill.).

Prigogine, Ilya und Isabelle Stengers. 1988. *Entre le temps et l'éternité.* Paris.

Prigogine, Ilya und Isabelle Stengers. 1993. *Das Paradox der Zeit. Zeit, Chaos und Quanten*. München. [dt. Fassung von Prigogine und Stengers 1993.]

Putnam, Hilary. 1974. „The ‚corroboration‘ of theories", in: Paul A. Schilpp (Hrsg.), *The Philosophy of Karl Popper*, Bd. 1, LaSalle (Ill.).

Putnam, Hilary. 1978. „A critic replies to his philosopher", in: Ted Honderich und M. Burneyat (Hrsg.), *Philosophy As It Is*. New York.

Quine, Willard Van Orman. 1979. „Zwei Dogmen des Empirismus", in: *Von einem logischen Standpunkt. Neun logisch-philosophische Essays*. Frankfurt/M.

Ragland-Sullivan, Ellie. 1990. „Counting from 0 to 6: Lacan, ‚suture‘, and the imaginary order", in: Patrick Colm Hogan und Lalita Pandit (Hrsg.), *Criticism and Lacan: Essays and Dialogue on Language, Structure, and the Unconscious*, Athens (Georgia).

Rascin, Marcus G. und Herbert J. Bernstein. 1987. *New Ways of Knowing: The Sciences, Society, and Reconstructive Knowledge*. Totowa (New Jersey).

Rees, Martin. 1998. *Vor dem Anfang. Eine Geschichte des Universums*. Frankfurt/M.

Revel, Jean-François. 1997. „Les faux prophètes". *Le Point* (11. Oktober): S. 120 f.

Richelle, Marc. 1998. *Défense des sciences humaines: Vers une désokalisation?* Sprimont (Belgien).

Robbins, Bruce. 1998. „Science-envy: Sokal, science and the police". *Radical Philosophy* 88 (März/April): S. 2 – 5.

Rosenberg, John R. 1992. „The clock and the cloud: Chaos and order in El diablo mundo". *Revista de Estudios Hispánicos* 26: S. 203 – 225.

Rosenberg, Martin E. 1993. „Dynamic and thermodynamic tropes of the subject in Freud and in Deleuze and Guattari". *Postmodern Culture* 4, no. 1. Online abrufbar unter http://muse.jhu.edu/journals/postmodern culture/v004/4.1rosenberg.html

Roseveare, N. T. 1982. *Mercury's Perihelion from Le Verrier to Einstein*. Oxford.

Ross, Andrew. 1995. „Science backlash on technoskeptics". *The Nation* 261 (10) (2. Oktober): S. 346 – 350.

Ross, Andrew. 1996. „Introduction". *Social Text* 46/47 (Frühjahr/Sommer): S. 1–13.

Rötzer, Florian. 1988. *Französische Philosophen im Gespräch*. München.

Roudinesco, Elisabeth. 1996. *Jacques Lacan. Bericht über ein Leben, Geschichte eines Denksystems*. Köln.

Roustang, François. 1990. *The Lacanian Delusion*. New York.

Ruelle, David. 1994 a. *Zufall und Chaos*. Berlin.

Ruelle, David. 1994 b. „Where can one hope to profitably apply the ideas of chaos?" *Physics Today* 47 (7) (Juli): S. 24 – 30.

Russell, Bertrand. 1948. *Human Knowledge: Its Scope and Limits*. London.

Russell, Bertrand. 1950. *Philosophie des Abendlandes. Ihr Zusammenhang mit der politischen und der sozialen Entwicklung*. Frankfurt/M.

Russell, Bertrand. 1987 [1920]. *Die Praxis und Theorie des Bolschewismus*. Darmstadt.

Russell. Bertrand. 1961. *The Basic Writings of Bertrand Russell*, 1903 – 1959. Robert E. Egner und Lester E. Denonn (Hrsg.). New York.

Russell, Bertrand. 1995 [1959]. *My Philosophical Development*. London.

Sand, Patrick. 1998. „Left Conservatism?“ *The Nation* (9. März): S. 6 f.

Sartori, Leo. 1996. *Understanding Relativity: A Simplified Approach to Einstein's Theories*. Berkeley.

Scott, Janny. 1996. „Postmodern gravity deconstructed, slyly“. *New York Times* (18. Mai): S. 1, 22.

Serres, Michel. 1994. „Paris 1800“, in: Michel Authier (Hrsg.), *Elemente einer Geschichte der Wissenschaften*. Frankfurt/M.

Shimony, Abner. 1976. „Comments on two epistemological theses of Thomas Kuhn“, in: R. Cohen *et al.* (Hrsg.), *Essays in memory of Imre Lakatos*. Dordrecht.

Siegel, Harvey. 1987. *Relativism Refuted: A Critique of Contemporary Epistemological Relativism*. Dordrecht.

Silk, Joseph. 1990. *Der Urknall. Die Geburt des Universums*. Basel.

Slezak, Peter. 1994. „A second look at David Bloor's Knowledge and Social Imagery“. *Philosophy of the Social Sciences* 24: S. 336 – 361.

Sokal, Alan D. 1996 a. „Transgressing the boundaries: Toward a transformative hermeneutics of quantum gravity“. *Social Text* 46/47 (Frühjahr/Sommer): S. 217–252.

Sokal, Alan D. 1996 b. „A physicist experiments with cultural studies“. *Lingua Franca* 6 (4) (Mai/Juni): S. 62 – 64.

Sokal, Alan D. 1996 c. „Transgressing the boundaries: An afterword“. *Dissent* 43 (4) (Herbst): S. 93 – 99. [Eine leicht gekürzte Fassung dieses Aufsatzes erschien auch in *Philosophy and Literature* 20: S. 338 – 346 (1996)]

Sokal, Alan. 1997 a. „A plea for reason, evidence and logic“. *New Politics* 6 (2) (Winter): S. 126 –129.

Sokal, Alan. 1997 b. „Alan Sokal replies [auf Stanley Aronowitz]“. *Dissent* 44 (1) (Winter): S. 110 f.

Sokal, Alan. 1998. „What the *Social Text* Affair Does and Does Not Prove“. Erscheint in: Noretta Koertge (Hrsg.), *A House Built on Sand: Exposing Postmodernist Myths About Science*, S. 9 – 22. New York/Oxford.

Soulez, Philippe. 1997. *Bergson. Biographie*. Vollendet von Frédéric Worms. Paris.

Stengers, Isabelle. 1996. *Cosmopolitiques*. Bd. 1. *La guerre des sciences*. Paris.

Stengers, Isabelle. 1997. „Un impossible débat“. Interview mit Eric de Bellefroid. *La Libre Belgique* (1. Oktober): S. 21.

Stove, D. C. 1982. *Popper and After: Four Modern Irrationalists*. Oxford.

Sussmann, Hector J. und Raphael S. Zahler. 1978. „Catastrophe theory as applied to the social and biological sciences: A critique“. *Synthese* 37: S. 117–216.

Taylor, Edwin F. und John Archibald Wheeler. 1994. *Physik der Raumzeit. Eine Einführung in die spezielle Relativitätstheorie*. Heidelberg.

Universität Warwick. 1997. „Deleuze/Guattari and Matter: A conference“. Philosophisches Seminar, Universität Warwick (GB), 18.–19. Oktober 1997. Konferenzprotokoll online abrufbar unter http://.csv.warwick.ac.uk/fac/soc/Philosophy/matter.html

Van Dyck, Robert S., Jr., Paul B. Schwinberg und Hans G. Dehmelt. 1987. „New high-precision comparison of electron and positron g factors". *Physical Review Letters* 59: S. 26–29.

Van Peer, Willie. 1998. „Sense and nonsense of chaos theory in literary studies", in: Elinor S. Shaffer (Hrsg.), *The Third Culture: Literature and Science*. Berlin/New York, S. 40–48.

Vappereau, Jean Michel. 1985. *Essaim: Le Groupe fondamental du nœud*. Psychanalyse et Topologie du Sujet. Paris.

Vappereau, Jean Michel. 1995. „Surmoi". *Encyclopaedia Universalis* 21: S. 885–889.

Virilio, Paul. 1984. *L'Espace critique*. Paris.

Virilio, Paul. 1989. „Trans-Appearance". *Artforum* 27, no. 10 (1. Juni): S. 129–130.

Virilio, Paul. 1991. *The Lost Dimension*. New York. [engl. Fassung von Virilio 1984]

Virilio, Paul 1992. *Rasender Stillstand*. Frankfurt/M. [frz. Original: *L'inertie polaire*. Paris 1990]

Virilio, Paul. 1993. „The third interval: A critical transition", in: Verena Andermatt Conley für das Miami Theory Collective (Hrsg.), *Rethinking Technologies*. Minneapolis, S. 3–12.

Virilio, Paul. 1996. *Fluchtgeschwindigkeit*. München. [frz. Original: *La Vitesse de libération*. Paris 1995]

Virilio, Paul. 1997. *Open Sky*. London. [engl. Fassung von Virilio 1996]

Weill, Nicolas. 1996. „La mystification pédagogique du professeur Sokal". *Le Monde* (20. Dezember): S. 1, 16.

Weinberg, Steven. 1991. *Die ersten drei Minuten. Der Ursprung des Universums*. München.

Weinberg, Steven. 1993. *Der Traum von der Einheit des Universums*. München.

Weinberg, Steven. 1995. „Reductionism Redux". *New York Review of Books* 42 (15) (5. Oktober): S. 39–42.

Weinberg, Steven. 1996 a. „Sokal's hoax". *New York Review of Books* 43 (13) (8. August): S. 11–15.

Weinberg, Steven et al. 1996 b. „Sokal's hoax: An exchange". *New York Review of Books* 43 (15) (3. Oktober): S. 54–56.

Willis, Ellen. 1996. „My Sokaled Life". *Village Voice* (25. Juni): S. 20 f.

Willis, Ellen et al. 1998. „Epistemology and vinegar". [Briefe in Antwort auf Sand 1998] *The Nation* (11. Mai): S. 2, 59 f.

Zahler, Raphael S. und Sussmann, Hector J. 1977. „Claims and accomplishments of applied catastrophe theory". *Nature* 269: S. 759–763.

Zarlengo, Kristina. 1998. „J'accuse!" *Lingua Franca* 8 (3) (April): S. 10–11.

Register

Um das Auffinden zu erleichtern, sind die Namen und Begriffe, die ausschließlich in den Fußnoten erscheinen, kursiv gedruckt.

347

348

349

Philosophie und Kunst bei C.H.Beck

Günther Anders
Die Antiquiertheit des Menschen
Band 1: Über die Seele im Zeitalter der zweiten industriellen Revolution
Nachdruck 1992. IX, 353 Seiten. Paperback
(Beck'sche Reihe Band 319)
Band 2: Über die Zerstörung des Lebens im Zeitalter
der dritten industriellen Revolution
Nachdruck 1995. 465 Seiten. Paperback
(Beck'sche Reihe Band 320)

Günther Anders
Philosophische Stenogramme
Zweite, unveränderte Auflage. 1993. 150 Seiten. Paperback
(Beck'sche Reihe Band 36)

Günther Anders
Hiroshima ist überall
Tagebuch aus Hiroshima und Nagasaki
Briefwechsel mit dem Hiroshima-Piloten Claude Eatherly
Rede über die drei Weltkriege
Nachdruck 1995. XXXVI, 394 Seiten
mit 3 Abbildungen. Paperback
(Beck'sche Reihe Band 1112)

Wolfgang Röd
Der Weg der Philosophie
Von den Anfängen bis ins 20. Jahrhundert
Band 1: Altertum, Mittelalter, Renaissance
1994. 525 Seiten. Leinen
Band 2: 17. bis 20. Jahrhundert
1996. 637 Seiten. Leinen

Werner Schneiders
Deutsche Philosophie im 20. Jahrhundert
1998. 214 Seiten. Paperback
(Beck'sche Reihe Band 1259)

Verlag C.H.Beck München

Philosophie und Kunst bei C. H. Beck

Rafael Ferber
Philosophische Grundbegriffe
Eine Einführung
5., durchgesehene Auflage. 1998. 238 Seiten. Paperback
(Beck'sche Reihe Band 1054)

Ivan Illich
Klarstellungen
Pamphlete und Polemiken
1996. 170 Seiten. Paperback
(Beck'sche Reihe Band 1151)

Ivan Illich
Selbstbegrenzung
Eine politische Kritik der Technik
1998. 175 Seiten. Paperback
(Beck'sche Reihe Band 1167)

Michael Hauskeller
Was ist Kunst?
Positionen der Ästhetik von Platon bis Danto
3. Auflage. 1999. 109 Seiten. Paperback
(Beck'sche Reihe 1254)

Walter Grasskamp
Kunst und Geld
Szenen einer Mischehe
1998. 133 Seiten. Paperback
(Beck'sche Reihe Band 1258)

José Pierre (Hrsg.)
Recherchen im Reich der Sinne
Die zwölf Gespräche der Surrealisten über Sexualität 1928–1932
1. Auflage in der Beck'schen Reihe. 1996.
196 Seiten. Paperback
(Beck'sche Reihe Band 1161)

Verlag C. H. Beck München